七夕文化透视

赵逵夫　著

人民出版社

20世纪50年代西和县乞巧活动场景
（摄影 西野）

乞巧风俗中的迎巧 （摄影 毛树林）

西和县汉源镇牌坊村乞巧点的巧娘娘像
（摄影 田有余）

西和县姜席乡姜窑村乞巧活动中的祭巧
（摄影 蒲立）

西和县晚霞湖畔的娱巧活动
（摄影 田京辉）

唱　巧（摄影 张春年）

1979年西和县城关公社东关村乞
巧活动中的拜巧（摄影 蒲立）

西和县晚霞湖畔乞巧活动中的取水
（摄影 田京辉）

礼县盐官镇乞巧活动中的取水
（摄影 刘伟）

礼县祁山乡西汉村的馔饭、跳麻姐姐
（摄影 毛树林）

西和县卢河乡卢河村的卜巧活动
（摄影 刘浪）

送 巧（摄影 田京辉）

反映七夕文化的西和剪纸
（卢海燕 作）

反映乞巧文化的西和剪纸（一）
（赵金慧 作）

反映乞巧文化的西和剪纸（二）
（赵金慧 作）

反映乞巧文化的西和剪纸（三）
（卢海燕 作）

目　录

前　言

　　七夕节不仅在汉族中有，在一些少数民族中也有，而且流传至日本、韩国、越南及东南亚一些国家。七夕节的形成也很早，作为民间节庆，应该在战国之时已经产生，只是起初只在西北之地，后来才传到中原一带。

　　七夕节的形成和季节、星象以及中华民族在地球上所处的地理位置有关，而它的广泛传播却同牛郎织女的传说有关。就这二者再向上追溯，又同周秦文化的早期交融，尤其同秦人的发展历史和先周历史有关。七夕节在流传过程中形成了很丰富的内容。

　　以下对有关问题作一概括阐述。

一、同七夕节相关的织女星与牵牛星

　　在七夕节的形成与早期传播中起到很重要作用的是天文星象方面的因素，首先是织女星，其次是牵牛星。

　　织女星即天琴座 α，为零等星，其亮度在整个北半天球仅次于大角的明星。远古时代人们的照明条件差，天黑后主要看月亮和亮度大的星星以辨认、确定东西南北、辨识方向，又由长期积累起来的关于日、月、星运动的规律形成关于一年中季节变化的天文历法的知识和一些基本理论。织女星是天上最亮的星，牵牛星也是天上的亮星之一（一等星）。所以这些星最早被人们认识、最早被命名，并被用来作为观察其他星宿的坐标。《汉书·律历志》云："织女之纪，指牵牛之初，以纪日月，故曰星纪。"又《尔雅·释天》云："星纪，斗、牵牛也。"星纪是古人根据日月五星的运行和节气变化将黄道附近周天由西向东划的十二次中的第一次，主要是斗宿、牛宿，并靠近女宿

（"宿"指相靠近的一组星，即星座，多以其中较亮的一星为主称说之）。第二次为玄枵，包含女、虚、危三宿。最早用来观测日月五星运行和节气变化的星次坐标包括着织女星和牵牛星这两个特别亮的星。随着古代天文学的逐渐精确，因为织女星和牵牛星距黄道较远，便在距黄道较近的天域另确定两星座；考虑到以往称说的习惯，分别称新确定的两星为"女宿"（也叫婺女）、"牛宿宿"。上引《汉书·律历志》和《尔雅》所说应是承袭很早的有关文献而来，因为此后大体沿黄道的二十八宿中标志相关天域的星已是女宿、牛星而不是织女星、牵牛星了。而且为了避免称说中的混淆，改"牵牛星"为"河鼓星"。不过直至汉代，也仍有沿上古之说法称牛宿为"牵牛"者。如《汉书·天文志》曰："牵牛为牺牲，其北河鼓。"但同篇中对织女星和女宿的称说却分得很清："婺女，其北织女。织女，天女孙也。"

日本学者出石诚彦（1896—1942）在1928年发表的《"牵牛织女"传说的考察》一文中引日本杰出的历史历法学家新城新藏博士的一段话：

> 据考证，二十八宿的说法最初是在中国的周朝初期形成的，并且当时牵牛织女的故事在中国已经脍炙人口。可见二星在民俗层面为民众所亲近。因此，它们虽然距黄道有点远，但还是被纳入二十八宿之中。二十八宿的这种古老形式原封不动地传入印度，以至今日。后来随着中国天文观测法的进步，考虑到将距离黄道过远的星放在二十八星中不便观察，大约于战国时期重新整理，将"牵牛"的名称让于接近黄道的一星，称作"牛宿"，而用与牛星多少存在一点关系的"河鼓"，附会原来的古牵牛。不以"织女"之名，而以"婺女"或曰"须女"命名黄道附近的一个星，归入二十八宿中，令原有的织女星保留"织女"之名。（新城博士《宇宙大观》第227页以下）[①]

在此后几十年中仍有不少学者对织女星、牵牛星同二十八宿的关系以及有关它们传播中的一些问题纠缠不清。读上面这段文字应该放弃那些不符合历史、不符合事实的看法。

[①]　据出石诚彦著、赵逸夫译《牵牛织女传说的考察》，刊《文化遗产》2013年第5期。

二、牵牛织女传说与先周和秦早期文化的关系

关于织女星、牵牛星是怎样得名的，从古至今研究古代天文星象的专家，和无数沉浸于《诗经》注释考证的专家，都没有一个说明。我于1990年刊出《论〈牛郎织女〉故事的产生与主题》和《连接神话与现实的桥梁》两文，提出"织女星"得名于秦人的始祖女修。《史记·秦本纪》一开头即说：

> 帝颛顼之苗裔孙曰女修，女修织，玄鸟陨卵，女修吞之，生大业。

大业即秦人第一位男性祖先。天河上古时名"汉"，和秦人早期所居之地的水名"汉"一致，是秦人最早将天上河流状的星带命名为"汉"，又将天汉西北侧一颗最亮的星命名为"织女"，以纪念他们的始祖女修。

关于牵牛，在20世纪80年代末我研究这个问题时，提出是由商人先祖王亥而来，因为《山海经》《世本》《竹书纪年》《吕氏春秋》和屈原《天问》等古文献中都说到王亥"服牛""牧夫牛羊"之事。但在后来的研究中考虑到以下三点：

一、商先民生活在中原一带，商先公王亥的传说同早期居于陇南的秦人的始祖女修的传说结合而形成一个早期传说的可能性小。

二、"牛郎织女"的传说反映着中华民族早期农耕文化中"男耕女织"的特征，王亥之至北方有易（有狄）交换服牛，并未反映出农耕的特征，同牵牛的农耕者特征不一致。因为商民族先以畜牧为主，故同北方游牧民族有狄发生冲突，后来才发展至以农业为主。甲骨文中记载商人大量用牛羊猪等牲畜祀神灵，就可看出其经济文化的传统。

三、《诗经》中反映有关牵牛的传说，都是同周人有关的。

2004年我发表了《汉水与西礼两县的乞巧风俗》一文，我研究的最后的结果是：牵牛是《山海经》中三次说到周人先祖叔均。《海内经》中说："后稷是播百谷，稷之孙曰叔均，始作牛耕。"这里明确指出叔均发明了"牛耕"。周先民是中华民族早期发展中几个大的部族中农业上最发达的部族，其先祖不窋以后很长时间生活于甘肃陇东马莲河域。周先民将天汉东南侧另一亮星

命名为"牵牛星"，以纪念其发明了牛耕的先祖叔均。西周中期的周穆王、周孝王时周秦两民族已有交流，秦先祖造父为穆王御马以救乱，被封于赵城；秦非子因善养马，周孝王召之，"使主马于汧渭之间"，以秦（今天水市秦州区偏西南之地）为邑。东周初年，周平王赐秦人岐（今陕西岐山县东北）以西之地。春秋时，秦人开始向东发展，他们之间必然会有更多的接触与交流；分别与他们的先祖有关的两个亮星也总会时时提醒着他们，引起他们的想象与联想，这样在长期的周秦文化交融中产生了"牵牛织女"的传说。

《山海经·大荒北经》中说："叔均乃为田祖。"《诗经·小雅》中的《甫田》《大田》二诗，据朱熹以来一些学者的看法，是祀田祖所用。《甫田》第二章中说：

> 我田既臧，农夫之庆。琴瑟击鼓，以御（迎）田祖。以祈甘雨，以介我黍稷，以谷我士女。

这一章的前半中还说道："以我齐明（祭器中所盛黍稷），与我牺羊，以社以方。"方玉润《诗经原始》云："祭方社，祀田祖，皆所以祈甘雨，非报成也。"则上诗为一年春事开始时祭田祖所用。

又《大田》第二章云：

> 既房（谷粒初生嫩壳）既阜（谷粒初生而未坚实），既坚既好，不稂不莠。去其螟螣，及其蟊贼，无害我田稚。田祖有神，秉畀炎火。

祭田祖希望庄稼长得饱满，没有杂草，没有害虫。则此为收获之前祀田祖之诗可知。

由以上论述可知，牵牛由周人先祖叔均而来。因周人的始祖是后稷，故周王朝建立之后，将叔均作为田祖祭祀。

由以上论述可知，有关织女、牵牛的传说及相关祭祀活动也是早就产生，这些都证实了新城新藏结论之可信。

下面的事实说明，牵牛织女的传说也很早就已形成，并且在《诗经》中有所反映。

以往之说"牛郎织女"者，都是只引《诗经·小雅·大东》中的"维天有汉，监（鉴）亦有光。跂彼织女，终日七襄。虽则七襄不成报章。睆彼牵牛，不以服箱"这几句来说明"织女""牵牛"两星名在西周之时已产生。

但因此诗是东方的谭国大夫作以讽刺宗周王朝对东方的诸侯国征敛过度，自己不干事情只图清闲享受，所以有的学者借此断言当时并未形成"牵牛织女"的传说。我认为，虽然诗中借牵牛织女这两个人物来讽刺宗周王朝君臣，但说明这两个星名已被看作人物，说织女应该纺织，牵牛应该套牛以耕作。而且诗中又将他们同天汉联系在一起，这些正反映了当时已形成有关牵牛织女的传说，而且在西周之时已传至东面（古谭国在今山东章丘稍西）。

《诗经·国风》中另有两首正面反映出牵牛织女早期的传说的诗歌，只是历代之论《诗经》者受旧说的影响未能认识到两首诗所包含的本事。这就是《周南·汉广》和《秦风·蒹葭》。前者是牵牛织女传说从陇南天水一带沿汉水而向东南传播的例证，后者是它在秦早期生活之地汉水上游流传之例证（上古时西汉水、东汉水为一条水，西汉时由于地震的原因在略阳一带淤塞中断，上游部分改而南流才与沔水分离，分别被称作"西汉水""东汉水"）。《蒹葭》是写一个男子当"蒹葭苍苍，白露为霜"的初秋之季，沿着一条水追寻水对面的"伊人"，希望走近她，却总是无法走近，这正是从牵牛的角度来写的；诗中的"在水一方"的"伊人"，正是指织女而言。

《汉广》中写一个男子在汉水边上，看到水的另一面，诗的开头说："南有乔木，不可休息；汉有游女，不可求思。"男子想到河对岸的女子，但无法得到。"乔木"指高大的树木，喻女子的地位高，这同《史记·天官书》中所言"织女，天女孙也"的说法是一致的。天孙的地位高，所以难以靠近。第二章、第三章开头的"翘翘错薪，言刈其楚""翘翘错薪，言刈其蒌"，也是喻此男子只愿娶到杰出者，表现的是对此女子的痴心。此诗流传于汉水中游，当汉中至湖北省东北部之地。陕西汉中市南郑区未婚姑娘们的乞巧活动是从正月初五至初七共三天，同甘肃陇南、天水一带的相近。湖北省郧西县有地名"天河"，而且至今留有在七月七和正月初七请巧娘、唱乞巧歌的习俗，联系起来看就可以理解了。明嘉靖元年薛纲纂修、吴廷举修订的《湖广通志》中说："天河，在县西一里。水出虎鸣峪，驾山而下，以达于汉，望之如天上来，故名。"万历年间修《郧台志》、乾隆年间修《郧西县志》并有记载，大体相同，民国《郧西县志》所载更详。无论怎样，春秋之时牵牛传说已沿汉水而下，传至古周南之地，应是事实。

三、七夕节为何设在七月初七

七夕节何以是在七月初七日？有五个理由，其中两个理由日本学者出石诚彦在九十馀年前已说过，国内学者在其后几十年中无人道及。下面一并加以陈述。

第一，七月初当夏收之后秋收之前的短暂农闲阶段。中华民族中有不少大的部族在进入夏商之后，逐渐由渔猎社会进入农耕生产经济结构。所以说，中华民族大约有四千多年的农耕经济发展史。"二十四节气"是中华民族的伟大发明，已于2016年列入世界非物质文化遗产。因为它是农耕社会遵循的生产、生活时节表。但"二十四节气"是只表示某一年中节气的进程，并不是节日。中国传统的节日均在农闲之时。如春节及此前腊月中准备过年的时间前后约两个月，是农闲时间最长的一段，所以正月先是走亲戚，接着要社火直至正月十六。过去农村因为亲戚比较分散，相距较远，一些偏远农村走亲戚直到二月二才结束。其他如端午、中秋，大体都在两段农忙阶段的间隙中。七夕在夏收与秋收之间，也是这个道理。这是中国传统节日的共同特征。从《诗经·秦风·蒹葭》看，牵牛星寻找织女星相会之时正在"白露为霜"的初秋，即七月头上。

第二，可以引出石诚彦《牵牛织女传说的考察》中的一段话说明："这样设定是因为七月份是一年之中观察星空最为清晰的时间段，也就是说在七月能够观察到牵牛星和织女星最为接近。"因为七夕节是同牛郎织女天河相会的传说联系在一起的，两星最为接近正显示出相会之意。明白这一点，七夕节为何安置在七月头上的原因便明白了。

第三，何以安排在七月初七日？出石诚彦在同一文中说："按照中国的五行思想在阴历的一月初一、三月初三、五月初五、九月初九会安排各类活动。'牵牛'和'织女'的相会时间，既是最容易观测到两颗星辰的季节，又附和五行的思想，所以把相会的时间定在七月初七是非常恰当的安排。"他文中还提到几个与"牛郎织女"传说没有关系的七月初七日相会的故事。

第四，"七"在《周易》中已含有"回归"的意思。《周易·复卦》曰：

"反复其道，七日来复。"又《震卦》曰："济于九陵，勿逐，七日得。"又《既济》曰："妇丧其茀（隐蔽起来），勿逐，七日得。"这似乎就是讲织女离家而去的情节。《象传》中说："反复其道，七日来复，天行也。……复，其见天地之心乎？"看来在上古时期人们的观念中所失去者无论人、物，均有七日当归之说。"七"何以有"回归"之义？我认为或者同八卦重卦的排列有关。因六十四卦每一卦是六爻，即初爻、二爻、三爻、四爻、五爻、上爻。在上爻之后，更陈一卦，又由初爻始。因而"七"这个数便有回归于"初"的意思。《周礼·春官》云：太卜"掌《三易》之法，一曰《连山》，二曰《归藏》，三曰《周易》。其经卦皆八，其别皆六十有四。"（"别卦"即人们所说"复卦"）。由此可知《连山》《归藏》这两种很古老的卦也是有复卦的。史书言文王演《周易》，已是重卦，则"七"之有回归一义，也产生很早。无论是隔七日，还是某月中之七日，总是同"七"有关。云梦秦简《日书》第三简简背文字有："牵牛以取（娶）织女，而不果，不出三岁，弃若亡。"言牵牛与织女结婚只三岁，织女便弃家而去，如同没有她一样。有去有归，归的时间便定在七月七日。所以，定在七月七日牵牛织女相会，有上古之时人们很深的观念在里面。

第五，也可能同样起到一定的作用。旧言黄帝所撰，约成于春秋战国的《素问·五常政大论》中说："眚于七。"唐代王冰注："七，西方也。"古之五行中以七代西方。牵牛、织女二星，上古之时织女在天河之西北，牵牛在天河之东南（天体运动中织女星逐渐向北侧，牵牛星逐渐向南侧）。从上引《三辅黄图》文字看最早的传说中是牵牛过桥去会织女，不是如后代很多诗中所写是织女渡河去会牵牛。从这个角度说，牵牛会织女是向西，他们相会之地在天河之西。故以上古的五行观念，定在七月初七日。

所以说，"七月七日"的七夕节，打上了中华民族远古文化之烙印，打上了中华民族上古祖先的思想观念之烙印，我们不能小看它。

四、鹊桥相会与七夕节俗的变化

七夕风俗同牵牛（牛郎）织女天河上相会的情节有关。综合《诗经》中

《蒹葭》《汉广》两诗和秦简《日书》所反映情节来看，只是说他们婚后又分离了，织女离开了牵牛，并没有反映出他们相会的情节。但从既存文献看，牛女相会的情节在秦代以前已经形成。成书于汉末魏初的《三辅黄图》中说："始皇穷极奢侈，筑咸阳宫，以北陵营殿，端门四达，以则紫宫，象帝居；渭水贯都，以象天汉；横桥南度，以法牵牛。"秦始皇筑咸阳宫模仿天帝紫宫。但天上空间是怎样的，谁也说不清，故根据秦人中长期流传的牵牛织女的传说，把渭水引进咸阳，再在上面架一桥，以象征牵牛渡天汉会织女，以示整个宫苑如天帝之居一样。由此来看，牛女相会的情节至秦代已是为人们所熟知的传说故事，故秦始皇建咸阳都城时才会这样做。

但是秦始皇当年令人在渭水上建的那座桥是否体现着"鹊桥"的意思，史书无载，不得而知。我认为在秦朝之前产生"鹊桥"的想象，也是可能的。因为在上古时人们的意识中，织女是天帝的孙女，地位高贵，牵牛是一个凡人而上了天，织女不可能到一个凡人的居处去，那里的房舍、陈设、器具与其身份不符；而牵牛则因为同织女的夫妻关系，跟上沾一晚的光是可以的。到了西汉时代儒家伦理观念占主导地位，男尊女卑的观念进一步强化和普及，人们认为夫妻相会应是女的到男的家中，而不是男的到女的家中，才变为织女渡河会牵牛。魏晋以后大量诗词作品都是表现了织女渡鹊桥去会牵牛。古人想：一个凡人如何能过天河？便根据现实生活中所见，以为只有鸟可以飞上天，可以帮着架起一座桥来。而人们常见的多种能高飞的飞禽中，鹊在筑巢中显示出明显的技能，引人关注的是在巢内会设一个横木。这一点虽然是到唐代才见于段成式的《酉阳杂俎》，但恐怕此前人们已经关注到了。

还有一首诗可以证明战国之时已有众鸟群飞可以载人于上的想象，这便是屈原的《离骚》。《离骚》中说："驷玉虬以乘鹥兮，溘埃风余上征。"洪兴祖注曰："言以鹥为车，而驾以玉虬也。"并引《山海经》言"九嶷山有五彩之鸟，飞蔽一乡"，即鹥鸟。因为是成群飞，所以《离骚》中写以鹥鸟为车，即站在飞行中成群的鸟上。"鹊桥"的想象同此是一样的。秦楚两地在春秋战国之际接触频繁，相互间的文化传播是早就存在的。据姜亮夫先生的看法，楚人最早生活于古昆仑山附近（祁连山西南），故《离骚》中多次写到诗人经流沙、赤水而至昆仑悬圃。所以秦楚民族在思想意识上多有共同之处。秦人的牵牛织女传说故事中很早就产生了鹊桥的情节要素，是可能的。

今所见最早关于"鹊桥"的记载,是《白氏经史事类》中引《淮南子》文,"乌鹊填河成桥而渡织女"。据此,"鹊桥相会"的情节在西汉前期已形成了。又唐代韩鄂的《岁华纪丽》引《风俗通》文字也有:"织女七夕当渡河,使鹊为桥。"《风俗通》即东汉应劭的《风俗通义》,书中所载,反映了民间所传,则《淮南子》文字应亦可信。

与此相关的问题,便是乞巧风俗的形成时间问题。

就今日所存文献看,穿针乞巧的风俗在西汉初年已经在宫廷嫔妃中存在。宫中节俗应是民间节俗传入。汉王朝建立不久,不可能在宫中由于嫔妃们的生活习惯或其他偶然原因而形成这样的一个节俗。葛洪《西京杂记》卷一载:"汉彩女以七月七日穿七孔针于开襟楼,俱以习之。"这是乞巧节俗的最早的记载。此前的七夕节究竟如何,已经不可考知。从《蒹葭》《汉广》两诗所反映看,当时的有关传说主要突出在爱情的方面,反映了一个地位较低的农民,不懈地追求一个地位比自己高得多的女子。七夕节是同牛女传说紧密联系的。这个节俗传至宫中,无事可干的宫女可以通过穿针乞巧、唱乞巧歌并配合跳舞,借以热闹一下,但如涉及男女之事,弄不好就有杀头之罪。所以,宫中的七夕节就很自然地变为单纯的乞巧。只有后妃可以"临百子池",求其佑己多子。这是七夕节俗的一个转变。

历来统治阶级的思想会成为老百姓普遍要遵循的思想原则,西汉以后儒家思想占据统治地位,男尊女卑的观念越来越严重,而且魏晋以后门阀制度越来越突出,一个农民同天帝的孙女成婚与当时的观念完全不合,所以民间的七夕风俗也会变为以乞巧为主。不过,从今存收集于1936年的《西和乞巧歌》来看,姑娘们借着乞巧活动,唱乞巧歌,不但表现出对于个人婚姻的愿望,也表现出对于社会上很多问题的关注,甚至揭露社会上一些丑恶现象。

《西京杂记》卷三又载:

> 十月十五日,共入灵女庙,以豚黍乐神,吹笛击筑,歌《上灵》之曲,既而相与连臂踏地为节,歌《赤凤凰来》,至七月七日,临百子池,作于阗乐。乐毕,以五色缕相羁,谓为相连爱。

以下是讲"八月四日""九月九日""正月上辰""三月上巳"之事。我认为上引文字开头的"十月十五日"是"七月初一日"之误。有的人说因汉代以十月为岁首，故先言十月。但是，如是因十月为岁首先言十月，会依次接着叙"正月上辰""三月上巳"，再接"七月七日""八月四日""九月九日"，不可能是说了十月，又去说七月，这就失去了"岁首"的意义。今之"七"，上古时作"十"，研究古文字者皆知之，前些年出土数字卦中，"七"均作"十"，也毫无疑问。可见西汉之时"七"，有的人仍写古体作"十"。整理者未及细审，而录作"十"。"十五"（竖书）实为"初一"（竖书）之误，汉代篆隶之书，"初"左高右低，竹简损擦字迹不清，"衣"旁模糊误认为"十"，"刀"与下"一"字相靠似"五"。所以，《西京杂记》这段文字是反映了西汉初期，宫中七夕节是从七月初一开始的，文中所谓"灵女庙"，即织女庙，当时之敬称织女为"灵女"，同后代陕甘一带及全国很多地方称"巧娘娘"一样，自古"灵""巧"之义相近，"乞巧"也是为了变得心灵手巧。文中说的"以豚黍乐神"，同此后两千多年中在很多地方七夕给织女献果品糕点的风俗一样。文中说"歌《上灵》之曲，既而相与连臂踏地为节，歌《赤凤凰来》"。"上灵"的"灵"，即指"灵女"，故《上灵》之曲，同后代很多地方乞巧中唱乞巧歌的情形一样；"赤凤来"，从字面看，与今陇南西和县、礼县七月七唱的"迎巧歌"相近，前面说过，秦人是以凤凰为图腾的，故时人想象织女之灵下凡是乘凤凰而来的。

所以说，据《西京杂记》所记载，西汉初年后宫中乞巧节已是从七月一日开始，至七月初七还有活动。这同至今在陇南的西和县、礼县保留的七天八夜的乞巧节完全一样。

乞巧的时候又跳又唱的情形，现在很多地方已经消失了，但西和、礼县一带的七天八夜中坐巧之处时时有人，而且不同乞巧点上的姑娘们之间互相走访（名曰"行情"），每到一处，都要跳唱一番，既有展示风采之意，也有比赛新编乞巧歌之意。

由以上的论述可知，七夕风俗的形成是早的，在先秦之时已经产生；以"乞巧"为主的节俗特征，是在汉初。至今西和县礼县一带的乞巧节，仍大体保存着最早的七天八夜敬巧娘娘、唱乞巧歌、唱歌中踏地而舞的节俗。

五、乞巧节同秦文化的关系

20 世纪 80 年代末至 90 年代初，礼县大堡子山发现了大量先秦时代文物。后省、市、县各级政府重视此事，严加管理。开始时这些文物还没有到专家的手上，究竟是何朝何代的文物还没有被认定。但满山的礼器陪葬品出土，必然是在附近生活过的王族的坟墓，一般贵族之家的坟墓不会如此之大。这一发现也很快引起了专家们的重视，他们认为器物所属时代是秦。《史记·秦本纪》说周孝王时封非子于秦，"使复续嬴氏祀，号曰秦嬴"。又载周宣王之时封秦仲之后"为西垂大夫"。《正义》引《括地志》："秦州上邽县西南九十里，盖陇西县（按言：即陇之西县）是也。"我根据这些断定，礼县大堡子山的陵墓，必为秦先公先王陵墓。因而联系《秦本记》开头所说"女修织"云云，认为织女即由秦人始祖女修演化而来。所以写了两篇论文刊出。以后十多年中对有关问题一直在思考，并关注有关方面资料的收集。后来我认识到牵牛是由周先祖叔均而来，牛女传说是周秦文化交融的结果，因为他们早期都生活于天水陇南一带，也由此可以肯定，牵牛织女传说最早形成于天水陇南、陇东一带，七夕风俗、七夕节实际上是秦人祭祖风俗的遗留。

"早期秦文化——牵牛织女传说——七夕乞巧风俗"，这三者是紧密联系在一起的，不可分割、不能孤立看待。只有这样，才能说明礼县靠近西和县长道镇的大堡子山、圆顶山何以有那么多秦早期墓葬，能出土那么多礼器等文物，西和、礼县漾水河流域、西汉水流域何以多少年来有那样隆重的七天八夜的乞巧风俗。

《史记·封禅书》中说："秦襄公既侯，居西垂。"《正义》曰："汉陇西郡西县也。今在秦州上邽县西南九十里也。"《封禅书》又说："西（按：中华书局标点本加专名号，为地名）亦有数十祠。"《索隐》云："西即陇西之西县，秦之旧都，故有祠焉。"又《封禅书》在说到秦献公时一次栎阳之地"雨金"，"自以为得金瑞"做"畤畤"之事，《集解》引晋灼之语："《汉注》在陇西西县人先祠山下，形如种韭畦，畦各一土封。"《索隐》引《汉旧仪》云：

> 祭人先于陇西西县人先山。山上皆有土人，山下有畤，如种韭畦。
> 中各有一土封，故云畦畤。(《三苍》云："畤，埒也。")

以上引文中说的"人先"，即秦人之先祖，"土人"即祠庙内所塑先祖之像，"畤"即上古之时秦人祭诸位先祖的场所。

史书中所载这个秦人祭祖的人先山在什么地方呢？《史记·封禅书》言西汉初期之时西县"亦有数十祠"，所以加"亦"者，秦人东迁之后咸阳、陈仓（今宝鸡）、平阳（今阳平）、雍（今凤翔）等地也有秦先祖祠庙。今礼县东北部、西和县北部、天水西南一带，正是汉代西县之地。《史记集解》引瓒曰："陈仓县有宝夫人祠，或一岁二岁与叶君合。叶君神来时，天为之殷殷雷鸣，雉为之雊也。"我认为"叶"（繁体作"葉"）为"萧"字之误，二字均为草字头，字形相近。古代竹简书写的字易磨损，变得不清楚，难免误识误抄。此宝夫人的故事即见于《列仙传》的萧史与秦穆公之女弄玉的故事。"秦人作凤女祠于雍。"其实这些都是牵牛织女故事的分化所形成。

关于西县其地，《史记正义》言在秦州上邽县（今天水市秦城区）西南九十里。当时邽县治地在今秦州区西南。清代学者顾祖禹《读史方舆纪要》中说：

> 西县城，州西南百二十里。……三国汉建兴六年，武侯出祁山，使
> 马谡与张郃战于街亭，败绩。时武侯军于西县，以街亭师败，进无所据，
> 乃拔西县千馀家还汉中。

"州"指秦州。清秦州西南百二十里，即今西和县长道镇。诸葛亮使空城计之西城，即今长道，宋代曾为西和州治，其地距秦州正一百二十里。地在入川之路的峡口，为蜀地之北面出入地之一，故曰"长道"。此应是蜀国为守卫之便而筑，因在西县地，故名西城，而不曰西县。西县城当在长道稍西之地。总之，秦人之人先山，应在西县城与西城一带。

长道、盐官附近的祁山，为人所共知。按"祁"字左侧"礻"（示字旁）本义为祭祀以求神示，右边的双耳旁为"邑"字之简，表示为人聚居之地。则祁山正是早期秦人祭祖之山。祁山当西汉水上游。看来早期秦人是以漾水河为汉水正源。

牵牛织女传说故事既与汉水有关，这一带又有秦人祭祖祠庙，则七夕节

最早起源于这一带。当然，在秦东迁路上如上面提到的邦、陈仓、平阳、雍、咸阳等地自然也都很早就留下这个节俗，至迟在秦汉之间传至长安一带，故汉初宫廷中有七月初至初七的乞巧风俗。不用说从西垂至长安这条路上的每一个有七夕节俗、有乞巧风俗的聚居处，也都会向周围传播。

所以说，七夕风俗是形成于西北。它至迟随着东汉王朝的迁都洛阳，较集中地传到了中原之地，大约在汉末魏晋之际开始传至东方、南方。经西晋、东晋之间战乱和都城南迁，以及晋末南北朝之间战乱，隋代前后人们的大量流动和唐末的战乱，长期东西南北经济、文化的交流，全国各地都有了七夕节俗，乞巧活动也随着七夕节俗而一并传向全国。只是七夕节庆活动的具体表现，从古代开始，同各地自然状况、社会发展相联系，表现不完全一样，而上层社会同一般下层劳动人民间也有所不同。由于魏晋之后几次大的社会动乱中集中南迁的都是豪门大户（后代南方所谓"客家人"），故南方的七夕、乞巧节俗中多带有上层社会的特色；而每一个地方由于气候、物产、地理环境与习俗的不同，也会使这个节日带有一定的地方特色。

七夕节在明清之后已传遍全国大部分地方，即使一些少数民族中，也有七夕节俗。七夕已经同清明、端午、中秋、重阳等节日一样受到人们的重视。

从全国的七夕节俗看，从古至今，它一直是以女孩子为主，是一个女儿节，也同时张扬着勤俭、真诚、学习各种技巧，关心社会等优良的思想作风与精神。先父子贤公受新民歌运动的影响，1936 年组织学生收集西和（当时包括今属礼县的祁山、盐官）乞巧歌。由这本书中所收清代至民国前期的一些乞巧歌可知，在这一带七天八夜的乞巧节中，虽然说是"乞巧"，实际上女孩子们也通过唱乞巧歌表达了她们对家庭婚姻的良好愿望，也表现了她们对社会以至对于当时政治的关心，表现出一颗赤诚的心。所以，在历史上七夕节、乞巧活动是起到过良好的社会作用的。在今天，七夕、乞巧节仍然有激励女孩子上进、关心家庭与社会、促进社会和谐发展的作用。特别是，这一切都不是通过说教实现的，而是女孩子自己组织的活动，是在生动、愉快、欢乐的气氛中进行的。而这当中，如上文所说，又融入了几千年传统文化的基本精神，打上了中华民族从远古至今每一阶段的烙印。

全国各地的七夕节有同有异，这当中既打上了历史的烙印，也打上了不同地域、不同阶层经济文化的烙印，古代很多文献和诗歌作品中都有反映。

对于七夕节的传播与分化，各种表现形式，本书中有论文专门论述，这里不再多说。

　　本书为我近三十年研究七夕、乞巧文化的总结，大部分论文各有专门讨论的问题，有些篇章之间互有交叉，故这里加以条理概述，以便大概了解整体，算是一个简介或者引言。

汉水与西礼两县的乞巧风俗

一、繁盛的乞巧风俗

乞巧的风俗，最早见于葛洪整理的西汉史料《西京杂记》和东汉崔寔的《四民月令》。《西京杂记》卷一：

> 汉彩女常以七月七日穿七孔针于开襟楼，俱以习之。

《四民月令》于七月七日：

> 作干糗，采苍耳，食酒脯时果，散香粉于庭上，祈请于河鼓织女。

"河鼓"即牵牛星。西晋初年人周处（236—297）的《风土记》曰：

> 七月七日，其夜洒扫于庭，露施几筵，设酒脯时果，散香粉于筵上，祈请于河鼓、织女，言此二星神当会。守夜者咸怀私愿。或云见天汉中有奕奕正白气，有耀五色，以此为征应。

南朝宗懔《荆楚岁时记》也载：

> 是夕人家妇女结彩缕，穿七孔针，或以金银鍮石为针，陈瓜果于庭中以乞巧。

汉魏以来，以七月七日为题的诗赋很多，所反映的风俗大体与《风土记》《荆楚岁时记》等记载差不多。据我所知，只有甘肃的西和县、礼县两县的乞巧之风俗最为特殊、最为隆重、持续时间也最长。这两县的乞巧都是从农历七月一日起，到七月七日止；而且都要供奉"巧娘娘"，未婚女孩成群唱歌，又跳又摆，并一村一村、一街一街间互相走访，对姑娘们来说，其热闹欢乐的程度远过于春节。近年中城里面这种活动渐渐少了，但农村中依然如旧。据上辈相传，此俗历史已经很久。

地处陇南的西和县、礼县，每年六月下旬，村里的姑娘们便商议乞巧之事。大体是邻近的二三十个姑娘联合起来，有钱的出钱，有物的借物，并开始考虑编乞巧时的新唱词。重要是商定将"巧娘娘"坐在谁家。大部分是安置在家里有未出嫁姑娘，房屋比较宽敞，父母比较开明的人家里。

农历七月一日的前一天，城乡的姑娘们穿着新衣服，成群结队到城镇的纸马店去"请巧娘娘"。此前各个纸马店都已经扎糊成很多巧娘娘（脸面是用人面模子糊层层麻纸而成，晒干后再糊上白纸、描画着色而成），到时候摆出来。彩衣、花鞋，约有三四尺高，十分俊俏。请来之后，贡于布置好的屋内桌上，烧香点蜡，在大门外燃放鞭炮，举行迎巧仪式。当晚姑娘们面对巧娘娘在桌前面空地上跳唱，请巧娘娘"下凡"。迎巧时唱的多是传统唱词。比如：

> 七月初一天门开，请我巧娘娘下凡来。
> 巧娘娘，驾云来，给我教针教线来。
> 巧娘娘穿的绣花鞋，银河边上走着来。
> 我把巧娘娘请下凡，天天给我教茶饭。
> 巧娘娘请到神桌上，天天给我教文章；
> 巧娘娘请上莲花台，天天教我绣花鞋；
> 巧姑娘请来了点黄蜡，天天教我绣梅花；
> 巧姑娘请来了献茶酒，给我赐一双好巧手。
> 巧娘娘来了献油饼，叫我越做越灵心。
> 去年去了今年来，头顶香盘接你来。①

此后几天直至七月初七晚，白天、黑夜坐巧之室人满，也常有其他街道、村庄的姑娘们来参观。一队队姑娘们手拉着手，一前一后甩着胳膊跳唱。其中有的歌词代代相传，大约已经产生很久。比如：

---

① 本文所引乞巧歌据赵子贤先生 1936 年搜集、整理《乞巧歌》抄本。

正月里冰冻打春消，二月里鱼儿水上漂。

三月里桃花满山红，四月里杨柳长成林。

五月里雄黄闹端阳，六月里麦子满山黄。

七月里葡萄搭成架，八月里西瓜玩月牙。

九月里大荞割成笼，十月里柿子满街红。

十一月大雪飘进门，腊月里年货摆出城。

巧娘娘，下云端，我把巧娘娘请下凡。

唱了一年十二个月的节候变化与人们生活、生产的状况，反映了农业社会注重气候变化，人们的生产、生活同节气周期密切联系的状况。姑娘们从小唱这些歌，也是对生产、生活知识的学习。传统歌词中还有些关于历史文化知识的歌和有关生活常识的歌，都起着传承知识的作用。

传统歌词之外，各个乞巧点每年都要编新词。歌词大都或联系现实，或抒发姑娘们的情感，颇合比兴之义。这中间也有些年龄大的妇女参与，幕后指导，帮助编词，颇似花儿会上的串把式；因为 20 世纪 70 年代乞巧活动只有未婚的姑娘参加，已结婚妇女可以看，可以在下面帮忙、指导，但不能参与跳唱及迎、送等活动。中青年妇女是从姑娘过来的，都有过参加乞巧活动的记忆，所以也都极为热情，多少反映出她们对过去的留恋与怀念。从 20 世纪 50 年代以来，姑娘们也请识字有文化的青年学生等帮助编词。但编得最精彩、最有价值的是那些出自妇女自己之口的"天籁"。旧社会唱的词中，比如：

鸦片烟，稀罕罕，一个银圆只买一点点，

呼噜呼噜钻眼眼（按：指烧烟泡儿），吃的人脸势黄扁扁。

淌眼泪来打哈欠，卖儿卖女卖家产，

打架骂仗不安然。掌柜的（按：指大夫）再莫吃鸦片烟！

槐树槐，搭戏台，叫响姐，看戏来。

不能来，为她的男人不成才：

先卖庄窠后卖房，揣着色子上赌场。

一晚上输得光荡荡，气得姐姐眼泪淌。

> 也不吃来也不喝，睡着炕上怨亲娘。
>
> 贪人家银，贪人家金，推得女儿进火坑！

其中批判的意义和对买卖婚姻的反抗情绪不用多说。有的歌词比较长，可以唱十多分钟。

姑娘们大约从初三四开始，成群结队到附近村庄、巷道的乞巧点去参观，也在那里唱自己编的歌，很有观摩、交流的意思，形成少女们的一种交谊活动和诗歌创作的交流。

至初七清晨迎水，姑娘们到泉里汲回第一桶水。晚上，每个姑娘带上事先生成的一碗扁豆芽和一个小盆子或碗，到坐巧的地方，盛上泉水，在灯下将豆芽粒放在水中，看映在碗底的影子，如果人多，有的就在院子里点着蜡烛看。姑娘们口里唱着歌，如：

> 我给巧娘娘许心愿，巧娘娘给我赐花瓣。
>
> 巧了赐个花瓣儿，不巧了赐个烂扇儿；
>
> 巧了赐个扎花针，不巧了赐个钉匣钉；
>
> 巧了赐根锈花线，不巧了赐个背篼鞯。
>
> 巧了赐个铰花剪，不巧了给个挑（剜）草铲；
>
> 巧了赐个擀面杖，不巧了赐个吆猪棒；
>
> 巧了赐个写字笔，不巧了给个没毛鸡；
>
> 巧了赐个磨墨砚，不巧了给个提水灌。
>
> 巧娘娘给我赐吉祥，我给巧娘娘烧长香。
>
> 巧娘娘给我赐花瓣，照着花瓣了心愿。

再如"豆芽儿细，豆芽儿弯，巧娘娘给我开心眼。莫赐宝贝莫赐钱，赐个阿家（按：即婆婆）懂瞎好（按：指识好坏），赐个女婿懂人言（按：指通情达理）"之类，都是姑娘们通过对豆芽所照影子的解读，曲折地表现出自己的愿望。这是在沉重的封建礼教下，妇女们为了表达内心、表示自己对生活的愿望而创造的一种自由想象、借题发挥的审美活动。

此夜，乞巧活动达到高潮，姑娘们唱跳最卖力。因为一年一次的乞巧节就要结束了，下一年有的姑娘可能出嫁，不能再参加。所以都充满惜别情绪。至深夜，大家就将巧娘娘的像送到附近的河边，唱着送神歌焚化。过去七月七晚送巧时，有的姑娘又哭又唱，到第二天眼睛都哭肿了。姑娘们是借此发泄着对封建旧礼教的不满。这是她们一年一度集中学习的机会，也是无拘无束抒发个人情感和狂欢的机会，所以年龄大些的姑娘也表现出对自己青春时代的留恋。七夕晚常唱的送巧歌如：

> 七月七，节满了，巧娘娘上天不管了。
> 有心把巧娘娘留一天，害怕天河没渡船；
> 有心把巧娘娘留两天，害怕走迟了天门关；
> 有心把巧娘娘留三天，害怕老天爷寻麻烦。
> 白肚子手中写黑字，巧娘娘走了我没治。
> 巧娘娘走了我心寒，花手巾擦眼泪不干。
> 巧娘娘身影出了门，石头压心沉又沉。
> 野鹊哥，野鹊哥，你把巧娘娘送过河；
> 驾白云，打黄伞，你把巧娘娘送上天。

从这个唱词看，姑娘们是把"老天爷"（天帝）看作织女的家长，无形中将自身和被永远分隔在天河另一面不能同丈夫在一起的织女的身份联系起来。七月七晚要送巧要送到河边上，多少体现着织女传说的古老的影子。

　　一年一度的乞巧节是姑娘们一年中最畅快的日子，所以到送巧那一天，都有一种节日将完的失落感。有一首送巧歌唱道：

> 巧娘娘穿的神仙衣，巧娘娘走哩我送你。
> 巧娘娘影子出了门，巧娘娘先行我后行。
> 巧娘娘影子出了院，我送巧娘娘心里乱。
> 巧娘娘影子上了房，我送巧娘娘脚步忙。
> 巧娘娘影子驾了云，转眼到了南天门。
> 巧娘娘影子走远了，把我丢下不管了。
> 巧娘娘影子没得了，由不得人着哭开了。

表现姑娘们的心情，十分细腻。

　　乞巧风俗在西和、礼县周围的县也有，如天水市秦城区的天水镇（过去叫"小天水"），但只是在初七的晚上有些活动，也不贡巧娘娘像，不跳唱。所以，西礼县的这种源远流长的乞巧活动，显得很特殊。

二、周秦民族的交融与牛女故事

我认为，乞巧风俗同秦人的传说有关。我曾有《论牛郎织女故事的产生与主题》一文，论织女乃是由秦人始祖女修而来。"牵牛""织女"最早为星名，见于《诗·小雅·大东》。《大东》一诗，《毛诗序》云："东国困于役而伤于财，谭大夫作是诗以告病焉。"西周时谭国在今山东章丘附近（济南市以西），可见牵牛、织女作为星名在西周时已流传十分广泛，其产生时间应该很早。上古时候以人名命的星名大都是部族中的杰出人物，如轩辕、柱（《国语·鲁语》言烈山氏"有子曰柱"，夏代以前为稷神）、造父、傅说、王良、奚仲等。各个部族的命名不相同者，在民族融合的过程中有些被较通用的名称所替代，有些则在一统王朝形成后逐渐改用了中央王朝的官名，显示出天下的一统（古代星宿以官职命名者很多）。

随着农业经济社会的形成，牵牛、织女由星名变成为中国长期自给自足农业社会中"男耕女织"农民形象的写照。随着封建礼教的加强，男女青年间大量爱情悲剧的产生，人们联系牵牛、织女二星分别在银河两岸的事实，有关传说逐渐转化为悲剧的故事。

《史记·秦本纪》："帝颛顼之苗裔孙女修。女修织，玄鸟陨卵，女修吞之，生子大业。"大业为秦人之祖。传说中的秦人始祖女修，就是以织而闻名，传于后代的。因系氏族的始祖又有神话故事一直流传下来，故成为星名。至汉代《古诗十九首》中"迢迢牵牛星"一诗，即已是悲剧的结局。

关于牵牛，从农耕在传说时代各部族经济中的地位及文化传播的整体状况考虑，应是由周先公叔均而来。

《山海经·海内经》云：

> 后稷是播百谷。稷之孙曰叔均，是始作牛耕。

周人处于黄土高原地带，农业发达很早。据李学勤先生主编《中国古代文明与国家形成研究》一书，周人最早发祥于今陕西中部偏西的长武至甘肃庆阳一带。目前已知的先周文化遗址，主要分布于泾渭流域，就遗址密度而言，呈现为三大群，"从遗址群的年代早晚关系言，长武一带遗址群最早，长安丰镐颇晚，这正与周人早期居豳、古公迁岐、文王都丰及武王都镐的文献记载暗合"①。长武的碾子坡遗址发现先周墓葬230多座，发现有陶窑、铜器、卜骨、生产工具、碳化谷物高粱等，出土的生产工具，也只有镰和石刃。

特别值得注意的是，遗址出土家畜遗骨甚多，而其中又以牛骨为最多。可见当时周人畜牛普遍，牛耕已用于农业生产。甲骨文中已有"犁"字（作"物"或"犂"）。则周人之用牛耕始于商代以前无疑。

周人在农业基础上很早就开始饲养家畜。这也是农业充分发展的一个表现，家畜可吃农产品中的剩馀物，而其粪便又可以作肥料。碾子坡其地处甘肃平凉市、庆阳市之间，东南距陕西彬县不到二十公里，这一带也正是早期周人活动之处。

《括地志》云："不窋故城在庆州弘化县南三里，即不窋在戎狄所居之城也。"不窋（zhú）为周人祖先后稷的后裔，时当夏代末年。② 唐代庆州弘化县即今甘肃省庆阳市。《太平寰宇记》于庆州安化县下引《水经注》佚文云："泥水南流迳尉李城东北。尉李城亦曰不窋城，合马岭水，号白马水，故泥水一名马岭水。""马岭"水，方俗音变今名"马莲"河。泥水即今元城川，发源于甘肃华池县西北，南流合白马川。又南，合环江为马莲河。这样看来，今庆阳市以北华池县一带向南包括庆阳、合水、宁县、泾川、灵台至陕西长武这一片地方，为早期先周民族活动之地。《中国古代文明与国家形成研究》一书中说：

> 碾子坡居邑略早于古公迁岐之前，属于先周文化早期偏晚，以此为标尺，有可能找到比它更古老的先周文化，然应扩大到甘肃马莲河流域

① 李学勤主编：《中国古代文明与国家形成研究》，云南人民出版社1997年版，第483、484页。

② 《史记·周本记》："后稷卒，子不窋立。不窋末年，夏后氏政衰，去稷不务，不窋以失其官而奔戎狄之间。不窋卒，子鞠立。鞠卒，子公刘立。"据此，公刘为后稷弃之四世孙。而《史记·刘敬列传》言："后稷，尧封之邰，积德累善十有馀世，公刘避桀居豳。"恐不可信。从不窋至周武王世系连续，无缺环。唯旧说以为从不窋至武王十五世，我认为当为十九世。公刘后的"庆节"实为庆、节两代，"皇仆"为皇、仆两代，"差弗"为差、弗两代，"毁隃"为毁、隃两代；此前"后稷"的"后"，"公刘""公非"的"公"，均为王之称；"不窋"的"不"为"大"之义，"高圉"的"高"为评价之词；"季历"之"季"为排行字，"亚圉"的"亚"据《诗·周颂·载芟》云"亚，仲叔也"，也为排行字；"公叔祖类""公亶父"亦皆于名上加其他词语。实际上从弃至武王发，周人名皆只一字。周先公从不窋至武王十九世，便同商朝三十一王十七世，再加上夏末一、二王的时间相当。

庆阳地区去寻。①

这就是说，周人最早是发祥于陇东的。《山海经》中言后稷之孙叔均"是始作牛耕"，是服牛用于农耕生产的最早记载。商先公王亥服牛至有易，或用于交通运输，或用于买卖放牧以供食用，尚且看不出是用于农耕（甲骨文中虽有"犁"字，但已至商代中期）。且周氏族同秦氏族地域上比较接近，也都距汉水较近，周人有关牛耕的传说故事易于传到早期秦人居住、活动的西汉水上游（当时的汉水上游），从而同秦人始祖女修的传说联系起来，形成牵牛织女的传说。这同牵牛星、织女星都在天汉边上的情形也相符合。

又《山海经·大荒西经》云：

> 有西周之国，姬姓，食谷，有人方耕，名曰叔均。帝俊生后稷，稷降百谷。稷之弟曰台玺，生叔均。叔均是始代其父及稷，播百谷，始作耕。

这里所谓"耕"，即指牛耕。大约叔均以前是用人力，即所谓"刀耕火种"的办法，叔均始用牛耕，节省了人力，又相应地带动了工具的改造（由人用的耒变为畜拉的犁），提高了农耕的速度，推动了农业生产的发展。

附带说一说：《山海经·海内经》中说"后稷是播百谷。稷之孙曰叔均"，此"稷"应指后稷，即周人的始祖弃。《大荒西经》中"稷之弟曰台玺，生叔均"的"弟"为"子"字之误。或者这里的"稷"应指后稷之子中任"稷"之职务者，台玺应是周人迁至邰时的一位领袖人物（其地位次于稷）。

叔均在农业发展上的贡献是巨大的。《山海经·大荒北经》中还说：旱神魃所在之地"不雨"，"叔均言之帝，后置之赤水之北。叔均乃为田祖"。则可见其在上古人们观念中地位之高。

周人在以后也一直重视农业，这由《诗·豳风·七月》以及《大雅》中的《生民》《绵》《公刘》，《小雅》中的《甫田》《大田》，《周颂》中的《噫嘻》《丰年》《载芟》《良耜》等诗可以看出。《小雅·无羊》云：

> 谁谓尔无羊？三百维群；谁谓尔无牛？九十其犉。……尔牛来思，

---

① 李学勤主编：《中国古代文明与国家形成研究》，云南人民出版社1997年版，第485页。

其牛湿湿。

则周人同牛的关系是很深的。所以说牵牛应是周人据其祖叔均的事迹而命名的。

值得注意的是，在后代传说和"七夕"的风俗活动中，也有祀田公（或曰田祖）的内容。《古今图书集成·岁功典》引山西志书述广灵县风俗说：

七月七日折柳枝，挂楮钱插田中以报田公。

七月七日而"报田公"，显然是将田公与牵牛星君联系在一起。可见牵牛星由叔均而来不仅在文献中可以考知，在民间传说中也有深厚的基础。

秦人究竟发祥于何处，过去学术界看法有分歧。近十多年中在礼县大堡子山（当天水县西南、西和县以北）发现了大型、密集的秦先公先王墓葬群，人们才弄清：秦人虽自山东迁来，但其不断地发展、壮大的起点是在今天水西南、西礼二县之间，即朱圉山以南、西汉水上游之地。西、礼二县隆重的乞巧风俗就是秦文化的遗留，这同礼县盐关（大堡子山以北）的骡子市场一样。礼县一带今并无养马场，但这个有悠久历史的骡马市场至近几十年仍是西北、山西、四川等很大范围内最大的骡马市场。这似乎同秦非子居犬丘"好马及畜，善养息之"，"主马于汧渭之间，马大蕃息"的历史及以后的茶马市不无关系。看来在一些较偏僻之地，人们习俗、生活方式的生命力是极强的。周人先是逐步南移，至长武一带又东南移。秦人由西汉水上游先北移、然后渐渐东迁，至原来周人所居之地。周秦两族早就有所接触，这在《史记·秦本纪》中有记载。后来其居地的转移和先后重合进一步形成文化的交融。这应是牵牛、织女故事形成的社会文化方面的原因。

织女的传说同秦民族有关，还有一个证据，便是古人称分隔了牵牛织女的银河为"汉"或"云汉""天汉"。比如《诗·小雅·大东》：

维天有汉，鉴亦有光。跂彼织女，终日七襄。虽则七襄，不成报章。
睆彼牵牛，不可以服箱。

《毛传》："汉，天河也。"又《诗·大雅·棫朴》："倬彼云汉，为章于天。"《毛传》："云汉，天河也。"《诗·大雅·云汉》："倬彼云汉，回昭于天。"《毛传》："云汉，谓天河也。"《广雅·释天》："天河谓之天汉。"又《大戴礼·夏小正》七月"汉案户"卢辩注："汉，天汉也。"看来最早天河就被称为"汉"，后来为区别于地上的"汉"——汉水，才称作"云汉""天汉"。《尚书·禹贡》："嶓冢导漾，东流为汉。"郦道元《水经注·漾水》："漾出陇西氐道县嶓冢山，东至武都沮县为汉水"（此"陇西"即陇山之西，非指今之陇西县）。三国时沮县在今略阳以东，西汉水经此，此向南流，然后东流，沔水流入，两水相合。"氐道"指今陇南西和、礼县间之地（氐人发祥于仇池山一带，其地秦以为武都道，即氐道）。今之西汉水即上古汉水之上游。以"汉"为天河之名，是秦文化的遗留。

此外，目前关于牵牛、织女的传说，能反映出一定情节的，都见于秦文化范围。首先，《三辅黄图》中说：秦始皇并天下以后"渭水贯都以象天汉，横桥南渡以法牵牛"。秦始皇以渭水象天汉，既表现出以天帝自喻的思想，也反映出秦民族古老的记忆。而在渭水上架桥以象牵牛渡天汉，更可看出牵牛、织女传说在秦文化中的印象。

其次，1975 年在湖北云梦县睡虎地 11 号秦墓出土战国末至秦始皇三十年期间竹简，有《日书》甲种 166 简，《日书》乙种 257 简。其中《日书》甲种有三简写到牵牛织女的情节，其 155 简正面云：

> 戊申、己酉取妻，不吉。戊申、己酉，牵牛以取织女，不果，三弃。

第 3 简简背云：

> 戊申、己酉，牵牛以取织女而不果，不出三岁，弃若亡。①

明确反映出战国之时牵牛娶织女为妻和以后二人分离的传说已形成，只是尚看不出是什么力量破坏了他们的幸福。

根据以上这些事实看，牛郎织女的故事是在周秦之地形成的，牵牛来自周人之祖，织女来自秦人之祖。

---

① 睡虎地秦墓竹简整理小组《睡虎地秦墓竹简》，文物出版社 2001 年版，第 206、208 页。

三、变迁的汉水、漾水、嶓冢山

这里还得说一说两条汉水、两条漾水、两个嶓冢山孰先孰后的问题。

这当中关键的是汉水。因为《尚书》中说"嶓冢导漾，东流为汉"，哪一条是秦人最早说的汉水，它的上游也就是最早的漾水；其所发源之山，也就是《尚书》中说的嶓冢山。

目前所有的辞书的词条，都是将两条水分别称作"汉水""西汉水"，而不作"汉水""东汉水"，或"东汉水""西汉水"。显然，在这些辞书的编者头脑中，是以陕西的汉水为最早的汉水，以为西汉水是因它而得名。如新编《辞源》"汉水"条：

> 源出陕西宁羌县北嶓冢山。初出时名漾水，东南经沔县为沔水，东经褒城县，合褒水，始为汉水。……《书·禹贡》："嶓冢导漾，东流为汉。"汉即汉水。

其"西汉水"条云：

> 水名，在甘肃南部。南源出天水县寨子山，北源出天水县长板梁子，两源汇合后称之西汉水，又称犀牛江，东流入陕西略阳为嘉陵江。《水经注》二十《漾水》："汉水又南入嘉陵道而为嘉陵水。"即指西汉水。

其"漾水"条与上录"汉水"条大体相同，不再录。这里"西汉水"，虽无正宗之名，尚有侧庶之号，"漾水"之名则只归于陕西宁羌所发源者。

新编《辞源》之"嶓冢"条云：

> 山名。1. 在陕西宁羌县北。东汉水发源于此。《书·禹贡》："嶓冢山导漾，东流为汉。"2. 在甘肃天水县西南，西汉水发源于此。又名兑山。为秦国最初封地。清蒋廷锡谓二山南北相距数百里而支脉隐然联属。参阅《尚书地理今释》、《嘉庆一统志》二三七《汉中府》一。

我觉得《辞源》中相关几条的解说，写得稍好的只有"嶓冢"这一条。这一条肯定两处发源之山均有"嶓冢"之名，对发源陕西宁羌的又用了"东汉水"说法，虽然先列举"东汉水"，但毕竟使"西汉水"与之并称、并列。

我的看法是发源于甘肃的名"汉水"在先，发源于陕西宁羌和留坝的本叫沔水，为上古汉水的重要支流，因流入汉水，故得"汉水"之名。[①]《尚书·禹贡》在梁州和雍州均提嶓冢山。梁州部分说："岷、嶓既艺，沱潜既导。"孔《传》："岷山、嶓冢，皆山名。水去已可种艺。"岷山指甘肃、四川之间山脉。西和、礼县之地属长江流域，古人按水系归之于梁州（四川属之）。此嶓冢是指甘肃南部的嶓冢山无疑。山在雍梁之间，而水则南流。《禹贡》"雍州"（甘肃属之）部分云："导嶓冢，至于荆山。"又云："嶓冢导漾，东流为汉，又东为沧浪之水。"《尚书·禹贡》中两处所言"嶓冢"，实为一山，而漾水则只一处提到。关于《禹贡》的作时，据金景芳先生之说："可能是周室东迁后不久某一位大家所作。"[②] 1933 年 8 月出版由丁文江、翁文灏、曾世英所编纂的《中国分省新图》上，标注汉水发源于甘肃南部，就有正本清源的意思。

漾水、汉水，是秦人水名。秦人东迁以后，以旧居地山水名命所在之地的山、水，这在先秦时代差不多是一个规律。如商朝几次迁都，其地均命名曰"亳"；楚人发祥于丹阳（其地在今河南省丹、淅二水之间），后几次迁徙，其都城均名之曰"丹阳"；自楚文王迁都郢，所居时间较久，以后所迁之都城，也都叫"郢"；蔡国几次迁徙，均名曰"蔡"（后分别称为上蔡、下蔡、新蔡）；等等。这是因为上古之时对于长久居住中心地区的地名记忆很深，已经具有一种部族中心的象征意义。当然，在不得已而迁徙离开之后，也有一种怀归的心理。秦人本居于西垂，自然对其周围山、水记忆尤深。比如《山海经·西山经》《离骚》中均提到的"崦嵫""崦嵫之山"，王逸注："日所入山也。"郭璞注："日没所入山也。"王注可以从神话方面来理解，郭注则明确从自然现象方面言之。至《淮南子》云："日入崦嵫，经细柳，入虞渊之汜。"（《太平御览》引），则完全变为神话。《山海经》虽多神话，但往

---

　　① 新编《辞源》还有"沔水"条："水名，在今陕西勉县境。东汉建武三年光武将岑彭潜兵渡沔水，大破秦丰将张扬于阿头山，即此水。见《后汉书》十七《彭岑传》。参见'沔'"。"沔"字条云："水名，一名沮水，出陕西略阳，东南流至勉县，西南入汉水，为汉水的上游。《书·禹贡》'浮于潜，逾于沔。'注：'汉上曰沔。'"按：勉县即旧沔县，另外，沔水实有南北两源，南源出宁羌县，北源出陕西留坝县西，一名沮水。二水合于勉县东流。

　　② 金景芳、吕绍纲：《〈尚书·虞夏书〉新解》，辽宁古籍出版社 1996 年版，第 290 页。

往是一些历史、社会现象和自然现象的曲折反映。据所有古文献载，崦嵫山在天水市西南，并非很大的山，也不在最西方，却说为日入之山，很多人不明就里。其实，这是秦国早期群体记忆的遗留。秦人最早居于西垂，观察天象，以其西之山崦嵫为日落之山。这个记载融入夏商以来多民族融合的文化体系中之后，既为普遍之说，从事实上来说又成为不可理解之事，于是只从神话方面解释之。

以此言之，嶓冢山本秦人早期生活地一带重要之山，汉水本秦人早期生活地一带重要之水。沔水本汉水之重要支流，统名之为"汉水"。《禹贡》中所说"又东为汉，又东为沧浪之水"的"汉"，本指发源于甘肃向东与沔水合流的汉水。后来由于地震使河道淤塞的原因，汉水在略阳中断，其上游发源于甘肃的部分南流，汇合白水江为嘉陵江；发源于陕西的沔水仍按旧河道经湖北入长江。汉水与沔水合流前的一段旧河床，至今犹在。[①] 古汉水中断为二的时间大约在西汉时代。因为班固《汉书·地理志下》陇西郡西县下已说："《禹贡》嶓冢山，西汉所出，南入广汉白水，东南至江州入江。"[②] 称汉水上游为"西汉"，可见班固之时早已分为二水。文中所谓"广汉白水"，即今之嘉陵江。"嘉陵江"之名，本是陕南、广汉一带人称改而南流的汉水。"嘉陵"本秦先公先王陵墓之名，礼县古名"天嘉"，亦因此之故。后"嘉陵"被用来称白水江，汉水上游称作"西汉水"。

郝懿行《山海经笺疏·西山经》注"嶓冢山"云：

> 山在今甘肃秦州西南六十里。李善注《思玄赋》引《河图》曰："嶓冢，山名。此山之精，上为星，名封狼。"

又其在"汉水出焉"一句下注云：

> 《地理志》云："陇西郡西，《禹贡》嶓冢山，西汉所出，南入广汉白水，东南至江州入江。"又云："氐道，《禹贡》养水所出，至武都为汉。"养字本作漾。《说文》云："漾，古字作瀁。"是《地理志》以出氐

---

① 李建超：《我国又一条电气化铁路——阳安铁路》："原来嘉陵江上源由北向南流到阳平关附近，不是继续南流入四川，而是东流入汉江的。如今铁路所经过的地方，就是一条被遗弃的古河床。"《地理知识》1978 年第 7 期，第 1 页。

② 参见刘琳《华阳国志校注》，巴蜀书社 1984 年版。

道者为汉水，出嶓冢者为西汉水也。《水经》则云"漾水出陇西氐道县嶓
冢山，盖合二水为一也"。

可以说关于秦地此一山两水，《汉书·地理志》的记载有矛盾处。据谭其骧主
编《中国历史地图集》第二册《凉州刺史部》和史为乐主编《中国历史地名
大辞典》（中国社会科学出版社 2005 年版），当武山县之南部，朱圉山以西。
这一带的水多向北流入渭水。汉代氐道在今礼县西北，向东亦应包括今西汉
水上游几支流在内，出氐道者，出嶓冢中实为一水。《水经》也未能弄清。我
们由《汉书·地理志》可以看出：

　　一、发源于嶓冢山的是西汉水而不是东汉水。根据《尚书·禹贡》"嶓冢
导漾，东流为汉"之说，东汉时所谓的"西汉水"，即《尚书·禹贡》所说
汉水的上游。《汉书·地理志》在"陇西郡"西县下云："《禹贡》嶓冢山，
西汉所出，南入广汉白水，东南至江州入江。"这是就汉水中断变为两条水之
后其上游部分的情形而言。这里所说嶓冢山本指位于甘肃南部嶓冢山甚明。

　　二、《汉书·地理志》同样在陇西郡氐道县下云："《禹贡》养水所出，
至武都为汉。"有的人理解此指东汉水（郝懿行即如此）。其实，这仍然是言
发源于嶓冢山的汉水，只是因所据材料不同，分一为二而已。因为西汉氐道
并不在汉中郡，而在陇西郡的西县以西。武都之地也是在陇南（西汉时武都
郡设今西和县略峪镇，东汉时郡治移今成县抛沙，武都县尚在今略峪）。班固
为后汉扶风安陵（今陕西咸阳市东）人，对那一带的水名、山名，一清二楚，
他也认为发源于宁羌（在汉代沔阳以南）者，非《禹贡》之汉水。

　　三、当时沔阳以南发源沔水之山尚未被命名为"嶓冢山"，故班固亦未
提到。

　　四、与其上源（西汉水）中断之后仍袭"汉水"之名，或称为"东汉
水"。此后有的人又误称其上游为"漾水"。

　　根据上面的分析可知，秦人发祥地西垂（汉代西县）的汉水，是为《尚
书·禹贡》所言之汉水，其上游名曰"漾水"。其东流经略阳，至今沔县与沔
水合。西汉之时在略阳一带汉水中断后，一水变为两条水。可能是秦人东迁
之后，以旧居处山水之名称新地址山水，后人并不清楚其关系而误称沔水上
游为"养水"，或作"漾水"，又称沔水所发源之山为"嶓冢山"。

　　我们弄清这个问题，是为了说明先秦之时称银河为"汉""云汉""天

汉"，乃源于秦人关于织女的传说。也就是说，织女的故事传说是同秦民族的始祖女修有关的。"牛郎织女"的故事的形成，则是周文化同秦文化交融后，在漫长的奴隶社会和封建社会中逐渐形成的。

　　这样看来，甘肃西和、礼县七月七的乞巧活动十分普遍而且持续时间长，举行得很隆重，实际上是一种群体潜意识的表现，很值得进行认真的研究。

（《西北师大学报》2005 年第 6 期）

汉水、天汉、天水

——论织女传说的形成

作为我国四大民间传说之一的"牛郎织女"传说产生于何处，以前很少有人考虑过。近年来国家重视非物质文化遗产的保护，各地又在开发旅游文化资源，才引起人们的关注。但多是临时找证据，一时也弄不清一些地名、遗址、相关传说形成的年代，缺乏深入的研究，看法分歧，多难以成立。①

我认为"牛郎织女"的传说产生于何处，应从宏观、微观两方面把握去探索。并且，要既重视文献中有关传说的最早记载，又注意相关传说与风俗流传的情况，更要注意有关出土文献与学界的研究成果。要在充分认识我国上古时各地经济、文化的特征的基础，依据文献中最早、最原始的记载，来弄清传说的主流，排除后代分化和附会的情节。

记得在 20 世纪 50 年代初关于几种改编的《牛郎织女》剧作的讨论中，我的老师杨思仲（陈涌）先生有一篇《什么是"牛郎织女"正确的主题》的文章，指出"牛郎织女"是我国几千年农业社会中"男耕女织"农民形象的化身。我们不能把这个传说故事的产生看作民间文学史上的一个偶然事件，不能认为其中的人物、情节是一种个别事件的反映。所以，在确定它的产生地点时，一方面要重视最早的文献记载；另一方面应从牛郎、织女这两个人物标志性身份特征方面去寻找其形象之来源；从我国古代各部族的发展中去寻找孕育这两个人物的地点。

现在可以肯定的是：

一、从《诗经·小雅·大东》来看，西周之时牵牛、织女已是天汉两侧的两座星名，只是尚看不出当时已形成相关的什么故事。

---

① 拙文《论牛郎织女故事的产生与主题》，《西北师大学报》1990 年第 4 期。参见《连接神话与现实的桥梁——论牛女故事中乌鹊架桥情节的形成及其美学意义》，《北京社会科学》1990 年第 1 期。

二、由上古时以人物作为星名的情况考察，轩辕、柱（烈山氏之子，最早的稷神）、造父、傅说、王良、奚仲等，他们或为部族中杰出的领袖、或为在某方面作出过重大贡献的人物。

依据这个原则来考察，织女的原型应是秦人的始祖女修。根据有五：

一、《史记·秦本纪》中说："帝颛顼之苗裔孙曰女修。女修织，玄鸟陨卵，女修吞之，生大业。"大业为秦人之祖，是秦民族由母系族社会向父系氏族社会过渡的关键人物。女修为"帝颛顼之苗裔孙"，与后来传说中为天帝之女或王母娘娘外孙女的身份一致；她以"织"而闻名于后世，是演变为织女的关键因素。

二、湖北云梦县睡虎地 11 号秦墓出土战国末至秦始皇三十年间竹简，其中《日书》甲种有两简写到牵牛织女的情节，其 155 简云：

戊申、己酉，牵牛以取织女，不果。三弃。

其第 3 简简背云：

戊申、己酉，牵牛以取织女，而不果。不出三岁，弃若亡。

由简文看，战国时传说中牵牛、织女星已由星名转换为故事中的人物，牵牛娶织女，但未能成功。第 115 简的"三弃"一句不好解，应是"不出三岁，弃若亡"的节抄，或缺字造成。联系《诗·卫风·氓》等先秦时弃妇诗看，似是女被男所弃；但两简所谓"不吉"皆是就娶妻之一方而言之，那么，"弃若亡"应是指织女弃牵牛而去，如无此人。这是牵牛织女传说形成后，在各种文献（传世文献和出土文献）中最早、最明确的记载。它应同当时占主导地位的秦文化有关。

三、《三辅黄图》中说，秦始皇并天下之后，"渭水贯都以象天汉，横桥南渡以法牵牛"。这反映了秦民族中十分普遍的传说（也应已流传至其他国家、其他地区）。由此看来，当时秦人的传说中已经形成牵牛织女本为夫妇，而被隔在银汉两侧，织女南渡以会牵牛的情节。从"南渡"的说法看，故事中织女是占主导地位的，这同她的原型本是"帝颛顼之苗裔孙"的情形相一致。秦汉以后转变为天帝之女，或王母娘娘的外孙女，而王母娘娘是由西王母演化而来，所以仍然同甘肃的神话传说有关。[①]

四、秦人发祥于天水（旧称秦州）西南的汉水上游之地。这个结论是1987 年开始在礼县大堡子山不断出土了一批又一批十分精美的秦编钟、秦鼎等礼器文物和大型车马坑，学术界认定为秦先公先王墓之后才确立的。[②] 而牵牛、织女的传说一开始就同"汉"（汉水）联系在一起。

五、地处天水西南的西和、礼县从古到今，对七夕节十分重视，城乡姑娘从农历六月底即以村庄、街巷为单位，组织起来，找大房子设巧娘娘灵堂，从纸马店请来扎糊好的巧娘娘像，经过迎巧的仪式后，从七月初一至初七，一直举行祭巧、唱巧、拜巧（各乞巧点之间互相拜访，唱乞巧歌，进行观摩）等活动，七月初七在会餐、照瓣乞巧和手帕搭桥活动之后，于子夜至漾水、汉水边或其他河边送巧，才算结束。这样隆重的乞巧仪式，全国再没有第二个地区有。西和、礼县姑娘在乞巧时年年编唱新歌词，各处不同，所以产生了大量特殊的新民歌。我在《汉水与西、礼两县的乞巧风俗》（《西北师大学报》2005 年第 6 期）一文中曾介绍了几首西和的乞巧歌，这里介绍几首礼县和天水地区的流传的乞巧歌。下面三首是流行在礼县东部永兴乡的。《梳头歌》前半段：

> 一碗油，两碗油，我给巧娘娘梳翻头。
> 前头梳了一支龙，后头梳了一座城。
> 桃花颜色掸口唇，口唇抹了一点红。
> ……巧娘娘穿的红缎子鞋，南天门上转着来。
> 巧娘娘下云端，我把巧娘娘请下凡。

《扎花歌》：

> 巧娘娘的脸，嫣红脸，
> 巧娘娘的眼，像灯盏。
> 灯盏背后坐王家，王家的大姐会扎花。

---

① 陇东靠近庆阳的泾川县回山上有王母宫，据载始建于汉武帝元封年间。《穆天子传》所述西王母所在地，也在甘肃。参见赵俪生《〈穆天子传〉中一些部落的方位考实》，《中华文史论丛》1979 年第 2 辑。

② 参见李学勤《探索秦国发祥地》，《中国文物报》1995 年 2 月 19 日。

大姐扎了个芍药花，二姐扎了个牡丹花。

只有三姐不会扎，搬倒车子纺棉花。

一天纺了一斤半，拿到城里换丝线。

……扎花要扎扣线哩，扎下的飞禽动弹哩，

扎花要扎冰蓝线，扎下的巧禽满天转，

扎花要扎麻叶哩，要扎十朵莲花哩。

十朵莲花九朵开，将有一朵没开开，拿到梁上风吹开。

……巧娘娘，下凡来，给我教针教线来。

《送巧歌》第一首的结尾：

有心把巧娘娘留一天，害怕天上生故端。

有心把巧娘娘留两天，巧娘娘心里不了然。

有心把巧娘娘留三天，牛郎抱子银河边。

巧娘娘，驾云端，我把巧娘娘送上天。①

下面是流行在天水市张家川回族自治县的：

巧娘娘，吃巧来，喝汤来，洗澡来。

上座里坐的巧娘娘，下座里坐的是牛郎。

做牛郎鞋，摆两双，穿一双，放两双。

我给巧娘娘鞠个躬，巧娘娘教我打阿公；

我给巧娘娘献花花，巧娘娘教我打阿家；

我给巧娘娘献李子，巧娘娘教我打女婿；

我给巧娘娘献鸡蛋，巧娘娘给我扎花线；

我给巧娘娘献梨儿，巧娘娘教我骑驴儿。②

语言诙谐，表现了在封建社会中女子对旧礼教反抗的情绪。有些传统歌词流传很广泛，而字句上又稍有变异。如张家川流行的这首《巧娘娘》，在清水县也有流传，但只开头到"下座里坐的是牛郎"相同，以下却是：

---

① 以上三首歌均见《中国歌谣集成》（甘肃卷）。该书《汉族为主的陇上歌谣》部分的《仪式歌》中收有乞巧歌十馀首，西和之外，有流行在礼县的《接请歌》《十教歌》《取水歌》《转饭歌》，有流行在张家川和陇东的《巧娘娘》等。流行在礼县的采录者为刘志清。

② 参见《中国歌谣集成》（甘肃卷）。采录者翟存菊。

做牛郎鞋，摆两双，穿一双，放一双。

风吹起叶叶儿，落下秆秆儿。

金水儿，银碗儿，巧娘娘，洗脸儿。

洗下的脸，如白面，巧娘娘叫我做针线。

我给巧娘娘来献瓜，巧娘娘叫我来扎花。

我给巧娘娘献柿子，巧娘娘教我缝被子。

我给巧娘娘献桃儿，巧娘娘教我缝袍儿，

我给巧娘娘献双鞋，巧娘娘教我要学乖。①

传统歌词之外，各县也都有些自编的歌词，反映了当地的生产、生活及风俗习惯以至历史事件。可见 20 世纪 40 年代以前的漫长时期中天水各县的乞巧风俗也是很兴盛的，只是由于这些地方多处于经济、文化发达的交通要道，一些旧的、古老的习俗便渐渐丢失。

由以上五条理由来看，织女来源于秦人始祖女修，织女的传说同陇南、天水有很大关系。

牵牛的原型来自周先民中发明了牛耕的杰出人物叔均。《山海经·海内经》中说：

后稷是播百谷，稷之孙曰叔均，是始作牛耕。

《大荒西经》《大荒北经》中也有相近文字。陇东地区也有很多反映农耕文化、牛文化的风俗、节庆。

处于陇南和陇东之间的是天水地区。在武都地区改为陇南地区之前，陇南是一个宽泛的统称，包括武都地区和天水地区，故清代天水有书院名陇南书院，20 世纪 40 年代天水有报名《陇南日报》。现在只好分开说。天水从三国时设秦州，唐、宋、明、清因之。天水之得名，据传世文献中是始见于汉武帝元鼎三年（前114年）。学者以为此即天水得名之始，因而在天水地名溯源上，出现了种种猜想。其实，"天水"之名非始于西汉，而始于先秦时。

1971 年底，在礼县永兴乡蒙张村秦墓中出土一大批文物，其中有一家马鼎，盖上和腹上并有铭文曰：

---

① 参见李益裕选编《天水歌谣》，甘肃文化出版社 2005 年版。此歌演唱者马翠巧，采录者牟军红。

> 天水家马鼎，容三升，并重十九斤。

该鼎现藏礼县博物馆。1996年夏，在东距蒙张村不足二十里的盐关镇附近又出土一铜鼎，铭文曰"天水人家"（鼎已流失）；1997年秋，在距蒙张村更近的祁山乡又出土一铜鼎，铭文阴刻"天水"字样（亦已流失）。近年来，在距蒙张村三四里的文家村又出土一铜鼎，盖表铭文曰："天水家马鼎，容三升，并重十斤。"《汉书·百官志》云："太仆，秦官，有两丞，属官有大厩、未央、家马三令……武帝太初元年更名家马为挏马。"则家马本秦官，主国君私用之马。汉承秦制，至汉初仍有。秦国在天水有家马专主为国君养马，由此可看出三点：一、"天水"之得名在秦代以前；二、"天水"乃秦人所命名；三、天水当时作为一个小地名，主要包括今礼县东北部的永兴乡、盐官镇、祁山乡一带。可能东北至今天水市秦城区的天水镇、娘娘坝一带，南部至西和县北部之地。

那么，"天水"的命名何所取义呢？我认为是有取于"天汉源头"之意。《韵补》二"媒"字注引汉末陈琳《止欲赋》四句云：

> 惟今夕之何夕兮，我独无此良媒。云汉倬以昭回兮，天水混而光流。

正是将"天水"同"云汉"相对而言。

《尚书·禹贡》云："嶓冢导漾，东流为汉。又东为沧浪之水。"一千多年来，学者们误以为此"汉"指发祥于今陕西宁羌县的汉水，嶓冢山也是指宁羌县的嶓冢山，而称发源于今天天水市西南的汉水为"西汉水"（新编《辞源》《汉语大词典》均持此说）。真可谓喧宾夺主。我以前认为，这种状况主要由于秦人的东迁，以旧居住地的山名、水名命新到之地的山、水之名而形成。因秦人迁至咸阳后遂成为全国最大的政治文化中心之一，最后成为全国的政治中心，后起的地名得到强化，从而淡化了本来之山名、水名之故。近来研读有关资料，认识到除了上面所说的意识上的原因之外，还有一个事实上的重要原因，这便是：发源于今天水西南的汉水本来是一直向东，经略阳、沔县（今勉县）同发源于陕西宁羌的沔水合流，所以《禹贡》言"又东为沧浪之水"（在今湖北北部）。《山海经·西山经》中也说："嶓冢之山，汉水出焉，而东南流注于沔。"沔水作为汉水的重要支流与汉水合流之后，仍称为"汉"，大约到西汉时代，由于地震的原因造成淤塞，汉水上游在略阳附近改道南流，称为潜水，合白水江而名嘉陵江。《说文·水部》："漾，水。出陇西相（氏）道，东至武都为汉。"清徐灏《说文解字注笺》：

> 盖《禹贡》"嶓冢导漾"，源出西和、成县，南流至略阳，又东折至宁羌州，与汉水通，流至武昌入江。其后略阳、宁羌（今陕西省宁强县）之间水道中断，而西汉水遂入蜀境，合嘉陵江，至合州入江。

今人刘琳《华阳国志校注》（巴蜀书社 1984 年版）也持此看法，该书中引李健超的文章中的一段话："原来嘉陵江上源由北向南到阳平关附近，不是继续南流入四川，而是东流入汉江的。"[1] 其结论云："盖在战国以前嘉陵江至阳平关附近东流入汉中。"汉阳平关在今勉县以西老城乡。1988 年第 1 版的《汉语大字典》第三册在"漾"字下吸收了徐灏以来学者们的研究成果，对此作出了正确的解说：

> 漾，古水名。即今嘉陵江上源的西汉水，源出甘肃省天水市西南，起初南流至陕西省略阳县即折而东流为汉水，后略阳县东水道中断（或以为六朝时地震所致），水流直南为嘉陵江，至四川省重庆市注入长江。

下面也引了徐灏《说文解字注笺》中的那段话。但遗憾的是该书同册"汉"字下的注则同新编《辞源》《汉语大词典》一样，仍承旧说之误，并引朱骏声《说文通训定声》语，肯定陕西宁羌的"漾""嶓冢"为《禹贡》中所说"漾""嶓冢"，形成同一书中互相矛盾。同时，言在六朝之时汉水中流部分才中断，使上一段南流为嘉陵江，时间也估计过迟。因为《汉书·地理志》中已言"东汉水受氏道水，一名沔，过江夏，谓之夏水"，"《禹贡》嶓冢山，西汉所出，南入广汉白水"（《地理志下·武都郡》），则西汉之时已分为两条水甚明。

　　由上面的论证可知，"天水"是汉代以前汉水（今之西汉水、东汉水合流共同的发源地。"天水"之得名，同其地在汉水上游有关。

　　下面要说的是：秦汉时所谓"天水"，并非今日天水市的秦州区（20 世纪 50 年代至 80 年代的专署或地区所在地天水市，此前的天水县。约在 1952 年由县改为县级市，为天水专署的驻地。1985 年天水专区改为天水市，原天

---

[1]　李健超：《我国又一条电气化铁路》，《地理知识》1978 年第 7 期。

水市改为秦城区），而是指今天秦州区西南七十里的小天水（今天水镇）以南、以西礼县东北部之地及西和县北部部分地方。北魏太平真君七年（446年）在今礼县以东水南县置天水郡，辖今礼县、西和二县地，北周废。《水经注·渭水注》：

> 旧天水郡治，北城中有湖水。有白龙出是湖，风雨随之。故汉元鼎三年改为天水郡。其乡居悉以板盖屋，毛公所谓西戎板屋也。

《诗经·秦风·小戎》云："温其如玉，在其板屋。"二者相合。考之《史记·秦本纪》，《小戎》为秦襄公时之作。周宣王时，秦仲因破戎有功而被封为西垂大夫。《史记正义》引《括地志》，言西垂即上邽县（今天水市秦州区）西南九十里的汉代西县地。后经今秦州区迁至今陇县以西的张家川。至秦襄公护送周平王有功，"平王赐以岐以西之地"，方东迁至"汧渭之会"，先至平阳（在今宝鸡以东），再至雍（今宝鸡以北之凤翔），皆距汧水流入渭水之处不远。那么，《水经注》中所言汉元鼎三年置天水郡，开始时并未置于襄武。不然，东汉永平十七年改为汉阳郡（同时徙今甘谷）便不可能，因为所谓"汉阳"，应在汉水之阳，而通渭、甘谷皆去汉水太远，则迁于甘谷之前，在汉水之北可以肯定。至于今天水市（秦城区、天水县），即古之上邽，据《汉书·地理志》乃属陇西郡，并不属天水郡。则秦汉时天水郡之郡治在今礼县东北部的西汉水以北可以肯定。

1990年，在礼县东北部的冒水河中游草坝村出土了一通《南山妙胜廨院碑》，碑文云：

> 秦州南山妙胜院，敕额古迹，唐贞观二十三年赐额昭玄院天水湖。

又云：

> 南山妙胜廨院，在天水县茅城谷。

"茅城谷"即今冒水河两岸之地。这里所谓"天水湖"的"天水"，应即汉元鼎三年置天水郡之地。联系礼县永兴乡出土的两件"家马鼎"看，这里的"天水"之名，应产生于先秦之时。

过去因《水经注》言"归天水郡治，五城相接，北城中有湖水"，《汉书·地理志》天水郡颜师古注引刘宗时郭仲产《秦州地记》亦云："郡前湖

水冬夏无增减，因以名焉。"于是，不少探究"天水"地名来源的人都在今天
水市找这个湖的旧址，以求相符，真是刻舟求剑：前人刻舟，舟行远矣，而
今人尚沿以求剑，岂能有得。

综上所论，秦先民最早居于汉水上游，因而将晴天夜晚天空呈现的银白
色星带也称作"汉"。周秦文化融合后，"汉"或"云汉""天汉"成了银河
的通用名称。秦人将位于银汉西侧呈三角状排列的一大星两小星称作"织女"
（因为宇宙中星象的运动，现在织女星在天汉西北侧），以纪念自己的始祖，
保留了他们最古老的记忆。这个星名后来也成了织女星座的通用名称。天水
的命名要迟得多，但也在先秦之时，那时"汉"既指天上的云汉、天汉，也
指秦人东迁以前、哺育了秦人、秦文化的那条大水；因而人们又因为"汉"
也是天汉之称，而将这条水上游秦人所居之地名为"天水"。

今天的天水市秦城区尽管在先秦时天水之地偏北处，非秦汉以前的天水，
但也在秦人早期活动范围之内，且长期承袭"天水"之名，因而也不能说同
织女的传说无关。

上面说的只是"牛郎织女"传说中织女的原型和乞巧文化、七夕节的起
源地问题。与之相关的很多问题当另为文论述之。

（《天水师范学院学报》2006年第6期）

乞巧风俗是古老秦文化的遗留

汉魏以来，以七月初七为题的诗赋作品很多，所反映的风俗大体与周处《风土记》、宗懔《荆楚岁时记》等书记载一样，都是穿针乞巧、陈瓜果于中庭乞巧之类。据我所知，只有甘肃省西和县、礼县一带漾水河、西汉水流域的乞巧之风俗最为特殊、最为隆重、持续时间最长。对于姑娘们来说，其热闹欢乐的程度远过于春节。据上辈相传，此俗当地是世世代代如此，历史悠久。

我认为，乞巧风俗同秦人的祭祖风俗和传说有关。"牵牛""织女"最早为星名，见于《诗·小雅·大东》。在长期的周秦文化交融中，由两个星名字面的意思产生了有关传说故事，而随着华夏农耕社会经济的形成，牵牛、织女由星名变为中国长期自给自足农业社会中"男耕女织"农民形象的写照；又随着封建礼教的加强，人们联系牵牛、织女二星分别在天汉两岸的事实，有关传说转化为悲剧的故事。

上古时候以人名命的星名大都是部族中的杰出人物，如轩辕、造父、傅说等。织女乃是由秦人始祖女修而来。《史记·秦本纪》："帝颛顼之苗裔孙女修。女修织，玄鸟陨卵，女修吞之，生子大业。"大业为秦人之祖。传说中的秦人始祖女修，就是以织而闻名，传于后代的。因系氏族的始祖又有神话故事一直流传下来，故成为星名。至汉代《古诗十九首》中"迢迢牵牛星"一诗，即已是悲剧的结局。

关于牵牛，从农耕在传说时代各部族经济中的地位及文化传播的整体状况考虑，应是由周先公叔均而来。据李学勤主编《中国古代文明与国家形成研究》一书，周人最早发祥于今陕西中部偏西的长武至甘肃庆阳一带。

> 碾子坡邑略早于古公迁岐之前，属于先周文化早期偏晚，以此为标尺，有可能找到比它更古老的先周文化，然应扩大到甘肃马莲河流域庆

阳地区去寻。①

这就是说，周人最早是发祥于陇东的。

周人处于黄土高原地带，农业发达很早。目前已知的先周文化遗址，出土家畜遗骨甚多，而其中又以牛骨为最多。可见当时周人畜牛普遍。《山海经·海内经》云："后稷是播百谷。稷之孙曰叔均，是始作牛耕。"这是以牛用于农耕生产的最早记载。商先公王亥服牛至有易，或用于交通运输，或用于买卖放牧以供食用，尚且看不出是用于农耕。甲骨文中有"犁"字，看来至商代中期中原一带也用牛耕了。大约叔均以前种地都是用人力，即所谓"刀耕火种"的办法，叔均始用牛耕，节省了人力，又相应地带动了工具的改造（由人用的耒耜变为畜拉的犁），推动了农业生产的发展。

周人一直重视农业，这由《诗经》中的《七月》《大田》《丰年》等诗可以看出。《无羊》云："谁谓尔无牛？九十其犉。……尔牛来思，其牛湿湿。"则周人同牛的关系是比较深的。所以说牵牛应是周人据其祖叔均的事迹而命名的。

20世纪80年代末至90年代初在礼县大堡子山发现了大型、密集的秦先公先王墓葬群，出土了大量文物，人们才弄清：秦人发祥于今天水西南、礼县东北部、西和礼县二县之间。我认为今西和、礼县隆重的乞巧风俗是秦文化的遗留，这同礼县盐关（大堡子山以北）的骡子市场一样。习惯、风俗的生命力是强大的。周秦文化的交融形成"牵牛织女"传说。后周人先是逐步南移，至长武一带又东南移。秦人由西汉水上游逐渐向东北移，至原来周人所居之地。周秦居地的重合也必然形成文化的融合。这是牵牛、织女故事进一步发展的重要原因。

范文澜主编《中国通史》第一册（由其《中国通史简编》第一册而来）中说："叔均牛耕法在某些地主（当是'区'之误）或少数农民的田地上可能被采用。孔子弟子冉伯牛，名耕。司马耕字子牛，晋国有大力士名牛子耕。耕与牛相连，说明东周后半期已用牛耕田，不过这种进步的耕作法当时并不通行，一般仍用两人并力发一耜的耦耕法。"② 这里提到了叔均，比早年的看法稍完善一点，但仍然是未能认识到周人在农业生产技术上领先的情况。周人是在其建国前的叔均时代已用牛耕之法，至西周之时应更为普遍，到东周

---

① 李学勤主编：《中国古代文明与国家形成研究》，云南人民出版社1997年版，第485页。
② 范文澜主编：《中国通史》第一册，人民出版社1978版，第141—142页。

时代已传至周边地带，没有问题。可以说牛耕之法同牵牛织女的传说相联系向周围扩散。秦人即是较早采用了牛耕技术的，只是秦人早期以养马为主。

织女的传说同秦民族有关，还有一个证据，便是古人称分隔了牵牛织女的银河为"汉"或"云汉""天汉"。比如《诗·小雅·大东》曰：

> 维天有汉，鉴亦有光。跂彼织女，终日七襄。虽则七襄，不成报章。晥彼牵牛，不可以服箱。

《毛传》曰："汉，天河也。"看来最早天河就被称为"汉"，后来为区别于地上的"汉"——汉水，才称作"云汉""天汉"。《尚书·禹贡》曰："蟠冢导漾，东流为汉。"郦道元《水经注·漾水》曰："漾出陇西氐道县蟠冢山，东至武都沮县为汉水。"此"陇西"指陇山以西之地，非今之陇西。"氐道"其地在今礼县西北。当时关于蟠冢山已产生歧异之说，与《尚书》之说相左。但追记西汉以前古汉水上游在沮县，东流为汉水这一点还是有依据的。三国时沮县在今略阳以东，沔水所经，汉水上游向东与东汉水相合。以"汉"为名，天河也是由此而来，显然是秦文化的遗留。

此外，目前关于牵牛、织女的传说，能反映出一定情节的，都见于秦文化范围。首先，《三辅黄图》中说，秦始皇并天下以后"渭水贯都以象天汉，横桥南渡以法牵牛"。秦始皇以渭水象征天汉，既表现出以天帝自喻的思想，也反映出秦民族古老的记忆。而在渭水上架桥以象征牵牛渡天汉，更可看出牵牛、织女传说在秦文化中的印象。

更有力的证据是，1975年在湖北云梦县睡虎地11号秦墓出土战国末至秦始皇三十年期间竹简，其中《日书》甲种有三简写到牵牛织女的情节，其155简正面云："丁丑、己酉取妻，不吉。戊申、己酉，牵牛以取织女，不果，三弃。"第3简简背云："戊申、己酉，牵牛以取织女而不果，不出三岁，弃若亡。"这说明至迟在战国之时牵牛娶织女为妻和以后二人分离的传说已经形成。

根据以上这些事实看，牛郎织女的故事是在周秦之地形成的，牵牛来自周人之祖，织女来自秦人之祖；陇南西和县、礼县和天水一带颇为繁盛的乞巧风俗是古老秦文化的遗留。

（《中国艺术报》2013年8月7日）

因地蓄锐 秦人发祥于陇右

在中国历史上，秦人第一次统一了全国，为以后两千多年的封建王朝奠定了一个建构模式，可谓意义重大。《史记·封禅书》中说："秦襄公既侯，居西垂，自以为主少昊之神，作西畤，祀白帝。"《史记集解》引晋灼曰"《汉注》在陇西西县人先祠山下"（"陇西"这里指陇山以西，犹言"陇右"）。西垂在今甘肃礼县东部，西和县北部，天水西南。西汉水与西和河（漾水）相交之处，也即秦所建西县地。《汉旧仪》说："祭人先于陇西西县人先山，山上有土人，山下有畤。"文中说的"人先"即祖先，"土人"应指建祠所塑祖先神像，畤为帝王祭祀天地祖先神灵的场所。礼县东北部的祁山（1946 年以前归西和），由山名看本即祭祀之山。"示"字旁的字都表祭祀，右耳旁同于"邑"。则秦人的人先祠应即今祁山。大量传世文献、考古成果与文化遗存证明，秦人发祥于陇南、天水一带的陇右地。

一、秦早期文化在陇南天水一带的遗存

《史记·秦本纪》中载商代之时秦先祖有名中潏者，"在西戎，保西垂"。王国维《秦都邑考》一文也说，秦之祖先中潏居西垂，其地或称作"垂"，或称作"犬丘"，或称作"秦"，皆在陇坻以西，为"宗周之世"（西周时），"秦之本国"。其后迁至雍，大体相当于春秋时代；再迁至咸阳，大体相当于战国时代。

学者们根据秦人以鸟、凤凰为图腾这个事实，推断秦人本是少昊族，属东夷，其中一支很早就迁至陇坻以西。但在西垂之前秦人究竟在何处，古代文献中没有记载。近年清华大学所收藏一批竹简公布，其中记载秦先人为

"商奄之民"。商人数迁，其第六个都邑在今山东曲阜附近，名奄，故"商奄"指今曲阜一带。商代时秦人同商王朝关系密切，飞廉等在商朝曾任职，商亡之后，飞廉逃至商奄，武王派人追杀了飞廉，秦人和商奄人俱被周成王迁于"朱圉"，即今甘肃省甘谷县西南与礼县北境相接的朱圉山。古人居于山上者一般都在山之阳面，即山南一带。但山上生产生活条件较差一些，后来慢慢由山南向下移，沿昧谷（文献中也作"茅谷""峁谷""濛水""峁水"，即今礼县东北冒水）南下而到汉水上游。

清华简以最可靠的记载证实了秦人至迟在西周初年即迁到陇右的事实。但这又同《史记·秦本纪》中商代之时秦人祖先中潏移居西垂的记载相矛盾。我认为，西周初年之所以将秦人之一支迁于朱圉山或曰"朱圉之阳"（山之南为阳），是因为秦人远祖中已有人迁于这一带，不然，怎么从最东的商奄之地而要迁至在当时来说属最西的汉水上游？

关于秦人最早至西汉水上游的时间，甘肃省历史学家祝中熹先生认为应在尧舜时代。《尚书·尧典》中说帝尧曾经命羲仲、羲叔、和仲、和叔分别到东、南、西、北极远之地的观测点（所谓"四极"）测定节气。关于西极的测定，《尧典》中说：

> 分命和仲，宅西，曰昧谷，寅饯纳日，平秩西成。

意思是说，命和仲在西方的昧谷，恭敬地迎送落日，辨别测定太阳西落的时刻。前面说了，昧谷即今礼县东北的冒水。

因为秦王朝只存在短短十五六年，故关于秦人发展的文献没有留下来。但秦国在统一全国以前同中原各国以至齐鲁、楚国等较边远的国家也都有频繁的往来。由于商业活动、战争以及一些人的政治避难、迁于他国等因素，秦人在春秋战国时与各国早有多方面交流往来，尤其战国时，秦在各国中已有很大影响，秦文化有很多融入周文化和六国文化之中，至今尚可找出一些。如《离骚》"吾令羲和弭节兮，望崦嵫而勿迫"。东汉王逸注：

> 崦嵫，日所入山也。下有蒙水，水中有虞渊。

各书也都这样说。关于其地望，各辞书或曰"汉代西县"，或曰"今天水西南"。按中国商周以来的地理观念，陇南并非最西之地。为什么说崦嵫山是"日入之山"呢？实际上这是早期秦人的观念。因秦人受命测日，长期居于汉水边上，故以其西面之山为"日入之山"，以其地为"西"，秦文献融入周文献中以后，便成为中华民族早期地理观念与神话传说的一部分。

东南西北的"西"字，《说文解字》中篆文作""，解释是"鸟在巢上也。象形。日在西方而鸟栖，故因以为东西之西"。这是许慎的一个解释。从上古至东汉时代，年代久远，他也只是据字形作一分析。实际上应该是：秦人是少昊氏后裔，以鸟为图腾，"西"字表示鸟所在之处，即秦人受命测日所到之地，也即秦人从很早所居之地。秦人发祥之地秦朝时即名为"西县"，汉因之。三国时诸葛亮用"空城计"的"西城"也是由"西县"而来，只是稍向东移至长道峡口，成一关口。南宋改"西县"为"西和县"（治今长道），因旧属西县，而当时作为宋金交战之地，后与金人和解，故加"和"字。

其他如"洍盘"等神话中地名均当于这一带求之，这篇小文不能一一详论。但秦人在商代以前已迁至昧谷（今冒水）以南的西汉水上游之地，是没有问题的。

羲和部族是少昊与颛顼的后代，是崇奉鸟、以鸟为图腾的部族。《左传》昭公十七年载，鲁叔孙问郯国之君郯子（其国在今山东郯县城西南）少昊氏为什么以鸟名官？郯子回答：

> 我祖少暤（少昊）挚之立也，凤鸟适至，故纪于鸟，为鸟师而鸟名：凤鸟氏，历正也；玄鸟氏，司分者也……

郯国也是嬴姓，与秦人同族。春秋末年三家分晋建立了赵国的赵氏也是嬴姓（先秦之时姓大而氏小，氏在不断分化，姓不变。汉代以后姓氏不分，统称为姓）。《史记·秦本纪》《赵世家》等说到秦、赵祖先或言"鸟身人言"，或言"鸟面人"，或言"人首鸟身"，都反映了这个事实。汉末的《三辅黄图》一书中说商代末年秦人的祖先飞廉为"神禽"，那就是说，祭祀的神像带有飞禽的特征。又史载秦庄公之父秦仲"知百鸟之音"（《艺文类聚》卷九十引《史记》佚文），当是反映了秦仲懂得同祖中不少部族的方言。这些也说明了直至西周末、春秋初在秦人的习俗及其与祖先崇拜有关传说中仍然体现着鸟图腾这一文化基因。

值得注意的是在礼县大堡子山、圆顶山出土的金器、铜器中有不少鸟形饰片或图案。据说其流入海外的一部分文物曾在法国巴黎展出，其中有八件鸱鸮形金片。

在西和县长道镇有一座凤凰山，历来为包括礼县永平、永兴在内的西和、礼县周围四十八庄举行庙会祈求平安与丰收之山。山上有圣母殿、天孙殿，有石碑八座、石联一副。明天启六年《补修圣母地师金像碑记》云："凤凰仙山者，西礼之胜境也，左带塔岭，右环汉水，后应龙岗，前朝鼍嘴。层峦耸翠，上出重霄；飞阁流丹，下绕清溪。……庙貌巍峨，灵应赫显。创造伊始，相传起自西汉；德威昭彰，宏恩丕显陇南。"另外西和县城以西之山，也叫凤山，清乾隆时所编《西和县志》等较早的文献中称作"凤凰山"。礼县也另外还有个凤凰山。乾隆《礼县志》卷七："凤凰山，在县东之五里，其形似凤，故名。"这些都反映出历史文化的信息。

成县也有凤凰山，乾隆六年（1741年）黄泳《成县新志》卷一："凤凰山在县东南七里。秦始皇西略登鸡山，宫娥有善玉箫者，吹箫凤至。汉世又有凤凰栖其上。……有台名凤凰台，台下溪中二石相对若阙。"徽县也有凤凰山，明郭从道《徽郡志》卷一："凤凰山，城西二里。《图经》云：'昔有凤凰见于山阿。'又云：'其山如凤。'上建宣灵王庙，副使马纪有诗。"《古诗纪》的编者、著名学者冯惟讷有《秋日同裕里郡公登凤凰山》，其《再至徽山别省亭先生》其第一句即"河池接近凤凰台"。乾隆元年（1736年）《甘肃通志》五十卷，所载以上凤凰山之外，还有武都凤凰山。其卷五："阶州，凤凰山在州治北，拱若仪凤，山麓与城相接，为州之主山。"康县是1929年由武都分出的。民国《新纂康县志》卷二："凤凰山在县东十七里之小南峪，山脚有石洞……"则陇南大部分县有叫"凤凰山者"。另外天水及与陇南相邻的漳县等地也都有凤凰山。

秦人最早生活于今山东，为少昊之后，他们也以泰山为主山，泰山神为其先祖之象征。陇南、天水、陇东一带差不多每一个县都有泰山庙，同样说明了秦文化的深厚影响。只是由于长期在民间的传播，慢慢世俗化、宗教化。但不管怎样，这个印象是没有磨灭的。

二、秦公陵园的发现与织女原型

礼县大堡子山的大量墓葬，学者们研定为秦公陵园。其地理位置在礼县东北部，由朱圉山南流的固城河入西汉水之处，在固城河东侧，西汉水北侧。大堡之山墓葬中两座大墓的西南侧都有乐器祭祀坑，其中一座出土石编磬两组十件，青铜器编钟八件，编镈三件，旁置铜虎三只。镈中最大的通高65.2厘米，通宽49.3厘米，上有龙纹雕饰，并有铭文"秦子乍宝和钟"等二十八字。钟也有铭文，有"秦子"的字眼。"秦子"是秦国国君继位当年之称，第二年开始称"公"，这同古代国君继位当年仍用先君年号，次年才称元年的情形一致。另一大墓被盗，其陪葬器物应与此相当。学术界较一致的看法是，这两个大墓分别为西周末年春秋初年的秦襄公及其子秦文公之墓。大堡子山出土的精美的铜器还有鼎、簋、壶、盘和各种车马器，车马器之上也或为虎头，或作兽首，或饰以凤鸟纹，或饰以蟠螭纹、卷云纹、重鳞纹等。有几个鼎上有"秦公作铸用鼎"之类的铭文。此外所出土玉琮、玉玦、玉磬、漆匣等，都体现出高超的工艺水平和墓主人的不平凡地位。学者们一致认为这里是秦公陵园。

大堡子山秦公陵园发现不久，在西汉水南面，永兴和长道以西的礼县圆顶山又发现了一批秦国贵族的墓葬群，其地理位置在大堡子山以东偏南，在西汉水南岸，距西和县长道镇很近。圆顶山出土列鼎、带盖鼎、簋、方壶、圆壶、盉、盨、匜、盘、戈、剑等青铜礼器与个别铁制武器，还有璧、玦、圭、璜、环、斧等玉器及玉珠和各种玉质饰片。

礼县大堡子山秦公陵园和圆顶山秦贵族陵园的发现是近几十年来先秦史研究与考古领域最重大的事件之一，它为证实秦人最早的发祥地提供了有力的证据，使一些历史疑团烟消云散；也为更具体地认识秦文化特征之来源，对《诗经·秦风》等文献所反映秦早期历史文化有一个更具体而确切的解读创造了条件。

我由此联想到西和、礼县一带隆重的乞巧风俗，同秦人的敬祖习俗有关，是没有问题的。《史记·秦本纪》开头说："秦之先，帝颛顼之苗裔孙曰女修。女修织，玄鸟陨卵，女修吞之，生子大业。"大业为嬴姓第一位男性祖先。女修以"织"而闻名于后世，是秦人的始祖。我认为她就是织女的原型。

银河在汉代以前不叫银河而叫"汉"。秦人早期生活于汉水的上游。西汉水、东汉水本是一条水，后因地震的原因中断，上游部分流到略阳折而南流，汇白水江后名嘉陵江，流入长江，而作为主要支流的沔水仍东流至湖北入长江，从此才分别叫作"西汉水""东汉水"。古代称"天河"为"汉"或作"云汉""银汉"，就是秦人以自己所居之地的汉水来命名天上这个在夜晚看来银色的云带，然后将天汉西侧那颗最亮的星命名为"织女星"，来纪念自己以"织"而名传后世的始祖女修。

三、秦政体与秦人法制观念

过去谈到"秦""秦文化"，人们最熟悉的一句话为《史记·屈原贾谊列传》中所载屈原谏阻楚怀王赴武关之会时所说："秦，虎狼之国，不可信。"（大体相同的话又见于《楚世家》）。因为屈原是伟大的爱国诗人，他的《离骚》等作品古代好文之士没有不读的，关于他的生平也为人所熟知。战国之时有远见的政治家、思想家如孟轲等都主张国家统一，屈原也是主张全国统一的，只是他希望由楚国来完成这个历史重任。当时有统一全国的条件的只有齐、楚、秦三国，因为只有这三国处周边地带，有发展馀地，有强大的后方作为军事支持。后方发展馀地最大的是秦、楚两国（齐国背后是大海）。秦、楚两国中，楚国长江以南广阔地带自然条件更好。而其中势力最强、发展最迅速的是秦国，因为秦国进行商鞅变法，虽然商鞅被处死，但变法的结果并未被推翻。而楚国的吴起变法却被完全否定了。故屈原一方面主张"联齐抗秦"，以争取时间与机会，他于楚怀王十年任左徒之职，楚国便"城广陵"（广陵即今扬州）；后来又策划了东南灭越，主张先统一南方再向北平定韩、赵、魏，然后平定秦、齐二国。屈原的政治主张是进步的，他的悲剧的形成同秦国用了反间计有关，而楚国的旧贵族反对屈原制定宪令进行政治改革是根本原因；作为楚国上层人物的郑袖、靳尚、上官大夫出于私利而不顾国家利益也应该受到谴责。但从秦国统一全国的方略上来说，秦国的策略也是无可厚非的。

秦文化在列国中最突出的一点是受儒家文化影响小，宗法观念淡薄，而法制观念强。《荀子·强国篇》中载荀况谈到在秦国所见，关于民风，说是"百姓朴，其声乐不流污（无淫秽语），其服不佻（没有奇装异服），其畏有司而顺"；说到吏治，是"其百吏肃然，莫不恭俭、敦敬、忠信而不楛（不恶劣为非）"；说到朝中大夫，是"出于其门，入于公门；出于公门，归于其家，无有私事也；不比周（不拉关系），不朋党（不结小集团）"；其朝廷，"听决百事不留（不积压）"。荀况是战国末年杰出的思想家，所言应属可靠。在两千多年前有这样的政治、吏治与社会状况，不能不令人惊叹。

分析起来，秦国在社会政治方面有两点值得关注：

其一，强调法制，"轻罪重刑"。如《商君书·说民》所说"故行刑重其轻者，轻者不生，则重者无由至矣"（采取轻罪重刑的办法，人就不会犯小罪，犯重罪的人也就不会产生）。这在七国之中是独一无二的，在中国历史上也是罕见的。因为这不是就某一个官或某一个地方而言，而是从京城到郡县、从卿大夫到普通百姓全国的普遍情况而言。

其二，任官授爵不给宗族以特例，而用"唯贤唯能"的方针。所以朝廷中从秦穆公到秦惠王，客卿而至高位、先后掌大权、掌实权的人很多。春秋之时，百里奚曾为奴隶，蹇叔亦非宗族，而俱为相；公孙支先游晋，后归秦，秦穆公"师事之"；由余为戎人，用为上卿。战国之时，主持了变法的商鞅本为卫之庶公子；张仪本为魏氏馀子，先至赵投苏秦，未如愿而入秦；司马错，《史记·六国年表》《白起传》俱称"客卿错"；陈轸，夏人，先在楚主张联齐抗秦，后至秦，秦亦不计前嫌而重用之；甘茂，下蔡人，先事下蔡史举，后因张仪而留秦；范雎，先事魏之中大夫须贾，被疑而受笞，雎装死后被置厕中，出而后改名，藏于秦使者的车中入于秦，可谓至贱，而竟为相。这些人也是或相于秦，或至决策之位，或领重兵，都可谓功劳卓著。

以上这两点可以说战国时秦国的政治方略已具有近代政治的理念。秦并六国之后没有大封子侄同姓为诸侯，而采用郡县制，不是偶然的，这是秦国传统治国理念的自然延伸与发展。西汉前期采取封同姓诸侯的办法，这是在秦国政治格局上的后退，后终引起七国之乱，最终还是回到郡县制上来，而此前有远见的政治家晁错已因此送了命，贾谊也因大才难展抑郁而死。此后郡县制两千多年中再未改变。所以清末学者孙楷（湘潭人）著《秦会要》一书，其《序》中言："虽立法过峻，当世或苦之，莫便其行，而自汉以来，相沿袭，群以为治天下之具，无外于此。"

秦国这种政体的形成同商鞅变法有很大关系。但当时商鞅为什么会选择秦国去推行其变法，而且也能取得成功？从其文化传统方面看，也有两点值得注意：

一是秦人之祖皋陶（大业）作为尧舜的臣子，担任大理的职务，作五刑，治狱断案，以明察著于史。其子伯翳（伯益）是治理部族的能手。《国语·郑语》中说："嬴，伯翳之后也。""伯翳能议百物，以佐舜者也。"《史记·秦本纪》记载："佐舜调驯鸟兽，鸟兽多驯服，是为柏翳。舜赐姓嬴氏。"是说伯翳统领那些以鸟为图腾和一些以兽为图腾的部族，各部族都听从其管理。秦人的始祖就重法制，在这方面有很深的历史根源。

二是与后来所处陇坻以西的生存环境及生产、生活方式有关。《汉书·地理志》说天水、陇西一带"修习战备，高上气力，以射猎为先"，说明当时此地人以狩猎为主，团体观念、协作精神强，讲信用、讲合作。直至西汉之时这一带仍"以材力为官，名将多出焉"，也反映了这种传统风气。

总之，是陇南、天水一带的山水田野与文化滋养了秦人，使其一直保持了重法制的传统，形成坚毅顽强的精神与质朴、严谨、守法的作风，从而逐步发展壮大，然后伺机东迁，最终完成了统一全国的大业。也正因如此，作为秦人敬祖风俗遗留的乞巧风俗至今以陇南的西和县、礼县一带最为隆重和盛行，在近代以前，天水的秦州区、张家川、清水等地和秦人东迁路上陕西的几个县市也都很盛行。这绝不是偶然现象。

（《甘肃日报》2014 年 3 月 18 日）

论早期周秦文化对中国文化的影响

——在省人民政府文史馆与省行政学院合办
"建设甘肃文化大省论坛"上的发言

在刚刚跨入新世纪的时候，甘肃省提出建设文化大省，并根据甘肃早期历史及其在华夏文明发展中的作用和意义，省委、省政府提出"华夏文明保护传承和创新发展示范区"战略方针。这个提法既体现了对甘肃文化源头性特征的重视，也包含了对甘肃文化综合性、流通性特征的关注，特别是侧重于源头性这一点，可以说是抓住了关键。在这之前，我们在文化宣传和研究方面确实取得很大的成绩，如敦煌学方面。但是，对甘肃文化的源头性宣传和研究关注得不够。根据省委、省政府的总体部署，今后我们的文化宣传和研究应特别注意两个方面：一方面，关注那些能够显示在全国有影响，在整个中国历史上有影响的文化要素；另一方面，是要关注那些能够把中国历史上各种经典、文献零星记载的传说、遗址等贯穿起来的文化要素。因此，甘肃的文化宣传和研究有四个方面的文化要素值得我们高度重视。

一是先周文化。《史记·周本纪》第一句说："周后稷，名弃。其母有邰氏女，曰姜原。"以下讲姜原践巨人迹怀孕事。但周人究竟起于何处，以前学术界看法不一。从钱穆至当代美籍学者许倬云均认为起于晋东南，然后越吕梁山进入陕西境内。近几十年，在陕西长武县发现的碾子坡先周文化遗址，有居住址约7000平方公里、墓葬230多座，又发现大量生产工具、生活用品及陶窑，还有铜器、卜骨、陶文。其年代当公元前15世纪到公元前13世纪，在古公亶父迁岐之前。这是目前所发现比较早的周人的文化遗存。长武县在陕西省中部西面插进甘肃平凉市与庆阳市之间的一个县，其北为庆阳市宁县、正宁县，其西为平凉市泾川县，西南为平凉市灵台县。夏商周断代工程首席专家李学勤所主编《中国古代文明与国家形成研究》一书中指出，周人早期主要活动在陕西中部泾、渭水流域，其北达庆阳地区。书中说：

> 长武遗址群中碾子坡先周文化遗址的发现，乃成为探索先周文化的突破口。自这一带逆泾河，再循支流马莲河而上一百多公里为甘肃庆阳地区，传说周先公"不窋奔戎狄间"即在此。

又说：

> 碾子坡居邑略早于古公迁岐之前，属于先周文化早期偏晚。以此为标尺，有可能找到比它更古老的先周文化，然应扩大到甘肃庆阳地区去寻找。

李学勤先生认为更古老的先周应到甘肃庆阳的马莲河流域去寻找，这就是说，周人最早是起于甘肃庆阳的。

周文化影响中国文化三千多年。20 世纪中期，我们还看到很多人家的门上都贴"周公之礼"之类的文字，直到现在，周人在农历、哲学方面的理论还影响着人民的生活与中国文化的发展。先秦时代的一些文化原典，有很多都是在周人的基础上发展的，如《周易》和《周礼》《仪礼》等典籍中的一些观念，有些内容不是周人建国后突然冒出来的，而有其历史根源的。中国的传统经济是农耕经济，中国的传统文化也是农耕文化。几千年来延续至今，中国人的生活各个方面都渗透了农耕文化的特点。

前十来年，庆阳市年年举办盛大的香包节。我认为庆阳应以先周文化、农耕文化为中心，以此将大量有关古迹、古代遗址及文献记载、民间传说、民俗现象等贯穿起来。我研究的结果，"牛郎织女"传说中的牵牛即牛郎的原型就是周人远祖之一的叔均。所以，"牛郎织女"传说与牵牛文化也是庆阳的文化亮点之一。陕西长武县以北的庆阳宁县，马莲河由北向南流过。令人惊讶的是该县有一种牛叫"早胜牛"，个头高，力又大，在周围各市县都很有名，它同先周之时周民族养育的耕牛有何关系，一时难以弄清，但它同"牛郎织女"传说中老黄牛的形象形成有一定关系，应可以肯定。这些问题都很值得探讨。仅仅一个香包远不能体现庆阳作为先周文明发源地的农耕文化内涵。2006 年以来我多次向陇东学院和庆阳市有关同志谈过，后来向省委宣传部一位家在庆阳的领导同志谈了。2009 年我应庆阳市政府的邀请到庆阳去作一次庆阳文化特色与文化建设的讲座，当年庆阳市即改"香包节"为"农耕文化节"，着力宣传先周文化、农耕文化。而将香包节改为庆城区的文化节。这样一来，农耕文化把庆阳的很多事情都可以联系起来，如很多的古遗址、周先祖庙、地下出土的文物，生活、生产习俗包括窑洞、地坑院、香包习俗等都可以联系起来。周文化和农耕文化的底蕴十分深厚。我们要抓这一点，就有做不完的课题，做不完的文章。

牛耕是农业文明的一个显著标志，它不亚于工业革命时蒸汽机的发明。牛耕极大地提高了农业劳动生产率，很好地解决人的吃饭问题。但牛耕究竟是什么时代产生的，学术界的看法很不一致，范文澜《中国通史简编》第一编中认为是春秋时代，有人认为更迟。但《山海经·海内经》中说："稷之孙曰叔均，是始作牛耕。"《山海经·大荒西经》的说法也大体相同。这样看来，牛耕在周朝建国以前的周先公先王时代就已经使用。牛耕的发明同甘肃有很大关系。

农业文明与天文历法密切相关，所以先秦时的夏历不断被完善沿用到现在。我国古代星宿以人名命名的基本上都是用部族、民族的始祖或传说中有所发明创造的远古人物之名字。天上的牵牛星，就是人们所说的牛郎星，就是以周人先祖命名的，而织女星则是秦人据其始祖的名字与业绩为号而命名的。牵牛星和织女星就是分别在银河东西两侧。

我们常说的八卦实质也是早期周人文化的投影。周民族早期用八进位，而且影响中国度量衡制度数千年，八进位体现在很多方面。如古代以八寸为咫，八咫为寻，倍寻为常；二十四两为镒（三八二十四）等。直至 20 世纪中期，中国用的杆秤还是十六两制，半斤是八两，这同上古时一寻为十六尺（咫）的情形一样。可以说，与八卦有关系的周文化一直延续到近现代。所以，周文化很值得挖掘。

二是早期秦文化。秦人究竟发祥于什么地方，以前学术界也一直不清楚。20 世纪 80 年代末，甘肃礼县的大堡子山发现了秦先王陵墓群，出土了大量十分精美的礼器，其规模也相当宏大。学术界一致认为：秦人兴起于陇南，具体就在礼县东部、天水西南、西和县以北西汉水的上游的这一片地方（西汉水和东汉水原来是相连的一条水，在西汉代时代，分为两条水。西汉水就是古汉水的上游）。

银河在先秦时叫"汉"或"云汉""天汉"。从汉代以后才开始有天河、银河的叫法。天上的"汉"是秦人根据汉水命名的。秦人发祥于汉水上游，就把因织做出杰出贡献的远祖女修以"织女"之名命名于银河边上最亮的一颗星，就是织女星。女修是秦人的祖先，是以"织"彪炳史册的；大业是秦人的第一个男性祖先，是由母系社会向父系社会转变的人物。女修以善"织"闻名。织也是农业文明的显著标志，它极大地推动了当时的生产力，解决了从事农耕的人穿衣的问题。所以，秦人把天河边最亮的星命名为织女星。织女星是零等星，最亮。牵牛星是一等星，是仅次于零等星的亮星。

秦人发祥于西汉水上游。西周之时开始同周人有联系。西周末年，骊山之乱的时候，秦襄公救乱，把周平王护送到洛阳，周平王封秦襄公为诸侯，赐以岐西之地。《史记·秦本纪》载平王对秦襄公说："戎无道，侵夺我岐、丰之地，秦能攻逐戎，即有其地。"二十多年后，秦文公十六年"以兵伐戎，戎败走。于是文公遂收周馀民有之。地至岐。"（《史记·秦本纪》）秦文公打败西戎，秦人就占领了原先属于周人的岐山一带，即今陕西的岐山一带。这样，周人东迁以后剩下的老百姓便成为秦民。漫长历史中周秦文化的交融最终形成了"牛郎织女"的传说。这是中国四大民间传说中酝酿时间最长、形成最早、影响最大的一个古代传说故事。由这个传说故事形成了中国传统的七夕节，而且这个节日一直传到日本、韩国、朝鲜、越南及东南亚国家。日本不但过七夕节，还有反映七夕风俗和"牛郎织女"传说的一千多首诗。秦人原来在汉水西边，周人在陇东，当汉水东边不是很远的地方，这同上古时天象一致。周人、秦人都发祥于甘肃。所以，甘肃应该对早期秦史、秦文化和"牛女传说"、七夕风俗等进行认真研究。

三是丝绸之路。丝绸之路文化以往我们研究得比较多，但是有一个问题：丝绸之路的开通一般认为是在汉武帝通西域之时。实质上，大量的事实证明，先秦时代丝绸之路已经开通了。《山海经·北山经》载：

> 小咸之山，无草木，冬夏有雪。北二百八十里，曰大咸之山，无草木，其下多玉。……又北三百二十里，曰敦薨之山，其上多棕楠，其下多茈草。敦薨之水出焉，而西流注于泑泽。出于昆仑之东北隅，实惟河源。

这说的正是现在的青藏高原与甘新一带。敦薨即敦煌。祁连、和田都产玉，大家是知道的。中国古代对这一带地理状况已很熟知，说明河西走廊到新疆一带是畅通的。《竹书纪年》中的羿徙，就是意息安，"羿徙""伊利""雅利"，都是"意息"在不同时代、不同地方的发音。雅利安翻译成中文就是"意息安"。黄帝次子昌意的三子叫安。古史和古代传说中安和他的臣民的子孙，也就是原来生活在新疆的西欧人、印度人，也就是文献中说的伊利安（意息安）、阿利阿（意息河、伊利河）、雅利安（意息安）人。据 2007 年 5 月 16 日《法制晚报》文章载：美国宾夕法尼亚大学一位考古与人类学家宣布，通过 DNA 检测，证实在我国新疆出土的"楼兰美女"是高加索人种，也是塔里木盆地最早的定居者。丝绸之路在先秦时就已开通应是没有问题的。很多国外学者研究的结果表明：中国的丝织品流传到中亚、西亚、欧洲和印度的时间都是在先秦时期。希腊语称中国为"sinae"或"seres"（赛里丝），意为丝国。另外，西方的一些东西也是在先秦时传到中国的。譬如，四川出土的三星堆文化中的铜面具，甘肃西和县南部蒿林乡出土的王杖等，显然受西方文化的影响。《穆天子传》所反映河西走廊至新疆以西的地理知识，不能说与丝绸之路的开通没有关系。因此，东西文化的交流早在先秦时代就已开始。甘肃应该对这一系列文化现象进行深入研究，以开拓丝绸之路研究的视野，更体现出甘肃对世界文化交流的独特贡献。

　　四是氐羌文化。氐人是哪儿来的，中国古代典籍认为是来自三苗。这跟后代大量的材料，以及出土文献都不一致。因此，西方有人说氐人来自里海，彩陶文化就是氐人从里海带进来的。这个说法还需要进一步研究。马长寿先生是陕西师范大学西北民族研究中心主任周伟洲教授的老师，是中国 20 世纪中期民族史学界有影响的学者。马先生写过一本书叫《氐与羌》，他指出氐人原始分布地在今甘肃南部，以仇池山为活动中心。后来杨姓氐人先后建了仇池国、武都国、阴平国。杨姓氐人属白马氐，他们的祖先神即形天，三只眼。① 杨二郎、马王爷、白马爷都是三只眼，这些也都是氐人的祖先神。② 甘肃以"二郎"为山名、坝名的也不少。总之，这方面有大量民俗文化可以挖掘。另外，甘肃一些地方乞巧活动中有迎麻姐姐问事的环节，有的学者认为

---

① 参见拙文《形天神话钩沉与研究》，《民间文学论坛》1988 年第 5、6 期；《形天神话源于仇池山考释》，《河北师范大学学报》2002 年第 4 期，《中国古代近代文学研究》2002 年第 11 期转载。
② 参见拙文《三目神与氐族渊源》，《文史知识》1997 年第 6 期。

是渗进了氐羌文化的成分，也可以研究。

　　对上面的这四个方面的文化课题进行认真研究，可以把甘肃乃至中国很多零星的文化内容贯穿起来。譬如，周文化的研究可以联系周易文化和伏羲文化，仅伏羲孤立地来研究，其成果显然没有综合周文化、周易文化的研究好。如果把氐羌文化的研究联系秦汉西北少数民族文化、魏晋时代的西北民族文化交融、十六国时期的前后秦文化、五凉文化等进行研究，会很具体生动地展现古代个民族交融的问题。

　　总之，要提升甘肃在全国的影响，扩大甘肃在世界文化交流当中的作用，应该把先周文化、早期秦史与秦文化、早期丝绸之路文化、氐羌文化做深入的研究。当然，其他的文化内容也都可以做。譬如，石窟文化就很丰富，分布也广，再如可联系自然风光、文献与哲学研究，天水、陇南西汉水流域的乞巧文化，崆峒山、兴隆山和天水玉泉观的道教文化等。有关西王母的早期刻石、庙宇、遗迹和有关传说也同牛郎织女传说有一定联系。

　　甘肃的文化大省建设和"华夏文明保护传承和创新发展示范区"的建立一定要抓住在全国和世界产生重大影响的课题进行，要突出重点，进行综合性的整体推进。

（《先秦文学与文化》第四辑）

陇东、陕西的牛文化、乞巧风俗与牛女传说

一、我国农业文化的孕育之地

甘肃庆阳的马莲河（古泥水，亦曰马岭水）流域①，是周人发祥之地。旧说后稷所居之豳地在今陕西彬县境内。但根据这几十年地下挖掘和学者们研究的结果，这个豳地的范围要大得多。李学勤先生主编《中国古代文明与国家形成研究》第三编第一章《先周社会和先周国家》云：

> 文献所谓公刘迁豳，不是一个点，当为一地区范围的"面"，所迁豳的最后定点，不是一代一次完成，其间当经几代周人在此"面"上的自北而南逐步迁徙和逐步壮大。

在这一大片豳地范围之内，周人最早发祥于何处呢？书中说：

> 后稷所居之地似不在武功境内，大概应在不窋所居泾水上游支流马莲河流域甘肃庆阳地区的附近。②

又说：

> 周早期国家的产生，实是一个过程，而不是一个机械的突发事件，没有必要硬定其起点。大体说来，这么一个周国的兴起，当如上节所述是在泾河上游支流马莲河流域甘肃庆阳一带戎狄之间，历经了好几代人

---

① 《太平寰宇记·庆州》"安化县"下引《水经注》佚文谓："泥水南流迳尉李城东北。胃李城亦曰不窋城，合马岭水，号白马水。故泥水一名马岭水。"今以音俗称作"马莲河"。

② 李学勤主编：《中国古代文明与国家形成研究》，云南人民出版社 1998 年版，第 485、486—487 页。

的时间作为中心邑的选择，亦有过几番迁动。所谓庆节"国于豳"，亦总指公刘前后周国兴起的政治地域范围，大致包括泾河上游陕甘交界地区。[②]

周人迁徙路线，大体上是先由北向南，公刘之时，始迁于今彬县境内，公亶父始向东迁至岐。

周人是以农业起家的，在史前各个部族中，也是农业发达最早的部族，在农业生产上面有不少创造。因为我国大部分地区从史前一直至近代都以农业经济为特征，所以周人在农业上的贡献对整个中华民族的发展影响甚大。可以说，陕西中部和甘肃庆阳一带孕育了我国古代的农业文化。

我在《汉水与西礼两县的乞巧风俗》《先周历史与牵牛传说》等文中已论证"牛郎织女"传说中牵牛的原形最早来自周先公叔均，《山海经》的《大荒西经》《海内经》中都记载他发明了牛耕，《大荒北经》中并记载他曾赶走了旱魃，成为田祖。[①] 叔均为后稷之后代，属周早期的杰出人物，所以"牛郎织女"传说同甘肃陇东地区和陕西中部一带有较大关系，这些地区留下了一些祠庙、遗迹，也留下了一些相关的风俗和地名。

关于牵牛星名之义，《说文》："牵引而前也。"段玉裁注："牵，引叠韵。引申之，挽牛之具曰牵，牛人牵傍是也。"可见其本义为牵引牛，其后引申为挽牛之绳索。因为只有活的牛才可以牵，其后又引申为活牲。唐代诗人孟郊的《古意》云："河边织女星，河畔牵牛郎。未得渡清浅，相对遥相望。"可见，"牵牛"即"牵牛郎"的意思。正因如此，才简称为"牛郎"。晚唐诗人胡曾的《咏史诗·黄河》云"沿流欲共牛郎语，只待灵槎送上天"。这是"牛郎"一词的最早出现。大体在唐宋时代，牵牛、牵牛郎、牛郎交错出现。其早期多称"牵牛"，其后期称"牛郎"较多，但北宋之时，尚有同"牵牛郎"意思相近的其他称说出现。如宋赵令畤《侯鲭录》卷三："张文潜作《七夕歌》，为东坡所称。问云'……帝怜独居无与娱，河西嫁与牵牛夫。'"又称为"牵牛夫"。无论"牵牛郎""牵牛夫"，都是由"牵牛"而来，是对

---

① 《汉水与西礼两县的乞巧风俗》见《西北师大学报》2005 年第 6 期。《先周历史与牵牛传说》刊《人文杂志》2009 年第 1 期。《山海经·大荒西经》："有人方耕，名曰叔均。帝俊生后稷，稷降以百谷。稷之弟曰台玺，生叔均。叔均是始代其父及稷播百谷，始作耕。"又《海内经》："后稷是播百谷。稷之孙曰叔均，是始作牛耕。"《山海经·大荒北经》："魃不得复上，所居不雨。叔均言之帝，后置之赤水之北。叔均乃为田祖。"

"牵牛"一词的诠释，是"牵牛"一词自古相传的正解。但海外有的学者却只根据《史记·天官书》中"牵牛为牺牲"一句，认为"牵牛"星名的原始当就是一匹祭祀大地所用的白色牡牛。虽然也由引申到"中国农耕信仰中被视为化身的神圣动物"①，向"农耕信仰"方面靠近，但并没有找到牵牛星命名的本原，因而也未能揭示出"牵牛"这个星名所具有的深厚文化蕴含和传说本事。还有的外国学者论牵牛、织女二星之义，因为对中国文化的了解毕竟不是很深，推测、立论总是隔着一层，可不介意，但也应该加以澄清。如日本学者中村桥《牵牛织女私论及关于乞巧》一文说：

> 牵牛、织女二星的名称都是把人间的河水祭祀投影到天上的。二星与天河三位一体，我们应该重视二星与河的关系。今考虑在河水祭祀礼仪中的牵牛织女的角色：如"牵"字所示，牵牛是牺牲，被供给河神；织女是嫁给河神的女人，"织女"的意思就是："织神衣的女人。"河水祭祀是祷告丰收的。又，二星在天河的两岸相对着，约在农作物的生长时到收获期的晚上，出现于天空。于是，发生了二星与收获这个观念之间的关系。后来，因为河水祭祀本为人们祷告丰收的祭祀，所以古人就把它投影到天上。象征河水祭祀的牺牲牛与嫁给河神的牛女也被视为二星，到此才出现牵牛、织女二星。因此，这二星本来有与河神同样的性格，就是说，是祷告丰收的信仰的对象。②

这大概是由西门豹的故事而联想。所以，我们也不能说它十分荒唐。尤其，作者认为"二星"与天河三位一体，我们应该重视二星与天河的关系。应该说，作者产生以上联想的基础是正确的，甚至于在认识上有超过中国某些学者的地方。但是就其结论而言，太过于离奇。

① 王孝廉：《牵牛织女传说的研究·牵牛与古代农耕信仰》，参见古添洪、陈慧桦编著《从比较神话学到文学》，东大图书公司1983年版。
② 参见日本《立命馆文学》第四三九、四四〇、四四一号，立命馆大学人文学会，1981年出版，第310页。译文据洪淑苓《牛郎织女研究》第25—26页引古田岛洋所译。

二、周秦文化的交融与西汉时的牵牛织女石像

《史记·秦本纪》载：

> 秦文公十三年，初有史以纪事，民多化者。十六年，文公以兵伐戎，戎败走。于是文公遂收周馀民有之，地至岐，岐以东献之周。十九年，得陈宝。① ……二十七年，伐南山大梓，丰大特。

"特"，据《说文解字》，即公牛。"大特"即大公牛。这里指大特祠。上面这段文字有三点值得注意：

（一）秦襄公时因以兵救周，送平王东迁洛邑，平王赐以岐、丰之地。但当时其地为戎人所占，周平王是给秦人一个空头支票："秦能攻逐戎，即有其地。"秦襄公十二年"伐戎而至岐"，襄公即卒。大约由于戎人反攻，秦人仍退居西垂。故《秦本纪》言："文公元年，居西垂宫。"至十五年之后，文公又伐戎，方"收周馀民有之"。应该说，此前牵牛织女传说在周秦民族中可能尚限于由星名产生的联想，周秦两族人的会合、杂居，才进一步促成了与现实生活联系的传说故事的形成。

（二）秦得陈宝的陈仓其地即今陕西省西部宝鸡市。《史记索隐》引臣瓒：

> 陈仓县有宝夫人祠，岁与叶君神会，祭于此者也。

我认为这即牵牛织女传说的分化。宝夫人为织女的演变，叶君为牵牛的演变。其每岁相会的情节，正反映了"牛郎织女"传说的特征。

（三）关于"大特"，《史记集解》引徐广云："今武都故道有怒特祠，图大牛。"按故道为秦置县名，治所在今宝鸡市西南，汉属武都郡。又《正义》引《括地志》："大梓树在岐州陈仓县南十里仓山上。《录异传》云'……武都郡立怒特祠，是大梓牛神也。'按：今俗画青牛障是。"我认为这神牛的故

---

① 《史记索隐》引《汉书·郊祀志》云："文公若石云，于陈仓北阪城祀之，其神来，若雌雄，其声殷殷云，野鸡夜鸣，以一牢祀之，号曰陈宝。"

事同"牛郎织女"故事中的老牛或曰金牛星是有关系的。《秦本纪》"丰大特"的"丰"应为动词。"丰大特"应指扩大特祠,而后世误解为地名,故徐广曰"后见于丰水中",至《录异传》也说"其后牛入丰水中",并敷衍出一个有鬼神色彩的故事。然而,陈仓其地距丰水尚远,此神牛不当入丰水中。审其地,应是入嘉陵江(该水南下与汉水汇)。我们可以由此看出早期民间有关"牛郎织女"传说的一些信息,及其被后人误解和掩盖的情况。宝鸡西南有地名黄牛堡,西北有祠庙牛头观,当亦与此传说有关(见《古今图书集成》卷五二六及民国十一年修《宝鸡县志》)。

秦人东迁之后,由于生活环境的变化,也十分重视农耕,重视耕牛,并且制定过关于耕牛饲养的法律制度。1975年云梦睡虎地出土秦简中有厩苑律,言"以四月、七月、十月、正月膚田牛。卒岁,以正月大课之。最,赐田啬夫壶酒束脯,为皂者除一更,赐牛长日三旬;殿者,谇田啬夫,罚冗皂者二月。其以牛田,牛减絜,笞主者寸十。有里课之,最者,赐田典日旬;殿,治(笞)卅"①。

可见,秦人东迁以后同周文化交融,这就造成了产生有关"牛郎织女"传说的社会与文化基础。

《三辅黄图》卷一云:

> 始皇穷极奢侈,筑咸阳宫,因北陵营殿,端门四达以则帝宫,象帝居;渭水贯都以象天汉;横桥南渡以法牵牛。桥广六丈,南北二百八十步,六十八间,八百五十柱,二百一十二梁。桥之南北堤,激立石柱。②

张澍编《二酉堂丛书》辑《三辅旧事》云:

> 秦于渭南有兴乐宫,渭北有咸阳宫,秦昭王欲通二宫之间,造横桥。

秦咸阳宫十分庞大,由近几十年的考古挖掘证明是秦统治者从战国中期开始经营,至秦始皇时进一步扩建的宫殿群。据《三辅旧事》说,秦昭王(前

---

① 睡虎地秦墓竹简整理小组《睡虎地秦墓竹简》,文物出版社1978年版,第30页。文中"膚田牛"的"膚",即"胪"字,《尔雅·释言》:"胪,叙也。"这里即评比的意思。就是说,饲养牛的结果,在年终要进行评比考核,饲养得好的有所赏赐,赐酒之外,还免除更役一次。不好的加以惩罚(如罚劳资两个月等。最差者笞三十)。

② 参何清谷《三辅黄图校释》,中华书局2005年版,第22、24页。

306—前251年在位）将都城由渭北向渭南扩展，并拟以一大桥连接二处宫殿群，应属可信。即使昭王时尚未成功，亦已有此议。连接渭水南北之宫殿的桥被附会以牵牛织女相会时天河上的桥，自然体现了秦王和臣工神化王权的思想，及对君王同后妃相会的美化，但同时也反映出牵牛织女的故事在当时，尤其在西北，在秦民族中已广泛流传，为人所共知。同"牛郎织女"传说故事最早见于秦简的事实联系起来看，可以明白这个传说同秦文化有很深的关系。《三辅黄图》一书，三国曹魏人如淳撰《汉书注》、晋初的晋灼撰《汉书集注》均多次引用，而其书中又引张衡《西京赋》中文字，故孙星衍为此书《平津馆丛书》本所写序言中断为汉末人所撰，陈直先生也认为"成于东汉末曹魏初期"。其中有些文字后人有所增补，个别具体细节或有不确，但基本材料有所依据，并非杜撰。《三辅旧事》也是记载秦汉时长安及其附近宫殿、桥梁、城内情况及掌故的旧籍，张澍由《初学记》《艺文类聚》《三辅黄图》《北堂书钞》《长安志》等辑出，为可信材料。

但是，从上面的材料尚看不出秦时已有牵牛织女的石像。牵牛、织女以人的形象被刻为石，列于昆明池边，则是汉武帝时之事。《三辅黄图》卷四云：

> 《关辅古语》曰："昆明池中有二石人，立牵牛织女于池之东西，以象天河。"张衡《西京赋》曰："昆明灵沼，黑水玄阯。牵牛立其右，织女居其左。"今有石父、石婆神祠在废池，疑此是也。

《关辅古语》同《三辅旧事》一样，为东汉之书，记述了有关长安为前汉都城时的一些逸闻旧事。《三辅黄图》卷四载，昆明池，"武帝元狩三年穿，在长安西南，周回四十里"。池边上立了牵牛织女石像，是上承秦朝宫殿的设想，而加以具体化。这是文献中记载最早的牵牛、织女被用艺术手段加以表现。

这里要说明的是《三辅黄图》所录《西京赋》中文字是将左右两字弄反了，这应是传抄之误。《文选》卷二《西京赋》作"牵牛立其左，织女处其右"是对的。《文选》卷一班固《西都赋》中也说："集乎豫章之宇，临乎昆明之池。左牵牛而右织女，似云汉之无涯。"天上的织女星是在天汉之西，牵牛在天汉之东。故《夏小正》言七月"初昏，织女正东向"。

潘安仁《西征赋》曾写到在旧昆明池处所见："昔豫章之名宇，披玄流而特起，仪景星于天汉，列牛女以双峙。"李善注引《宫阁疏》云："昆明池有二石，牵牛、织女像也。"

初唐虞世基《赋昆明池一物得织女石诗》中说："隔河图列宿，清汉象昭回。"可见唐代之时仍在昆明湖水两侧，如天汉牛女之势。

又晚唐童翰卿有《昆明湖织女石》五言古诗一首，中云：

> 苔作青衣色，波为促杼声。
> 岸云连鬓湿，沙月对眉生。
> 有脸莲同笑，无心鸟不惊。

写出了当时在昆明湖边织女石像的样子，甚有史料价值。

宋代宋敏求纂、清毕沅校《长安志》卷十二《长安》云：

> 石父庙，石婆神庙，并在县西南三十里，昆明池右。张衡《西京赋》"昆明灵池，黑水玄沚，牵牛立其左，织女立其右。"注云："立牵牛织女于池之东西以象天河。今石人宛在，后人名之石父、石婆云。"

清嘉庆年修《长安县志》卷十四《山川》照录《三辅黄图》中文字，卷十六《祠庙》照录宋编《长安志》文字。可见关于西汉时代昆明湖边上牵牛、织女石像的流传，历代都有记载，其间不会有什么问题。

可喜的是这两个石像至今尚存。陈直《三辅黄图校证》卷四云：

> 现据西安城西约十公里斗门镇东南，有一所小庙，俗称石爷庙。庙之东一点五公里在北常家庄附近田间另有一所小庙，俗称石婆庙。两庙中各有石像一个，皆属于汉代昆明池遗址。石爷即牵牛像，高约二百三十厘米，石婆即织女像，高约二百九十厘米。

据何清谷《三辅黄图校释》一书说，此两神祠"文革"前尚在，后遭毁坏，但石像仍在，一存于斗门镇轧花厂内小房，一竖于北常家庄西田间的五间庙内，当地群众称为石婆庙。

胡谦盈《汉昆明池及有关遗存踏察记》一文云：

> 唐昆明池包括西周镐池和汉昆池两个池地在内。……汉昆明池的北

缘，是在今北常家庄之南。今北常家庄一带包括"石婆庙"在内，是唐昆明池中的一个孤岛。在汉代，这孤岛和昆明池东北岸诸地是相连接的。也就是说，今北常家庄孤岛至池址西岸边，原是镐池和汉昆明池之间的一条南北向水流的东西两岸。由此可见，二石像现在位置与史书记载其位置是一致的。这表明，二石像现在的位置也就是汉代的原址了。[①]

牵牛、织女石像均二百多厘米近三百厘米，其重可知，不是轻易能移动的。所以，在西京宫殿倾圮，昆明池废之后，这二石像的位置未变。因连接滈池和昆明池的河水，实也是汉代扩建后的昆明池之一部分，所以说在昆明池东西两侧，虽欠确切，但也不算错。

但关于这两尊石像哪一位是牵牛，哪一位是织女，后来当地民间的传说有误，所以陈直先生的记述，也正好相反。俞伟超先生认为，俗云"石婆庙内的石像是男相，即牛郎。石爷庙内的石像是女相，即织女。这样的认识，也便与古代文献记载，牛郎在东，织女在西"相一致。[②] 这个看法是正确的，澄清了长期以来民间的误传。新时期中，又有人就此专门作了实物考察，汤池《西汉石雕牵牛织女辨》云：

> 立在常家庄村北的石像，下半身埋于地下，目前仅露上半身在地表之上，高约 190 厘米。此像保存较好，五官清晰，头发的刀痕尚历历在目，身着交襟式衣服，腰束带（从侧视图上可见束带迹象）。它具有挺立的短发，宽阔的前额，刚健的眉弓，硕壮的下颌，充分显示出男性的脸型特征。

文中并说，从此像微向左侧的头部，曲肘上举持鞭状的右手，炯炯有神的双目和紧抿的嘴唇等细部形象的刻画，也出色地表现出了牛郎坚毅刚强、憨厚质朴的性格。因而说：

> 总之，从这座石雕的神态和造型意境来看应该是牵牛像。

关于原被称作"石爷"的那一尊石像，文中说道：

---

① 胡谦盈：《汉昆明池及其有关遗存踏察记》，《考古与文物》1980 年创刊号。
② 俞伟超：《应当慎重引用古代文献》，《考古通讯》1957 年第 2 期。

保存在斗门镇内的石像，身着右衽交襟长衣，双手环垂于腹前、整体作踞坐状，高约230厘米。此像鼻口部分已经后人重装，估计与原状相去不远；颈部有断裂痕，左臂及后背风化剥蚀较严重。它具有后垂的发辫、圆润的面庞等女性的形象特征。……其姿态和南阳画像石刻中的织女非常相似。它那微蹙的眉头和下撇的嘴角，活现出被银河阻隔、不得与牛郎团聚的织女所独具的痛苦神情。这座袖手而坐、悲愤填膺的石像，无疑是"终日不成章，泣涕零如雨"的织女像。

文章最后十分肯定地说：

今常家村北——汉昆明池东边的石雕是牵牛像，斗门镇内——汉昆明池西边的石雕是织女像。①

同时指出，这两座用火成岩雕成的大型石刻圆雕，比霍去病墓前的石刻组雕还早三年，是我国迄今所知大型石雕遗物时代最早的。

三、陕西中部的有关祠墓考寻

西汉时代昆明池牵牛、织女石像能存留至今，可以说是一个奇迹。除此之外，我国还没有第二个民间传说故事中的人物有这样早的艺术品存留至今。

由于魏晋和南北朝各王朝"开国之君"都是所谓"禅让"的办法取得皇帝的位置的，都体现着"从父之志，以光先祖"的意思，因而也都鼓吹以孝治天下，而"牛郎织女"的故事是不受父母之命而私以从人，故事中的织女又拒王母或天帝之命，被强行召回天上，又由于牵牛、织女坚持不愿分开，王母在没有办法的情况下，划出一道天河将他们分开，故事的主题同这个五百年（从汉献帝建安年曹氏势力形成计起）统治阶级所倡导的社会风气不合，故此后关于牵牛、织女的完整故事不见于文人笔下，"七夕"节的意义被统治阶级及其文人局限在"乞巧"的范围之内，所以有关牵牛织女传说的遗迹、祠庙之类便很少见到，有的甚至被曲解为同其他故事有关。但是，经细心考

---

① 汤池：《西汉石雕牵牛织女辨》，《文物》1979年第2期。

求，我们仍然可以看到一些有关的遗迹。

目前可以考知最早的织女庙为公元 6 世纪以前所建，地点在陕西中部偏西或甘肃的天水、礼县、西和一带。北周庾信在《周仪同松滋公拓拔竟夫人尉迟氏墓志铭》中说：

> 即以其年十一月十五日葬于京兆之北陵原。……西临织女之庙，南望湘妃之坟。

由"南望湘妃之坟"一句看，织女庙不一定在附近之地。京兆北陵原在陕西中部今西安附近，其西是先为周人所有，后来秦人长久生活的古豳、岐之地，及秦人早期活动之地今礼县以东，西和以北及天水一带。庾信所说这个织女庙的具体地方今不能确指，但不出这一带。

距长安不远的礼泉县有一座石父石婆庙。这是否即庾信所说的织女庙，当不能肯定。如果是，则此庙是建于南北朝以前。礼泉县的石公石婆庙自然是因原长安城西那两尊石像"有灵验"，或者民间流传"牛郎织女"传说的原因，也为之建庙。明崇祯十一年刻、清初重修本《礼泉县志》卷三《祠社》云："石婆父庙，县东十里。"民国二十八年印《续修礼泉县志稿》云"石婆父庙在县东十里，今名石婆父寺。"下注："孙星衍云：'《长安志》云，昆明池牵牛、织女，后人名石父石婆，长安有石婆神庙。'今礼泉亦有之，未祥何谓也。"如果说长安县北常家庄的牵牛庙和斗门镇的织女庙是因像而立庙，则这个庙是专门为牛郎织女修的庙。

然而更多的有关牵牛、织女的祠庙、纪念地，是被慢慢地遗忘而消失，或变为同董永故事及其他传说相关的祠庙。这里有一个具体事例，便是麟游县织女祠及相关"墓"的变化。清光绪年刊《麟游县新志》卷一云："十里常丰里，有汉董孝子永墓，旁有织女祠。"董永的故事最早见于唐释道世撰《法苑珠林》卷六二引汉刘向《孝子传》（句道兴本《搜神记》及《太平御览》卷四一一作《孝子图》）。但其中言"前汉"云云，似非刘向口吻，联系其中的情节、内容来看，当为魏晋时人依托之作。然而东汉武梁祠画像已收此故事入画，曹植《灵芝篇》亦咏其事，则东汉时已开始流传。经魏晋南北朝统治阶级及其文人的鼓吹，流传越来越广泛。晋干宝《搜神记》收录此故事，敦煌变文亦有唱此故事的词文残卷，宋元话本有《董永遇仙传》（见

《清平山堂话本》），南戏有《董永遇仙记》（见钱南扬《宋元戏文辑佚》），元明间有演此故事的杂剧（见《雍熙乐府》卷十四所录其佚曲《商调·集贤宾》一套），明代有《织锦记》（或名《天仙配》《槐荫记》《织绢记》）传奇，心一子撰《遇仙记》传记（分见《远山堂明曲品》、《曲海总目提要》卷三五），清代有佚名的《卖身记》、评讲《大孝记》及《董永卖身宝卷》《槐荫记》弹词等。由于情节和人物的相近性，董永的故事覆盖或曰兼并了"牛郎织女"在民间的传说。牵牛墓变为董永墓，也就不足为怪了。

我们说麟游县常丰里的董永墓本是传说中的牵牛（牛郎）墓，也有县志中的记述可以证明。《麟游县新志》卷一在"旁有织女祠"下小字注云：

> 《孝顺事实》以永为天长人，《一统志》如皋、孝感俱有永墓，且有子以为织女所育。《山东通志》长山、鱼台、博兴亦各有墓，谓博兴为是，殆不可究的。旧《志》已删，吴《志》因《郡志》存之。鸣条负夏，何独不然，悉仍旧以书。

修撰者也看出董永之说没有依据，以山东博兴的董永墓较为近理，但为了保留地方的谈资，仍照俗说记之。魏晋间人编撰的《孝子传》中说董永为"千乘人"，其地在山东淄博以北，他也不是什么神，其庙不当在陕西。

《麟游县新志》在上引文字之下又载：

> 乾隆间弇山毕大中丞请帑以为修祠墓，并自书"孝子碑"。邑令路学宏有记，不录。嘉庆间邑令王余晋复请修，无记。

看来，这个误会是乾隆年才造成。当地有关于"牛郎织女"的传说，有织女庙为证。对古代文化一知半解的官僚却自我作古，直接定为董永之事。这样，当地"牛郎织女"的传说也便在无形中消失了。由此可以看出董永的故事对"牛郎织女"有关传说的覆盖和兼并，至清代仍存在。《麟游县新志》下文又云：

> 祠东有仙女潭，雪浪奔腾，声如金鼓，传为织女浣绢处。不数武，有仙女池，祷雨颇应。

这里不但有织女庙还有仙女潭，则"董永"云云完全是流传中受到干扰和地方官吏的"错接"形成。今天我们也当恢复其传说的真相。

同样的事情在武功县以南的周至县也发生过。民国时任肇新纂《盩厔县志》卷一：

> 董永墓，旧志在阿岔村，旁有神女祠。按：永，千乘人，父卒，从人贷钱以葬，后遇神女，求为妻，诣钱主织缣三百匹，偿之。永子名仲，杨《志》谓即董仲舒，疑误。

民间故事，颇多"关公战秦琼"之类。敦煌发现的《董永》唱词中竟是孙宾（膑）为董仲出主张找他的母亲，西汉人而同战国时孙膑又同时，可笑如此。而修《盩厔县志》者又就董仲是否董仲舒疑之，是信其大误而疑其枝节。即按一般传说，董永千乘人，不当在陕西，则应知其谬。然而也照录不误。则可以看出在封建地主阶级主流意识下文人判断力的缺失和民间传说被掩盖的情况。应该提到的是，《盩厔县志》卷四的《教育（风俗附）》还记载了当地乞巧的情况，也称织女为"巧娘"，由之可以看出当地民间关于织女传说的大体情况。

应该顺便说一说，周至县古代有几个同牛有关的地名。《古今图书集成·方舆汇编·职方典》第四百九十三卷载：

> 牛谷，今名牛角岔，在赤谷东，水东北至南集汇合坛谷水……卧牛池，在东观谷东。

当地也有关于《牛郎织女》《神牛》的传说。那么，周至县古代关于织女、牵牛的祠庙，也并不是孤立的，有很多相关的传说为背景。

四、陇东、陕西中部一带与牛相关的地名、祠庙及风俗

我们说庆阳马莲河流域为周人最早发祥之地，周人的远祖叔均发明了牛耕，是牵牛的最早的原型。在陇东一带和陕西中部，也有不少关于牛的地名和有关牛的风俗。

自古有织女庙、牵牛墓的麟游县，有卧牛山、卧牛穴，与传说中牵牛的神牛有关。《麟游县新志》卷一：

> 卧牛山，在青莲西，山势奇诡，隆然前起，后若退伏，隐约类牛眠。中有穴，俗呼卧牛穴。

其所载卧牛山、卧牛穴，在民间传说中同"牛郎织女"的故事有关。

据《古今图书集成》卷五〇四《西安府祠庙考》载，周人早期活动之地武功县有石牛神庙，"在县西牛山"。不叫"牛王庙"而叫"石牛神庙"，显然同传说故事有关。武功县，又有石牛山，在县西十一里。又有牧牛山，在城东南（并见《古今图书集成》卷四九五）。

彬县以南的永寿县古也有个石牛神庙，那座山就叫石牛山。清光绪十四年刊《永寿县志》卷一云：

> 石牛山，旧《志》在县西十里，有石牛神庙。

卷二亦云：

> 石牛神庙，在县西十里石牛山。

该县志卷二此下一条又云：

> 娘娘庙，在县东十五里陈家山。

其卷四记其风俗云：

> 立春前一日，有司迎春于东郊，地保扮戏剧锣鼓彩旗，聚欢杂沓。七夕儿女设瓜果豆芽祝告织女神。

陕西、甘肃在乞巧时都称织女为神为"巧娘娘"，所谓"织女神"乃是文人口吻；那"娘娘庙"确切些应该叫"巧娘娘庙"。那么，那石牛神庙的牛神，应同"牛郎织女"传说有关。之所以称作"石牛神"，这是与所谓"石公石婆"相应，作成石牛以供奉，同牛王庙之塑为牛王神像者不同。

又西安以北临潼区有石婆父圣礓，在骊山上二十五里。又有玉女殿，清代地名星辰汤，南有玉女殿，北有虚阁，阁下有汤泉（见《古今图书集成》卷五一一），西安市西北三原县有玉女洞，在县东南太微峰东南十里。"传为秦弄玉洞，门高四尺，旁有飞泉，甚甘。饮之愈疾。《水经注》云'芝水经玉女房水侧，山际有石室，谓之玉女房。'宋苏子瞻至其处，爱此水，既自致两瓶，恐复取为使者给，因破竹以为契，使主僧藏之，以为往来之信，戏谓之调水符。"（《古今图书集成》卷五一一）而传为秦穆公之女的弄玉嫁萧史，后双双乘凤凰而去的故事，实是"牵牛织女"传说的最早分化。[①] 所以，这同前面所说麟游县、武功县的庙、"董永"墓情形相同，是有关牵牛、织女传说的地名，后来变为同弄玉有关的地名。

　　在陇东和陕西中部一带，民俗方面最突出的是反映农耕文化的习俗。有些看起来同"牛郎织女"的传说无直接关系，而实质上反映了"牛郎织女"传说产生的深厚的文化土壤和"牛郎织女"传说在民俗文化中的渗透和习俗化。关于陇东农耕文化的风俗，康熙年修《静宁州志》卷五云：

　　　　岁立春前一日，祭先农之神于州之东郊，率属行迎春礼。立春日，祭勾芒氏之神，于州治二东门之次，行鞭春礼。

乾隆三十四年（1769）修《庄浪县志》卷十云：

　　　　立春之先旦，迎土牛，扮戏彩以导芒神，士女竞观。是日啖春饼，游春郊。

民国二十三年（1934）修《庆阳县志》卷三记载较详：

　　　　立春前一日，清代时官府迎春于东郊，备春牛，街市鼓乐结彩，杂陈百戏，士女倾城出观，是曰"鞭春牛"。毕，乡民争抢春牛，得少许埋牲畜槽底，谓平安畅胜。立春日啖春饼，名曰"咬春"。交春时虽在深夜，坐而不眠，名曰"避压春头"，能减少瞌睡。是日多嫁娶。

民国二十四年（1935）《重修灵台县志·风俗节序》云：

　　　　按旧俗立春先一日，县令召集各里各甲杂业人等，名为七十二行，各按职业，分穿朱衣玄裳，妆成故事，会聚县署大堂占验，称曰"社伙"。过堂次日上午，由知县率集僚署，盛服冠带，仆从伇仪，与各职业人等，咸集东郊，谓之迎春。至则左列勾芒神像，右列色纸做成春牛，

　　① 参见拙文《再论〈牛郎织女〉传说的孕育、形成与早期分化》，《中华文史论丛》2009年第4辑、《新华文摘》2010年第9期转载。

并各故文，分排两旁。大礼生引官众先向勾芒神行三跪九叩礼，然后迎芒神还署，分方位安置于仪门外，候至立春时刻一到，各官复行礼如仪，遂发祝文，刻率众人用纸制就五色小鞭，共挞纸造大牛，谓之挞春。其时乡民纷集，争夺牛纸，以为吉利。

陕西一些县也有此风俗，有的同陇东的一模一样。如明嘉靖二十年修《高陵县志·礼仪抄略》附《风俗》云：

> 鞭春礼：先期塑牛，勾芒于东郊（县俗在后土宫），先日县官率属专盛服以乐迎于郊（县俗又具剧戏），与迎皆簪花，置于牙前席殿勾芒侧，西面。旦日设酒果香烛于勾芒，诸官朝服具班齐乐，作四拜。正官进跪奠酒三，俯伏与复位诸官作四拜，遂执彩杖序立牛侧。正官枹鼓三，工播鼓，质鞭春，诸官环击牛三，其下承击至碎，祝辞："……即日用土牛以颂春。"

《临潼县志》等也有类似记载，看来从明代以前即如此。

直至几十年以前，宁县一带仍将"打春"看作很重要的节日。立春的一天，在城东郊用木板、木条钉成一个近二丈高、三丈多长的牛骨架，用芦席分片蒙起来，先用麻纸后用黄纸加以裱糊，再根据牛的毛色描画（或表层用白纸，再加装色），称作春牛，由县官象征性鞭打之后，地方士人也依次鞭打以利开耕。立春的一天鞭牛以示开耕之俗，古代全国很多地方都有文献记载。但作成两丈高、三丈长的黄牛，以之为中心的节庆，在全国罕见。

如前所述，民俗中流传的是牵牛、织女，而文人则依据《礼记·月令》之类，祭的是勾芒。《礼记·月令》言春日"其帝太暤，其神勾芒"。"立春之日，天子亲帅三公、九卿、诸侯、大夫以迎春于东郊"。但这些古礼同民俗传说的关系不大。《礼记》中所说春日祀礼中，并无作春牛、鞭春牛之礼。《东京梦华录》卷六载北宋时鞭春之俗，但只是府僚的象征性仪节，不似陇东一带之为全民的喜庆活动。陇东、陕西一带立春前一日的这种仪式，实际是民间有关牛文化、牵牛传说同古礼的结合。同牵牛墓变成了董永墓一样，这种结合实际上也是后世文人自我作古的结果。

陇东也有些以牛的地名，民国《重修镇原县志·舆地上》：

> 伏牛山，在邑西七十里，地势高耸，其形俨似卧牛，头嘴耳角俱全，

而山浑圆如目，回头望对，故曰伏牛望月山，前陡坡似有蹄迹。土人言
牛常下河饮水。

值得重视的是，陇东至今保存有一些十分看重牛的风俗，及同牛有关的活动。
陇东在正月初一有一个"出新牛"的风俗，据《陇东风俗》一书中说：

> 在陇东一些地方，大年初一就有关于"牛"的专门"节目"。这个
> "节目"叫"出新牛"，也叫"出醒牛"，是初一早上惊醒耕牛，让牛从
> 去冬卧圈"赋闲"的懒散中醒来，开放性子野跑一天……
>
> 一大清早，欢欢喜喜地吃过长面，小伙子们便兴冲冲地把牛从圈里
> 拉出来，开始精心打扮起来，先是给牛头挽上喜气的红绫和大红花，然
> 后再给牛鼻子插两支花炮，准备停当，大开火门，迅速点燃花炮，啪啪
> 两响，牛如劲箭离弦，扬蹄振尾，冲出院门，冲出村庄，奔向田野。被
> 花炮惊醒的耕牛，跨沟越坎，冲破一切障碍，互相追逐，鼻子喷出的水
> 气在早春的寒意里凝成团团白烟。一时间，百牛竞雄，千牛争春，大人
> 小孩欢呼雀跃，一冬的暮气被甩得干干净净。①

"出新牛"也是小伙子显示能力的机会。剽悍的小伙子在牛冲出大门的一刹那
"嗖"地跨上牛背，村邻看到也都为之欢呼。有的被颠下来，便在牛后面狠
追，找机会再跨上去。老人们心疼牛，说牛辛苦了一年，马上又要出力了，
该让它自自在在地野上一天，不让孩子骑上奔跑，就牵出毛驴，让孩子骑着
毛驴在牛阵里穿。有些年纪小的看到大哥哥骑牛、骑驴，便拉出大羝羊骑上，
也放了鞭炮惊得乱跑，创造出个"初醒羊"。

正月十五晚上，邻居间互送面灯，叫作"送牛"；风俗上还可以偷面灯，
叫作"偷牛"。好像每一家的注意力全在牛身上；将来日子过得如何，全靠
牛，这反映了陇东人同牛的关系确实非同一般。过去陇东小孩子的名字，也
以叫"牛娃""牛娃哥"的为多。

在农历二月初二，陇东在试犁前有个拜圈的习俗。这一天，即使不正式
耕，也驱牛耕一圆圈，散籽施肥，然后全家人拜跪于圈内，鸣炮、焚香、磕
头，祈求风调雨顺、五谷丰登。由这可以看出对牛的重视程度及把牛神化的

---

① 彭金山：《陇东风俗》，甘肃人民出版社 2003 年版，第 180—181 页。参见高仲远《北豳遗
风》，新华出版社 2003 年版，第 4 页 "出耕牛"。

意识倾向。

平凉一带将试犁称作"开牛"。春耕前，各村多择吉日试犁。"吉日择定，视鹊巢门之所向，定喜神方位，主持者套牛拉犁，村民多聚观助兴。以犁、铧和套绳不损坏为吉。至今有些老农仍恪守此俗。"① 试耕时要视鹊巢门之方向而定喜神之方位，以喜鹊为喜神，这也是十分特殊的风俗。似乎同喜鹊为替牛郎织女架桥之鸟有关。甘肃、陕西民间窗花中，鸟当中最多的是喜鹊。以鹊为喜，这在北方各地很普遍。平凉一带的"开牛"同喜鹊联系起来，即是将"牛郎织女"传说中作为要素的唯一一个畜和唯一一个飞禽联系了起来，也很有意思。

马莲河流域还有蒸枣山的风俗。枣山是一种祭祀土地神的专用花面，直径约三厘米，分若干层，每层中都夹有红枣。在地头祭祀土地神之后，全家人在地头吃，且人畜共食，给牛也吃。②

此外，陇东一带一年有几天不使牛。七月七不用说，清明、谷雨、端午这三个节也不使，有的地方这几天中连驴也不使，俗谚说："老牛老驴生得苦，盼着清明、谷雨、五月五。"③

由这些看来，作为上古豳、邠之地及周人早期活动地区的陇东和陕西中部，比别处有着更浓厚的农耕文化，更突出的牛文化。尤其陇东一带正月初一给牛挂红，设法让它在田野欢快乱跑一天，在牛圈中点香跪拜，以及给牛吃敬神食品的做法，在其他地方没有。这突出地反映出生活在这块黄土地上的农民，在生存上对牛的依赖和其意识中对牛的重视，不但将它看得如家庭成员，如同亲人，还看得如同神灵。我认为这正是孕育牛郎（牵牛）和帮助了牛郎的老黄牛这两个神话人物的土壤。

这里顺便说一说牛王神的来历。"牛王"最早见于宋人书中。何薳《春渚纪闻》卷三云，有人尝梦为人追至一所，"仰观榜额，金书大字云'牛王之宫'。既入，见其先姨母惊愕而至云：'我以生前嗜牛复多杀，今此受苦未竟。所苦者日食铧饭一升耳。'始语次，即有牛首人持饭至，视之皆小铁蒺藜"。这里只说到牛王之宫，未正面写牛王，而是要表现戒杀牛的思想。再是《说

---

① 以上《陇东风俗》第180—183、307、10页。
② 参见《陇东风俗》第182、251页。
③ 参见《陇东风俗》第263页。

郛》卷七十五引俞琰《席上腐谈》云："有自中原来者，云北方有牛王庙，画百牛于壁，而牛王居其中间。牛王乃何人？冉伯牛也。呜呼！冉伯牛乃为牛王！"宋代浦城即今福建浦城县。以孔子弟子冉耕（字伯牛）为牛王，实乃祀牛王之习俗传到南方后被浅学文人自我作古曲解所形成。明代冯应京《月令广义·岁令》中即说："牛有牛王之祀，而越俗有谬图冉伯牛之像为祭者。"实则，牛神的祭祀产生应很早。而见于文献记载最早的，当数《史记·秦本纪》所载秦文公二十七年（前739年）的丰大特之祠。我认为，对牛神的祭祀应起于周人，秦人东迁于周人居地之后，周秦文化融合，秦人才开始修大特祠或怒特祠。

我国很早就有爱护牛甚至崇敬牛的风俗。《史记·律书》云：

> 广漠风居北方。……东至于虚。东至于须女……东至牵牛。牵牛者，言阳气牵引万物出之也。牛者，冒也，言地虽冻，能冒而生也。牛者，耕植种万物也。

已将牵牛星从四季推移、阴阳变化的方面加以解说，既带有西汉以前天文、历谱、阴阳学家的理论特征，也反映了民俗信仰的情况。《淮南子·说山》云："杀罢（按通'疲'）牛可以赎良马之死，莫之为也。杀牛，必亡之数。"许慎注："牛者，所植谷，谷者民之命。是以王法禁杀牛。民犯禁杀之者诛。"又汉刘向《新序·刺奢》述战国邹穆公之语："夫百姓饱牛而耕，暴背而耘。"可见虽极艰难辛苦，也要喂饱牛。这些都已反映出对牛的特殊感情（这"特殊""独特"的"特"，本就来之于牛）。

所以说，"牛郎织女"传说中的那个神牛，也具有很深的历史文化内涵，是在远古神话和宗教的基础上所形成，不能轻易视之。

五、陇东和陕西中部一带的乞巧风俗

乾隆二十六年修《庆阳府志》卷三十二《风俗四》云：

> 七月七，女红乞巧于织女，设蔬果，抛芽水上，察影以卜巧。

这是概括记述了整个庆阳地区的情况。《古今图书集成》卷五五三《平凉府风俗考》中有类似记载。康熙年修《静宁州志》卷四《乡土志》、乾隆十一年修《静宁州志》卷三《风俗》、乾隆三十四年抄《庄浪县志》卷十《风俗》、民国《庆阳县志》卷三《民俗、风俗、岁时》、民国《重修镇原县志·民族志》等庆阳、平凉两地区一些县志都很简略。下面引《正宁民俗》一书中的两段，以见其大概：

七月七日，当地妇女乞巧的花样繁多，也颇有情趣。在乞巧节到来的前一个月，即六月初六，姑娘们就把一粒粒精选出来的豌豆浸泡在清水碗里，放在阴凉处，三两天换一次水，生成白生生，黄嫩嫩的芽子，长到两三寸，用五彩丝线拦腰束起来，长到七寸左右，便束了三道五道彩线，这就成了"巧芽芽"。

七月七日这天黄昏，村里未成年的女子和待嫁的姑娘，公推一位俊秀灵巧、人才出众的姑娘领头，折拉柔柳，绑扎成人的模样，用木勺作头，画上脸谱，艳服盛装，犹如真人，视为织女，置于场心或柳荫之下，称作"巧娘娘"。日落天晚，姑娘们在"巧娘娘"之前，摆置香案，陈献果品，麦面烙的巧娃娃及姑娘们平时做的刺绣品等，然后虔诚地跪于香案前，每人手执两个饭碗，齐声唱《乞巧歌》……

两碗摩擦发出的声音，拌着优美甜润的歌声，异常悦耳。这样反复吟唱，三炷香完，"迎巧"结束。

待到入夜，弯月当空，姑娘们开始"占影测巧"，即在"巧娘娘"面前放置一盆清水，姑娘们依次将自己的"巧芽芽"掐下寸许投入水中，借月光看盆底的影子，如盆底的影子像纺线车子、织布机子，花朵，则象征姑娘们能纺织、会扎花，是纺织刺绣能手；如盆底映出的影子像刀、水瓢、锅碗等，则象征姑娘们能蒸会擀，能煎会炒，是做茶饭的能手；如盆底映出的影子像凤冠、霞，则预示姑娘的将来大富大贵，是官宦夫人……把这种活动叫做"掐巧芽芽"，掐完后，姑娘们用手挽成"花花桥"，两人相抬，其馀相跟，把巧娘娘送往水潭或潦池畔，送其"过天河"会"牛郎"。

直到夜深人静，万籁俱寂，有的姑娘还趴在井台上，屏声敛气地向井内细看，据说此时在静中可以看到织女牛郎重逢的倒影；有的姑娘钻入葡萄架下，凝神静听，据说此时在葡萄架下可以听见牛郎织女相会时间两情依依的低声絮语……

此时，新麦已经上囤，家家都要磨些新麦面粉洗淀面，烙干粮，作为节日食品，并用新麦面蒸、烙成人物、动植物形状，谓之"巧娃娃"，给姊、妹、姑、姨的孩子赠送，谓之"送巧"。①

《陇东风俗》一书中说：

乞巧节是姑娘们的节日，可以清晨入草"打露"，并以五谷子粒各七颗置于瓷盆中加水生芽，以生芽快慢多少卜其聪巧，并含有乞得良缘之意。更有些姑娘早从六月六那天就泡起了豆芽，把泡的豆芽放在水缸下，到了七月七晚上，七八个姑娘围在一起，把豆芽掐下来放在水碗中，从豆芽在水里的影子看各人以后能干啥。而那一对对的情侣则早躲到葡萄架下，听牛郎织女的窃窃私语去了。传说这一天晚上，葡萄架下能听见他们说话。七月七这一天喜鹊格外少，老年人说，银河无桥，牵牛织女相遇，喜鹊搭桥去了。七月七后的喜鹊头上没了毛，那是让牛郎织女用脚踩脱了。②

看这情形，同西和及礼县东部永兴、盐关一带乞巧的活动相似：（一）参加乞巧活动的都是未成年的女子和待嫁的姑娘；（二）都生豆芽，并在七月七的晚上占影测巧；（三）都要做成"巧娘娘"的像，设置香案供奉起来，并陈献果品；（四）都有长期流传的乞巧歌，在巧娘娘神案前唱；（五）都有一定的祭巧的仪程；（六）都有可以到葡萄架下听牛郎织女说话的传说；（七）都在七月七日午夜时分将巧娘娘送到水边焚化。

但也有不同之处：（一）西和县中部、北部各乡和礼县永兴、盐关一带乞巧总共七天八夜，时间要长得多；（二）西和、礼县乞巧时不仅唱，还手拉着手跳，是又跳又唱，却并不用碗伴奏；（三）西和、礼县乞巧的七天之中，姑娘们成群结队到邻近乞巧点上去参观，并由自己这个点上的姑娘组队跳唱，具有观摩和表演性质，陇东一带无此风俗；（四）西和礼县没有烙了"巧娃娃"之类的饼子赠送人的风俗；（五）西和、礼县没有七月七清晨到草中打露的风俗；（六）西和、礼县没有在井中看织女活动的风俗。

① 王长生：《正宁民俗》，甘肃人民出版社2001年版，第134—136页。
② 彭金山：《陇东风俗》，敦煌文艺出版社2001年版，第24—25页。

比较起来，陇东各地乞巧的时间短一些，敬奉织女的仪式较西和、礼县一带简单一些，而烙了饼子送亲戚、清晨到草中去打露等，反映农耕文化的特色更重一些。

陕西很多县的乞巧风俗同陇东的相近。唯旧志行文过于简略，以至于有的将几件事混同为一，眉目不清。如乾隆年修《咸阳县志》卷一《风俗》载，七月"七日妇女以豌豆芽祀而祝之曰乞巧"。这个记载行文过简，将乞巧过程未能说明白。当然也可能是老学究只知姑娘们生豌豆为乞巧，不知具体作何用。乾隆六年修《兴平县志》云：

> 七月七日闺中以豌豆灌溉生芽曰巧娘。

更误以为七月七日才生豆芽。如果这样，要到农历八月才能生好的。真是差之毫厘，谬以千里。明嘉靖二十年修《高陵县志·县俗》云：

> 七夕女子生麦豆孽以乞巧，每有灯处游针以验能。

同样说错了时间，也改变了过程。明万历年修《富平县志》卷九《习俗》："七月七日陈瓜果于星月下，曰乞巧。"富平县在高陵县以北。乾隆年修《大荔县志》卷六"民俗岁事"云：

> 七月七夕，处女陈瓜果酒饵生麦豆芽高尺许，祀织女，穿针乞巧。

大荔县在陕西中部偏东。光绪十四年刊《永寿县志》卷四《风俗》云：

> 七夕，儿女设瓜果豆芽祝告织女神。

民国时王廷珪修《兴平县志》卷六云：

> 乞巧，七月七日陈瓜果于庭，妇女罗拜，谓之乞巧，以为织女会牛郎也。

记载无误，但均未能反映出这一带乞巧活动之特征。清乾隆年手抄本《同官县志》卷四《风土岁时》云：

> 七月七日，民间具果鸡蒸食相馈。幼女设果酒豆芽祝告织女神，以豆芽漂水碗中，视影之妍媸以占巧拙。又以此夕穿七孔花针，以蜡作婴儿形浮水中以为戏，为妇女宜子之祥。

清代同官县即今旬邑县东面的铜川市。以蜡作小儿浮水中的习俗，其他地方似尚未见。可见实际上这一带乞巧的活动丰富多彩，而修志老学究只知在书本上论生活，不作实际调查，了解的少，疏于记载而已。光绪年修《新续渭南县志》卷二《风俗》：

> 七夕，女子陈瓜果拜织女，用针漂水碗中以验巧拙，名曰乞巧。《西京杂记》汉彩女于七月七日穿七孔针于开襟楼，即此也。

光绪十八年刊《凤县志》：

> 七月七日乡塾多有作魁星会者，陈设颇丰。晚间女子乞巧，瓜果盈庭。俗以豌豆渍水养芽，自六月朔始，至是有至二尺馀者，或不善养而差短则羞而不献。沉盆中视作品何状，以为得巧之验。

这本书中关于以芽卜巧的细节写得就较详细。民国二十四年刊《续修礼泉县志稿》卷十二《风俗》云：

> 七月七日为乞巧节。是夕焚香陈瓜果于庭中，并以五色纸制鞋袜祀织女，名曰乞巧，率皆小儿女为之。

从"以五色纸制鞋袜"一句所透露出来的信息看，陕西礼泉一带最早也同《正宁民俗》所记陇东的以竹木扎成人形，艳服盛装作巧娘娘以祀之的情形一样，只是到后来慢慢趋于简易，最后变得只有一点象征性情节。

从以上材料看，陇东和陕西中部各县，历史上也有浓厚的乞巧风俗，且大体相同，个别地方稍有不同，但其中有的大约是旧志于风俗记载过于简略，各提到某一点，并不全面所致。北部、南部一些县也有乞巧风俗，也大体相近，此不具论。

从陇东流传的乞巧歌来看，过去这一带在七夕节的活动也是很具文化韵味的。清道光时修《镇原县志》卷十三《风俗志》云：

> 是日妇女以果茶饼酒，刺绣针工夜乞巧于天女也。

是言准备了果、茶、饼、酒，作为夜宵，在晚上刺绣。一方面是乞巧，以为此夜做女红之事有益于巧；另一个方面可能是庆牛女相会。

值得注意的是陇东各县乞巧时同西和及礼县东部一带一样，都唱乞巧歌。

这些歌，也同样既有长久流传的传统歌词，也有联系现实临时编的。传统歌词中如正宁县流传的两首：

> 姑娘们，乞巧来，银河上面天门开。
>
> 天门开，云儿摆，我把巧娘请下来。
>
> 好牛郎，喂金牛，年年夏秋大丰收。
>
> 种庄稼，念文章，五谷瓜果满山庄。
>
> 我给巧娘娘献梨瓜，巧娘教我剪梅花；
>
> 我给巧娘娘献西瓜，巧娘教我剪菊花；
>
> 我给巧娘娘献蜜糖，巧娘教我剪鸳鸯；
>
> 我给巧娘娘献蜜桃，巧娘教我来绣描；
>
> 我给巧娘娘献红枣，巧娘教我缝棉袄；
>
> 我给巧娘娘献柿子，巧娘娘教我缝被子；
>
> 我给巧娘献苹果，巧娘教我蒸馍馍。①

陇东的妇女中十分流行剪纸，家家窗棂用白纸糊上，上面贴着各色各种花鸟、人物，就像相互比赛一样，这首乞巧歌就反映了这个风俗。再如：

> 一盏灯，两盏灯，我给巧娘亮眼睛；
>
> 一碗油，两碗油，我给巧娘洗光头；②
>
> 一碗酒，两碗酒，我给巧娘洗白手；
>
> 一碗水，两碗水，我给巧娘洗白腿；
>
> 红头绳，绣花鞋，巧娘接到我家来。
>
> 巧娘你在上面站，我给巧娘擀长面。
>
> 常乞巧、巧常乞，我为巧娘穿花衣。

前一首同天水一带流行的《巧娘娘》相近，后一首同流行在西和、礼县一带的《梳头歌》相近。③

　　下面是平凉华亭县流传的一首《巧娘娘》：

---

① 参见王长生《正宁民俗》。王将此首同下一首，并作一首，误。此处所录对其中个别字有所订正。

② 意为把头发洗干净，洗得光光亮亮。

③ 并参见拙文《汉水、天汉、天水——论织女传说的形成》，《天水师院学报》2006 年第 6 期。

> 年年有个七月七，牛郎渡河会织女。
>
> 巧娘娘，下凡吧，儿子女子照顾他。①
>
> 儿子给个笔和砚，女子给个针儿线。
>
> 笔和砚，写文章，针儿线，纳鞋帮。
>
> 写下文章好传家，纳下鞋帮做庄稼。
>
> 要把文章写好，要把庄稼务早，
>
> 男子勤快麻利，女子心灵手巧。②

从陇东一带流行的乞巧歌来看，历史上这一带的乞巧风俗也是比较盛行的。《西京杂记》记西汉时长安风俗："汉彩女常以七月七日穿七孔针于开襟楼，人俱习之。"此自然是关于七夕乞巧风俗的最早记载，所记地点在关中，虽反映宫中风俗，但宫中风俗之成，自然也受当地风俗影响为大。古代陇右诗人作品中写到牵牛织女和乞巧风俗的也不少。晋傅玄《拟四愁诗》中说："牵牛织女期在秋，山高水深路无由。"间接反映了对有关传说同七夕风俗的了解。唐以来，李治（陇西成纪人）有《七夕宴悬圃二首》，权德舆（天水略阳，即今甘肃秦安人）有《七夕见诸孙题乞巧文》，明代李梦阳（庆阳人）有《七夕》及七夕之日赠诗多首。明赵时春（平凉人）《七夕狱中咏怀》云："乌鹊桥过萤火飞，凤鸾机上晓星稀。"金銮（巩昌府陇西县人）《银河》诗云："月出影渐设，夜深光倍明。鹊毛看又尽，填到几时平？"清代张晋（狄道人）有《七夕篇》《七夕》；张澍（武威人）有《七夕》诗二首，《和章子卿甫孝廉七夕立秋元韵》及《牵牛赠织女》《织女会牵牛》等诗，任其昌（秦州人）有《天河》等诗。而陕西中部一带诗人历代咏七夕和牵牛织女之作则更多。唐代如：苏颋（京兆武功人）有《奉和七夕宴两仪殿应制》，韦应物（京兆万年，即今天陕西西安市人）有《七夕》，杜牧（京兆晚万年人）有《秋夕》（中云："卧看牵牛织女星"）、《七夕》，李郢（长安人）有《七夕诗》，元稹（京兆万年人）《决绝词二首》写到七夕，又有《立秋七月节》，袁晖（京兆人）有《七夕闺情》，李复（久居长安）有《七夕和韵》，李廌（华州即今陕西华县人）有《七夕》，金代史学（延安人）有《七夕》诗，明

---

① 意为对儿子、女子应该给予照顾。歌词中把巧娘看作到地人。

② 参见《中国歌谣集成》（甘肃卷），中国 ISBN 中心 2006 年版。演唱者，王海茂，采录者，陈吉学。个别字句有所订正。

韩邦奇（朝邑人）有《醉蓬莱·七夕》词，孙枝蔚（三元人）有《七夕诗》《七夕忆内》等以七夕日作因以为题之诗多首，又《七夕杂咏》六首。则七夕乞巧风俗在关中今陕西中部一带历史悠久，亦可以想见。

陇东一带流传着生动的"牛郎织女"的故事，牛郎住在窑洞里。陇东道情中有《牛郎织女》故事的剧本，有皮影戏《七夕会》等。

最后要谈一下的是平凉泾川县城西部泾河、汭河相交处的回山有一个王母宫，建于西汉元封年间，内为石窟建筑，有西王母石雕像，外有木构建筑，为西王母祖庙。每年四次庙会，一次为农历三月二十，一次为五月端阳，一次是农历七月十八王母诞辰，一次是农历九月，而以三月二十日一次最为盛大。这是宋开宝元年（968）重修王母祖庙的日子，以后将这一天作为西王母庙正会的日子。这一天，泾川、崇信、华亭、灵台、镇原、平凉、西峰及陕西长武等县的信众不论风雨阴晴，都如期赶到。甚至有其他省份的人很远赶来朝拜。回山南麓为瑶池。那一天，进香的、饮水的、看戏的，满山是人。北方流传的"牛郎织女"故事中还有一个重要人物王母，我认为也同泾川的这个王母祖殿有关。

总之，上古牵牛星的命名同周人的祖先有关，周秦长久居住之地陕西中部和甘肃陇东有关于牵牛织女的石雕像和形成时代很早的传说遗迹、祠庙，有突出的农耕文化和爱牛、以牛为家庭成员甚至拜跪牛圈的习俗，同"牛郎织女"传说中牛郎同老牛相依为命的情节相一致，反映出这一带正是产生牵牛（牛郎）形象、牵牛同牛的故事及"牛郎织女"中有关情节的土壤。我们通过探索牵牛、老黄牛这两个形象及"牛郎织女"故事中有关情节的形成，可以更深地了解我国早期农业发展的历史，更深地了解陇东和陕西中部一带经久不衰的丰富的有关牛的风俗的文化蕴含。

秦州织锦台与《回文璇玑图诗》

清乾隆年胡钅匽编纂《直隶秦州新志》卷二载："窦滔故里在州城西郭，有织锦台。"又民国二十八年《天水县志》卷一：

> 织锦台，在县城西二郎巷。传为安南将军窦滔妻若兰织回文锦之处。

这是生于陕西武功，嫁于扶风，曾长期生活于甘肃天水的历史上著名巧女的遗址。

二郎巷又名三阳巷，今名育生巷，在秦州西关偏南处，20世纪50年代初在巷之北口有一座二层木楼，石基上立有四根粗大的檐柱，门楼下有楼梯可通向二楼，楼上勾栅栏杆，四扇刻花直棂窗，其设计工艺有明代风格。楼上临华严前街一面悬"晋窦滔里"巨型匾额，字迹刚劲雄健；面南的门上书"古织锦台"，字迹古拙大方；皆白底黑字。向北门两侧有木刻对联，上书有清代杨芳灿（字才叔，号蓉裳，曾补为伏羌知县、灵州知府。后因其弟杨揆授甘肃布政使，入赀为户部员外郎）诗中二句："莺花古巷秦州陌，云是苏娘旧时宅。"牌楼在20世纪50年代马路加宽中被拆除，但年龄较大者对此记忆犹新。

由这牌楼和牌坊可知，在清代以前，织锦台就已成为天水的名胜，外地游人寻访者多。其巷口正面的"窦滔故里"的"里"这里是庐舍、宅院的意思，同于《诗经·郑风·将仲子》中"无逾我里"的"里"，与现在"故里"多指"故乡"者不同。因为二郎巷内有很多小巷道，当地俗称若兰故居之小巷为古人巷，又在古人巷口立一写有"织锦台"的小牌坊（此牌坊在1920年天水大地震中塌毁）。入古人巷其南侧有一片地方，20世纪40年代周围有许多树，树旁有一水池，前边一土台子上有碑，上书"织锦台"三字。织锦台旧址为今务农巷28号院之地。当地人说，前些年有南方记者专门到天水来寻找织锦台，见遗址不存，很遗憾地照了几张周围的照片就走了。

织锦台为什么这么有名呢？因为1600年前一位极聪明的青年妇女在这里创造出用840字包含数千首诗的《回文璇玑图》①，前无古，后无今，最突出地表现出秦地女儿在历史悠久的乞巧活动激发下产生的聪明智慧，可以说将妇女乃至人类的巧智发挥到极致。这个人就是东晋十六国之时前秦的苏蕙。

南朝宋齐间史学家臧荣绪《晋书》载：

> 窦滔妻苏氏，善属文。苻坚时，滔为秦州刺史，被徙流沙。苏氏思之，织锦为回文诗寄滔。循环宛转读之，词甚凄切。

崔鸿《十六国春秋》之《前秦录》中说：

> 秦州刺史窦滔妻，彭城令崔道质女。有才学，织锦制回文诗以赎夫罪。

房玄龄等撰《晋书》卷九六说：

> 窦滔妻苏氏，始平人也。名蕙，字若兰。善属文。滔，苻坚时为秦州刺史，被徙流沙。苏氏思之，织锦为"回文璇玑图诗"以赠滔。宛转循环以读之，词甚凄婉。凡八百四十字。

这全据臧荣绪《晋书》，唯补出其名、字。《前秦录》中"赎罪"之说似较牵强，两《晋书》书思夫之说近理。今传《璇玑图》之前武则天的《序》中言，窦滔"风神伟秀"，遍通经史，能文能武，时人评价颇高，故苻坚任为秦州刺史，后"以忤旨谪戍敦煌"。苻坚攻克襄阳后，以其难守，又任命窦滔为安南将军，镇守襄阳。下面接着说：

> 初，滔有宠姬赵阳台，歌舞之妙，无出其右。滔置之别所。

苏蕙知道后找到她加以棰辱：

> 阳台又专伺苏蕙之短，谗毁交至，滔益忿苏氏焉。苏氏时年二十一。

---

① 关于苏蕙《回文璇玑图》的字数，房玄龄《晋书》卷九言"八百四十字"，而南宋桑世昌编《回文类聚》所收为841字，正中空格多一"心"字，其他文字也略有不同。北京图书馆所藏宋代女诗人朱淑贞作《记》的《璇丽诗图》抄本和大英博物馆所藏赵孟頫夫人管道升作《跋》的《璇玑诗图》抄本均为840字，则原作应为840字。

及滔将镇襄阳，邀苏氏同往，苏氏忿之，不与谐行。滔遂偕阳台之任，断苏音问。苏氏悔恨自伤，因织锦（为）回文……才情之妙，超古迈今。名曰"璇玑图"。

由文中所叙看，苏蕙同赵阳台之间发生矛盾是在窦滔被贬谪远戍敦煌期间。窦滔因罪远戍于外，身份已大不同于任秦州刺史时。苏蕙之父苏道质曾为彭城令，她知书达礼，处事应能瞻前顾后，平心自守，也不至于过分对待赵阳台。而赵阳台一歌女，仍铺张奢华、张扬暴露之情形或有之，两人发生冲突在情理之中。武则天序中只从苏蕙嫉妒方面言之，或有未当。文中说赵阳台"专伺苏蕙之短，谗毁交至"，恐是事实。

但不管怎样，苏蕙的悲剧是封建社会男尊女卑的制度造成的。苏蕙未被休去，但作为一个二十二三的青年妇女长年守活寡，其悲忧之心可知。

这里有一个问题：苏蕙作《回文璇玑图》是在天水还是在今扶风？因为陕西扶风也有一个织锦台。有同志说窦滔在敦煌纳妾赵阳台，"苏蕙知道赵阳台之事后回法门寺窦府"。这完全是用写小说的手法加以推衍。苏蕙正愁无法消夫之罪过以还家，愁其夫在流沙之地的艰难生活，不但不会计较有女人陪伴其生活，恐怕倒是希望有人关心其衣食，以慰其心；只是窦滔因罪谪守敦煌，不可能纳一"善于歌舞"的宠姬。何况苏蕙也不可能同远在敦煌的姬妾发生矛盾，也没有必要因此而返回扶风的"窦府"。所以说，窦滔之纳赵阳台在秦州刺史任上之时，赵阳台之谗毁苏蕙在窦滔被起用，由敦煌返秦州将赴襄阳任上时，苏惠之作《回文璇玑图诗》并织之于锦上，是在窦滔携赵阳台赴襄阳之后俱可以肯定。窦滔在秦州刺史期间有府第，他虽离任，但重新起用后地位更高，也不会因其离去而连原有府第也能再住。至苏蕙将《璇玑图》织成并送至襄阳之后，窦滔才"具车徒盛礼邀迎苏氏归于汉南"甚明。则《回文璇玑图》之创作、织成在秦州，是没有问题的。

苏蕙织《回文璇玑图》的事很快便流传开来。臧荣绪（415—488）将其载入《晋书》，时间也不过过去了几十年。南北朝诗人江淹《别赋》中有"织锦曲兮泣已尽，回文诗兮影独伤"之句，吴均、梁元帝萧绎、庾信等的诗中也咏及苏蕙回文诗，隋唐以后吟咏及苏蕙与《回文璇玑图诗》的诗作则更多。明代李汝珍的长篇小说《镜花缘》中述及苏蕙故事，又载录《回文璇玑图》和其中的部分诗，清代戏曲家洪昇有《织锦记》传奇专演此事，清代又有一部《合锦回文传》也叙及此故事并录有《璇玑图诗》。

为什么苏蕙这840字的一篇文字会有这么大的影响？因为从中可以读出数千首甚至上万首的诗来。①

苏蕙为什么不是写几百首、几千首诗成册送于窦滔，却独出心裁地作出这么奇特的《回文璇玑图诗》呢？

我认为这有三个原因：

其一，苏蕙出身于书香之家，从小读诗书，如有关文献当中所说"有才学""善属文"。

其二，她的家乡今武功和夫家扶风，及随夫生活的天水，这三个地方都是在早期秦人长期生活及逐步东迁的路上。在秦人原居于天水西南、礼县东北汉水上游之地，后逐渐东迁，在这一段道路上，留下了浓厚的始祖崇拜的仪式习俗，即后代的七月七日乞巧节俗。② 天水西南的小天水（今天水镇）和陇南的西和、礼县至今留有浓厚的乞巧节俗，要从农历六月三十日直至七月七日夜。天水市秦城区在古代应同此一样，只是由于其地处南北东西交通枢纽之地，旧习俗难以长期保留，自近代即慢慢淡下来，今只有天水市个别县（如清水、张川）保留此节俗。

自古能诗善文的才女很多，但留下这样神奇文字的罕见；自古从陇南天水至长安一带参加过乞巧活动的妇女很多，但这一带文化欠发达，能诗的女子很少，在诗歌创作上独出心裁如苏蕙者更是罕见。

苏蕙是具备以上两个条件的女子中最聪慧、最有才华的一位。不过，还有一点，也应是她创作《回文璇玑图诗》的动机之一。

其三，晋代女诗人苏伯玉之妻（名字不详）曾创作《盘中诗》。《回文类聚》将其写入圆盘中，不合诗中"当从中央周四角"之意，应写于方盘中。

____

① 武则天序中言可读出诗200馀首，朱象贤《读例说》云："宋至道间大内流传五色读法，共读出3752首。"明僧人起宗即据此解读之（其读法见《名媛诗归》），实际可得诗3744首；康万民增读除重复及计算错误外为4188首，合起宗读出3744首，共7933首。今人李蔚在前人基础上进一步研究，共读出三、四、五、六、七言诗14005首（见其《诗苑珍品璇玑图》，东方出版社1996年版）。

② 有关"牛郎织女"传说形成与乞巧节俗同天水陇南一带的关系，参见拙文《"牛郎织女"传说的产生与主题》《汉水与西礼两县的乞巧风俗》，《西北师大学报》1990年第4期、2005年第1期；《再论"牛郎织女"传说的孕育形成与早期分化》，《中华文史论丛》2009年第4期、《新华文摘》2010年第9期；《由秦简〈日书〉看牛女传说在先秦时代的面貌》，《清华大学学报》2012年第4期等文。

苏蕙之作，是取其"周四角"之格局，而因为整个文字为直行横竖交错，可以平的从左到右、从右到左读，也可从上到下、从下到上读，其句子起点可在平行、竖行的不同字上开始，因而变化性大，从中可以读出很多首诗来，而不仅仅如《盘中诗》的只是一个排列上的心机。也就是说，苏蕙的840字中很多字句多次组合，能读出数千首诗来。

　　《盘中诗》言"家居长安身在蜀"一句看，苏伯玉妻居于长安，而其夫官于蜀。汉晋之时长安一带乞巧风俗也流行。西汉时长安昆明湖边有牵牛、织女像，可见关于牵牛、织女的传说也很流行。苏伯玉之妻很可能也因小时参加过乞巧而产生了作《盘中诗》的奇想。因此，家在长安的苏伯玉之妻应是第一个在诗歌创作上体现"巧"的第一人，而将这种巧心体现得最为充分，使她的作品成为千古奇文，也使她成为千古奇才的，是苏蕙。

　　近代以来，天水及以东很多地方由于处于交通要道，相对说来经济较发达，人员流动频繁，乞巧节俗越来越淡，大多变为只有七月七的晚上摆一些瓜果之类欢聚一下。每年从农历六月三十日夜开始，至七月初七夜送巧，七天八夜的乞巧活动，只有西和、礼县这两个县至今保留，秦州、清水、张川、华亭、崇信、泾川、宁县、正宁和处于早期秦人由陇南、天水东迁路上的陕西陇县、千阳、凤县、岐山、永寿、扶风、乾县、武功、周至、兴平、西安鄠邑区、斗门镇等处还存留着一些20世纪40年代以前的乞巧歌，就有力地说明了乞巧是秦人祭祖节俗的遗留。

　　中国几千年中的农业经济中，一直讲"男耕女织"，男子主要负责吃的事，妇女主要负责穿的事。织女的原型女修的善织，为以后几千年中妇女的能力训练树立了光辉的典范。几千年来女孩子从小举行乞巧活动，就是为了使自己变得巧，能织能绣，在很多地方凸显出自己的巧智。

　　今所见关于乞巧节俗的最早记载，是《西京杂记》中所载汉初宫廷中的乞巧节俗。其卷一载："汉彩女又七月七日穿七孔针于开襟楼，俱以习之。"卷二载：刘邦爱姬戚夫人的侍儿贾佩兰，后被放出为扶风人段儒之妻。她说"在宫内时，尝以统管歌舞相欢娱，竞为妖服，以趣良时。七月初一日共入灵女庙①，

---

　　① 原作"十月十五日"，为"七月初一日"之误。因为以下依次叙"八月四日""九月九日""正月上辰""三月三日"。如果是"十月十五日"，则应在"九月九日"一小段文字之后。"七"字上古作"十"，十作"1"，汉代民间仍有习以"十"为"七"者。竖书中"初"字左高右低，又与下"一"字靠得紧，简文模糊后被误识为"十五"。

以豚黍乐神，吹笛击筑，歌《上灵》之曲。既而相与连臂踏地为节，歌《赤风来》。至七月七日，临百子池，作于阗乐。乐毕，以五色缕相羁，谓为'相边爱'"。这同直至今日在西和、礼县一带流行的乞巧活动仍一致：七月一日正式乞巧开始，姑娘们手拉着手在织女神像前不用音乐，依跳的节奏唱乞巧歌。七月七日或六日要成群结队到当地名泉或河边取水。只是以五色缕相羁，今姑娘们在农历五月五戴五色手襻，直到七月七夜送巧时从手上取下来，连起拉在河两岸象征帮织女搭渡河的桥。这样看来，从汉代初年至于近代以前天水一带至秦人东迁路上的乞巧风俗一直在流传。自然苏蕙从小也以追求巧为愿望。这一心态同她的诗文素养结合起来，又受到苏伯玉妻《盘中诗》的启发，作成了不朽的《回文璇玑图诗》。

习俗只有在偏僻之地才能保留。西汉水上游因为其西其南临近藏区（古时临近氐羌），其南入川蜀道又艰险，只有茶马客商长途跋涉，所以这一带保留下来秦人的祭祖节俗。它同礼县大堡之山的秦先公先王陵墓一起展示了早期秦人在这一带的活动。

秦州之名同秦有关，不用说。天水为赵姓郡望，也因造父被周穆王封于赵城而秦王族以"赵"为氏，秦始皇又迁战国赵国代王嘉之子赵公辅于天水而形成。

秦州又名为"天水"，同时秦城区西南角有地名"天水郡"，其西南六七十里又有天水镇。前些年在礼县祁山、盐官以北的草坝乡出土《南山妙胜廨院碑》，其中说唐贞观二十三年给该寺赐额"昭玄院""天水湖"，宋徽宗大观元年又有圣旨言及"天水池佛殿"。五代时王仁裕为今礼县石桥人，有墓碑为证，但其碑文中都言为"天水人"。可见古之"天水"指今秦城区和今礼县东北一大片地方，其名实由古"汉水"而来，因为"汉"既是地上水名，也是天上水名，二者又有联系，故地上相应之地也名"天水"。它既同秦人之发祥有关，也同牵牛织女传说，同乞巧文化的起源有关。

以上主要是谈苏蕙创作、制造《回文璇玑图》的地理文化背景，以揭示她何以会有这样的创作动机和思路。

末了我们还必须指出，今天我们珍视苏蕙的这一创作，不仅因为它的神奇无比，还因为它将汉语、汉字的特质、表达功能发挥到极致。汉语是孤立语，在古代是一词一音，无词尾变化，词在句中的作用由词序和词义、词的属性所决定，词序可以有条件地变化。汉字是方块字，一字一音一义，与汉语特征相一致。在20世纪中不断有人认为汉字必须走全世界拼音化的道路。如果这样，我国浩如烟海的古代文献，将来便没有人能够阅读了。几十年来，汉字在进行了适当简化的基础上不断地规范化，消除异体字，减少多音字，更有利于初学及科学文化的普及。汉语、汉字也有一些其他语言文字所没有的优点。苏惠的《回文璇玑图》让我们充分认识到汉语、汉字的特质，也可以让外国朋友了解汉语、汉字表达中的神奇功能。

秦州织锦台是不仅包含着一个动人的故事，也是一个具有标志性丰富文化蕴含的景点；苏蕙也成了几千年来陕甘有文化素养的巧女中最杰出的代表人物。

(《天水师院学报》2018年第6期)

从广东七夕节的传播源流看其文化特征①

一、牛女传说与七夕风俗最早产生于西北

乞巧风俗同秦人的传说有关，我曾有《论牛郎织女故事的产生与主题》一文，论织女乃是由秦人始祖女修而来。《史记·秦本纪》载："帝颛顼之苗裔孙曰女修。女修织，玄鸟陨卵，女修吞之，生子大业。"大业为秦人之祖。秦人始祖女修以织闻名于后世，因而被秦人用"织女"为天汉边上一颗亮星的星名命名。因秦人早期生活于汉水边上，因而也名靠近织女星的那一条星河为"汉"。天上的满天星斗，在古代能看得见的星都有星名。这些星名不是那一个人一次命了名的，而是在数千年历史中由于天文学的不断发展、不断完善而成的。最开始，除了太阳、月亮大概在人类社会开始之初即得以命名之外，总是先从最亮的星开始被命名，以后也同样是根据其亮度及同人的生活、生产相联系被关注的频度被命名。织女星是整个北半球的第二大亮星，自然是中国天文星象史中最早被命名的。秦人的祭祖节俗——七夕节或乞巧节的前身，在远古时代已经形成。

关于牵牛，从上古文献和农耕在史前时期经济中的地位及上古文化传播的状况来看，是由周先公叔均演变而来。《山海经·海内经》云："后稷是播百谷。稷之孙曰叔均，是始作牛耕。"《大荒西经》云："叔均是始代其父及

---

① 本文为国家社科基金特别委托项目《中国节日志》子项目《中国七夕节》（编号：JRZ2009021）的中期成果。本文作者为该子项目负责人。

稷，播百谷，始作耕。"《大荒北经》并说到因排拒旱神之事，"叔均乃为田祖"①。周人最早发祥于今陕西中部偏西的长武至甘肃庆阳一带，农业发达很早，在以后的发展中对农业也一直很重视，在中华农耕经济发展上作出了巨大的贡献，尤其是发明了牛耕和重视种子的选定、培育。这从《诗经·豳风·七月》，《大雅》中的《生民》，《周颂》中的《噫嘻》《丰年》《载芟》《良耜》等诗即可以看出。

《小雅·无羊》云："谁谓尔无牛？九十其犉。……尔牛来思，其耳湿湿。"可见周人同牛的关系是比较深的。《诗经·小雅》中的《甫田》《大田》二诗，都说到"田祖"，方玉润《诗经原始》以为皆祀田祖之乐诗。据《山海经》，这田祖即是叔均。"牵牛"作为星名，是周人学习秦人通过祀星来祭祖的方式，据其先祖叔均的事迹而命名的。值得注意的是，在后代传说和"七夕"风俗活动中，也有祀田公（田祖）的内容。山西《广灵县志·风俗》说：

> 七月七日折柳枝，挂楮钱插田中以报田公。

七月七日而报田公，显然是将田公同牵牛星君联系在一起。可见，牵牛星由叔均而来，不仅在文献中可以考知，在民间传说中也有深厚的基础。

关于秦人发祥兴起之地，过去学术界的推测之言较多，看法不一。近二十年来在甘肃礼县大堡子山（在礼县东部，当天水县西南、西和县以北）发现了大型、密集的秦先公先王墓葬群，学术界才一致认为：秦人兴起于今天水秦城区西南、礼县东北部、西和县北部的西垂之地。西和、礼县隆重的乞巧风俗即是秦文化的遗留。七夕节或曰乞巧节是首先起源于这一带的。

古人称分隔了牵牛织女的银河为"汉"或"云汉""天汉"。比如《诗经·小雅·大东》："维天有汉，鉴亦有光。跂彼织女，终日七襄。虽则七襄，不成报章。睆彼牵牛，不以服箱。"《毛传》："汉，天河也。"又《大雅·棫朴》："倬彼云汉，为章于天。"《毛传》："云汉，天河也。"《大雅·云汉》：

---

① 在拙文《论牛郎织女故事的产生与主题》（《西北师大学报》1990 年第 4 期）一文中，我认为牵牛是由商人的祖先王亥演变而来。因为有几种文献中说到他"服牛"之事。但"服牛"不一定是用于牛耕，在夏代应是用于运输。同时，商与秦相距远，商秦文化融合形成"牵牛织女"传说的可能性小。商先民活动地域也距汉水较远（天汉即秦人据汉水以命名），故改变看法。参见拙文《汉水与西、礼两县的乞巧风俗》（《西北师大学报》2005 年第 6 期）。

"倬彼云汉，回昭于天。"《毛传》："云汉，谓天河也。"《广雅·释天》："天河谓之天汉。"又《大戴礼记·夏小正》七月"汉案户"卢辩注："汉，天汉也。"看来最早天河就被称为"汉"，后来为了与地上的"汉"——汉水相区分，才称作"云汉""天汉""银汉"，汉代始有"天河"之称。《尚书·禹贡》："嶓冢导漾，东流为汉。"西汉水在汉代以前是东流至今陕西勉县合沔水（东汉水）东南流入长江。到西汉时因地震而在略阳折而南下，与沔水分之为二，一称西汉水；一称东汉水。以"汉"为天河之名，也是秦文化的遗留。

目前关于牵牛、织女的传说，能反映出一定情节的，最早都见于秦文化范围。首先，《三辅黄图》中说，秦始皇并天下以后"渭水贯都以象天汉，横桥南渡以法牵牛"。当时秦国都城在咸阳。秦始皇以渭水象征天汉，既表现出以天帝自喻的思想，也反映出秦民族古老的记忆。而在渭水上架桥以象征牵牛渡天汉，更可看出牵牛、织女传说在秦人记忆中深刻的印象。

以前人们不相信《三辅黄图》中的这条记载，故学者多认为"牛郎织女"传说产生于东汉末期甚至更迟一些。但 1975 年在湖北云梦县睡虎地 11 号秦墓出土战国末至秦始皇三十年期间的竹简，有《日书》甲种 166 简，《日书》乙种 257 简。其中《日书》甲种有三简写到牵牛织女的情节。第 3 简简背云："牵牛以取织女而不果，不出三岁，弃若亡。"[①] 看来在战国之时牵牛娶织女为妻和后来织女离开牵牛而去的传说已经形成，"弃若亡"是从男的方面说的，是说女方离去。男女已成婚姻而女方又违背男方之意愿离去，这只有女方家长从中作梗一个可能。这同后代"牛郎织女"传说一致。又说"不出三岁，弃若亡"，也同后代传说中牛郎织女有一儿一女的情节相吻合，因为一般来说，婚后三年也就是生两个孩子，而一儿一女的概率也最大。看来《三辅黄图》的记载也是可靠的。又《史记·秦本纪》中说女修是"帝颛顼之苗裔孙"，《史记·天官书》中说："织女，天女孙也。"这些联系起来看，织女离牵牛而去的原因也大体可以想见。看来，后代"牛郎织女"传说的基本情节要素在先秦时代已经形成。

"牵牛""织女"作为星名，最早见于《诗经·小雅·大东》。《大东》一诗，《毛诗序》云："东国困于役而伤于财，谭大夫作是诗以告病焉。"西周时谭国在今山东章丘附近（济南市以西），可见牵牛、织女作为星名在西周时

---

① 睡虎地秦墓竹简整理小组《睡虎地秦墓竹简》，文物出版社 2001 年版，第 206、208 页。

流传已十分广泛。由此推测，其产生时间很早。《大东》一诗中，诗人已将牵牛星同牵牛驾车的行为联系起来，将织女星同坐在织机上织布帛的行为联系起来，也同时提到"天汉"，其原始的取名之义已被淡忘，人们对这两个星名作出了新的解读。我认为《诗经》中的《秦风·蒹葭》《周南·汉广》也应同牵牛、织女被分在天河两岸的传说有关，是"牵牛织女"传说的早期反映。①

此后，随着封建社会经济的发展，自耕农的增加，牵牛、织女由星名变为自给自足农业社会中"男耕女织"农民形象的写照。与此前男女两个主要人物分在天汉两岸不能相聚的情节结合起来，形成了后代大体相同的传说框架。其后随着封建礼教的加强，在人物原形的特征与基本情节的基础上，自然地转化为反对门户观念、争取婚姻自由的故事。② 汉代《古诗十九首》中的《迢迢牵牛星》一诗和见于《玉台新咏·枚乘杂诗》的《兰若生春阳》都是反映牵牛织女的传说的，也都是悲剧的结局。我认为这两首诗都是西汉后期的乐府诗，故后人误认为枚乘之作。③ 因而，从西周时代至战国时期，是"牛郎织女"悲剧情节的形成时期。

根据以上事实看，"牛郎织女"的传说是在周秦之地形成的。

关于七夕乞巧的风俗，最早见于《西京杂记》卷一："汉彩女常以七月七日穿七孔针于开襟楼，俱以习之。"又卷三记高祖时戚夫人侍儿贾佩兰——

> 又说在宫内时，尝以弦管歌舞相欢娱，竞为妖服，以趣良时。……
> 至七月七日，临百子池作于阗乐。乐毕，以五色缕相羁，谓为相连爱。④

《西京杂记》一书，据葛洪所写《跋》，是葛洪据刘歆所作《汉书》中不见于班固《汉书》的材料汇抄而成。据文献记载及近几十年所出土材料，书中所记大多真实。看来西汉前期时汉代宫廷已很重视七夕节，形成了穿针乞巧的

---

① 参见拙文《〈秦风·蒹葭〉新探》，《文史知识》2010 年第 8 期；《〈周南·汉广〉探微》，《古典文学知识》2010 年第 3 期。

② 参见拙文《再论〈牛郎织女〉故事的孕育、形成与早期分化》，《中华文史论丛》2009 年第 4 辑，《新华文摘》2010 年第 9 期转载。

③ 参见拙文《〈迢迢牵牛星〉〈兰若生春阳〉二诗关系浅谈》，《中国典籍与文化》2010 年第 2 期。

④ （汉）刘歆撰，（晋）葛洪集，向新阳、刘克仁校注《西京杂记校注》，上海古籍出版社 1991 年版，第 26、138 页。

节俗。《艺文类聚》卷九十一引《汉武故事》曰："七月七日，上于承华殿斋。正中，忽有一青鸟从西方来，集殿前。上问东方朔。朔曰：'此西王母欲来也。'"七月七日在汉代宫廷确与神灵、神话传说有关。西汉都城在长安（今西安一带），则七夕节俗也最早产生于西北。

七夕节俗源远流长，而形成应该是在战国时代，它是"牵牛织女"传说广泛传播后逐渐形成的。因为汉初在宫廷中已有七夕乞巧的节俗，则七夕节俗在此前已形成。先秦时在史书、文献上记日都用干支，不用数字，这在当时是一种慎重的记事规则，因为古代的一些仪式、活动包括出行、祭祀、会同、婚丧等都同干支有关，用干支一眼就可以看出合不合礼。但民间称说中，还是多用数字，即直言是每月的第几日，而称干支则一时不易弄清究竟在哪一天。如《星经》云：

> 织女三星在天市东，常以七月一日、六七日见东方，色赤精明，女工善。

《星经》也叫《甘石星经》，宋晁公武《郡斋读书志》、陈振孙《直斋书录解题》均认为是战国的甘德、石申夫之作。现在看来，其中确有后人所增。即使这一条不可靠，《史记·孟尝君列传》中说："文（孟尝君田文）以五月五日生。"司马迁自然是据战国文献而载的，则先秦时人们一般论月日是以序数词的形式表示无疑。"七月七日"之说，在战国时已有。

《艺文类聚》卷四引东汉崔寔《四民月令》云：

> 七月七日，曝经书，设酒脯时果，散香粉于筵上，祈请于河鼓、织女。言此二星神当会，守夜者咸怀私愿。或云：见天汉中有奕奕正白气，如地河之波，辉辉有光曜五色。以此为徵应，见者便拜乞愿，三年乃得。[1]

所载七夕节俗，"穿七孔针于开襟楼"已见于《西京杂记》卷一，其材料来源为西汉末刘歆所辑编《汉书》的文献。所载敬织女（巧娘娘）的仪式也与后代大体一致。唯没有《西京杂记》卷三所载相近的情形。《西京杂记》卷三云：

---

[1] （唐）欧阳询撰，汪绍楹校《艺文类聚》，中华书局1982年版，第75—76、1577—1578页。

七月初一日，共入灵女庙，以豚黍乐神，吹笛击筑，歌《上灵之曲》，既而相与连臂踏地为节，歌《赤凤凰来》。至七月七日，临百子池，作于阗乐。乐毕，以五色缕相羁，谓为相连爱。

与此大体一样的活动至今存于陇南、天水一带，可见这是较原始的乞巧节俗，而在向东、向北、向南传播中慢慢被淡化。崔寔为涿郡安平（今河北安平县）人。所记应是北方的节俗。由于时间和地域的跨度，已有些变化。此后七夕风俗不断向南传播，在魏晋南北朝之时以穿针乞巧和蛛丝验巧为主要内容，唐五代之时南方风俗中又增加了拜月、拜星的内容，而其他习俗如陈设瓜果、穿针等习俗也都存在，唯不同地方各有侧重，并因当地的气候、物产、风俗等有所变化，而乞巧中连臂而跳唱的习俗都没有了，只保留在陇南、天水的部分地带。

由现存文献看，乞巧节俗最早见于西汉宫廷。按一般规律，帝王后宫嫔妃等的节俗，起于民间，只是所体现的主导思想并不一样。后妃宫娥之类与民间女子一样过七夕节，但不可能表现对自由婚姻的向往，这是不用说的，因而只能从"织女"的名称上、能力上做文章，变为"乞巧"。七夕节、乞巧风俗作为一个节俗不用说会自然传播的。西汉时社会经济的发展，商业活动与政治文化的交流，随着"牛郎织女"故事的传播会引起妇女、儿童的兴趣，形成缓慢、自然的扩散；而两汉之间十多年战乱造成一些家族、家庭的迁徙，则造成以后地域文化交流的基础。魏晋之间学者周处的《风土记》中载："七月七日，其夜洒扫庭除，露施几筵，设酒脯时果，散香粉于筵上，祈请河鼓织女。"[①] 能在诗文中对七夕风俗加以反映的，也仍然是统治阶级文人，所反映也多是官宦人家的状况；劳动人民、清贫之家过七夕的情况难以见于文字。加之宋代以后，理学占有主导地位，封建礼教进一步加强，七夕节就基本上变成了"乞巧节"；从劳动者方面说，希望提高手艺、改善生活、创造幸福家庭的主题也得到凸显，但民间乞巧活动中仍然保持着反封建礼教、追求婚姻自由的主题。

---

① （宋）陈元靓：《岁时广记》引周处《风土记》。

二、客家人的迁徙与七夕风俗的传播

由于汉代独尊儒术思想的确立，民间的七夕节俗也会变得以乞巧为主。七夕乞巧节俗随着东汉王朝政治中心的东移，应首先是传至中原一带。

两汉之间十多年的动乱，汉末的动乱，引起人民的大流动；西晋王朝的灭亡，北方进入五胡十六国时期，大量士族显宦纷纷南迁，把北方的很多文献、风俗带到了南方，七夕风俗很快在南方传开。此后由于北方的动乱，如黄巢起义等，有几次大规模的民族迁徙，"牛郎织女"传说和七夕节俗等一些风俗逐渐在东南、南方一带传播开来。同时，也因当地的自然环境、生活习俗等的不同，七夕节俗在内容、情调、细节上产生了一些分化。

江南、岭南的七夕节，主要是由客家人带去的。这是以往的学者们未能注意到的，而认识这一点十分重要。因为江南、岭南七夕节庆同北方的有所不同，当地关于"牛郎织女"传说在情节上也与北方的在一些关键的情节上有所不同，其间除了流传中时间与空间的原因所产生的差异之外，还有主要流传人群阶层上的差异。

"客家"的得名是与"土著"相对而言的。客家先民原是古代北方的官宦和富有的家族。由于改朝换代、战乱等原因，他们成批向南迁徙，多雇有保镖、武人护送。因为考虑到安全，怕地方上土人的抢掠。他们相对集中，又筑了方形或圆形城堡式大院落，故生活习俗如前。是他们将北方的节俗带到南方去。因为节俗不是个别人的流动可以形成的，所谓"入乡随俗"，个别人只能融入当地的习俗活动中。这些大批南迁的仕宦、富豪之家相对集中地居住，由于语言、风俗、习惯与当地的居民不同，逐被视为侨居客户，因而称为"客家"。客家人居处有的地方又有淘井的节俗。如福建浦城县"七日食桃仁、淘井"（《古今图书集成·岁功典》）。湖北公安县习俗与之相近。淘井之俗，应是同农业有关。

广东的客家人以东部各县为最盛，广州及沿东江流域的东莞市，河源市下辖的连平县、和平县、龙川县、紫金县，惠州市下辖的龙门县、博罗县、惠阳区，韶关市下辖的新丰县，深圳市下辖的宝安区等地也有很多客家人居住。经历的艰难，形成了客家人勤劳刻苦、坚韧不拔的优良传统。

广东客家先民自北而南迁入广东境内的经过，根据典籍记载和学者们的研究，可分为五个阶段，或曰五期：

第一期：自西晋末由于五胡乱华造成北方社会的极大混乱，很多士族之家由中原迁至鄂、豫南部，及皖、赣之地的长江南北岸，赣江上下游。关于此，各种史志、谍谱多有记载。如果从一般的移民说，中华大地上的民族迁徙很早就开始了，北方有很多族群从夏、商、西周时代便逐步南迁。从大规模有组织的南迁说，秦统一中国后，曾派数万大军深入岭南戍边，秦始皇又派 50 万大军到岭南开辟灵渠，也留下部分士兵和北方移民。但先秦时代"牛郎织女"传说尚未定型，七夕节尚未形成，而戍边士兵也缺乏完整的正常的家庭生活与社会生活，不可能关注一些节日，尤其是妇女节庆。所以这些同"七夕"风俗的传播无关的移民活动，可以不论，西汉、东汉之间也有很多人随机就近避乱，但当时尚未形成突出的门阀制度，大批有组织地成团大家族南迁的情形尚未形成，而只是形成一些民俗的有限度的扩散与交融。仕族大家的大量长途南迁，始于西晋末年。

第二期：由于受唐末黄巢起义的影响，由皖、豫、鄂、赣等第一时期旧居，再迁至皖南，及赣之东南，闽之西南，以至粤之东北边界。如《崇正同人系谱》卷二《氏族》"薛氏"条云："而南方薛族，则由唐末黄巢之乱，其族有避乱而南徙于福建宁化及石壁乡者，及元代薛信，由宁化转徙粤之平远。"同书"吴氏"条云：

> 世居渤海，散处中州，其后有随王潮（按：王潮为唐末趁乱起事的地方势力）入闽，由闽而入于粤之潮、嘉等处。

又"古氏"条云：

> 五代至古蕃（按：原住洪州），生于唐乾符四年，曾任宝州都监，有子六人，当五季之世，中原扰攘，遂南迁岭表，长曰全交，居古云；次全规，居江下；三全则，居白沙；四全望，居增城；五全让，居惠州；六全赏，居高州。①

---

① 以上两条引文参见赖祭熙、翰林主编《崇正同人系谱》（第一册），香港崇檄会正出版部，1995 年版，第 33、8、3—4 页。

又胡曦《宋乡贤罗学士遗事考略》引《兴国州罗氏家谱》云：

> ……昌儒（世居豫章），唐昭宗朝进士，官循州刺史，因黄巢乱，道路梗塞，流寓不归。

唐循州治今广东龙川县西北，当今龙川、和平、兴宁、五华、连平等县市地。《兴宁何氏族谱》云：

> 大一郎名旦，原南京直隶庐江郡人，生于唐昭宗景福元年。……朱友英龙德二年壬午迁授宁化县尹……任满解组，次岁往梅，复由梅至潮，莅岩前……

由此可见，唐末之时即有不少中原大姓及官宦之家迁居今广东之东部。

第三期：北宋末至南宋末。自宋高宗南渡，受金人南下、元人入主中原这两次社会巨变的影响，客家先民的一部分，由第二时期旧居，分迁至粤之东部北部。《五华魏氏族谱》云：

> 时值宋末，天下混乱……我祖兄弟，惊恐流涕，商议只得移别处逃生。……以是兄弟四人，行经宁化，不得已号泣分袂，移居三都。元公至惠州长乐（今五华），为一世开居祖。……享公字国通，至福建汀州上杭后迁惠州龙川县。

《兴宁黄陂曾氏族谱》云：

> 惇，官封鲁国公，宋政和壬辰年由南丰徙福建宁化县石壁下居焉。生子仲辉，辉子桢孙、佑孙，因宋元兵扰，不能安居，由宁化徙广东长乐县家焉。现居兴宁、梅县、平远、镇平、五华、龙川、惠州、河源、和平、广州、新宁等县之曾姓，皆为此祖之后。

《和平徐氏族谱》云：

> 王父曰瑄，为宋宁宗时都统，扼于权奸，去位，卜居于豫章之吉水。孙男二：道隆、道德，均先后为度宗时提刑。解组未几，元兵南下，道隆起兵勤王，力战而父子俱殁；德隆则随宋帝度岭而南。迨宋祚已绝，义不臣元，遂择龙川乌龙镇居之。

乌龙镇在今广东东北部的和平县。《崇正同人系谱》卷二《氏族》"徐氏"
条云：

> 宋末有徐一郎者，自江西宁都迁福建上杭，其弟二郎，迁连城，传
> 五世，曰真人，迁居长乐。

长乐即今广东五华县。同书"谢氏"条云：

> 宋景炎年间，有江西赣州之宁都谢新，随文信国勤王，收复梅州，
> 任为梅州令尉……新长子天祐……遂家于梅州之洪福乡。

同书"饶氏"条云：

> 宋末，其族人有世居永丰之名四郎者，父为福建汀州推官。丁世变，
> 因家于汀之八角楼。及四郎，复迁于潮之神泉乡，即今大埔境。①

刘士骥《梅州丘氏创兆堂记》述镇平（今蕉岭）丘氏源流云：

> 谨按梅州丘氏，始迁祖讳文兴，宋征士，文信国参军也。先世世由中
> 州迁闽。……少于乡人谢翱善，信国勤王师起，与翱同杖策入幕府，信
> 国既北行，复与翱同归闽，道梅州北，今镇平县之文福乡，喜其山水，
> 因卜居焉。

《始兴华氏谱钞》云：

> 溯文受华公，宅居江右龙南……实闽汀杭邑而来。迨云礽昌炽，国
> 器金山伯仲，复迁粤东始兴青化乡。

其上文有"宋绍兴间，宦游沙县，因家于连城"等语，则亦南迁于宋代。又
《南雄南阳唐邓氏联修族谱》云：

> 清之子曰邓念……生三子……其一邓向游学粤东，立籍雄州，遂家
> 焉。……据此则向公之来雄，在宋末元初之间也。
> 名世之孙升，南宋建炎四年，以升为散骑郎……越三世坤钟，避宋

---

① 以上三条引文参见赖际熙、翰林主编《崇正同人系谱》（第一册），香港崇楼会正出版部 1995
年版，第 15、32、36 页。

季乱，徙居南雄象湖。

《嘉应刘氏族谱》云：

> 追宋宁宗嘉定间，河南宣抚使龙公之第七子开七公，官于广潮，因王事殁，葬兴宁北厢冈背，子孙遂家于兴邑。

以上各姓为明载其迁徙于宋代和宋末元初，且迁于广东境内者。其他虽未明载年代，但由其世次推知亦在此一时期由福建迁入广东者，当有巫氏、何氏、张氏、温氏、吴氏、罗氏、黄氏、廖氏。[①] 而溯其源，又多出于中原。

第四期：是自明末清初，受满洲人南下及入主中原的影响，客家先民的一部分，由第二、第三时期旧居，分迁至粤之中部及滨海地区。

第五期：是自同治年间，受广东西路事件，及太平天国运动的影响，客家一部分人民，分迁于广东南路与海南岛等处。[②]

这两个时间较迟，不赘论。至今东莞一带留有不少客家人的宗祠等古建筑，其式样与明清时代中原的完全一样，反映着他们对原居地的记忆与怀念。

因这些辗转迁入广东的家族本多仕宦之家，对保留祖上之风俗习惯十分重视，当中体现着一种念旧、怀古、不忘祖宗的群体情感记忆。端午、七夕、中秋等节庆很早在粤地即得到普遍重视，是同客家人是有关的。

在客家人迁徙的第一期，中原地区的乞巧风俗已经形成。所以说，广东各地的乞巧风俗是从很早就开始传过去的。但能成为广东很多地方的节俗，应该是不断输入和加强的结果。

但这里必须要看到的是，客家人的七夕节俗体现着古代北方上层社会和官宦之家的特征，而非劳动人民的节俗表现，其所传的"牛郎织女"故事也大体保持着古代士大夫文人的解读特征。就广东的七夕节俗而言，有直接承袭中原上层社会、官宦之家习俗者，也有将已经有所演变的江西、浙江、福建一带的习俗传入者。这就形成了广州七夕节的地域性与丰富多彩性。

我们说七夕节在宋代以前已由客家人带到广东，并且带有上层社会、官

---

① 以上并参见罗香林《中华民族中客家的迁移和系统》，收入陈绍棠主编《客家源流与风俗》，广东始兴客家联谊会，1992年，第11—47页。

② 参见谢佐芝《客家迁徙与海外分布》，收入谢佐芝编《客家渊源》，（新加坡）崇文出版社1991年版，第166—167页。

宦之家的特征，这从广东七夕节的一些表现就可以看出。比如，在节庆时间的认定上，与五代时南唐宗室的习俗相一致。清光绪二十五年刻《德庆州志》云：

> 以七月六夕为七夕，粤俗大抵皆然。女儿罗酒果祀牛女，谓之"拜仙"。

民国十九年刻《龙山县志》云：

> 七月六夕，女儿以花果供"乞巧"（"乞巧"用六夕，自唐末五代时已然，见《容斋随笔》）。

广东龙山县原在广州以北，清远市以东，今已成龙山镇。又倪鸿《广州竹枝词》："预乞佳期先一夕，世间儿女亦情痴。"番禺人汪兆铨《羊城竹枝词》："岭南六夕祀牛郎，儿女庭前瓜果香。"胡朴安编著的《中华全国风俗志》说：

> 广州风俗，綦重七夕，实则初六夜也。诸女士每逢是夕，于广庭设鹊桥，陈瓜果，焚檀楠，爇巨烛，锦屏绣椅，靓妆列坐，任人入观不禁，至三更而罢，极一时之盛。其陈设之品，又能聚米粘成小器皿，以胡麻粘成龙眼、荔枝、莲藕之属，极精致，然皆艺事，巧者能之。惟家家皆具有秧针一盂，陈于几，植以薄土，蓄以清泉，青葱可爱，乃女伴兼旬浸谷，昕夕量水，凭炎热天时酝酿而成者。①

这些都说明近代以前广东普遍七月初六庆七夕。

七夕而在初六举行，原因何在？根源在哪儿？宋陈元靓《岁时广记》引《岁时杂记》云："京师人家左厢以七月六日乞巧，右厢以七夕乞巧。"《容斋随笔·三笔》卷一：

> 太平兴国三年七月，诏："七夕嘉辰，著于甲令。今之习俗，多用六日，非旧制也，宜复用七日。"且名为七夕而用六，不知自何时以然。唐世无此说，必出于五代耳。②

---

① 胡朴安编著：《中华全国风俗志》，上海科学文献出版社 2008 年版，第 618—619 页。
② （宋）洪迈：《容斋随笔》，中华书局 2005 年版，第 435 页。

陆游在《入蜀记》卷二中说：

> （七月）五日……右文林郎监大军仓王烜来。王言京口人用七月六日
> 为七夕。盖南唐重七夕，而常以帝子镇京口，六日辄先乞巧，翌旦，驰
> 入建康，赴内燕，故至今为俗云。①

陆游对此说表示怀疑。其实是反映了一定的事实。明沈德符《野获编》云：

> 江南李煜以七夕生。至期，其弟从益至润州赴贺，乃先一日乞巧，
> 江浙间俱化之，遂以成俗。至宋成化间，始诏更定仍为七夕。然则七夕
> 之用六，自南唐始。

这里讲得具体确凿，应属可信。清王士禛《香祖笔记》云：

> 名七夕而用六，不知起于何时。……按《东京梦华录》："初六、初
> 七晚，贵家多结彩楼于庭，谓之乞巧楼。"则当时初六、初七两日皆可乞
> 巧，遂相沿而不察耳。然今并无初六为七夕之说。②

王士禛为清新城（今山东桓台）人，他了解的是北方的七夕情况，却不知这
种风俗尚存于粤地。近人东莞邓尔雅（1883—1954）《癸亥七夕竹枝词》云：

> 纸醉金迷斗巧工，民间俗尚仿深宫。
> 改将七夕从初六，南国犹从五代风。

此诗作于1923年，其自注云：

> 七夕改为六夕，始于五代，以七夕诸大臣须赴宫中乞巧会也。③

所以说广东的七夕节庆是客家人带去的，因而其中保留有北方上层社会的七
夕节俗的特征。原是家在中原一带，身为朝臣的贵族形成的，由这些人形成
七月初六乞巧的习俗，与北方地区产生了时间上的差异。

此外，广东七夕节俗中的贡案摆巧、邀亲友参加，不是以唱歌、乞巧为

---

① （宋）陆游：《入蜀记》，中华书局1985年版，第13页。
② （清）王士禛：《香祖笔记》，上海古籍出版社1982年版，第209页。
③ 以上所引倪鸿、汪兆铨、邓尔雅三人之《竹枝词》，并参见丘良任、潘超、孙忠铨、丘进编
《中华竹枝词全编》（第六册），北京出版社2007年版，第21、129、289页。

主而显示富豪之家的风气。显然也不是广大农民、贫苦之家所能做到。关于这些，我们在下一部分讨论。

三、客家人的乞巧风俗与广州几个地方的七姐诞

元代初年黄道婆将海南的纺织技术带到了江南，大大提高了江南纺织业的水平，推动了纺织的发展。而实际上在更早的时候客家人将织女的传说带到了岭南粤地，尽管客家的七夕节俗带有古代上层社会、官宦之家的特色，但总离不开"乞巧"，离不开对"织女"这个名称的解读。所以，从劳动妇女的方面说，仍然激励了妇女们的创造与劳动的热情。

关于"牛郎织女"传说，本是说天孙仙女下嫁一个农民，因而被强分在天河两岸。这在思想上既违于封建礼教，又违孝道，还与魏晋时代门阀制度相悖。于是，开"以孝治天下"之风气的曹魏王朝大力宣传董永卖身葬父、仙女奉天帝之命下嫁以还债，还债已毕仙女主动离去。"牛郎织女"是抗家长之命而下嫁，此是尊家长之命而下嫁；"牛郎织女"是织女被强迫返回天上，此是主动返回天上，毫无夫妻情感可言（江、浙一带流传"牛郎织女"故事也是织女找到衣服后主动离去，牛郎追上去，织女用簪子在身后划出一道天河，同北方传说中王母划天河的情节不同）。《董永》的故事实际上是曹魏统治者为了抵制、排挤、覆盖"牛郎织女"传说而有意造出来的一个内容大同小异，而关键情节不同，思想上完全相反的故事。江、浙、粤之地流传《董永》故事（也叫《槐荫相会》）较普遍，将"牛郎织女"中女主人公也称作"七仙女"，与之相混。

广东不少地方称乞巧活动为"七姊会"或"拜七姊"。据民国《博罗县志·文化三·风俗》载：

> 女儿具瓜果乞巧。醵钱祀神宴饮，谓之做七姊会，亦谓之拜七姊，盖俗呼织女为七姊也。

就反映出传说演变中历史的与社会的根源，尤其反映出传说主体的特殊性。这是已往的古代民间文学、民俗学研究学者都未能注意到的一点。

在广东客家地区，除流传有"牛郎织女鹊桥相会"的传说外，还流传着另外一则故事：汉代大儒董仲舒的母亲是天上的仙女，每逢七月七日，董母要下凡在江湖中洗浴，董仲舒趁母亲洗浴之机，拿走母亲放在岸边的衣服，这样母子才得以相会。这同古代南方文人创作中董永和仙女成婚后生一子名董仲，又将董永故事和"牛郎织女"传说相混有关。这其实就是敦煌藏经洞发现的句道兴本《搜神记》中《田昆仑》篇后半部分的情节。只是《田昆仑》中田昆仑同仙女所生名田章，而为田章出主张寻母的人叫董仲。董仲本为古代著名方士。《太平御览》卷九四四引西汉末年桓谭的《新论》佚文：

> 睢陵有董仲君，好方道，尝坐重罪系狱，佯病死，数日臭，虫出而复活。

但在《董永变文》中又被附会为董永与仙女之子，在广东一带又被传为"董仲舒"。自话本《董永遇仙传》和明代顾觉宇传奇《织锦记》中已如此。广东传说是将"牛郎织女"传说与董永故事相混，所以有"七姊会""拜七姊"等说法。

前面已说过，西晋末年客家人已大规模南迁，故广东的乞巧风俗自古以来就很兴盛。宋人刘克庄《即事四首》诗云："粤人重巧夕，灯火到天明。"广州乞巧节、东莞乞巧节、化州乞巧节、佛山摆七夕、雷州乞巧节、五邑七夕仙拜、番禺拜七姐等各具特色，而总的特点是：十分盛奢。清末开平诗人汪瑔（芙生）《羊城七夕竹枝词》云：

> 越王台畔雨初停，几处秋光到画屏。
> 好是罗云弦月夜，家家儿女说双星。
> 绣阁瑶扉取次开，花为屏障玉为台。
> 青溪小妹蓝桥姊，有约今宵乞巧来。
> 十丈长筵五色光，香奁金翠竞铺张。
> 可应天上神仙侣，也学人间时世妆。
> 稻苗豆荚绿成丛，费尽滋培一月功。
> 嫩绿几层红一点，羊灯光在翠秧中。
> 小品华葵制最精，胡麻胶液巧经营。
> 不知翠袖红窗下，几许功夫作得成。

排当真成锦一窝，妙偷鸳杼胜鸾梭。

何须更向天孙乞，只觉闺中巧更多。

约伴烧香历五更，褰裙几度下阶行。

相看莫讶腰肢倦，街鼓遥传第四声。

姊妹追随上下肩，个侬新试嫁衣鲜。

娇痴小妹工嘲谑，明岁何人又谢仙？

几盏清泉汲夜深，铜盘承取置庭心。

今年得巧知多少，水影明朝验绣针。

升平旧事记从前，动费豪家百万钱。

昔日繁华今日梦，有人闲说道光年。①

"花为屏障玉为台"，"十丈长筵五色光，香奁金翠竞铺张"，由此可以看出广东乞巧的特色。这在一般清贫之家是难以办到的。当然，这种风气到后来便形成未出嫁姑娘联办的形式。"小品华艳制最精，胡麻胶液巧经营"，虽然已不似当年的盛奢，但也依然体现着"乞巧"的精神，只是更多地含有"赛巧"的成分。

胡朴安《中华全国风俗志》在本文上一部分所引关于七月初六的乞巧活动，也写到陈瓜果、焚香烛、"锦屏绣女，靓妆列坐"，做各种精巧的工艺品以摆巧。另外，其中还写到"育秧针一盂"以备"卜巧"的习俗。该书关于七夕还有些详细的论述：

> 七月初七日，俗传为牛女相会期，一般待字女郎，联集为乞巧会。先期备办种种奇巧玩品，并用通草、色纸、芝麻、米粒等，制成各种花果、仕女、器物、宫室等等，极钩心斗角之妙。初六日陈之庭内，杂以针黹、脂粉、古董、珍玩及生花、时果等，罗列满桌，甚有罗列至数十方桌者，邀集亲友，唤招瞽姬（俗称盲妹），作终夜之乐。贫家小户亦必勉力为之，以应时节。初六夜初更时，焚香燃烛，向空礼叩，曰迎仙。自三鼓以至五鼓，凡礼拜七次，因仙女凡七也，曰拜仙。礼拜后，于暗陬中持绸丝穿针孔，多有能渡过者，盖取"金针度人"之意。并焚一纸

---

① 丘良任、潘超、孙忠铨、丘进编：《中华竹枝词全编》（第六册），北京出版社2007年版，第115—116页。

制之圆盆，盆内有纸制衣服、巾履、脂粉、镜台、梳篦等物，每物凡七份，名梳装盆。初七日，陈设之物仍然不移动，至夜仍礼神如昨夕，曰拜牛郎。此则童子为主祭，而女子不与焉。礼神后，食品玩具馈赠亲友。拜仙之举，已嫁之女子不与会，唯新嫁之初年或明年必行辞仙礼一次，即于初六夜间，礼神时加具牲醴、红蛋、酸羌等，取得子之兆。又具沙梨、雪梨等果品，取离别之义；惟此为辞仙者所具，他女子礼神时，则必撤去。又初七日午间，人家只有幼小子女者，咸礼神于檐前。礼毕，燃一小梳装盆，曰拜檐前，祈其子女不生疮疥。俗以檐前之神为罹趿神也。复有一事，即于是日汲清水贮于坛内密封之，尝久贮不变臭味，曰七月七水，调药治热性疮疥，极有特效。①

书中对制作摆巧之物及"拜仙"的过程记载得很详细。其中所写穿针同陈瓜果一样是汉代即已产生的乞巧活动，此后大部分地区乞巧中也都有此内容。胡朴安以穿针验巧为"盖取'金针度人'之意"，则误。育秧针，在甘肃西和、礼县一带叫"种巧芽"，是七夕晚上用来卜巧的。这是由穿针乞巧节俗发展而来，更具想象性，对培养女孩子的艺术的想象力是有好处的。

当注意者，第一，广东乞巧中以通草、色纸、芝麻、米粒等制成各种花果器物之类，陈之庭内，杂以针黹、脂粉、古董、珍玩之类，其规模大者至有罗列至数十方桌者，邀集亲友参观，这即今日广东乞巧节所谓贡案、摆巧，为外地所无，是广东乞巧的最大特色。

第二，北方大部分地区乞巧只有妇女参加，且多只限于未婚者，广东则又有拜牛郎之俗，童子为主祭。广东有的客家地区还有七月七为魁星诞辰的说法，士子们祭祀魁星，宴饮，称作魁星会②，由上面这两点中都可以看出古代士大夫之家乞巧的特色。

第三，礼神拜仙之仪式，在北方大部分地方已无，但甘肃南部的西和县与礼县东部永兴、盐关、祁山一带仍然如此，有纸制的织女（名巧娘娘）像，与广东的纸制圆盒中盛以纸制衣服、巾履寓意相比，更有具象意义。二者当为同源异流，都反映了较早的风俗。又道光《英德县志·舆地下·风俗》载：

① 胡朴安编著：《中华全国风俗志》，上海科学文献出版社 2008 年版，第 615 页。
② 参见吴永章《客家传统文化概说》，广西教育出版社、广西师范大学出版社 2000 年版，第 205—206 页。

"七月七日，曝经书衣冠。"咸丰《兴宁县志·风俗》载：七夕，"日中曝书籍衣裳"。英德在广州以北，当清远市与英德市之间。民国《赤溪县志·舆地上·风俗》载："七月七日，曝书箱，浴衣裳。"赤溪在广东南部，临海，当台山市以南。有的客家地区也有这天晒衣、书，此因南方湿热，书籍、衣物容易发霉之故。这也是产生很早的七夕风俗，前文所引汉代崔寔《四民月令》中已有记载。以上可以看出，广东的七夕风俗在一些主要内容上形成很早，只是它反映了古代中原一带士族官宦之家乞巧的特征。

一种节俗传到别的地方之后，总会联系当地风俗，有所变化、有所发展、有所丰富。广东客家地区的七夕节俗还有以下几种表现：

1. 汲七夕水。清人屈大均《广东新语》卷四《水语》"七夕水"条载：

广州人每以七月七夕鸡初鸣，汲江水或井水贮之。是夕水重于他夕数斤，经年味不变，益甘。以疗热病，谓之圣水，亦曰天孙水。若鸡二唱，则水不然矣。广州《竹枝歌》云："七夕江中争汲水，三秋田上竞烧盐。"①

道光《英德县志·舆地下·风俗》载：七夕——

沐浴灵泉。子夜汲水贮之，经年不败，谓之圣水。

光绪《惠州府志·杂识·风俗》载"七夕"：

男女晨起担水贮之，谓之七夕水，可以治疾。先一夕，用水盛花露置庭中，晓起洗眼，谓之洗花水，能明目，习俗相沿，竟失夕字之义。

民国《博罗县志·文化三·风俗》载：

七月七日，人家汲江水，以盆碗贮之，经久不腐，谓之七夕水，可治热病。又杂采七种香花，浸于盘水中，置高处承露，谓之七香水；晨起，用以颒面，谓能令颜色光泽。

又，民国《赤溪县志·舆地上·风俗》载：七月七日——

各妇女谓是日有天女七姐降凡，于天未晓时，汲河水以灌贮之，经

① （清）屈大均：《广东新语》，中华书局1985年版，第162页。

年不腐，谓之圣水，可疗热病。

广东客家地区的汲"七夕水"的风俗，主要流行于邻近广州的粤东惠州、粤北英德和粤西赤溪等地。这应与当时当地的自然环境及气候等有关，很值得深入研究。

2. 拜供小女星。道光《英德县志·舆地下·风俗》载：

> 女星旁有小女星，妇女于是夜静俟焚香修供，得好颜色。

"得好颜色"自然是指好的容颜。妇女重容颜之美，古今一也，自然之理。在中原一带有些地方的七夕节俗中，也有些闰容、去痣。如《太平御览》卷三一引《淮南方华术》：

> 七月七日午时，取生瓜叶七枚，入北堂中，向南立以拭面靥，当即灭矣。

同卷又引《韦氏月录》：

> 七月七日取乌鸡血和三月三日桃花末，涂面及身，三二日肌白如玉。

可见广东女孩子在七夕求好颜色的习俗与古代中原某些节俗相关，只是传到广东之后与当地某些风俗结合，改变了形式。

总之，广东的七夕节是自西晋灭亡、中原混乱、簪缨南迁开始，在以后的多次中原与长江流域士族大姓、官宦之家大规模南迁中带去，并不断强化形成的。其中包含有很早的北方的风俗，保留有五代时的某些习俗，但均非普通农民家庭或清贫之家的习俗，而带有士族大户或官宦之家的节俗特征。

当然，我们也不能在这一点上看得太绝，认为乞巧文化在全国的扩散全由于客家人。这是远程主线传播的一个方面。在汉、唐、明、清等大一统王朝中由于人员的流动，商贾、仕宦人家的迁徙以及战乱中一般老百姓的迁徙，也会以阶段性不断扩散的方式形成持续的、缓慢的扩散，一些文人的诗文作品也会起到辅助作用。又由于各地的自然环境、经济状况及土人习俗的影响等形成自己丰富的内容与鲜明的特色。

广东的七夕文化不仅是展示了一个十分有意义的民俗活动，而且反映了中国古代一些重大的政治事件所引起的民族文化传播交融的过程，反映了中华各族人民共同开发边隅之地的历史。我认为对广东七夕风俗的研究，还应该从南北文化的交融及各族人民共同开发与建设岭南方面去挖掘它的深厚蕴含。这是以往的研究者所忽略了的，因而也造成一些认识上的错误，并掩盖了某些重要的现象。

（《文化遗产》2011 年第 3 期）

七夕节的历史与七夕文化的乞巧内容

一、从"牵牛织女"传说到七夕节

乞巧的风俗从汉代开始，流传两千多年，并传到了日本、朝鲜、越南，和一些东南亚国家。至今还在很多地方流传。

关于七夕节有一个由传说故事的影响而形成节俗的过程。

首先看看如何由"七月七日"到"七夕"，即是如何由一个传说的要素转变为节俗的。"七"在《周易》的卦爻辞中有反复、归来的意思。《周易·复卦》：

> 反复其道，七日来复，利有攸往。

《既济卦》中又说：

> 妇丧其茀，勿逐，七日得。

"丧"指失去。"其茀"，指隐藏起来见不到。"勿逐"言不要追寻，七日可以得到。"七日"似指经七日，但也可以理解为初七日。牛郎织女的七月七日相会，应同此有关。"既济"，这个卦名的意思是"渡过了河"。这不明明同七月七日牛郎织女相会的情节相合吗？《周易》中经文的形成，学者们一般认为在商末周初。这样，我们对"牛郎织女"传说情节要素形成时间范围的考察，就大大提前了。

牛郎织女相会这一天，东汉中期以前只是说是"七月七日"，至应劭《风俗通义》始简称作"七夕"，可见"七夕"已成了流传十分广泛的节日名称（甘肃的很多地方至近代仍称为"七月七"，似乎保留了较原始的叫法）。

西晋初年人周处（236—297）的《风土记》记载：

> 七月初七日，重此日，其夜洒扫中庭。然则中庭乞愿，其旧俗乎？

又说：

> 魏时人或问董勋云："七月七日为良日，饮食不同于古，何也？"勋云："七月黍熟，七日为阳数，故以糜为珍。今北人唯设汤饼，无复有糜矣。"

则七月七日成牛郎织女相会之日，一则因为这一天为阳日，另外当秋粮初收，农民情绪欢欣之故，七夕作为中国传统的节俗，与中国其他的传统节俗一样，同农民的生产、生活节奏一致。"牛郎织女"传说本身，就反映着农民的生活与愿望。

同牵牛织女的传说最早见于北方文献，尤其见于秦简和有关秦国都城建设的文献一样，有关七夕风俗的记载，今所见文献也是最早在秦地流传。西汉的建都长安和大汉帝国的空前统一为"七夕"节在北方大范围的传播提供了条件。长安一带的风俗作为一种强势文化，伴随着政治影响的扩大，经济文化的交流，在全国各地扩散开来。

将七月七日作为一个节日的记载，最早见于《西京杂记》卷一：

> 汉彩女常以七月七日穿七孔针于开襟楼，俱以习之。

又同书卷三载，当时长安后宫中在七月七日作乐欢娱，"乐毕，以五色缕相羁，谓之相连爱"。

关于《西京杂记》的撰著年代与作者，晋代葛洪所写《跋》中说是他从刘子骏（歆）的《汉书》初稿百卷中抄出其不见于班固《汉书》的二万许言，为二卷，以裨《汉书》之阙。那就是说，书中文字应是出于刘歆之手。但学者们对此的看法有分歧，不少人认为是葛洪托名刘歆。近人李慈铭、鲁迅、余嘉锡、洪业及当代学者费振刚、徐公持、程章灿等认为，此书所载与《史记》《汉书》多有不合，当另有所据，是葛洪杂抄汉魏百家短书而成，托名刘歆以自重，但作为西汉史料的价值不可否认[1]；清代卢文弨、姚振宗，近

---

① 详见李慈铭《越缦堂读书记·西京杂记》，鲁迅《中国小说史略》第五篇《今所见汉人小说》，余嘉锡《四库提要辨证》卷一七，洪业《再说〈西京杂记〉》（见《洪业论学集》）。

人张心澂，当代学者向新阳、刘克任等认为，刘歆为史官，有修史的实力与条件，葛洪著述甚丰，也没有托古自重的必要。① 丁宏武同志有三篇论文论此。其《考古发现对〈西京杂记〉史料价值的印证》以一系列出土材料证明了《西京杂记》所记为西汉时存在的事情，从而肯定："虽然《西京杂记》是否确为刘歆所作尚难论定，但此书确系根据汉代史料编集而成，应该是可以肯定的。"② 那么，西汉之时宫廷中已存在七夕穿针乞巧的风俗，也便可以肯定。

西汉时长安宫廷的乞巧风俗，应是民间七夕风俗的反映。民间没有相关传说及"七夕"这个节日，宫廷中也就不会在七月七日乞巧。只是从云梦秦简中关于牵牛、织女传说的反映及《三辅黄图》中关于在渭水上架桥以取法牵牛会织女的情况看，当时民间传说中，七夕节是侧重于庆牵牛织女相会的，牵牛织女的传说带有悲剧的性质，联系《诗经》中《汉广》《蒹葭》二诗看，上古之时的七夕节可能主要是男女青年表现对爱情的珍重，对自由婚姻的向往。而汉代宫廷中七夕节却带有一定的喜庆色彩。所谓彩女，即宫女，皆年少女子，她们来自民间，又成群生活，故将民间姑娘在七夕乞巧的风俗带至宫中，算是对民间女儿生活的一种回味，多少寄托了对家乡的思念。但宫廷又有宫廷的忌讳和规程，宫廷中显然是不能让宫女举办以庆祝青年男女相会为主题的节庆活动的。内宫除皇帝老儿和被阉割的宦官之外，全为女性。后宫中的大量青年女子，她们脱离了人间的正常生活，没有夫妻恩爱，没有家庭欢乐。皇帝老儿有的是钱，因而大办节庆活动，于是将七夕节完全变成一个赛女红手艺、做小玩意儿的节日。贵族士大夫之家情形与皇宫相近，也仿效之，遂成风俗。文人学士们所述也主要是上层社会的状况，于是渐成一种普遍的社会风习。西汉时昆明湖上的织女、牵牛石像，是"牛郎织女"传说、七夕风俗普遍流行的证明。

两汉之时"牛郎织女"传说与七夕节流行，还有一个原因。据《汉武故事》记载，武帝刘彻生于七月七日，同"七月七日"有特殊的关系。又据《汉书·武帝纪》载，他在七岁时立为太子，也与"七"有关。《汉武故事》

---

① 参见卢文弨《新雕〈西京杂记〉缘起》，《抱经堂》本《西京杂记》卷首，姚振宗《隋书经籍志考证》，张心澂《伪书通考》。

② 丁宏武：《考古发现对〈西京杂记〉史料价值的印证》，《文献》2006 年第 2 期。

中说："王母遣谓帝曰：'七月七日，我当暂来。'帝至日扫宫入内，然九华之灯。"又说：

> 七月七日，上于承华殿斋，日正中，忽有青鸟从西方来，集殿前。上问东方朔，朔对曰："西王母暮必降尊像，上宜洒扫以待之。"①

《汉武故事》二卷，葛洪《西京杂记·题辞》中言及，并未题撰人，《三辅黄图》始有称引，称为班固撰。原书应成于汉魏之际，后人又有所附益改动。然而明抄本《说郛》卷五二《汉武故事》中言："长陵徐氏号仪君，善传朔术，至今上元延中已百三十七岁矣，视之如童女。"元延为汉成帝年号，故李剑国以为此书当西汉成帝时人所作。② 这个故事多少折射出西汉之时对七夕节的重视，也可以看出它多少受了牵牛织女七夕相会传说的影响。

"牵牛织女"的传说本来是表现劳动人民反对旧礼教、反对门阀制度、追求自由婚姻的思想，而封建统治阶级却只将其意义限于乞求手巧的一点上。这样一来，在对牵牛织女的纪念活动与不断得到加强的封建礼教之间找到一条双方都可以接受的方案：对织女称赞其巧慧，女儿们也只向她学习巧慧。于是女儿们在这一天的活动，也便在社会各阶层妇女中普遍流行开来。

虽然这样，这个节日的发展也还是为广大人民群众中姑娘们表现自由婚姻的愿望，提供了一个机会；节日名称虽然叫"乞巧节"，但广大劳动人民尤其是姑娘们所祈祷及通过多种形式表现的心愿，同此前七夕节的差不多，只是民间的状况不受文人学士的关注，即使见到，也会对其中不合礼法的、与当时主流思想不合的成分加以过滤。魏晋时代因为"以孝治天下"，而织女私嫁凡人有悖礼法，"牛郎织女"的传说被新编造的《董永》的故事所代替，连七夕节也忌讳，因此文人写七夕诗的极少。南北朝时渐多，但主要表现官宦士人之家的状况。

关于汉代民间的七夕节状况，除《西京杂记》所载宫廷中习俗外，东汉中期崔寔（约103—170）的《四民月令》中记载了当时民间的习俗："七月七日作麹，合蓝丸及蜀漆丸，暴经书及衣裳。"麹即酒曲。农民一年忙碌，秋

---

① 《汉武故事》，见《鲁迅辑录古籍丛编》（第一卷），人民文学出版社1999年版，第424—425页。

② 参见李剑国《唐前志怪小说史》（修订本），天津教育出版社2005年版，第181页。

收之后始闲，加之天气渐冷，喝一点酒。晒衣服也是因为单衣将要收起。这里突出地显示了民间七夕节同农民一年生活周期的关系，与《诗经·豳风·七月》中所写情形相近。官宦士大夫家的酒都是买来的，故作酒之习俗，不见于以后文人的诗文，之后也就慢慢淡出七夕节俗。但晒衣的习俗在南方一直传至近代（因为南方较潮湿，衣物、书籍易因潮而霉坏之故）。三国魏吴之时七夕节俗已传至江南一带。周处（约236—297）的《风土记》写道："七月七日，其夜洒扫庭除，露施几筵，没酒脯时果，散香粉于筵上，祈请河鼓织女。"庭除即院落台阶，筵即蓆子。脯本指干肉，这里指肉片和带肉的面果。由此可以看出，当时南方乞巧活动已在露天庭院中举行。

南朝宋孝武帝刘骏（430—464）《七夕诗二首》之二写七夕穿针乞巧风俗云："沿风披弱缕，迎辉贯玄针。"这自然写的是皇家内宫的七夕节，故同《西京杂记》所记汉武帝时情形相近。由"迎风"二字可知是在露天的环境之中，由"映辉"看是在月光之下，也带有一点民间色彩。南朝梁宗懔《荆楚岁时记》（《宝颜堂秘笈》本）云：

> 七月七日，为牵牛织女聚会之夜。是夕，人家妇女结彩缕，穿七孔针。咸以金银鍮石为针，陈瓜果于庭中以乞巧。有喜子网于瓜上则以为符应。

隋杜公瞻注引周处《风土记》曰：

> 七月七日其夜，洒扫庭中，露施几筵，设酒脯时果，散香粉筵上，以祀河鼓（牵牛也）、织女。言此二星神当会，守夜者咸怀私愿。或云见天汉中奕奕有白气，或光辉五色，以为征应，便拜得福。

穿七孔针是从汉代开始形成的传统。因为穿针乞巧来自现实生活中的针黹女红之事，所谓"七孔针"，应是并排七根细针，要求一一穿过，而非专门制作的有七个孔的针。关于这个问题，前人均未论及，似多误解。文中说"陈瓜果于庭中"、全家欢聚，显示着七夕节作为农民节日的特征。以蟢子（蜘蛛）的结网为符应，显示出儿童参与的情况。杜公瞻注中所谈更详，也仍然是南北朝时风俗。因隋代时间很短，还不可能形成新的节俗。也由这段记载可以看出，南北朝之时七夕的节俗已在荆楚一带普及。

唐代之时乞巧风俗更盛。盛唐代人祖咏《七夕》云：

> 闺女求天女，更阑意未阑。
>
> 玉庭开粉席，罗袖捧金盘。
>
> 向月穿针易，临风整线难。
>
> 不知谁得巧，明旦试相看。

诗中反映参加乞巧的是姑娘们，而且直至半夜之时。其举行活动的场所，在露天之下。看来当时习俗是月光下穿完针之后放下来，第二天再看是否穿进，有没有未穿进去的，以此来卜巧。权德舆五律《七夕见与诸孙题乞巧文》中说：

> 羡此婴儿辈，欢呼彻曙闻。

诗中写到少女和已婚配妇女也都参与乞巧活动。而且吵吵嚷嚷，为得到乞巧中的吉象而欢呼。又其五律《七夕》诗云：

> 别有穿针处，微明月映楼。

因为七日为上弦月，所以说"微明"。又其七绝《七夕》云：

> 今日云骈渡鹊桥，应非脉脉与迢迢。
>
> 家人竞喜开妆镜，月下穿针拜九霄。

穿针、拜月的节俗都写到。权德舆是天水略阳（今甘肃秦安）人，似乎对此有格外的感触。当时权德舆在长安做大官，这里所写楼上穿针，自然反映的是贵族大户之家的情况，因为妇女多在楼上，且取高处近月之意，而民间一般是在露天的地上举行各种活动。权德舆一再写到"七夕"，写到家中妇女、姑娘们过七夕节的情景，应是对家乡生活、过去记忆的一种重温。

唐代安史之乱以后杜甫流寓秦州（今甘肃天水），作有《天河》一诗，说天河"秋至转分明"，又说"牛女年年渡，何曾风浪生"，亦应是七夕所作，反映了秦州一带重视七夕的情况。后来他在夔州作《牛郎织女》，述当地乞巧风俗：

> 世人亦为尔，祈请走儿童。
>
> 称家随丰俭，白屋达公宫。
>
> 膳夫翊堂殿，鸣玉凄房栊。

曝衣遍天下，曳月扬微风。

可见上自达官之家，下至一般平民百姓，也都根据自己的家庭情况过七夕节，儿童奔走于街市，十分热闹。

南北朝时谢朓、庾信都有《七夕赋》，唐代王勃有《七夕赋》，唐无名氏有《七夕赋》（均见《文苑英华》卷二三），柳宗元有《乞巧文》，宋梅尧臣和明杨维桢都有《乞巧赋》，明陈山毓、清方苞都有《七夕赋》。历代以来写七夕盛况，咏七夕节俗之诗、词、曲不胜枚举。从唐五代大量诗赋作品可以看出，唐代乞巧同汉代魏六朝时期一样，首先是陈设瓜果等祀织女和穿针乞巧，《沈下贤文集》卷二《为人撰乞巧文》："邯郸人妓妇李容子，七夕祀织女，作穿针戏。取苕篁、芙蓉，杂致席上，以望巧所降。"此专文所载，可见一斑。其次是在织机上、瓜果上、花草上寻蛛网以验巧。蛛网验巧的习俗是从东晋至南朝时代兴盛起来的，因为东晋与南朝政治中心南迁，而南方秋季蚊蝇特多，故人们保护蜘蛛，在门户、屋角等处见到也不加以扫消除，女儿们便借此以看自己是否得到织女的赐巧。可以说，七夕节俗的活动内容都是同人们的生活相联系的。

唐代的兴盛和长时间的社会稳定、繁荣，为"牛郎织女"传说和"七夕"节俗民间的传播提供了有利的条件。虽然由于道教地位的提高、门阀制度和封建礼教的存在，使"牛郎织女"这个优美的故事在个别无行文人的笔下被歪曲、篡改或被否认，但与之相关的节庆活动却得以不断地扩大了流行的范围。

七夕节在五代、宋、元、明、清时期在大体保留着唐代以前传统风俗的同时，由于社会发展和自然环境及政治、经济、文化背景的不同，在各地也有所变化，显示出某些地方特色，而整体来说得到了丰富与发展。

七夕节不仅传到东西南北各地，包括少数民族地区，也传到日本、韩国、越南和其他东南亚国家，"牛郎织女"的故事传说还产生了很多带有各地、各民族特色的不同传本。于是，"牛郎织女"传说成为世界著名的传说故事，七夕节也成为一个跨国界，在亚洲具有普遍性的节日。

二、七夕——妇女的节日

　　因为七夕节同"牛郎织女"传说的关系，及我国长期男权社会中男女婚姻的不自由，妇女受到的沉重的压迫，以及由于战争等原因形成男旷女怨状况的存在，所以一开始这一天便成了妇女的节日，虽然由于社会地位、经济状况的不同，有不同的表现。

　　一般人家的妇女儿童在这一天都要着意打扮。南朝陈叔宝《七夕宴乐修殿各赋六韵》中这样写乐女：

> 玉笛随弦上，金钿逐照回。
>
> 钗光摇玟瑠，柱色轻玫瑰。

晚唐施肩吾《乞巧词》云：

> 乞巧望星河，双双并绮罗。

也是说姑娘们乞巧身穿绮罗，同过节一样。宋晏几道（1038—1110）《蝶恋花》词：

> 喜鹊桥成催凤驾，
>
> 天为欢迟，乞与初凉夜。
>
> 乞巧双蛾加意画，玉钩斜傍西南挂。
>
> 分钿擘钗凉叶下，
>
> 香袖凭肩，谁记当时话。
>
> 路隔银河犹可借，
>
> 世间离恨何年罢。

宋吴自牧《梦粱录》卷三载，七夕"晚晡时，倾城儿童、女子，不论贫富，皆着新衣"。

　　七夕节成了真正的女儿节。只是，作为妇女的节日其内涵却发生着变化，以至社会所提倡、引导的，同其本来的意义不完全一致，因而形成作为主流表现形式的七夕仪程、节俗，同女儿们在七夕节真正所想、所祈求的不一致的情况。这表现在两个层面。一个是家中或成群妇女在一起举行的乞巧活动，但表现出来的却并不限于乞巧方面的愿望。先父子贤公 1936 年搜集整理的从清代至民国中期的《乞巧歌》中，有大量反对包办婚姻、追求婚姻自主及反剥削、反压迫，抨击土匪、吸毒等社会丑恶现象的作品，就有力地证明了这一点。历代文人笔下写到乞巧活动，除借以抒怀、消忧、泄愤之作外，大部分是十分高兴、欢乐的情景。妇女们平时无法将自己所想表现出来；即使表现出来，也会在受过封建礼教熏陶的士大夫、文人笔下被滤掉。《乞巧歌》中的作品，则全面反映了妇女们的思想情绪。其中有的作品应该是产生在清末以前。如卷一《家庭婚姻篇》中的第二首：

> 一样的戥子一样的银，女子不如儿子疼。
> 十二三上卖给人，心不情愿不敢嗯。
> 山又大来沟又深，木底鞋垫得脚腰疼。
> 五黄六月热难当，把饭送到山梁上。
> 放下扁担就割麦，本来不黑也晒黑。
> 太阳没落一身汗，赶着回去做黑饭。
> 路上连滚又是爬，急着回家要喂娃。
> 腰又酸来腿又疼，对着灶神骂媒人。①

木底鞋是清代以前的东西，20 世纪二三十年代已很少有人穿。这其中反映的青年妇女对自己命运的担心，令人感叹。又如第一首：

> 北山里下雨南山里晴，势成女子不如人。
> 四岁五岁穿耳环，七岁八岁把脚缠。
> 一二岁不出门，媒人登门问行情。
> 六尺花布一瓶酒，打发女儿跟着走。
> 伺候阿家把花扎，挨打受骂养娃娃。

---

① 并见赵子贤搜集整理《西和乞巧歌》，香港银河出版社 2010 年版，以下所引西和乞巧歌同，并见于此书。原本作"乞巧歌"，正式出版时作"西和乞巧歌"，因所收只是当时西和县境（包括今归礼县的盐官、祁山两乡镇）的乞巧歌。西和乞巧歌在每一节唱完之后都有"巧娘娘，下云端，我把巧娘娘请下凡"作为声词或曰副歌，引文从略。

只让喝汤不给饭，一点不对让滚蛋。

第三首：

> 金蹄子花，银蹄子花，女子许给商户家。
>
> 达达娘娘只是夸，媒人说成一朵花。
>
> 想起姐姐的难撑事，姑娘自己有主意。
>
> 不嫁高门大户家，要嫁七尺汉子嗏。
>
> 那家的儿子锤头大，立到一起算个啥。
>
> 想拖上哩够不着，想抱上哩像个娃。
>
> 夜里哭着咂奶嗏①，咻不像妇人倒像娘。

第四首：

> 男人是个碎娃娃②嗏，半夜醒来只叫娘。
>
> 说要屙屎尿尿，抱起男人把炕下。
>
> 一面掇浇③一面想，眼泪流了一叭嗒。
>
> 说是成给好人家，实是给人看娃娃。
>
> 好好的年纪白糟蹋，这罪孽啥时才完嗏。

这些都突出地反映了妇女的痛苦和青年女子在乞巧活动中复杂的心情。因为有的女子遇到的丈夫吸鸦片烟，弄得家庭败落，甚至流落至家破人亡、妻离子散。姑娘们最怕嫁给这样的人，所以《西和乞巧歌》中也有反对抽鸦片的歌。如：

> 洋烟把人吸瘦了，皮包骨头没肉了。
>
> 洋烟把人吸软了，两手端不起饭碗了。
>
> 烟杆子眼眼咂血的嘴，洋烟把人变成鬼。
>
> 房子卖了地当了，万贯家财吸上了（吸完了）。
>
> 卖儿卖女根断了，把家吸得烂散了。

---

① 嗏（jiā）：陇南一带方言语助词。
② 碎娃娃：西和方言，小娃娃。
③ 掇浇：抱起小孩让撒尿。一叭嗒：一大片，一大堆。

　　　　烟杆子眼眼无底洞，吸烟落了根要饭棍。①

还有的说：

　　　　吸烟不是好嗜好，只要上瘾戒不掉。
　　　　不管家里穷不穷，就是不跟吸烟人。
　　　　自己种地自担水，宁死不跟大烟鬼！

表现了青年妇女对命运的抗争。也有的反映了旧社会黑暗统治给人民带来的灾难。如一首唱抓壮丁的：

　　　　年年打仗抓壮丁，干骨头上抽瘦筋。
　　　　半夜里打门心上惊，保长领人进了村。
　　　　朝天打了两三枪，吓得鸡飞狗上墙。
　　　　天生下的苦命人，翻墙上树没跑成。
　　　　五花大绑粗麻绳，把人交给了中央军。
　　　　又挨打，又挨饿，当兵的日子实难过。
　　　　丈夫当兵妻悬梁，害得一家散了场。

这些歌同历代文人咏乞巧所表现情绪不大合拍，却是 20 世纪 30 年代以前妇女真正的心声。女孩子们在她们自己的节日借着欢笑的气氛和高昂的情绪合伙唱出，表现出了一种正义的思想。西和县乞巧在 20 世纪 50 年代以前，七月七日半夜送巧娘娘到水边焚化，很多姑娘都哭，有的眼睛都哭肿了，第二天不敢回家。

　　我们由上面的例子可以看到七夕的真正内涵，牛女传说故事的本来的主题是什么。所以，从南北朝时期一些文人的诗中即可看出，一些女子在七夕之时除穿针乞巧、陈瓜果聚谈、看蟢子之类活动外，也看天河想心事，或者拜月祈愿。南朝梁范云有《望织女诗》，末四句云：

　　　　寸情百重节，一心万处悬。
　　　　愿作双青鸟，共舒明镜前。

------

　　① 本首与下首见《西和乞巧歌》附录三，香港银河出版社 2010 年版。

写出了无数青年男女望星月时的心愿。北朝诗人王褒《闺怨诗》：

> 明镜圆花发，空房故怨多。
> 几年留织女，还应听渡河。

则自南北朝之时，七夕节青年男女和儿童不仅看牛女星，还有听牛女渡河之声的风俗。这同后代很多地方流行的七月七日夜在葡萄架下听牛郎织女说悄悄话的说法有异曲同工之妙。因为在初秋静夜之时，总会有风吹鸟动等的细微声响。

晚唐士人罗隐有七律《七夕》一首，诗云：

> 络角星河菡苔天，一家欢笑设红筵。
> 应倾谢女珠玑筐，尽写檀郎锦绣篇。
> 香帐簇成排窈窕，金针穿罢拜婵娟。
> 铜壶漏报天将晓，惆怅佳期又一年。

诗中写这个女子在家中的欢聚之后，单独书写自己的情怀（"谢女"指才女，"檀郎"指夫婿或所爱慕的人）。"拜婵娟"即拜新月。宋代诗人胡铨（1102—1180）的《菩萨蛮·辛未七夕戏答张庆符》词云：

> 玉人偷拜月，苦恨匆匆别。

虽借以喻朋友之情，但说明当时妇女拜月求夫妻团聚或婚姻如意的情形是普遍存在的。南唐徐铉《禁中新月》一诗中说：

> 今夕拜新月，沈沈禁署中。

可见即使在法禁森严的后宫也存在这种现象，大庭广众之中表现出欢乐的情绪，私下里又为自己现实的事情所苦恼。这就是由于世俗所允许的、赞赏的乞巧活动同妇女们真正所关心的、动情的并不一致。

可以看出，虽然七夕节的节庆活动在长期封建礼教的规范下被称作"乞巧"，但从古以来它的实际内容并不限于乞巧，而是有着丰富的内涵的。在民间，在妇女们的心中它一直是表现自己情感和愿望的一个重要活动。

三、同牛郎织女鹊桥相会有关的节俗

七夕节俗流传广泛，各地的节日内容不完全一样，有的地方只叫"乞巧节"，但其中有些节俗明显表现出这个节日同"牛郎织女"传说的关系。下面先谈谈这方面的节俗。

（一）拜织女星，听渡河声，讲牛女故事，祈请于牛女

我们前面所引南朝范云《望织女诗》中的句子，已可看出南朝之时青年女子看织女、许心愿的情形。更多的是七夕之夜看牛女双星、看银河，想象牛女相会的情形，也借以抒发自己的心愿。中唐诗人清江《七夕》五律前四句云：

> 七夕景迢迢，相逢只一宵。
> 月为开帐烛，云谓渡河桥。

则古代有的地方传说中，牛女渡河是以云为桥的（清江为会稽人）。北宋张继先七律《京师七夕率赋》前四句云：

> 七夕风光岂易阑，一年一度巧相干。
> 不惊流星高处过，尽向今宵仰面看。

杜牧《秋夕》诗中说："天阶夜色凉如水，坐看牵牛织女星。"宋代杨亿《七夕》诗云：

> 金壶玉漏正迢迢，灵匹相逢在此宵。
> 月魄婵娟乌绕树，河流清浅鹊成桥。
> 云轻天上榆花没，风细炉中麝烬飘。
> 寂寞堪怜观渡女，无眠耿耿望青霄。

诗中以细腻的诗笔描写了七夕夜，女子仰望天空的情景，"寂寞堪怜"四字写出了这些仰望星河女子的心情：看牛女相会，而想自己的心事。所以这首诗

生动地表现出了古代女子看牛女渡河的深层的心理与思想意识上的原因。清潘荣陛《帝京岁时纪胜·七夕》载：七月七日"街市卖巧果，人家设宴，儿女对银河拜，咸为乞巧"。《古今图书集成·岁功典》述直隶省宣府镇乞巧风俗说："七月七日，人家设酒果殽醁在庭院中，谈牛女银河之会。"

因为在传说中牵牛、织女是在这一天相会的，所以民间除了观两星之外，也观银河上飘浮在两星之间的云朵，认为那就是牛女相会所乘的云。北宋强至（1022—1076）的《依韵奉和司徒侍中辛亥七夕末伏》中说："待看星桥夜渡云"，便是这个意思。看到天上云朵渡过银河，认为是牛女相会所踩云朵。一般人认为可以听到私语的声音，但强至不相信有人会听到，故诗中说："月下巧心空自竞，天边私语复谁闻？"

北宋长安人李复（1052—?）的七言古诗《七夕和韵》后半写当地的七夕风俗，其中说：

> 儿童不眠看星会，白光奕奕摇飞斾。
> 整衣低首祝深心，未祝焚香先再拜。
> 瞳眬晓劝斗车移，小雨班班怨别离。
> 天上还应分凤轸，人间又喜见蛛丝。

将望星、望云、祝私愿、拜二星及洒泪雨的说法结合起来。南宋吴潜（1196—1262）《鹊桥仙》中说：

> 痴儿妄想，夜看银汉，要待银车飞度。

小孩子处于神话想象的境地，竟以为七夕确实可以看到牛郎、织女的云车渡过天河。《长安县志》载："孟秋七月牛女渡河，妇女乞巧。登楼眺望，见五色彩云现为得巧，谓之看巧云。"

湖北《孝感县志》载："（七月）七日晚看巧云，设瓜果，谓吃巧。吃者，乞之讹音也。"《古今图书集成·岁功典》第六十五卷据山东志书载，诸城县："七月七夕各家妇女皆具瓜果、香饵，拜织女乞巧。"据湖广志书载，公安县"七夕治酒露坐彻夜，谓之观巧云会"。看来这个因鹊桥相会的神话传说而形成的节俗，传到湖广之后在有的地方其主旨稍被模糊，但仍保留着拜织女、观巧、乞巧等基本的特征。

望天河、牛女星的，不仅是妇女、儿童，也有成年、老年男子。南宋吴苪（1104—1183）《七夕戏成二绝》之一云："如何老子临风坐，也望天河牛女星。"这主要反映了古人在七夕夜看云卜丰歉的习俗。这从参与人群的类型方面，也突破了自汉代以来封建统治阶级所限定的妇女乞巧的节庆主题。

从古到今，七夕时妇女儿童至成年、老年男女都望天河，看天河上有云飘过，从传说方面看是牵牛织女渡河相会在天象上的表现，反映了"牛郎织女"的传说故事的深入人心，也反映了节日在长期流传中同广大劳动人民生活、生产的广泛联系。

（二）关于织女泪、洗车雨和喜鹊因架桥而脱毛的传说

关于喜鹊在七夕之后头上脱去毛，是因为给织女在银河上搭桥所致的传说，产生很早。唐韩鄂《岁华纪丽》卷三引《风俗通》载：

> 织女七夕当渡河，使鹊为桥。相传七日鹊首无故皆髡，因为梁以渡织女故也。

据此，东汉时已有此说。由此也可以知道，至东汉之时，"牛郎织女"的传说故事情节已很细致。隋魏彦深《园树有鹊巢戏以咏之》云：

> 畏玉心常骇，填河力已穷。
> 夜飞还绕树，朝鸣且向风。
> 知来宁自伐，识岁不论功。
> 早晚时应至，轻举一排空。

由"填河"点出了喜鹊同"牛郎织女"传说的关系，也说到喜鹊能辨风、识岁的灵性。东汉许慎《说文解字》中说："鹊知太岁之所在。"又《易统卦》曰："鹊者阳鸟，先物而动，先事而应，见于未风之象。令失节，不巢。"张华《博物志》曰："鹊巢开口背太岁，此非才智，任自然之得也。"则喜鹊是对节气的感受十分灵敏的一种鸟。

北宋韩琦（1008—1075）七律《七夕》云：

> 若道营桥真浪说，如何飞鹊尽秃头。

韩琦为相州（今属河南）人，则这一点在当时北方的传说中十分普遍。南宋

罗愿《尔雅翼》卷一三也说：

> 涉秋七日，（鹊）首无故皆髡。相传以为是日河鼓与织女会于汉东，
> 役乌鹊为梁以渡，故毛皆脱去。

鹊即喜鹊，古代也叫作"乌鹊"。上面这个说法在民间十分普遍，而且在七夕
的一天都看有没有喜鹊。《古今图书集成·岁功典》云：

> 织女渡河，使鹊为桥，故是日人间无鹊至。八日则鹊尾皆秃。

北宋强至有《七夕》七言古诗一首，二十八句，其中说：

> 初因乌鹊致语错，经岁一会成阔疏。
> 牛女怒鹊置诸罪，拔毛髡脑如钳奴。

强至为杭州钱塘人。可见此传说到了江南之地，变为是牵牛织女因鹊传错了
话，恼怒拔去了鹊头上的毛。

关于洗车雨的传说，前面所引北宋李复的《七夕和韵》中已写到。时间
早于李复的张先（990—1078）其《菩萨蛮·七夕·般涉调》之一云：

> 牛星织女年年别，分明不及人间物。
> 匹鸟少孤飞，断沙犹并栖。
> 洗车昏雨过，缺月云中堕。
> 斜汉晓依依，暗蛩还促机。

词中对牵牛织女的长期分离和一年一度的短会异别表示了同情，认为尚不如
人间的鸟，都并栖而少孤飞，其中也写到七夕洗车雨。黄庭坚《鹊桥仙·席
上赋七夕》云："别泪作、人间晓雨。"南宋吕渭老《木兰花慢·七夕》云：

> 桂乡云万缕，
> 更飞雨、洗香车。
> 念密会经年，银潢浪阻，
> 玉露期赊。

另外还有关于洒泪雨的传说。南宋李吕（1122—1198）七律《七夕次韵》云：

> 鹊桥成后天孙度，雨泣悬知飙驭回。

《古今图书集成·岁功典》引《岁时杂记》：

> 七月六日有雨谓之洗车雨，七日雨谓之洒泪雨。

正是说牛女相别洒泪，而成人间的雨。《古今图书集成·岁功典》据山东志书，招远县"（七夕）前后雨则谓之织女泪"。诸城县"俗谓是日织女得嫁牛郎，哭泪多成雨"。

关于"洗车雨"或"织女泪""洒泪雨"，更有意思的是它还帮了牵牛的忙，起到避免旱灾的作用。南宋杨公远（1227—?）《次宋省斋七夕雨三首》之二云：

> 织女汉边渡鹊桥，风吹仙袂举飘飘。
> 洗车一夜滂沱雨，图得人间起旱苗。

正反映了当时民间的信仰意识，并且反映了"牛郎织女"传说的思想实质，它表达了广大农民的愿望。牛郎、织女是我国封建社会中占人口95%以上的农民的化身。

（三）陈瓜果祀织女和供祭织女像风习的形成

《艺文类聚》卷四引汉崔寔《四民月令》：

> 七月七日曝经书，设酒脯时果，散香粉于筵上，祈请于河鼓、织女，言此二星神当会，守夜者咸怀私愿。或和私愿。或云见天汉中有奕奕正白气如地河之波，辉辉有光曜五色，以此为征应，见者便拜乞愿，三年乃得。

即曰"祈请"，则是祀其神灵。此所谓"河鼓"，即指牵牛星。宋陈靓《岁时广记》引西晋周处《风土记》文字略同，唯特别说到"洒扫庭除，露施几筵"。看来这个风俗从汉代形成后，一直延续不断。因为要迎神，故"洒扫庭除"；因为要看银河，所以"露施几筵"。则设酒脯时果，一在于贡牵牛、织女之神灵，二在于全家老小或姑娘们在一起欢聚。无论怎样，由之反映出的都是祀织女、牵牛的习俗。张先《菩萨蛮·七夕·般涉调》之二云：

> 双针竞引双丝缕，家家尽道迎牛女。

> 不见渡河时，空闻乌鹊飞。
>
> 西南低片月，应恐云梳发。
>
> 寄语问星津，谁为得巧人。

全词写乞巧的风俗，而特别提到"家家尽道迎牛女"。看来这个节俗十分普遍，人们对此也十分重视。五代时王仁裕《开元天宝遗事·乞巧楼》中说：

> 宫中以锦结成楼殿，高百尺，上可以胜数十人，陈以瓜果酒炙，设坐具，以祀牛、女二星。

这是七夕乞巧中祀织女、牵牛二星的明确记载。王仁裕为唐秦州长道县汉川（今甘肃礼县石桥镇，正当西汉水边）人，他对宫廷"陈以瓜果酒炙，设坐具，以祀牛、女二星"的情节作了具体记载，应该是同他对家乡一带乞巧风俗印象深刻有关。关于牵牛织女图像，河南南阳的汉代画像石、山东长清孝堂山画像石中都已出现，但都是墓壁中的装饰画。到后来形成七夕节张挂牵牛、织女的像，后来又变为纸和绢做成的立体的供像。地处陇南为秦人发祥之地的西和、礼县一带乞巧所供织女像，都是用模子做成的头面，用纸或绢做成的衣服、装饰。

七夕祭织女，供织女像的风俗，到宋代受到佛教的影响，将织女像同西方传入的泥木偶像相混，称作"摩睺罗"（或作"摩睺罗""摩诃罗""摩诃罗"）。语本梵语的"摩睺罗伽"。南宋吴自牧《梦粱录·七夕》：

> 七月七日，谓之七夕节……内廷与贵宅皆塑卖磨喝乐，又名摩睺罗孩儿，悉以土木雕塑，更以造彩装襕座，用碧纱笼罩之，下以桌面架之，用青绿销金桌衣围护，或以金玉珠翠装饰尤佳。

南宋末周密《武林旧事》卷三《乞巧》：

> 七夕节物，多尚果食、茜鸡及泥孩儿，号摩睺罗，有极精巧饰以金珠者，其直不赀。

清张尔岐《蒿庵闲话》："化生，摩侯罗之异名。宫中设此，以为生子之祥。"此风起于唐代，正当佛教兴盛之时，而且由宫中兴起。这是统治阶级以风行一时的佛教习俗来冲淡七夕节同"牛郎织女"传说的关系，来消解七夕节中争取自由生活、反对封建礼教、反对门当户对婚姻观念的主题。此后经宋、元、明几朝流行数百年，供摩睺罗的习俗终究未能成为主流，随着"七夕节"自由精神的张扬，又慢慢缩小范围，最后完全消失了。有的学者提出要恢复七夕节中古代供奉摩睺罗的习俗，看起来似乎是在保护七夕文化的传统，其实是只见树木，不见森林，对七夕节源流的发展变化缺乏全面了解的表现。

　　开始只象征性地祈请牵牛、织女的神灵，后来便演变为挂画像，再后来有的地方便造人形的织女像供起来。乞于织女牵牛，则或设其灵位，或不设其灵位。元代熊梦祥《析津志》中载，七月七日：

　　　　宫廷、宰辅、士庶之家咸作大棚，张挂七夕牵牛织女图，盛陈瓜果、酒饼、蔬菜、肉脯，邀请女流作巧节令，称曰"子刻节"，觇卜贞咎，宴饮尽欢，次日馈送还家。①

清窦光鼐、朱筠《日下旧闻考》谈七月祀神情形与此相近，同样说到"张挂七夕牵牛织女图"。并说：

　　　　七夕，各宫供像生牛郎、织女，从人、麒麟、象、羚羊、海马、狮子、獬豸、兔、海味、糖果，俱用白糖浇成。

《古今图书集成·岁功典》据福建志书载，邵武府七月七日：

　　　　以篾缚为层楼，饰以彩纸，绘牛、女像于其上，下层左、右及后俱蔽之以纸，前一面则蔽之以绛纱，而蓄蟢子（按：即蜘蛛）一枚于其中，谓之巧楼。是夕女子置庭中祀之，瞻拜乞巧。若蟢子结网于其中，谓之得巧。

从文献中看，古代祀织女牵牛已有在七夕节或从七月初开始至七夕节供奉织女、牵牛像的，有的是画像，有的是塑像。这种风俗在甘肃的西和、礼县一带至今还保留着。甘肃南部的天水、清水、秦安、张川等地及平凉、庆阳有些县在 20 世纪 30 年代以前也有，现在大部分消失了。西和县与礼县东部几个乡镇（主要是西汉水流域），从六月三十日夜即供起织女像，约三尺多高，头面为用纸在模子上一层层糊成，身上衣服为彩纸做成，内以竹子为骨架，

----

①　北京图书馆善本组辑佚《析津志辑佚》，北京古籍出版社 1983 年版，第 220 页。

穿着花鞋，站在台座上。乞巧活动七天八夜，至七月七日子夜送至河边（西和、礼县和天水西南部多送至西汉水或其支流河边）焚化，还有手襻（手腕上戴的彩丝绳）搭桥等仪式。这该是古老风俗的遗留。这个风俗使"七夕节"具有了较明确的文化内涵和更为广泛的宗旨，少女们在一起活动，在乞巧之外，自然也通过各种活动以表现自己的生活愿望。

大体供织女像的风气在北方尤其西北为多，而南方较少。至东南、西南一带，主要由客家人的逐渐南迁将此节俗带去，以后慢慢扩散，与当地某些习俗结合起来。有的地方演变为一般的杂果、茶酒相聚，已无明确的乞巧之意。如湖北《孝感县志》载，七月——

> 七日晚看巧云，设瓜果，谓吃巧。吃者，乞之讹音也。至有以食瓜果为咬巧者。

《古今图书集成·岁功典》据福建志书言罗源县"七夕各家以桃仁、杂果、点、茶相送饮"。无论怎样，农民只从关系到人生存的"牛"和"织"这两个字上，总会感到七夕节同自己的关系。

（四）妇女、小儿解彩索以助鹊桥之渡和撒"渡河吉庆花"

《古今图书集成·岁功典》据浙江志书，西安县（今衢州市）：

> 七月七日小儿以五月五日所系之彩索，剪之泛以水，置屋上以为鹊桥之渡。

这个风俗起源很早。《西京杂记》卷三载西汉初年，七月七日宫廷中彩女"以五色缕相羁"。陇南、天水一带五月五日在孩子手腕上戴手襻，以五色丝线做成，七月七日晚送巧娘娘（织女神）时姑娘们将它解下来，大家的绾结在一起，在附近河边，由两个姑娘将它在河两岸拉起，有几个人烧香点蜡，焚烧黄表，其他的都在河畔牵着手站得整整齐齐，一面前后摆着手臂，一面唱《搭桥歌》，送巧娘娘上天与牛郎相会。男孩子在五月五时戴的手襻也是到七月七晚上才脱去，甩在房上，说是助巧娘娘升天渡河。

甘肃的西和、礼县的乞巧活动从六月三十晚上已开始，七天八夜。从筹备、做准备工作算起，要十多天。而如果从泡巧芽和种凤仙花（备染指甲之用）算起，则前后四个多月。而五月五在手腕上戴采索（手襻），到七月七日才解下来作搭桥之物，使乞巧活动在姑娘们和小孩子的心理上，也提前了它前奏开始的时间，延伸了它的过程。

与关注鹊相会的情节相关，在部分地区还有七夕夜撒"渡河吉庆花"的习俗。托名为唐朝张泌撰的杂事小说集《妆楼记》中载，薛群英于七月七日令诸婢共剪轻彩，作连理花千馀朵，以阳起染之，"当午散于庭中，随风而上，遍空中如五色云霞，久之方没，谓之'渡河吉庆花'，藉以乞巧"。这个活动以妇女为主，一般流行于经济上较好的家庭，同宫廷中流行的一些十分排场庆祝活动一样，体现着上层社会庆祝七夕的特点。但这些与民间的有关活动共同形成了七夕节的五彩斑斓。

（五）祀织女仪式中的歌舞活动

七夕节祀织女仪式中有歌有舞。宋王禹偁（954—1001）《七夕》诗中说：

> 家人乐熙熙，儿戏舞姕姕。

又金元之际杜仁杰的《七夕》套曲之《节节高北》中说：

> 我则见管弦齐动，商音夷则。

则从唐代以来，这个风俗在北方不少地方都存在。我认为唐代以前，陕甘一带的甘肃南部、陕西中部即是如此，至于始于何时。这可以汉代宫廷中的踏歌风俗看到一点影响。《西京杂记》卷三说：

> 在宫内时，尝以弦管歌舞相欢娱，竞为妖服，以趣良时。十月十五日，共入灵女庙，以豚黍乐神。欢笛击筑，歌《上灵》之曲。既而相与连臂、踏地为节，歌《赤凤凰来》，至七月七日，临百子池，作于阗乐。乐毕，以五色缕相羁，谓之相连爱。

下面接着讲"八月四日"如何，"九月九日"如何。依这个叙述顺序，似乎"十月"的"十"是"七"字之误。上古时"七"写作"十"，故秦汉之时篆、隶、楷转变中二字易混。而民间书写中往往保留一些古体字写法。"十五日"是"初一"二字（竖书）因竹简摩擦上面所书文字模糊后被误识："初"

之左旁横长，被看作"十"，"刀"与下"一"靠近，被看作"五"。西和、礼县的乞巧是从七月初一到初七。另外，天水、陇南一带姑娘们在五月五端阳节时以五彩丝线搓成手襻戴在手腕上，到七月七日晚上解下来，多人的连起，作搭桥仪式用。看来七夕妇女的有歌舞活动，起于汉代。这种风俗到后代延续很久。南宋吕渭老的《木兰花慢·七夕》下阕即写出了当时民间七夕时歌舞欢娱的情况：

> 家家，竞赏彩茸，穿桂影，醉流霞。渐舞袖翻鸾，歌声缀凤，钗影交加。人间共饶宴乐，算天孙、怎忍遣河斜。莫惜西楼剪烛，大家同到啼鸦。

从其中"舞袖翻鸾，歌声缀凤"可以看出，当时是又跳又唱。

关于跳唱的形式，《西京杂记》中说是"连臂、踏地为节"，今西和、礼县乞巧中，姑娘们的跳唱也是并排站于神桌前，手牵着手，两手有节奏地向前后摆，双脚相并而跳，一面口里唱，唱、跳节奏一致，两面站的姑娘们一起帮唱。这应该是古俗之遗留。

直至今天，甘肃省西和县县城周围及北部、西部各乡镇，礼县东北部的永兴、盐关、祁山三个乡镇北部、东部西汉水沿岸几个乡镇，乞巧风俗之盛，全国独一无二。乞巧的七天八夜之中，在 20 世纪 40 年代以前即使平时家教很严的家庭，也允许女孩子到供巧娘娘的地方去。姑娘们又唱又跳，所唱歌中，除迎巧歌、祭巧歌、转饭歌（最后一天行祭礼，上祭品时唱）、卜巧歌、送巧歌等属于仪式歌，多为自古相传，变化不大，不同乡镇间也大体相近。但各地年年都根据当年的时政、新闻、生活、生产状况，编一些新歌，反映社会新闻，敏锐及时，又抒发姑娘们的情怀，又直接、朴实。

应该说，西和、礼县和天水市秦城区和清水、张川一带的乞巧风俗，正是秦人祭祀织女风俗的遗留。因为这一带正是汉水的上游，秦人又是由这条线上逐步东迁入陕西境内。陕西乞巧风俗兴盛的几个县，也都是在由今天水至咸阳的路线上和靠近甘肃庆阳的地方。所以说西和、礼县、天水一带自古乞巧风俗很甚，是有很深的历史文化根源的。2006 年西和县被全国民协命名为"中国七巧文化之乡"，2008 年 5 月西和县的七夕文化又被国务院批准列入《国家非物质文化遗产名录》，也正是由于它的一系列活动反映了一种古老的庆典仪式，有着深厚的文化内涵。

四、同妇女劳动相关的"七夕"节俗

自"牛郎织女"的故事传说形成之后，牛郎、织女便是中国男女农民的象征：男耕、女织，分别主人间衣、食之事。后来织女星在一些地方便成为专管纺织劳动的神祇。

这里首先要说到唐代宫廷织染署的祭杼活动。织染署是唐代为宫廷织染衣物类的机构。《唐书·百官志》："织染署七月七日祭杼。"杼为织布之具，祭杼犹祭织神。这个活动安排在七月七日，则仍同织女的传说有关。

贫穷之家的妇女以纺织和女红（音读如"工"）之事过七夕节。《古今图书集成·岁功典》据湖广志书，应山县"七夕俗，俭薄妇女务纺，无乞巧事。士人或举酒"。所谓"俭薄"即贫穷之家。劳动妇女在七夕之夜纺织以过节，正体现了七夕节的最原始的意义。织女就是以纺织而出名的。其精神的最突出的体现便是不抱希望于娘家的富有和支持，不抱希望于其他意外的获得，而靠自己和丈夫的勤劳来增加物质财富，创造自己的幸福生活。所以，这个习俗正体现了"牛郎织女"传说的主题之一，也体现了七夕节内涵积极的一个方面。

与之相近的是在七夕之夜妇女们在一起做针线，这既有互相观摩、学习、交流的意思，也有比赛的意思。《古今图书集成·岁功典》中据山东志书，棠邑县"七月七夕女红乞巧造云面"。女红，指妇女的针线活，如缝纫、刺绣等。

古代厨上手艺也是妇女显示能力的方面，故很多地方也以做各种精巧的面食来庆七夕，有乞巧活动的，则互相比赛，做各种糕饼面点来供于织女像前。

"牛郎织女"的故事反映了广大劳动人民，特别是广大农民的愿望，七夕节也应该是广大劳动人民特别是广大农民的节日。但农民由于经济条件以及居住分散等原因，大部分地方并不能集中举行活动。因此，在新月之下纺织，讲故事，同在水中投豆芽卜巧，以及看银河上飘浮的白云等一样，成了大部分农村妇女乞巧的活动。所以，这种活动看起来缺乏节日的热烈气氛，却有着更大的广泛性。

战国时期牵牛织女的传说所形成的情感印象已深入人们的生活。到秦代，有的《日书》上已将看结婚日子同牵牛织女的故事联系在一起，《三辅黄图》载秦朝都城在渭水上架了桥，也是模仿牵牛渡河以会织女。可见，从两千多年前开始，人们不仅以语言的形式将牵牛织女的故事流存于人们的记忆之中，而且把它的一些情节加以具象、物化的表现，使在生活中时时想到它。这就使这个传说故事的传播有了可以凭借的实物，这些实物时时在提示、复习着牵牛织女这个美丽的传说，而且对它起着印证的作用。

同时由牵牛织女这两个传说人物所体现的追求婚姻自由、追求幸福生活的精神力量以及勤劳、纯朴、执着的品质，人们将他们看作帮助自己达到理想的神灵，在七月七日祭祀他们，因而也形成了一些仪式或活动。这些都大大加强了牵牛、织女形象在广大劳动人民尤其在青年男女头脑中的印象。尽管宫廷贵族之家竭力要将牵牛织女的传说冲淡甚至完全覆盖，但还是形成了一个流行十分广泛的七夕节。

五、历史悠久、丰富多彩的乞巧风俗

牵牛织女的传说既是中国历史发展进程的概括反映，也是中国古代文化的一种积淀，而且它表现了广大劳动人民反对门阀制度，争取婚姻自由的愿望和勤劳的品质及对爱情的忠贞。但是，这些都是同封建礼教不相容的。所以，尽管在民间讲"牛郎织女"的故事、祀牛郎织女、向牛郎织女表达对生活的愿望，但上层社会如宫廷、贵族之家却并不能容纳这些。然而宫廷和贵族之家有不少青年女子多是来自民间，有关的传说故事及姑娘们的祭祀活动不可能被完全禁止，于是，相关的活动主题便被限制在"乞巧"这一点上，而其中反封建礼教的内容自然而然被排除在"七夕"节的主旨之外了。

乞巧有姑娘们的乞巧，也有已婚妇女的乞巧。如本文第一部分提到的穿针乞巧，多为成年妇女或一个家庭中大小女性一起在家中举行。在古代，乞巧节实际上也是技艺传授、交流的日子，故妇女的乞巧主要体现在女红上。

有的诗还特别点出女儿乞巧，首先是为了给自己做好嫁妆。刘宋时刘宰（1166—1239）的《七夕》诗中说：

> 天孙今夕渡银潢，女伴纷纷乞巧忙。
> 乞得巧多成底事？只堪装点嫁衣裳。

这自然只是事情的一个方面，但女儿们乞巧中怀着一种激情也就从中可以看出了。

虽然今所见材料乞巧之风起于汉代，然而，至南北朝时南方的刘宋，文人们有关七夕的诗赋笔记中，仍主要是写牛女相会的情节，至齐梁之时，才有不少人写到乞巧的风俗。很多节俗的传播有一个过程。

南北朝以来文献所载七夕乞巧的活动、表现形式很多，这些节俗既反映着七夕节俗流传中形成的地域差异，也反映着时间的流程，同时反映着不同社会群体、社会阶层的不同生活愿望，有助于我们认识七夕节深厚而丰富的文化蕴含。有的问题上面已经说到。下面进行概括说明时，已述材料不再重复。

（一）穿针乞巧

《西京杂记》《荆楚岁时记》载七月七日穿"七孔针"当是取"七月七日"或曰"七夕"之意。此风俗在后代的流传中有所变化，如《开元天宝遗事》载，唐代宫中七夕之夜"各以九孔针、五色线向月穿之"。盖线为五色，九加五为十四，包含"双七"（七月七）之意。南北朝之时又有穿"双眼针"之俗，如刘遵《七夕穿针诗》中说：

> 向光抽一缕，举袖弄双针。

刘孝威《七夕穿针诗》：

> 故穿双眼针，特缝合欢扇。

宋张先《菩萨蛮·七夕》词中说：

> 双针竞引双丝缕，家家尽道迎牛女。

则所说"双针"，也即所谓"双眼针"，是将两针相并，同时穿过两个针孔。

所以我说所谓的"七孔针"即七针相并而拿（或将针依次扎在什么东西上），九孔针即九针相并而拿。何以用"两眼针"呢？也是由于五色的"五"加"二"得"七"的缘故。而萧纲、柳浑、徐勉等人的《七夕穿针诗》中，则并未言为几孔。庾信《七夕赋》中说："缕条紧而贯矩，针鼻细而穿空。"看来民间并无几孔之说，但七夕夜穿的针要针眼（也叫针鼻）细，凡女红之事，工越细，针也越细，绣花针就比一般缝纫所用的针细。宫廷女子平时并不用针，太细则穿不过，故求其数量之多，有七孔针、九孔针之说。据窦光鼎、朱筠《日下旧闻考》，清代宫女登九引台，仍"以五彩丝穿九孔针，以完者为'得巧'，迟者谓之'输巧'"，反映出宫廷乞巧风俗的延续性。这个风俗也传到民间。元代陶宗仪《元氏掖庭记》中说：

> 七夕时，妇女用五彩线穿九尾针，以先穿完者为得巧，迟者为输巧。

只就穿针风俗而言，也是古今之风同在，南北之俗各异，反映出穿针乞巧文化的丰富性与层次性。唐代诗人崔颢《七夕》诗中说：

> 长安城中月如练，家家此夜持针线。

则反映出穿针风俗的普遍。无论用什么形式，都具有比赛性质。

《西京杂记》载宫女乞巧在开襟楼，是取楼高近月之意，应是在月下。魏晋南北朝时期，南北宫廷内也取法之而成为风气。南朝梁顾野王《舆地志》中说："齐武帝起层城观，七月七日宫人多登之穿针，也谓之穿针楼。"梁简文帝萧纲《七夕穿针诗》中说："针欹疑月暗，缕散恨风来。"唐祖咏《七夕》诗中说："向月穿针易，临风整线难。"权德舆《七夕》诗云："别有穿针处，微明月映楼。"也都表现出是在露天月下，因而有风。《元代掖庭录》中说："九引台，七夕乞巧之所。至夕宫女登台，以五彩丝穿九尾针。先完者为得巧，迟完者谓之输巧，各出资以赠得巧者焉。"也见出是在台上露天的月下。

七夕穿针之风俗不但流传很广，而且长久流传直至近代。差不多历代南北诗人、赋家有关七夕之作中都可以找到关于穿针风俗的描述。

（二）豆芽、麦芽卜巧

以豆芽、麦芽同农民以种植为生存的基础。小姑娘们从小学会在碗、钵中使小小种子发芽长出茎、叶，对于明白植物生长之理有意义。所以，在七夕前生豆芽、麦芽是对农业基本知识的学习与实践。七夕节从祀织女方面说是乞巧，从祀牵牛方面说是乞农事之成。而且，在我国几千年的农业经济社会中即使妇女，也应具备这方面的知识。宋孟元老《东京梦华录》卷八《七夕》载，七夕前：

> 又以绿豆、小豆、小麦于磁器内，以水浸之，生芽数寸，以红蓝彩缕束之，谓之种生。

元宋褧（1294—1346）诗中说："到处帘栊尽相似，巧棚人静五生蔫。"其自注说：

> 七夕前数日，种麦于小瓦器，为牵牛星之神，谓之五生盆。

清朱彝尊《日下旧闻》、潘荣陛《帝京岁时纪胜》均据此注为说，文字全同。所谓"五生"，即"五谷生长"之省略说法。以豆芽、麦芽投影，既会给姑娘们丰富美好的想象形成很大的空间，又可以在灯下不断投，一次次看。同时预先泡种、天天换水护养，对小姑娘做事是一种锻炼，也无形中延长了乞巧活动的过程。很多地方把小姑娘们所植准备用于七月七晚卜巧用的豆芽、麦芽叫作"巧芽"，在七月初用彩色丝带束拢，呈于巧娘娘像前。

投巧芽乞巧这种风俗北方各省都较普遍。《古今图书集成·岁功典》引山西志书，述临晋县风俗说：

> 七夕，先期以麦豆浸瓦器内，生芽六七寸许，谓之巧芽，是夕，儿女插麦豆芽置盂水上曰"漂针试巧"。针影作笔尖、鞋底之状，以为得巧。

所投下为麦芽、豆芽而仍叫"漂针试巧"，说明是以豆芽、麦芽像绣花针，故用以卜巧。

有些地方的投芽卜巧活动中，参加者除少女之外也会有青年妇女。因之，这种育豆芽乞巧的活动，便又有了预卜生育结果或乞求生儿育女的功能。这同样偏离同牛郎织女相会关联的"七夕节"的主旨，但"七夕"在得到社会广泛认可的节日之时，对它作各种合乎礼教、合于家庭氛围的解读，是不可避免的。古代宫廷和贵族妇女中流行的一些乞巧活动，对民间七夕活动也产生了很大影响，有的一直延续至近代。因为任何时代的主流思想，都是统治阶级的思想。

（三）浮针卜巧

明于奕正、刘侗著《帝京景物略》中说：

> 七月七日之午丢巧针。妇女曝盎水日中，顷之，水膜生面，绣针投之则浮。则看水底针影，有成云物花头鸟兽影者，有成鞋及剪刀水茄影者，谓乞得巧。

又明沈榜《宛署杂记》载：

> 七月七日，民间有女家各以碗水暴日下，令女自投小针泛之水面，徐视水底日影，或散如花，动如云，细如线，粗如槌，因以卜女之巧。

《日下旧闻考》所载与此相同。又《古今图书集成·岁功典》载，直隶省良乡县：

> 七月七日，女乞巧，投针于水，借日影以验工拙，夜仍乞巧于织女。

穿针斗巧通过比赛穿针的敏捷与熟练程度显示巧慧。以盎盛水在日下晒，水中较轻的物质上浮，集于水面，浮尘也会落在表层，因而细细的绣花针放在上面，会浮在水的表面而不下沉。姑娘们便观看绣花针及针旁所聚纤尘之类的投影而卜巧（因为针的吸力，会有些极细的漂浮物聚于其旁）。这是投影卜巧方式之一种。这种方式与妇女的实际劳动联系，是其长处；但这种验巧的方式过实，缺乏想象性和娱乐性，而且活动过程简单。当然，在很多地方可能是穿针和视针影的风俗同时存在。同时，由于浮针卜巧在白天较易于进行，且投几次之后，水面尘膜散乱，针也湿了，便不能浮起，夜晚难以持续进行。所以清代有的地方变为"掷松针"，以松针代钢针，使这个活动有更多的虚拟性和象征意义。松针不但轻，而且其长短曲直不同，所投针影会有更多的变化。所以，在投针乞巧这一点上，也表现出妇女们的智慧和艺术想象力。

（四）蛛网卜巧

《荆楚岁时记》中记载南北朝之时七月七日"陈瓜果于中庭以乞巧，有喜子网于瓜上，以为符应"。因为蜘蛛常常依一丝从高出降落，故古人取"喜从天降"之意，名之为"喜子"，后来字写作"蟢"。北齐刘昼《新论·鄙名篇》说："今野人昼见蟢子者，以为有喜乐之事。"唐刘言史（？—821）《七夕歌》中说：

> 碧空露重彩盘湿，花上乞得蜘蛛丝。

北宋韩琦七律《癸丑七夕会北第》第三联二句云：

> 云间谁识桥横鹊，庭际方欣网挂蛛。

是看庭院中蛛网之形。辽李齐贤《居士恋》诗中说："鹊儿篱际噪花枝，蟢子床头引网丝。"清金农《蟢子》诗："双烛生花送喜频，红丝蟢子漾流尘。"都反映了人们对蜘蛛的看法。因为蜘蛛能织出均匀好看的网，所以古代妇女以七夕看到蜘蛛结网而卜是否得巧。这个风俗也一直延续至清代。《古今图书集成·岁功典》言樽化州风俗说："七夕，女子屏庭院，设瓜果，削瓜牙错如花瓣，置针上，奉以槃，望拜河汉，祝而退。顷视瓜上有蛛丝罗者曰得巧。"

在庭院中瓜果上看到蛛网，只是蛛网卜巧的一种。人们总不会永远守株待兔，让"巧"难得降于自身。所以七夕之以蛛网卜巧，后来扩展到在织机、花上、室内角落处灯各处寻找、观察有无蛛网，并不限于瓜果上。欧阳修《渔家傲》词中说：

> 花上蛛丝寻得遍，
> 颦笑浅，双眸望月牵红线。

这便是在花上寻找蛛网的例子。

但在王侯将相富豪之家，各处有下人打扫，难得有蜘蛛，于是又生出捉了蜘蛛放在盒中以观察其结网的办法。《开元天宝遗事·乞巧楼》中说，唐代宫女于七月七日"各捉蜘蛛于小盒中，至晓开，视蛛网稀密，以为得巧之候。密者言巧多，稀者言巧少。民间亦效之"。北宋钱易（968—1038）的《七夕作》一诗中说："香粉溟濛筛绮席，蛛丝千万络烟霄。"《武林旧事》卷三载：南宋时京城于七夕，"以蜡印凫雁水禽之类，浮之水上，妇人女子至夜对月穿针，饤饤杯盘，饮酒为乐，谓之'乞巧'。及以小蜘蛛贮盒内，以候结网之疏密，为得巧之多少"。由这些都可以看出蛛丝卜巧的多样性。

　　历代诗人咏蛛丝、蛛网卜巧、验巧的诗也不少。有的也联系自己当下的经历处境言之，大大丰富了七夕乞巧诗的文化内涵。李商隐（813？—858）《辛未七夕》诗中说：

　　　　岂能无意酬乌鹊，惟与蜘蛛乞巧丝。

南宋虞俦七律《和汤倅七夕》云：

　　　　稚子唤人占蟢网，老妻怜我泣牛衣。

关于这方面的内容，是以往言七夕节俗及七夕文化之内涵者很少言及的。

（五）望云瞻斗卜巧，占水旱及年成的丰歉

　　中唐诗人清江的五律《七夕》的第三联说："日为开帐烛，云作渡河桥。"唐代林杰《乞巧》诗中说：

　　　　七夕今宵看碧霄，牵牛织女渡河桥。

韩琦《七夕同末伏会众春园》诗说：

　　　　娇莺万啭风前曲，秀怜千层水上云。

可以看出观牛女星相会同看云卜巧之间的关系。《古今图书集成·岁功典》引河南志书，说汲县"七月七夕……见天河中有白云便拜，得福"。又引江南志书，通州七月七日"妇女则望彩云，见者为得巧"。这些都反映了这种风俗形成的原因。《太平御览》卷三一引《杂异书》说：

　　　　时有女子尚幼，七夕，见家人出庭望候天门开，独在室中不出，曰："若合当见者，虽暗室中亦应见之。"至夜深，忽见天上门开。

吴自牧《梦粱录》卷三载，宋代七夕之时南宋京城中人家：

　　　　于广庭中设香案及酒果，遂令女郎望月瞻斗，列次乞巧于织女。

可见唐宋时代于七夕夜仰望银河及云彩，希望由于见到织女、牵牛相会所驾云彩，或看到天门开，从而得到好的征兆。

　　看云卜来年收成的风俗一方面是由看牵牛星、织女星和天河的风俗形成：

另一方面，与古人看云以辨水旱灾荒、年成丰歉的经验有关。《周礼·春官·保章氏》：

> 以五云之物，辨吉凶水旱降丰荒之祲象。

这说明这种风俗产生很早，而后来同七夕乞巧之俗结合。前引周处《风土记》中已写及七夕看天汉中云气的风俗。《古今图书集成·岁功典》引江南志书言高邮"七月七夕前望潢河影出没，占荞麦丰歉"。言太湖县"七夕，相传是日银河没，以其去口远近，占谷价多寡"。引江西志书，铅山县亦有此俗。

蛛网卜巧和看云卜巧事实上也拓展了乞巧、卜巧的人群，不仅是妇女，男子尤其一些老人也参与其中。

至于士人，常借七夕及当日的天气的阴晴明暗以抒发在仕途中的情感、遭遇，表现对当时官场、吏治、社会的不满；宦游者叹夫妻长期分离之苦，表现对于家庭团聚的愿望。这两类作品数量较多。柳宗元的《乞巧文》、王禹偁《七夕》诗、欧阳修的《渔家傲》词四首，苏轼、黄庭坚在七夕节所作《鹊桥仙》词等是最著名的例子。再如南唐徐铉《驿中七夕》：

> 七夕雨初霁，行人正忆家。……
> 今年不乞巧，钝拙转堪嗟。

又北宋初年刘秉《戊申七夕五绝》之三：

> 若把离情今夕说，世间生死最伤神。

之五：

> 堪伤乞巧年年事，未识君王已白头。

又宋李朴（1064—1128）《乞巧》：

> 休嫌天上佳期少，已恨人间巧态多。

这些诗句都包含了很多的人生感叹。

历代咏七夕的诗中，还有些是写对忠贞爱情的歌颂的，秦观的《鹊桥仙》便是这方面的脍炙人口之作。农民关心的则是来年的收成，而有看天象经验的多是老人，所以这方面也带动了一些老农，尤其是男性老农的关注。但因为农民没有文化，更不会写诗，所以见于诗文记载的很少。但无论如何这些活动大大地拓展了七夕节俗的活动范围，大大丰富了七夕节俗的内容。

（六）南方有的地方，以贮七夕之水备饮以乞巧

《古今图书集成·岁功典》据江西志书载，广昌县：

> 七月七日妇女作乞巧会，罗拜月下，以诸果置糖蜜水中，露一宿，厥明饮之，谓之巧水。

这个风俗的形成大约同七夕夜看天河、听天河水声等祝牛女渡河的风俗有关。七夕将水在屋外置一宿，就有承天河之水的意思在里面。当然，将水盛于碗、钵之中，也同北方很多地方豆芽、麦芽卜巧的做法一样，这些传到南方有些地方，便同当地的自然条件、生活方式联系起来，变成了饮七夕夜露天放置过的糖蜜水。就这个活动的特征而言，仍然同妇女、儿童有关。

（七）笔砚乞巧和文章赛巧

在封建社会，读书识字主要是男子的事，但官宦之家女子也作诗论文，习琴棋书画。至近代妇女地位逐渐提高，"男女授受不亲"等封建伦理逐渐松弛以至破除，读书作文的内容在七夕乞巧活动的乞愿当中，占的比例越来越高。唐代权德舆五律《七夕见与诸孙题乞巧文》中说：

> 外孙争乞巧，内子共题文。

南宋杨公远《次宋省斋七夕雨三首》之三：

> 人言此夕会双星，呆女痴儿竞乞灵。学织学耕非我事，何如牛角自横经。

牛角挂书指隋末李密勤于读书的事，"经"指经书。《东京梦华录》卷八说到当时中原一带贵家乞巧，于初六、初七日晚铺陈各种乞巧物品中，便有"笔砚"，以"儿童裁诗，女郎呈巧"，共为乞巧的内容。

《古今图书集成·岁功典》据福建志书载，长汀县"七夕社学小生清晨歌诗，击鼓，竹悬纸葫芦，藏所习课纸焚校外，谓之乞巧"。则学生也参加乞

巧，不分男女，并且以读书、诵读、饱学能文为追求目标。

从文献和古代诗文的反映看，笔砚和文章乞巧以少年儿童和青年书生为多。一是因为儿童的活动总同妇女的活动联系在一起，这是同儿童成长期间活动的范围及接触最多的人有关。二是青年书生正是在考虑和处理婚姻大事的当中，更容易同青年女子形成相同心理的原因。当然，文章赛巧也含有显露才华，引人注意的因素。

乞巧风俗同祭织女星、祭巧娘娘的活动，在有些地方是交织在一起的，而各种祭巧仪式、祭巧风俗同各种乞巧仪式、乞巧风俗的组合，以及规模之大小，隆重之程度也并不一样。大体说来，北方祭巧、乞巧的风俗盛一些，南方的淡一些；北方的风俗同古代文献中所载较为相近，南方则不同程度有些演变与分化；北方主要是未婚的姑娘们参加乞巧，南方则虽以姑娘们为主，但一些成年妇女也参与其中，一些士子和一般男子也看重这一天，只是表现的方式不同。但不管怎样，全国各地都有"七夕"节，都有些相关的节俗与传说。由于封建统治阶级的强调、引导，封建文人、道学家的说教、干预（包括一些以家长身份干预者），上层社会妇女将对牛郎织女鹊桥相会传说的纪念活动蜕变为纯粹的乞巧活动，或团聚娱乐的日子，但青年男女在内心仍然记着这个节日给予自己的鼓舞力量，因而在乞巧活动之外又有望天河、拜月等私下表示愿望的活动。民间广大劳动人民的七夕节俗毫无疑问也受到封建礼教、主流文化的影响，但总体上同生产、生活联系密切，更多地反映着广大人民，尤其是青年男女的愿望。无论怎样，"牛郎织女"故事表现了对爱情的忠贞不渝，也是七夕文化的一个重要方面，很多人的诗文中都写到这一点。

就乞巧活动中妇女们的团聚和做出各种能显示手段的糕点等工艺食品来说，对女孩子的教育、一些工艺的传承起到了积极的作用，推动了妇女各种家务劳动和手工生产水平的提高，增强了妇女生活的能力；不仅增强了青少年女子之间的情感交流与团结，也为提高组织能力、养成相互协调的素质提供了机会。所以说，七夕节在封建礼教和其他各种封建思想的压制、制约下，仍然起着积极的社会作用，是自己组织、自己办的培训学习班，总是大的教小的，一年一期，让她们在不断学习、提高中长大。

把织女作为纺织之神，把牛郎作为同农业生产有关的神灵，在七夕节祭祀织女希望一年的纺织之事会更好，或径自以七夕夜纺织来过七夕节，及七夕夜望云卜水旱、卜丰歉、卜斗价等，都表现出牛郎、织女作为封建社会中广大农民的象征，对男女农民有一个慰藉、激励的作用，这也是七夕节的一个重要内容，虽然在文献中反映的不多，但我们就像由一眼山泉了解地下水一样，可以从中了解广大农民在七夕节的心情与愿望。

本文所谈七夕风俗，既有古今联系，又有古今之别；既有南北联系，又有南北之别。因为要分析其来龙去脉，故不使用表格式分层、分类罗列的办法叙述，但我们希望为读者提供一个立体观察的视角。另外，所述各种节俗，除因性别、身份有所不同之外，也因年龄的不同而形成不同的关注点或曰兴趣之所在，所以，七夕风俗的丰富内容实际上也反映了社会不同类型、不同阶层、不同性别、不同年龄的人不同的关注点。比如，小孩子感兴趣的是陈水果欢聚、找蜘蛛网以卜巧；青年男女关心的是学手艺及自己的婚姻大事；中年人则对仕途的升降、夫妻的聚散多有感想；农村老年人关心的是来年的收成；而久经宦海浮沉的文人学士则充满对人生的感慨。因此，通过对各种方式七夕节俗及不同人群的思想活动的考察，也可以成为揭示古人心灵史的一种方式。而从七夕节俗的分化，是自古存在的，王侯、官宦、士大夫之家同广大民众七夕节俗的差异与相互影响也可以使我们看到几千年中封建礼教、封建地主阶级思想在如何影响着人们的社会生活，广大人民在如何曲折地表现着自己的愿望。

（《民俗研究》2011 年第 3 期）

同妇女及青年男女生活有关的七夕节俗

　　七夕节作为一个历史悠久的传统节日，在长期的流传和广泛的传播过程中，由于不同地域的自然条件、文化背景、生活风俗等差异，形成不同的节庆方式；不同阶层、不同类型的人也从不同方面发挥、延展，形成了一些相关的风俗。这些都大大地丰富了七夕节的内容，也使更多的人群加入欢庆七夕节的队伍中来，使"七夕"成为几乎涵盖各阶层各类人的节庆。我在《七夕节的历史与七夕文化的乞巧内容》中已从不同的角度谈到一些七夕节俗，如拜织女星、陈瓜果祀织女、听渡河声、讲牛女故事、晒衣服、晒书、文人聚会作诗论文和供织女像、唱乞巧歌、穿针卜巧、浮针卜巧、投芽卜巧等乞巧、卜巧活动和解彩索以助鹊桥之渡等。在七夕节俗中，还有些同青年男女生活有关的内容，反映了古代男女青年对美的追求、对自由婚姻的向往。由于中国两千多年的封建社会一直以儒家思想为主导，七夕节的内容基本局限在礼教所容许的范围之中。然而，青年男女的活动总是在向突破这个局限的不同方面发展。这些节俗是七夕节最原始精神的遗存与发展，很值得研究古代民俗及七夕文化的当代转化问题的学者们的关注。下面主要通过《古今图书集成》所引录材料对此作一些简要论述。

一、姑娘和青年妇女节前用凤仙花染指甲

　　清康熙、雍正间编成的《古今图书集成·岁功典》引江南志书，武进县：

　　　　七月七日妇女采凤仙花染指甲，祀织女星乞巧。

这个风俗在北方一些省至今犹存。妙处在于它同七月七的乞巧也能联系上：

乞巧要的是心灵手巧，染指甲不仅突出了一双手，而且突出了它在劳动和社会交往中的作用，也从染指甲的水平上、审美观念上显出"巧"来。染指甲有颜色的鲜亮程度、点染位置、大小等的设计问题。很多人都是在指甲靠前的当中染一片，周围稍淡，并不全部染红。那么，在布局、相互配合等上面也便显出不同的欣赏习惯和点染水平（刚染上是要将指甲包起来）。过去西北、中原一带很多地方姑娘和青年妇女在六月底即开始用凤仙花染指甲。甘肃的陇南、天水一带，到农历六月三十日请"巧娘娘（织女）"，在七天八夜的祭巧、娱巧活动中，很多青少年女性以点染的指甲的好看相炫耀。

凤仙花夏季开花，至夏末则花瓣色艳汁浓，其红者可用来染指甲。宋周密《癸辛杂识续集上》有《金凤染甲》一说：

> 凤仙花红者用叶捣碎，入明矾少许在内，先洗净指甲，然后以此付甲上，用片帛缠定过夜，初染色淡，连染三五次，其色若胭脂。

可见这个习俗的历史是很悠久的了。

这里还特别要说一下"凤仙花"之名。

学者们都知道，秦人是以凤为图腾的。《史记·秦本纪》中言女修吞玄鸟之卵而生秦人之祖大业，已反映出秦以鸟为图腾的根源。其中，又说到大业之子大费与禹平水土，又佐舜调顺鸟兽，舜赐姓"嬴"。《山海经·海内经》云："有嬴民，鸟足。"用神话的方式说明了秦人以鸟为图腾的事实。又《说文》云："嬴，帝少皞之姓也。"《左传·昭公十七年》载春秋时嬴姓小国郯国的国君郯子说：

> 我高祖少皞挚之立也，凤鸟适至，故纪于鸟，为鸟师而鸟名：凤鸟氏，历正也；玄鸟氏，司分者也……

共列出十个以凤鸟等鸟为氏者，另外还有"五鸠""五雉""九扈"（先秦时"扈""雇"通。"隹"为短尾鸟之总名）等，则少皞之后以鸟为氏者近三十。"凤鸟适至，故纪于鸟"，是更原始的说法。女修吞玄鸟之卵而生大业的传说，也应与此有关。故秦人为以凤为图腾。凤仙花其名曰"凤仙"，也暗示了织女同秦文化的深厚的渊源关系。这是古人群体记忆的遗留。

陇南、天水一带名"凤凰"的山很多，似乎也反映着远古之时秦人祭祀、信仰的风俗。比如，距大堡子山很近的长道镇有一座凤凰山，上有明天启年

"百世流传"碑，山上的庙中有织女星君、圣母地师像，因庚申（正统五年1440）仲冬的地震而损坏，后加重修。山上又有清雍正九年的《凤皇山碑记》和乾隆七年立石碑，上书大字为"同结良缘"。西和城西有凤凰山，又叫凤山，靠山街道与居民区旧名"凤山村"，山上有旧城堡，民俗称为"皇城"。而今存清光绪十四年《岷郡山萨祖殿司存凤凰堡地租储支庙费以公济公碑志》载："凤凰山开列堡地亩数壹拾叁垧。"岷郡山与凤凰山之南端隔河相对。西和县城以西靠近礼县一面也有一座凤凰山。

成县、徽县、武都、宕昌都有凤凰山。成县唐元和八年《李叔政题记》、宋嘉祐五年柴元瑾的《题留凤凰寺》、元祐二年《游师雄题记》等并言及凤凰山。黄泳《成县新志》载：

> 凤凰山，在县东南七里。秦始皇西略登鸡山，宫娥有善玉箫者，吹箫引凤至。汉世又有凤凰栖其上。……张果老洞旁有台名凤凰台。

杜甫流寓同谷（今成县）有《凤凰台》诗。

徽县有明天启六年（1626）的《凤凰山宣灵王庙诗碑》，山在当时衙署之西，清代在山上建凤山书院。

武都角弓乡有清咸丰十年（1860）的《凤凰山水源碑记》，碑记中言："州治西边寨里陈家坝垢林坪，举目皆山也。其西南凤凰山。"（以上并见赵逵夫主编《陇南金石校录》，中国社会科学文献出版社2017年版）。

陇南、天水一带的风俗，家中有小女或年轻媳妇者，多在院里种凤仙花。有些没有花园、花坛的，便在院角挖一点地，种上凤仙花。有的院是石子铺成，甚至在石缝中种一点，使院里显示出一种青春气息。姑娘和年轻妇女在夏末即采以染指甲，城乡如此。有的中年妇女也同姑娘、年轻媳妇一样染，一起做针线活时互相展示。虽然很多妇女都染，但主体是姑娘们，而且在六月三十以前都染成，以便在从迎巧到送巧的七天八夜中得到展示。因而它还是同七夕相关的活动，同武进县只在七夕的一天染，意义是一样的。

二、妇女和青年男子治面颊黑痣、黑斑，生眉、
生发、黑发，美容、美肌肤

因为七月七日这天的节日气氛，强化了它在人们心中的印象，也增加了它的神秘性。因此，有些地方青年男女在这一天做一些与美容有关的事。

《淮南万毕术》中说：

> 七月七日午时，取生瓜叶七枚直入北堂，向南立以拭面靥，即当灭矣。

此条文字见于《太平御览》卷三一，引作《淮南子》，据其内容，当出于《淮南万毕术》，是汉代神仙家言。因为七夕节在民间有广泛影响，一些玩弄巫术者借以"立说"。初秋瓜叶已老，味足，有可能对治面痣有益，故挂靠在七夕的一天，但于其疗效过于夸张，方式上也有些神秘化（文中"靥"借作"黡"，指面上的黑点）。

《太平御览》卷三一引《韦氏月录》说：

> 七月七日取乌鸡血和三月三日桃花末，涂面及全身，三二日肌白如玉。此是太平公主法，曾试有功。

明高谦《遵生八鉴》引《常氏旧抄》说与此同。

又《遵生八笺》引《法天生意》说：

> （七月）七日采麻花阴干研末，乌麻油浸，每夜搽上眉毛，脱落者即生。

> 七日取百合根熟捣，新瓦器盛之，挂于屋内阴干百日，拔白（按：指拔去白头发）以此掺之，可以生黑发。

> 是日取蜂巢中蜂蛹子一窠，阴干为末，用蜜调涂，可除面黚（黚，gǎn，面上黑斑）。

> 七日取萤火十四枚，撚白发，自黑。

《本草纲目》载：

面上靥子，七月七日午时取瓜叶七枚，直入北堂中，向南立，逐枚拭靥，即灭去也。

以上各条都说要在七月七日进行。

《古今图书集成·岁功典》卷六十五据江南志书，无锡县：

七夕女子以杂花浸水露，置庭中，旦则取以靧面（洗脸。靧言 huì），谓能好颜色。

据浙江志书，台州府：

七月七夕置水于檐外，散花其上，以乞巧于织女。次日妇女涤梳具，并濯发。

也是认为七夕乞巧用过的水，有益于美容。开化县"七夕童男女晨起以木槿叶舂水沐发"。处州府遂昌县"七夕儿童浴发于河，女子间有乞巧"。据福建志书，新田县"七月七日晨起，儿童散发以取草露，冀发青长"。据广东志书，英德县：

七夕女星旁有小女星，妇女于是夜静俟焚香，修得好颜色。

因为魏晋以后，很多中原士族大姓在战乱中南迁，多先至江南，南朝的灭亡及南宋之亡，也有更南至福建、广东者。故浙江、广东一些地方至今对乞巧节很重视，而且形式上侧重于美容，显得奢华，显示出上层社会的某些节俗特征。当然北方风习也会通过其他传播途径传到湖广一带。如《古今图书集成·岁功典》据湖广志书，攸县"七月七日妇女采柏叶、桃枝，煎汤沐发"。

求美是人之本性，尤其青年男女当婚配的年龄，希望给人留下较好的外貌印象，因而特别注意容貌的修整，这应同七夕节姑娘们集中的乞巧活动及青年男子找各种机会，在姑娘群前亮相有关。当然，"牛郎织女"的传说，牛郎和织女是自愿相合的，这也就使得七夕这一天在男女婚恋的方面具有了特殊的意义，因而在民俗中将一些美容方面的治疗效果神秘化。

三、沐浴天孙圣水与泛舟风俗

七夕风俗传到广东之后，因为广东天热，七月初更是炎热难熬之时，因而同当地风俗结合，形成"沐浴天孙圣水"的节俗。清初屈大均（1630—1696）在其《广东新语·事语》中说：

> 七月初七夕为七娘会，乞巧，沐浴天孙圣水。以素馨、茉莉结高尾艇，翠羽为篷，游泛沉香之浦，以象星槎。

所谓"天孙圣水"就是七月七的水，不过是借这一日之名而沐浴，将此作为乞巧节俗之一。所谓"七娘会"即乞巧节。但由"乞巧节"而变为"七娘会"既反映了"牛郎织女"传说的历史，也反映了民俗传播中的一种现象。关于前者，"牛郎织女"传说传到魏晋之时，织女作为天孙而自主嫁于牵牛，与当时的门阀制度相抵触，故士族文人大力宣扬董永故事以掩盖和替代牛女传说。因董永故事中的仙女称作"七仙女"（或被称作"织女"，为故意混淆视听），言是受天帝之命帮孝子董永还债，任务完成之后即自动回天宫。织女是为了追求婚姻自主，故落得被分隔在天河两岸的下场；七仙女是奉命助人，为完成天帝之命给一个佣工当一段时间的妻子。历史上几次南迁的都是豪门大户，他们是讲"七仙女"的，因而将七仙女代替了织女，同七夕节联系了起来。

上引《广东新语》中的"以象星槎"指张华《博物志》中说的"天河与海通"，有人浮槎上溯至天河望见织女、遇到牵牛的故事。将"牛郎织女"传说移到浮槎者至天河上见到的牵牛、织女这一点上去，便淡化了它的悲剧主题。当然，这可能也与南方天气热，妇女们也游船于水上浮泛以庆七夕节的节俗有关。

四、举行男女双方的问字、订婚仪式

古代的"问字"是在提亲之后向对方家问对方的生辰八字，为聘定（订婚）前一种初步确定婚姻关系的仪式，古人也十分重视。如聘定之后，在古代，女子即已属男方家的人。封建礼教观念太重的家庭，女子聘定之后如男子死去，甚至有要求女子守寡者。所以，问字、聘定在古代婚姻关系的确立过程中，是很重要的仪程。《古今图书集成·岁功典》引河南志书，白水县"七月七日男家馈女仪竞丰，几与聘登"。引湖广志，新田县于七月七日"多订婚纳彩"。织女与牵牛（牛郎）长期分隔在天河两岸，是一件伤心事，只是在七月七日夜相会一次。但后来的民俗中只是突出七夕鹊桥相会，着意于有情人走到了一起这一点，因而在一些地方的民俗中多在这一天提亲问字、给青年男女举行订婚仪式。这应与七夕之时姑娘们举行各种乞巧活动，男女相遇的机会较多，且具有节日的喜庆气氛有关。

五、拜月

拜月是南方青年妇女表现对爱情和家庭婚姻美好愿望的一种节俗。近代以前男女婚事都是男方家请人向女方家提亲，很少有女方家"倒上媒"的。至于姑娘们自己提出来嫁谁的就更少了。那么姑娘们就只有在这天，就自己的婚姻大事独个拜月表示心愿。因为七月初七月只是半圆，所以古人也称作"拜新月"。

这个节俗是由七夕望牛女星、看天汉、看云卜巧之俗发展而来，主要流行于江南一带，是"七夕"节俗的一种发展，未离"七夕"节之本旨，保持了七夕祀牛女、表心愿的主旨；而所谓的"乞巧"，则是青年女子祀牛女、表心愿节俗同封建礼教之间相妥协的产物。

七夕拜月还有一种情况是已婚女子，因丈夫游学在外或从军戍守、经商奔波未归，妻子拜月以求早日归来。这也与南方在讲牛女传说中侧重于"鹊桥相会"的情形相关。同时也表现了女子对爱情的忠贞，也与七夕节原始的意义相一致。

中唐几位诗人诗中对此有所反映。杨衡的五律《他乡七夕》中说：

向云迎翠辇，当月拜珠旒。

杨衡本弘农人，而迁居浙江关兴。施肩吾（唐睦州分水人，即今浙江桐庐人）的五绝《幼女词》中说：

> 幼女才六岁，未知巧与拙。
> 向夜在堂前，学人拜新月。

鲍溶的七律《寄归》云：

> 几夕精诚初拜月，每秋河汉对空机。

鲍溶自称"楚客"，应为楚人。可见这个习俗主要存在于南方。

有时是穿针等习俗同望月、拜月结合起来，并非单一进行。如晚唐诗人罗隐（833—910）的《七夕》诗说："金针穿罢拜婵娟。"这里"婵娟"是形容月色明娟。[①] 这是说先和大家一起穿针卜巧，再自己拜月许愿的。罗隐为唐之新城（今浙江高阳）人，则同样反映了南方风俗。

拜月有时也并不只限于女子，也有文人官宦表示其他心愿的。如南唐徐铉（916—991，原会稽人，后迁居广陵）的《禁中新月》：

> 今夕拜新月，沉沉禁署中。……
> 节换知身老，时平见岁功。

北宋钱塘（今杭州）人强至（1022—1076）的《依韵奉和司徒侍中辛亥七夕末伏》：

> 七夕三庚共此辰，风迎西火传南薰。
> 金盘瓜果随时俗，玉笺笙歌劝相君。
> 月下巧心空自竞，天边私语复谁闻。
> 早归应效东方朔，待看星桥夜渡人。

南宋庐陵（今江西吉安）诗人胡铨（1102—1180）《菩萨蛮》下阕云：

> 玉人偷拜月，苦恨匆匆别。
> 此意愿天怜，今宵长似年。

---

① 婵娟形容月色，如刘长卿《琴曲歌词·湘妃》："婵娟湘江月，千载空娥眉。"苏轼《水调歌头》词："但愿人长久，千里共婵娟。"

则除未婚女子拜月以祈婚姻美满，已婚妇女也拜月以祈在外的丈夫早些归来。士大夫胡铨也借此以表个人心愿。

作品中反映到这种风俗的诗的作者，如上面所举，以两浙一带人为多，也有赣、闽、皖之地诗人。元代南戏《拜月亭》的作者施惠也是杭州人。由此可以看出拜月风俗的大体流行范围。这个风气由七夕乞巧、祭织女而来，从其所反映思想来说，主要仍然不离祈求婚姻美满，或在外的丈夫早点回来、早日相聚。七夕新月半圆，而南方在初秋天尚很热，人们习惯于在外乘凉，穿针乞巧也多在月光下举行。古代诗词中咏七夕的诗中多写到月亮，应与此有关。

拜月风俗同一般乞巧活动不同的是，它带有私密性：多是一个人进行，对月说明心愿，不是群体性的活动。这是同北方乞巧或祭祀织女的仪式不同的地方。一些大人借此以表示心愿，也应与此有关。

六、培育豆芽

豆芽、麦芽卜巧，要在农历六月中旬把选好的扁豆、小豌豆或麦粒置碗里生芽，大约半个月，赶上乞巧。选好的种子用温水泡一夜，使水能渗入种子，然后泡在冷水中天天换水，使其发芽。这对小女孩的细心、责任心是一种锻炼，可以说是做家务和参加农业劳动的一种预习。培育巧芽在今陇南、天水一带很流行，北方很多地方也有此风俗。

培育巧芽古代在有些地方叫"种五生"。宋孟元老的《东京梦华录·七夕》载：

> 以绿豆、小豆、小麦浸磁器内，生芽数寸，以红蓝彩缕束之，谓之种生。

又元代剧作家白朴的《梧桐雨》第一折："小小金盆种五生，供养着鹊桥会丹青帧。"这是说将五生芽供献在鹊桥相会的画前。明陶宗仪《辍耕录·绿窗遗稿》引元代孙淑的诗：

> 七巧楼前雨乍晴，弯弯新月伴双星。

邻家小女都相学，斗取金盆看五生。

古代将这种生芽的盆子叫"生花盆"，也叫"五生盆"。清潘云陛《帝京岁时纪盛·七夕》中说："七夕前数日，种麦于小瓦器，为牵牛星之神，谓之五生盆。"因为牵牛星为农民的象征，所以小女孩在瓷盆、瓦盆中学种粮食，被看作敬牛星之神。这又是对这一节俗意义的推衍。随着女孩子的成长，培育巧芽的手艺会越来越高。乞巧、卜巧之时端到坐巧之处，放在供巧娘娘的桌上，也有相互比赛的意思，所以女孩子们都很重视豆芽的培育。这些豆芽七月七晚上的灯下一段一段陆续掐断投于水中，看像什么东西，用于卜巧。这可以锻炼女孩子的想象力与联想能力，有提高孩子智力的作用，也是一种民间美育的体现。

七、做各种精巧的祭品、美味面点

从农历六月三十日开始，一些女孩子要在自家做一些油炸干果之类，做成佛手、菊花等花样，乞巧的几天中摆到坐巧处供桌上。这不仅扩大了七夕节女孩子表现技能的范围，也将乞巧的内容从针线手艺，延伸到饮食方面。古代一般妇女的"巧"，主要体现在纺织、缝纫、刺绣等所谓"女红"和饮食、烹饪方面，西北民间叫"茶饭"手艺。所以，做各种精巧、美味的面点本来就是显示妇女手艺和乞巧的重要方面。做这些精致面点的目的虽然说是要用来祭祀织女，但学习和赛手艺的成分更大一些。一般是大些的女孩子做，小的打下手，细心看，在其中承担的工作内容随着每年有出嫁的姑娘，总会有手艺拔尖的姑娘递补上去，大家都在年年"升级"，只是有的能干，有的平庸些，这同家庭环境与天资有关，同在校学生的情形一样。还有些小女孩开始都是在家中，大人操作，自己在旁边看，慢慢达到独立操作的程度。

七夕时妇女重在面食制作，不在菜肴的水平上，这反映着这种"赛巧"同农业生活关系密切，而与庆典待客以及商业范围的烹饪手艺关系不大。作为"七夕乞巧"活动中的食品，特别地突出表现了妇女"巧"的一点，因之，很多面果及菱藕、凉盘之类，都讲究刀功、造型之美。《古今图书集成·七夕部》引《致虚杂俎》记唐高宗之时事：

> 七夕徐婕好雕镂菱藕作奇花异鸟，攒于水晶盘中以进上，极其精巧，
> 上大称赞。……上对之竟日喜不可言。

可以看出这种风俗很早就在宫廷中流行开。至今陇南、天水一带，七月初的
乞巧活动中做的各种供品，都十分精巧。

在南方则有的地方同乞巧联系，叫吃这种面点为"吃巧"，叫一起欢聚品
尝为"乞巧会"；有的则作些精致面点只是作为节令的标志，或成为增进亲
友、邻居友谊的互相馈赠之物，以为"结缘"。《古今图书集成》据江南志
书，崇明县"七月七日食饺饵，油食捏就，名曰吃巧"。武进县则七夕节"士
大夫馈遗必以巧果相饷者，志时也"。据浙江志书，乌程县"但用茄饼，亦有
设宴乘凉者"。据江西志书，建昌府"七夕妇女作乞巧会，罗拜月下，多用米
粉煎油馓食"。据福建志书，漳州府"七夕女儿乞巧，持热豆相遗，谓之结
缘"。

北方很多省份也有这种馈赠巧果，"吃巧"的风俗。而西北的甘肃、陕西
则是乞巧的供品。甘肃的西和、礼县一带因为乞巧时间长，桌上的供品也要
常常更换，退下来的往往给坐巧人家帮过忙的已婚妇女。

乞巧活动最后一天又有一次大的祭奠仪式"转饭"，故姑娘们的手艺在七
月初一至初七给巧娘娘做贡品和初七的一天准备转饭仪式及会餐食品的准备
上，都得到充分的表现，给一些这方面心灵手巧的人以露一手的机会，也是
年龄小的女孩子开眼界、见习、学习的好机会。因为做这些面点总是由年龄
大、手艺已经很高的姑娘主刀和掌握火候，甚至会请家中手艺高的大人来指
导或主刀、掌勺。每年的炸巧果过程，其实也就是一门"课程"。在这种自办
的短期学习班中，每年过后都有一批老学员结业，有一批新学员加入。

八、清洗厨房、炊具中平时顾不上收拾的东西

"七夕"是女儿节，但从古代开始，在很多地方也可以说是妇女节。在古
代，妇女主要承担着纺织和缝衣、做饭的工作，而做饭是天天都得做的事。
因此，七夕节也成了妇女清理自己日常工作环境，即彻底清洗厨房中的炊具
的日子。做饭不仅要做得好，还要干净。做的饭干净让人放心也是"巧"的

一个方面。《古今图书集成·岁功典》第五十六卷引直隶志书，肃宁县：

> 七月七夕乞巧，月中穿针，涤油器、瓦罐之类。

为什么只说到"油器、瓦罐"呢？因为油器不好清洗，旧油完，新买的或榨的油即倒入，多常年不清洗；又由于油色的遮掩，沾上污垢烟尘之类不易看出，故时间长了会很脏。瓦罐之类不同于锅碗的每天饭后必洗，其所装总是一些当天不能用完的东西，因而会被排除在饭后清洗的范围之外，往往常年不洗。趁七夕的一天来清洗这些平时关注不到的东西，体现了古人对厨房、厨具卫生的重视。这同整个七夕活动中体现出来的祈求心灵手巧、无论干什么都做到优秀的精神，在今天都应该继承并加以发扬。

九、同刺绣纺织相关的习俗

古代家计稍好的家庭，姑娘都要学刺绣，而一些清贫之家则只务纺织。《古今图书集成·岁功典》据湖广志书言："七夕俗，俭薄妇女务纺，无乞巧事。士人或举酒。"民间传说中的织女，虽然说是"天孙"，是天帝的女儿，但在下层劳动人民的心目中，她是农民的另一半的象征，是中国占人口大多数的农民中妇女的象征。20世纪中期以前的数千年中，中国90%的人过着"男耕女织"的生活。牛郎为农民男子的形象，织女是农民女子的形象，而他们的婚恋自由结合、靠自己双手勤劳致富、节俭度日的故事，反映了广大人民群众的愿望。作为妇女，尤其准备承担家庭劳动、生活责任的姑娘们的节日，纺织同七夕节的关系更密切。

又《新唐书·百官志》言：

> 织染署七月七日祭杼。

织染署是专为宫廷织纺丝绸衣物用品的，多制刺绣之物，是织染刺绣之人集中之地。杼即织机的梭子。祭杼即祭织神，祭织女。可见七夕节俗在唐代已体现在政府机构的有关祭祀仪式中。

同"牛郎织女"传说故事相联系的七夕节引起广大青年男女的关注，其中很多节俗看起来似乎同"七夕""乞巧"关系不大，其实质则仍是由"牛郎织女"的自由婚姻、珍惜爱情、男耕女织、勤俭持家这些方面引发出来的，与七夕节的本旨不相违背。同时，以上所述大部分活动中也都体现出"巧"来，这也同从汉代以来由宫廷女子兴起的乞巧活动有一定联系。

这里必须要指出的是，七夕节同西方的"情人节"是毫无共同之处的。近几年来有的商人用商业炒作的手段，将七夕节、乞巧节说成是中国的"情人节"，这是完全错误的。而我们有的学者也跟着吆喝，是未能认真思考，或者说仅仅是为了吸引人的眼球，盲目"创新"的结果，反映出学术研究的不严谨，甚至可以说带有投机取巧的思想。因为"情人"，虽然在古代有恋人之义，但近代以来是指婚外恋的情夫或情妇。我们绝不能让体现着美好的婚恋观念、体现着追求美好的婚姻家庭生活的传统节日，变为败坏社会风气的日子。

七夕节中有很多可以挖掘和弘扬的东西，但又须防止大的偏差。当然，在弘扬中华优秀传统文化的各个方面，都应该这样。

（《西北民族大学学报》2018 年第 6 期）

《诗经》里的甘肃

《诗经》是我国最早的诗歌集，也是我国重要的文化元典之一，因为它也反映了中华民族早期发展的历史与我国春秋以前东至今山东，西至今陇东南，北至河北，南至江汉流域的社会生活与历史发展，反映了不同社会阶层中人们的思想感情，是我国研究上古政治、经济、思想、文化的重要文献。

甘肃陇南的礼县、西和与天水之间是秦人发祥地，陇东庆阳一带是周人发祥地，这些在《诗经》中都得到具体生动的反映。

《诗经·秦风》收诗十首，产生时间早的几首反映了秦人早期在天水、陇南一带居住地的状况。第一篇《车邻》，《诗序》说："《车邻》，美秦仲也。秦仲始大，有车马礼乐侍御之好焉。"秦仲为秦人早期首领，当周厉王（前877—前841年）时和周宣王（前827—前782年）前期。秦仲担任秦首领之第三年，周厉王无道，有的诸侯反叛周王。西戎也反王室，攻灭居于犬丘（天水西南九十里）的秦人中大骆、非子一族。秦仲十八年，周宣王即位，以秦仲为大夫，要其征讨西戎。秦仲立二十三年被西戎所杀。从上面所引《诗经》看，秦仲时势力才开始强大，而且有了礼乐制度的建设。《国语·郑语》载郑桓公（周厉王之少子，宣王之弟，为郑之始封君）向史伯问当时各诸侯国及周王朝的发展大势。问及嬴秦与姜齐将来的发展，史伯说："夫国大而有德者近兴。秦仲、齐侯，姜、嬴之俊也，且大，其将兴乎？"可见秦仲在秦国早期历史上是一个很关键的人物。《车邻》全诗如下：

> 有车邻邻，有马白颠。
> 未见君子，寺人之令。
>
> 阪有漆，隰有栗。
> 既见君子，并坐鼓瑟。

今者不乐，逝者其耋。

阪有桑，隰有杨。
既见君子，并坐鼓簧。
今者不乐，逝者其亡。

因为诗中写到寺人（也写作"侍人"，即宫内小臣，负责传达王后的命令），从"并坐鼓瑟""并坐鼓簧"来看，这应是一个从事音乐弹唱的宫中女乐唱出来的。

"邻邻"，早期传本也作"辚辚"，是很多车行进的声音。白颠（额上有白毛的马），古人也叫"戴星马"，应指君王所乘之马。第一章是说未见过君王，因为未曾得到寺人的命令去为君王弹奏音乐。这一章很含蓄地表现出秦仲忙于战事、训练和狩猎之类，很少有听乐观舞之事。《诗序》说"美秦仲"，主要从这里反映出来。从全诗三章的结构看，第一章后面似缺二句，所以内容上有些不太连贯。

第二、三章的"阪有漆，隰有栗""阪有桑，隰有杨"是兴句，即民歌中常见的引起下文的句子，多起着以韵带起下文的作用，大多同内容无关。但是，它们往往反映歌唱者的生活环境，以至于当时的社会文化状况。本诗中的"阪""隰"正反映了当时秦人生活处的地理状况。阪，即山坡、斜坡。秦东迁以前所生活的天水西南、陇南北部之地，多山地，少平川，这是其地理特征之一。隰，即低湿之地。多有河流和湿地，并非干枯无水，这是其地理特征之二。所以说，这首诗也无意中描绘了陇南、天水之间的地理环境。

这四句兴词中，写到了四种树木：漆、栗、桑、杨。这可以说至今都是陇南、天水一带最具经济价值和应用价值的树木。漆在陇南各县和天水几个县中从古至今是重要的经济树。如成县南宋时石碑《广化寺记》中说：

盖其地硗腴皆可耕。丝身谷腹之外，蜜、纸、枲、漆、竹箭、材章，旁赡内郡。农桑既尽其力，而发贮蓄材、趋时射利、人弃我取，人取我予者，子孙皆修业而息之。

枲即麻，"章"指大木料。也就是说，在耕种、采桑养蚕之外，也习割漆植树以售于郡内外，满足一般人和军政、官府各方面的需要。诗中提到的栗，即栗子，至今是康县一带的特产。而杨树因为端直和长得快，也一直是最常用的木材。《汉书·地理志》中说：

> 天水、陇西，山多林木，民以板为屋。及安定、北地、上郡、西河，皆迫近戎狄，修习战备，高上气力，以射猎为先。故《秦诗》曰："在其板屋。"又有"王于兴师，修我甲兵，与子偕行"，及《车邻》、《驷驖》、《小戎》之篇，皆言车马田猎之事。

在 20 世纪 50 年代以前，陇南、天水一带山林附近尚多以板为屋墙及屋顶，而城附近只有磨房以板为墙。所以说，《车邻》一诗的兴词中，也无意识地反映出天水、陇南一带的地理状况。

《车邻》这首诗也间接地侧面写了秦仲的重于公事，尤其重于车马军事，而远于歌舞娱乐与女色的作风。首先，第一章开头的"有车邻邻"是说有很多车马，则显然非一人；第二句"有马白颠"是说君王也在其中。因为君王一直重于军事、政事，所以奏琴瑟笙簧者难得见到。这是一个方面的反映。其次，第二章末尾说：现在不取乐，转眼就老了（意为要想听看歌舞也没有精神了）。清代学者俞樾解释说："今者谓此日，逝者谓他日也。逝，往也，谓过此以往也。"耊（dié），指年龄已大（或言八十岁或言七十岁）。最后，第三章说如现在不行乐，转眼离开人世（听看歌舞便完全不可能了）。因为秦仲为贤君，作为一般侍者而这样劝他休息娱乐而不怕犯忌讳，一则说明臣民对他的关心和喜爱；二则表现出他的勤政贤明。看来秦人从秦仲开始兴起，不是没有原因的。《诗序》说其主题是"美秦仲也"，是不错的。

《秦风》第二首为《驷驖》：

> 驷驖孔阜，六辔在手。
> 公之媚子，从公于狩。
>
> 奉时辰牡，辰牡孔硕。
> 公曰左之，舍拔则获。
>
> 游于北园，四马既闲。
> 辖车鸾镳，载猃歇骄。

这首诗应是秦国负责国君狩猎的官吏所作。《诗序》："《驷驖》，美襄公也。始命，有田猎之事、园囿之乐也。"秦襄公为庄公之子，秦仲之孙。西周末年周幽王被犬戎所杀，秦襄公以兵送周王迁都洛邑，因而被封为诸侯。此即所谓"始命"。驖为毛色黑而毛尖略带红色的马。"孔阜"即很高大。后二句说襄公之子也从襄公一起狩猎。第二章承上写狩猎的过程，具体而生动。"奉时辰牡"言驱逐野兽供君王射猎。"时"同"是"，这。辰为"麎"之借字，即牝麋。后二句写襄公让驾车者向左，然后一箭射去，即中野兽。"舍拔"即放箭。"拔"也作"枑"，指箭尾。第三章写狩猎结束后的悠闲，很有韵味。末句是说车上载着猎狗。猃（xiǎn）、"骄"（当作"獢"音 xiāo）是不同品种的猎狗。全诗仍然显示了早期秦人喜好田猎的好武精神。

《史记·秦本纪》载秦襄公因护送平王之功，被"赐以岐以西之地"。唐司马贞《史记索隐》中说：

> 襄公始列为诸侯，自以居西。西，县名，故作西畤，祠白帝。

《封禅书》中也载此，其下有《正义》注：

> 汉陇西郡西县也。在今秦州上邽县西南九十里也。

在述及秦献公做畦畤之事时，《索隐》引《汉旧仪》：

> 祭人先于陇西西县人先山，山上皆有土人，山下有畤。

并说："西亦有数十祠。"《史记索隐》：

> 西即陇西之西县，秦之旧都，故有祠焉。

这些在汉唐时代犹存的遗址，都证明了《诗经》中所反映秦人在今甘肃陇南天水一带的活动。当然，《驷驖》一诗未必襄公时所作，但至少是反映襄公早期的情形。

《小戎》一诗是一个妇女思念丈夫征西戎之作，大体成于秦襄公十年至十二年之间。其中有"在其板屋"一句，同《汉书·地理志》中所说陇山以西天水、西县一带民俗一样。

后面谈谈《蒹葭》。

过去学者们对此诗的主题看法上分歧很大，现基本趋于一致：它是一首情诗，表现出极端的想念思慕而难以靠近的思想感情。但是，由于关于秦国早期历史中的一些问题还没有完全弄清，或者说了解得不够具体，缺乏对此诗产生环境上的认识，所以对诗中所表现的情节有些不解。为什么既然这样情深，又不在一起，另一方在不断地设法靠近而又不能靠近呢？

我认为这首诗反映了"牵牛织女"的早期传说。关于牵牛（后来传说中的"牛郎"）织女的传说，在20世纪50年代，有位很有影响的学者撰文认为在晋代之时"牛郎织女"故事中牛郎、织女的生活是富裕的，也是美满的，到南北朝之时才变成了悲剧的故事（成书于20世纪70年代的《辞源》即取此说）。所以一般人总认为"牛郎织女"的传说产生较迟。20世纪90年代初礼县大堡子山秦先公先王陵墓的发现不但给古代一些文献的记载以证实，而且对秦人早期活动的中心地带与当时礼仪制度等有了更清晰的认识。

秦人最早是从今山东迁徙来的，但在山东之时势单力薄，也没有留下什么遗迹和记忆。到汉水上游之后，逐渐发展起来（今西汉水先秦时为汉水上游，向东有沔水流入本为一水，在西汉时由于地震在略阳一带发生淤塞，上游部分南流入嘉陵江，才与沔水分为二水）。秦人为了纪念他们以织而见载于史册的始祖女修，将秋季在天空看起来很明显的一条星带以他们所居之地水名"汉"来命名，也称作"汉"，或"天汉""云汉"，而将天汉边上最亮的一颗星（零等星）命名为"织女星"。

西周初年，周王朝一方面镇压了秦人中曾为商王尽力的飞廉、恶来，另一方面又与秦早期首领孟增有联络。周穆王之时封秦人首领造父于赵城。至秦襄公护送周平王东迁，被赐以岐山以西之地。秦文公（襄公之子）元年（前765年），居西垂宫（在西县）。文公十六年伐戎，戎败走，于是"收周馀民有之"。周秦文化进一步交融。周秦文化的长期交融，形成了牵牛织女的传说。因周人发祥于今陇东宁县一带，正在汉水的东侧。《山海经·大荒西经》中说：

> 有西周之国，姬姓，有人方耕，名曰叔均。
> 稷之弟（子之误）曰台玺，生叔均。叔均是代其父及稷播百谷，始作耕。

《海内经》中也说：

稷之孙曰叔均，始作牛耕。

周人是以农耕发展起来的，而牛耕的发明大大提高了农业生产的水平，因而周人也将天汉以东一颗很亮的星（一等星）命名为"牵牛星"。中国的中原与西北大部分地区自史前阶段形成的以农耕为主的经济方式，成为"牵牛织女"故事形成的社会基础。《蒹葭》一诗表现了一个男子想走近一个久久思念的女子而总是不能的情节，正是牵牛织女隔在银河两岸的反映。原诗如下：

> 蒹葭苍苍，白露为霜。
> 所谓伊人，在水一方。
> 溯洄从之，道阻且长。
> 溯游从之，宛在水中央。
>
> 蒹葭萋萋，白露未晞。
> 所谓伊人，在水之湄。
> 溯洄从之，道阻且跻。
> 溯游从之，宛在水中坻。
>
> 蒹葭采采，白露未已。
> 所谓伊人，在水之涘。
> 溯洄从之，道阻且右。
> 溯游从之，宛在水中沚。

"蒹葭苍苍，白露为霜"正是初秋季节的景象，这同后代传说中牛郎织女相会在农历七月初七是一致的。诗中所写地理特征，也与西和县漾水河（早期秦人视之为汉水正源）与盐关河（后确定为西汉水源头）相会之处的复杂地形相一致，形成这首诗中所写"溯洄从之，道阻且长；溯流从之，宛在水中央"那样的状况。①

与之相关，《周南》中还有一首与牛女传说相关的诗，这就是《汉广》：

---

① 关于《蒹葭》一诗有关问题的详细论证，参见拙文《〈秦风·蒹葭〉赏析》，刊《古典文学知识》2010年第8期，收入拙著《"牛郎织女"传说研究》。

　　南有乔木，不可休思；

　　汉有游女，不可求思。

　　汉之广矣，不可泳思；

　　江之永矣，不可方思。

　　翘翘错薪，言刈其楚；

　　之子于归，言秣其马。

　　汉之广矣，不可泳思；

　　江之永矣，不可方思。

　　翘翘错薪，言刈其蒌；

　　之子于归，言秣其驹。

　　汉之广矣，不可泳思；

　　江之永矣，不可方思。

　　这也是表现了牵牛（牛郎）对织女的寻求和企盼。乔木即高大的树木。看着高大的树，却不能到跟前，比喻女方的地位高，又有银河阻隔，不能靠近。所以下面说："汉有游女，不可求思。"上文说过，当时汉水是一条水，牛女传说最早应流传在汉水流域。这首诗的产生应在当时的汉水中游，今陕西汉中至湖北省郧西一带汉水边上。至今汉中有的地方七月初的乞巧节要连续举行三天，仅比陇南、天水一带七天八夜的时间少，在全国也再没有第二处；郧西一带有很多关于"牛郎织女"的传说，七夕的节日气氛也极浓。关于此诗产生时间应在西周末年至春秋初年。

　　这两首诗都是《诗经》中写男女爱情中最有韵味的，它们都同甘肃有关。

　　《诗经·豳风》中写到周人早期的作品有《七月》。旧说为周公陈王业之艰难。清代方玉润《诗经原始》说：

　　　《豳》仅《七月》一篇所言皆农桑稼穑之事，非躬亲陇亩，久于其道者，不能言之亲切有味也如是。周公生长世胄，位居冢宰，岂暇为此？且公刘世远，亦难代言。此必古有其诗，自公始陈王前，俾知稼穑艰难，并王业所自始，而后人遂以为公作也。

崔述《丰镐考信录》更说：

> 玩此诗醇古朴茂，与成、康时诗皆不类。……然则此诗当为太王以前豳之旧诗，盖周公述之以戒成王，而后世因误为周公所作耳。

二位之说皆精当。先周时所谓豳地，包括今陇东在内。[①]《七月》之诗即使非作于生活于今陇东时，也反映了早期周人在陇东一带生产、生活的情形，是可以肯定的。因为《史记·周本纪》中载周之先祖不窋"奔戎狄之间"。《括地志》云："不窋故城在庆州弘化县南三里。"唐代弘化县即今庆阳县。自古庆阳有不窋城、不窋陵、周先祖庙。《七月》前三章皆以"七月流火"领起，写了一年中农耕的情况，十分生动。至于《大雅》中写周人发祥史的几首诗，也关系到甘肃，因为据李学勤先生的看法，周人最早的发祥地应从陕西省东部长武县以西沿马莲河流域去寻找。《生民》，全诗八章，从后稷之生说起，反映出周人的生产、生活、祭祀活动，很是细致，也反映了不窋之后几代人的经历。《绵》一诗主要从公亶父说起。说"古公亶父，陶復陶穴，未有家室"。（"古"是表时间之词，很多人将它归在"公亶父"的称谓中，大误。）所谓"陶復陶穴"即窑中套窑，这同庆阳一带至近代尚存的套间窑洞相仿。而上文说的"自土沮漆"，即从原来不窋开始所居之处迁到漆水边。漆水在今陕西麟游县以南，北据甘肃平凉市灵台县不是很远。则不窋此前居于今庆阳一带。所以《大雅》的几首史诗中也保存着周先祖在豳地西部即今庆阳一带之记忆。

（《甘肃日报》2018 年 4 月 4 日）

---

① 参见汪受宽《豳国地望考》，《中华文史论丛》2008 年第四辑。

关于古代"七夕诗"的几种创作现象

七夕之夜不仅妇女相聚有穿针乞巧、投芽乞巧、歌舞等活动，文人间也经常有相聚吟诗，同题共赋、相互唱和，及借题发挥、连作数首的情况。每逢七夕之时抒发思家或怀念意想中人的情怀，以及借说"乞巧"而抒发对个人遭际和社会现实的感慨，或相聚作诗互相唱和，成了汉魏以来诗人创作活动中的一个重要现象。吟咏七夕之作反映出来的，不仅是节俗、社会生活和不同层次不同遭遇文人的思想感情，还包括节俗的发展变化和不同阶层的人审美情趣的差异；同时也反映出一些文学现象和文学创作中的文化现象。

南北朝以后，七夕风俗的普及更为广泛，很多诗人的作品中反映出不同地方的七夕节俗，而且宦游在外的人，这一天也会触景生情，命笔成篇。虽然七夕节主要是妇女儿童的节日，但夫妻分离这一点又同很多文人有关，而"巧""拙"的话题中，也会引起文人对个人身世的感慨及对于当时政治环境、官场状况的不满，写作中借此说彼，或用模棱两可的手法表现不满情绪都比较方便，所以历来以"七夕"为题材或当七夕之时感怀成诗的很多。

当然，每一时期的当权者也会借这一天组织大臣一起写诗。这些诗却大部分亡佚了，有的今天只能知道谁作过这类诗，最多是存有诗题。存下来的作品中以写牛女之事者为多。

对历代咏七夕之作中反映的一些现象加以考察，我们不仅对历代"七夕风俗"和"牛女传说"的传播会有更多的认识，而且对古代不同层次，不同处境中的文人、官吏的思想状况，对不同历史时期意识形态深层的问题也会有较深入的理解。当然，从文学史的角度，还可以看到七夕节对历代诗歌创作的巨大影响。明代以后仍有不少脍炙人口之作，不过总的说来难以超越此前的类型与表现范围。故本篇主要就元代以前诗词中写七夕者分为几类加以论述，以见七夕风俗在宋元以前流行状况及其对文人思想和创作的影响。拙文《论牛女传说在古代诗歌中的反映》① 中已论及者，一般不再引录。

一、同题共作

"同题共作"，是指诗人们在一起确定同一诗题后，在同一时间内分别写成的诗词作品。自然，这种创作程式可以训练参与写作者文思的敏捷，并在相互切磋、相互学习中，开扩思路、提高诗艺。哪些社会生活内容易被文人们作为同题共作的题材，同丰富复杂的社会生活中哪些更引起当时文人们的关注有关，也同当时的创作环境有关。

同题共作是汉末以来一种诗歌创作的现象。东汉末年由于很多文人聚在邺下曹丕、曹植的周围，且都是能诗之士，故同题共作的现象较多。就咏七夕诗的创作而言，目前所存同题共作的作品最早产生于刘宋之初的南方诗人之中。这反映了产生于汉代宫廷中的乞巧风俗在上层社会传开，又随着汉末、西晋末两次世族豪门的南迁而将七夕风俗带到南方，在南方流传开来。故整体来说，南方七夕风俗同北方民间的差异，除因自然条件形成的一些节俗之外，南方乞巧较为排场，如串珠、摆贡等活动；而北方的七夕节俗除供织女像、供献水果和油炸干果、焚香唱乞巧歌外，也只是投芽乞巧、穿针乞巧之类。至今南北乞巧活动有较大差异。因北方乞巧活动主要在下层社会，存在于民间，一些地方农村中也很普遍，这些人的生活环境同贵族、官宦之间尚有很大距离，尤其西北从东汉以后远离政治中心，人口比较稀少、疏散，文人活动不是很活跃，思想上相对保守，故文人以乞巧为题材写诗的现象较少，也产生较迟。

刘宋时代的诗人谢灵运、谢惠连、刘铄都有《七夕咏牛女诗》。谢庄有《七夕咏牛女应制诗》。下面我们看看这几个人的诗作。谢灵运《七夕咏牛女诗》：

> 火逝首秋节，新明弦月夕。
> 月弦光照户，秋首风入隙。

---

① 《文史哲》2018 年第 4 期，人大复印资料《中国古代近代文学研究》2019 年第 3 期。

> 凌峰步曾崖，凭云肆遥脉。
> 徙倚西北庭，竦踊东南觊。
> 纨绮无报章，河汉有骏轭。

"首秋节"即七夕节。"新明弦月"即每月上旬之月，此处指初七日之月。此诗是从织女方面写的，故言"徙倚西北庭，竦踊东南觊"，写织女渡河之前焦急等待的状况：在天河之西北来去徘徊，有时也踮起脚跟向东南翘望。因牵牛、织女二星在天河两岸，织女星在西（今经数千年后逐渐偏西）、牵牛星在东（今已偏东），故如此说。"无报章"是说织女，"有骏轭"是说牵牛，都用《诗经·大东》一诗之意。"凌峰步层崖"一句与《诗经·秦风·蒹葭》一诗所写甚为契合。此诗写牛女相会前的情态，十分生动。谢惠连《七夕咏牛女诗》：

> 落日隐檐楹，升月照帘栊；
> 团团满叶露，淅淅振条风。
> 蹀足循广除，瞬目曕曾穹；
> 云汉有灵匹，弥年阙相从。
> 遐川阻昵爱，修渚旷清容；
> 投杼不成藻，耸辔骛前踪。
> 昔离秋已两，今聚夕无双；
> 倾河易回幹，款情难久悰。
> 沃若灵驾旋，寂寞云幄空；
> 留情顾华寝，遥心逐奔龙。
> 沈吟为尔感，情深意弥重。

一、二句写时当晚夕，三、四句写节至初秋。"蹀足循广除"言沿着宽台阶踱步（"除"为宫殿的台阶），此写织女。以下三句是说其隔层云而远望，因云汉的另一边有其仙侣，已满一年未能在一起。后面写二人相思及一夕相会的情况。从"曕（音'洗'，远望）曾（通'层'）穹"三字来看，织女所处位置高，牵牛所处位置低，是透层云而向下看牵牛，不仅是东西之隔离。这似乎透露出一在天上，一在人间的意思。由此二谢同题之作可以看出东晋至刘宋之时有关牛女传说的大体情节。

　　谢灵运（385—433）、谢惠连（407—433）之作如果是同题共作，则应作于元嘉七年（430）。因为谢灵运在元嘉七年因事入都自陈，宋文帝不令返里，任之为临川内史，有机会在都逗留；谢惠连前因殷景仁之谏说，宋文帝不计其小节之失，元嘉七年任之为司徒彭城王刘义康法曹参军，兼记室，此年也有可能在都逗留。谢惠连为谢灵运之族弟，今存谢灵运诗中有《酬从弟惠连诗》五章及《答谢惠连诗》，二人关系密切。诗题完全一样，则此二诗应为同题共作。

　　谢庄的是应制之作。国君往往是一次命多人赋诗，故谢庄、刘铄之作应为同时之作；还会有其他人，只是别人的没有存下来。谢庄《七夕咏牛女应制诗》：

> 辍机起春暮，停箱动秋衿。
> 璇居照汉右，芝驾肃河阴。
> 容裔泛星道，逶迤济烟浔。
> 陆离迎宵佩，倏烁望昏簪。
> 俱倾环气怨，共歇浃年心。
> 珠殿钿未沬，瑶庭露已深。
> 夕清岂淹拂？弦辉无久临。

"辍机"就织女而言，言织女至春暮时思念牵牛，织机往往停下来。此据古人所谓"思春"之说而言之。"停箱"是就牵牛而言，言常怀七夕相会之思，停下赶车之事。"秋衿"即秋天之心思。"璇居"指织女所居之处。"照"为辉映之义。"芝驾肃河阴"言织女的车驾将前往停留于河之东南。"肃"为儆诫之义，此用为动词。水之南为阴。以下写织女会牵牛的情节。南平王刘铄的《七夕咏牛女诗》：

> 秋动清风扇，火移炎气歇。
> 广檐含夜荫，高轩通夕月。
> 安步巡芳林，倾望极云阙。
> 组幕萦汉陈，龙驾凌霄发。
> 谁云长河遥，颇剧促筵越。
> 沈情未申写，飞光已飘忽。

来对眇难期,今欢自兹没。

"广檐""高轩"皆就织女之所居而言。"组幕""龙驾"之句,实启此后很多诗中写织女渡河时排场仪仗之构思。刘铄(431—453),为宋文帝第四子,小谢庄(421—466)十岁,二人都在元嘉十七年(440)得任职,谢庄又几次供职于始兴王刘浚、庐陵王刘绍、随王刘诞府中,又曾为太子舍人,同众王子接触机会多。谢庄亦常有上书。元嘉二十九年(452)与朝臣以《赤鹦鹉赋》之题共作之,谢庄之作为冠。故得与诸王子、大臣应命共作《七夕咏牛女诗》,今所存者唯刘、谢二人之作而已。

梁朝诗人萧纲(503—551)、柳恽(465—517)、刘遵(488—535)刘孝威(496—549)四人俱有《七夕穿针》诗,萧纲为梁君,柳与二刘均为梁臣,同时在朝,诗题完全一样。刘孝威之诗题下注:"和简文",说明是和简文帝萧纲。则柳与二刘应为萧纲之作一出,三人同时写和诗以奉上,为三人同时共作。以已成之诗为题,这是同题共作的一种特殊形式,有点像后面说的应制同题共作。萧纲与三人之作是一组咏七夕风俗的较早的作品,今并录之如下,一以见各自特征,二以见当时的社会风气。萧纲之作云:

怜从帐里出,想见夜窗开。
针敧疑月暗,缕散恨风来。

"怜"是对情侣的昵称。前两句带有宫体诗与当时市井情歌的情调。后两句写女子穿针乞巧。此诗见于《文艺类聚》卷四和《初学记》卷四,似是节录了其中的四句。柳恽之作云:

代马秋不归,缁纨无复绪。
迎寒理衣缝,映月抽纤缕。
的皪愁睇光,连娟思眉聚。
清露下罗衣,秋风吹玉柱。
流阴稍已多,馀光欲谁与?

写秋节已至,少妇穿针缝衣之时想到行役在外的丈夫,诗中透出一种深深的忧伤。"玉柱"指女子的身体。江南之地初秋当正热之时,故有"清露下罗衣"之句("罗"是稀疏轻软的丝织品)。这里表现出一种孤身自怜的情调。

李白的《子夜吴歌》"长安一片月，万户捣衣声。秋风吹不尽，总是玉关情"，宋代夏竦的《鹧鸪天》"镇日无心扫黛眉，临行愁见理征衣"，似乎都是受此诗启发。刘遵之作（或误作徐勉）为：

> 步月如有意，情来不自禁。
> 向光抽一缕，举袖弄双针。

刘孝威之作：

> 缕乱恐风来，衫轻羞指现。
> 故穿双眼针，特逢合欢扇。

两诗写少女在七夕佳节穿针乞巧的情态，所写女子表现出一种单纯的思想和愉悦的心情。此两诗同样见于《艺文类聚》卷四和《初学记》卷四，也当是只节录了前四句。今存三人之作中唯柳恽之作是五韵。但参看下面所列陈后主之作五题，篇题中都有"五韵"二字，则梁陈之际五韵十句是比较流行的体式，显得正式和庄重，故君臣共赋，多为五韵。萧纲同三首和诗应均为五韵十句。编类书者或全录、或节录，看其内容而定。当然，萧纲之作本只四句，柳恽之作非和萧纲的可能性也有。和诗应不止这几首，其余未存留下来。

陈后主叔宝有《七夕宴重咏牛女各为五韵诗》，下注"座有刘肵等十三人上"。由题中"各为"二字看是君臣各有咏牛女五韵之诗一首，但另十三人之作，都未流传下来。陈叔宝又有《七夕宴悬圃各赋五韵诗》，下注"座有顾野王、陆琛、姚察等四人上"。又其《七夕宴宣猷殿各赋一韵咏五物，自足为十，并牛女一首五韵》题下注"座有陆琼、傅纬、陆瑜、姚察等四人"，《七夕宴乐修殿各赋六韵诗》题下注座有张式等七人。以上各题中言"各赋""各为"，均为多人同题共作。而此三次同题共作，陈叔宝之外十五人之作无一存世。又有《同管记陆琛七夕五韵诗》《同管记陆瑜七夕四韵诗》，为君臣同题各为一首，二陆之作也未见存世。只这些同题共作之诗，至少有三十多首。今只有王褒、江总、张文恭各存《七夕诗》一首，王眘《七夕诗》二首，应皆此类作品。这些人生活上、思想上远离广大劳动人民，只不过作为文人雅兴和君臣同乐的活动，因而大部分作品被历史的长河冲刷而去。这也是文学传播中的必然现象。陈叔宝那些以宫廷活动为题材借以写女色之思的东西，这里也就不录了。而且，其中如"星连可作桥"，完全误解了庾信《七夕诗》"星桥通汉使"一句"星桥"之意。庾信所谓"星桥"是指星河上的桥(由其父庾肩吾《七夕》中"倩语雕凌鹊,填河未可飞"二句可证),陈叔宝却误解为以星为桥。这也就反映出他只知玩弄词句而少读书的浅薄无知。

初唐沈叔安、何仲宣、陆敬、许敬宗(512—672)并有《七夕赋咏成篇》。沈叔安之作云:

> 姣姣宵月丽秋光,耿耿天津横复长。
> 停梭且复留残纬,拂镜及早更新妆。
> 彩凤齐驾初成辇,雕鹊填河已作梁。
> 虽喜得同今夜枕,还愁重空明日床。

"天津"即天河渡口。颈联写织女行前喜悦的情态很生动。"彩凤齐驾初成辇"二句是说很多由彩凤组成辇,载织女从鹊桥上过去。上句的想象,应是受屈原《离骚》中"驷玉虬以乘鹥兮,溘埃风余上征"的影响。王逸注:"鹥,凤皇别名也。"诗中写成群的鹥鸟组成一辆车,由玉虬(白色无角的龙,即龙马)载着诗人上至天空。[1] 下句中"雕鹊"即雕陵鹊,《庄子·山木》中所说的巨鹊。"雕陵填河已作梁"是说巨大的乌鹊布于河上形成桥梁。何仲宣诗云:

> 日日思归勤理鬓,朝朝伫望懒调梭。
> 临风宝扇遥临月,映水仙车远渡河。
> 历历珠星疑拖佩,冉冉云衣似曳罗。
> 通宵道意终无尽,向晓离愁已复多。

"伫望"之"伫"是"眝"字之借,远望之义。[2] 这同样从织女的方面说。第二句写其天天站定远远地张望牵牛,而懒于调梭织锦。许敬宗之作也同样以牛女相会为中心,写二人之爱情故事。可以看出,三首诗均写织女的思念之情及鹊桥相会的情节,立意构思各有所长。而四首诗都对织女的境遇表示了极大的同情。四首都是七言律诗之体。

唐代的同题现象较多。但很多题目较特别的未能存留下来。如李峤

---

① 参见拙文《连接神话与现实的桥梁——论牛女故事中乌鹊架桥情节的形成及其美学意义》,《北方社会科学》1990年第1期。

② 参见拙著《屈骚探幽》之《离骚辨证·说"延伫"》,巴蜀书社2004年版,第334页。

（645？—714）有《同赋山居七夕》，但其他的同赋之作今不见。

唐代还有些应制同题共作。所谓"应制"，就是应诏，应皇帝之命。唐有杜审言（645—708）、刘宪（？—711）、李峤（645—714）、赵彦昭、李乂（657—716）、苏颋（670—727）六人奉和应制之作，形式都是五律。杜审言之《奉和七夕侍宴两仪殿应制》云：

> 一年衔别怨，七夕始言归。
> 敛泪开星靥，微步动云衣。
> 天回兔欲落，河旷鹊停飞。
> 那堪尽此夜，复往弄残机。

写织女在同牵牛相会前后情景，细腻感人。"兔欲落"的"兔"指玉兔。颔联言月亮将落，天将亮，宽阔的天河上乌鹊又架起桥来等她回到银河西。"鹊停飞"言架起桥，只扇动翅膀而不飞行。另五人之作不具引。

此后的同题共作首先要提到的是宋初薛映（951—1024）、张秉（952—1016）、钱惟演（962—1034）、刘筠（971—1031）、杨亿（974—1020）五人的《戊申年七夕五绝》。题中的"五绝"是"五首绝句"的意思，诗的格式都是七言绝句。皆戊申年（大中祥符元年，1008年）七夕所作，时薛映58岁，张秉57岁，钱惟演47岁，刘筠38岁，杨亿35岁，五人都是西昆体诗人。杨亿、刘筠、钱惟演为西昆体的领袖与代表作家，他们在一起同题共作为自然之事。每人的五首诗都是想到宫廷中庆七夕的情况，并就人生仕途抒发感慨。共七绝二十五首。

薛映第二首前两句云："碧天如水月如钩，金露盘高玉殿秋。"显然写七夕时宫廷中景致。其第三首云：

> 汉殿初呈楚舞时，月台风榭镇相随。
> 如何牛女佳期夕，又待銮舆百子池。

这是据晋葛洪《西京杂记》所载，指出了七夕节俗的来源。其第四首：

> 月露庭中锦绣筵，神光五色一何鲜。
> 世间工巧如求得，四至卿曹亦偶然。

这实际上是表现出一种做人的态度，与对乞巧风俗的看法无关。第五首云：

> 银河耿耿露溥溥，彩缕金针玉佩环。
> 天媛贪忙为灵匹，几时留巧与人间。

"天媛"指织女，"灵匹"即神仙匹偶。《乐府诗集·清商曲辞二·七日夜女歌六》"灵匹怨离处，索居隔长河"，即指牵牛织女。诗中好像是表达对乞巧灵验与否的看法，实际上是从人如何处世方面言之，示说人要自己努力，勿靠其他。因借乞巧发议论，故显得含蓄不露。

张秉之作第二首借西王母与汉武帝故事说当时宫中乞巧，有"楚王台榭空山丘"（李白《江上吟》）的意思。其第三首后二句说："若把离情今夕说，世间生死最伤神。"也寓意深刻。

钱惟演之作有几首也很好。如第五首：

> 骊阜凌云对玉钩，千门高切绛河秋。
> 欲闻天语犹嫌远，更结三层乞巧楼。

"绛河"即天河。这首诗想象奇特，带有很强的夸张性。写人间乞巧写得气象壮阔，还写出当时民间有在七夕夜于高处听牛郎织女说话声的风俗。

刘筠的第二首云：

> 华寝星陈夜未央，明河奕奕度神光。
> 一年暂得停机杼，不奈秋虫促织忙。

此是写人间乞巧妇女。"华寝"二句言入夜之后，夜合花等花朵都合起来了，满天星辰，而尚未至天明之时。后二句言一年一度七夕，想在此夜停一停织布之事以乞巧，但蟋蟀（又名促织）却"织织"叫着，似不让停织。写得很有意趣。其第五首云：

> 琥车芝驾俨清秋，微雨侵宵助涕流。
> 人世莫嗟离恨苦，却应天上更悠悠。

写出当地以牛女相见会流泪，当日大雨是雨神同情而陪其流泪。也是各有新意。其第一首后二句云："天帝聘钱还得否，晋人求富是虚辞。"更对晋南北朝时向天帝借钱未还之说提出批判，表现出作者深刻的见解。

杨亿的第三首：

　　　　　兰夜沉沉鹊漏移，羽车云幄有佳期。

　　　　　应将机上回文缕，分作人间乞巧丝。

"回文缕"是联系前秦时才女苏蕙的《回文璇玑图》而说。末两句言不如将在织机上寄托思念之情的做法，变为对人间姑娘们女红之事的关心点拨。其第五首的"神光奕奕云容薄，谁见凌波袜起尘?"不是否定牛女传说，而是言无人见其渡天河，只是以诙谐语气出之。杨亿的其他四首也同样各出机杼，精致而不落他人窠臼。

　　这些诗有些看来主要写牛女相会，实都借以抒发个人情怀。薛映第四首末二句"世间工巧如求得，四至卿曹亦偶然"，张秉第五首末二句"堪伤乞巧年年事，未识君王已白头"等，就十分明显。

　　上面论述的同题共作之作品，有诗人自己相聚赋诗、探讨诗艺的，也有受国君之命而同题共赋的。这似乎只关乎相聚共赋的原因，与创作本身无关，其实不然。前一种情况下作者可以自由发挥创作才能，表现自己的思想感情，在后种情况下就会有所顾忌，而且要迎合国君的心意，甚至会带进颂扬君王之意。当然就整个诗人群体而言主要是自己相聚赋诗。历代以"七夕""七夕诗"为题的作品特别多，其中肯定有不少同题共作的作品，今难以一一考定，不再论。总之，这种创作活动推动了文人阶层对七夕风俗的普遍关注，也开拓、深化了七夕节俗的文化内涵。这是我们应该看到的。

　　应制之类奉命同题共作是从组织形式与创作动机方面来说的一种特殊同题共作，同韵与分韵同题共作是从诗的形式要求方面说的一种特殊同题共作，二者不是同一逻辑层面上的分类。我们这里是对一些特殊现象加以考察，不是对古代咏七夕之诗作严格分类，故特别提出加以论说。

　　同韵是数人同时作诗，限定都用某一韵。如中唐卢纶的《七夕诗（同用期字）》：

　　　　　凉风吹玉露，河汉有幽期。

　　　　　星彩光仍隐，云容掩复离。

　　　　　良宵惊曙早，闰岁怨秋迟。

　　　　　何事金闺子，空传得网丝。

写闺女们的乞巧以取到蛛网为得巧。因蜘蛛会织网，故寓有能织之巧手的意

思。因七月之前有一个闰月，都急切盼望七夕能早一天到。又其《七夕诗
（同用秋字）》：

> 祥光若可求，闺女夜登楼。
> 月露浩方下，河云凝不流。
> 铅华潜惊曙，机杼暗传秋。
> 回想敛馀眷，人天俱是愁。

这显然都是诗友相聚限韵共咏所成，但其他的或未能留下来，或诗题中所附
限韵之语被删，现在难以弄清了。

分韵同题共作即数人相约赋诗，选择若干字为韵，各人分拈，依拈得之
韵作诗，称"分韵"。宋末姚勉（1216—1262）有《七夕分韵得丝字》一首
诗云：

> 柳子中庭乞巧时，始知抱拙不污卑。
> 向令早似愚溪日，未必缁尘涅素丝。

明显表现出对社会尤其对官场、政治的不满。凡"分韵"当时肯定有多人分
头作，诗题相同。只是其他人的今已难以看到了。

古代每一时期以"七夕""七夕诗"之类为题的诗都特别多，其中有些
可能是同题共作，但今天已无法考定。同题共作的咏七夕之作，宋元以后同
样不少。我们由之可以看出"七夕"这个题材使很多诗人相聚而同题共赋、
互相学习，探讨诗艺，同时也推动了七夕节在文人阶层的影响。

二、拟古与赠答

拟古是所思与古人同、心有与古人相通者，因而模拟，咏唱其意之未尽。
赠则为两情相通，或以为知言者，书之使其心领而神会；答则或为同调相鸣，
或为言其所未备，以求中正透彻，俱为知音之言。拟古是后人以古人为典范，
自认为同调；赠答则是同时之人互为知己，二者有相同之处。

（一）拟古

拟作不用说是在读了原作之后引动诗情而写。诗人所拟多是流传既久，人们熟知的名篇。由七夕题材中拟古的现象也可以看出七夕诗的传播、社会影响及经典化过程。拟作中也有拟时代不太久的作者之诗的情况，也附带论及。

作者虽云"拟"，实也在表现自己的思想情感与文学创作能力。文人拟前人七夕之作、就"七夕"之作唱和，反映出文人阶层中对七夕节的关注和七夕诗作的继承与发展情况。

第一个就牛女题材拟前代之作者，是陆机。其拟作都具有新意。看他的《拟迢迢牵牛星诗》诗：

> 昭昭清汉辉，粲粲光天步。
> 牵牛西北回，织女东南顾。
> 华容一何冶，挥手如振素。
> 怨彼河无梁，悲此年岁暮。
> 跂彼无良缘，睆焉不得度。
> 引领望大川，双涕如沾露。

"汉辉"即天汉的星光；从星河的方面说，指波光。同后来很多以牵牛、织女为题材的诗作不同，此诗是写织女不能相会中的悲苦。这同《古诗十九首》中《迢迢牵牛星》一诗的着眼点是一致的。因为牵牛、织女一年中大部分时间中分隔天汉两侧，所以在汉魏以至晋初，诗人大都着眼于这一方面，借以比喻有情人不能相聚，或个人远离家乡、夫妻长期分离。陆机这首诗中的"悲此年岁暮"实是借以抒发作者自己的情感，"跂彼无良缘"一句表现得更为清楚。所以，"拟古"只是一个形式而已，是给供叙牛女之事以抒怀更增加了一层表达上的含蓄特征和间接性。

七巧活动从西汉初年在宫廷中兴起以后，大约在魏晋以后才扩散至上层社会，因而上层文人诗作中才多有咏牛女相会之作，同题共作，互相唱和的现象也多起来。但写织女的衣饰、仪仗都极尽豪华铺排，在相当程度上也是反映了上层社会的意识特点。乞巧风俗的传于民间，应是在西晋灭亡以后。

产生于东晋时代的《七夕女郎歌》和《七月歌》可以证明这一点。这大概是由于西晋灭亡、豪门士族之家向南方迁播和败落融入平民之中有关。深入地研究七夕文化的形成也可揭示出古代社会历史的变化。

李白（701—762）的《拟古十二首》之一：

> 青天何历历，明星如白石。
> 黄姑与织女，相去不盈尺。
> 银河无鹊桥，非时安将适？
> 闺人理素纨，游子悲行役。
> 瓶冰知冬寒，霜露欺远客。
> 客似秋叶飞，飘飖不言归。
> 别后罗带长，愁宽去时衣。
> 乘月托宵梦，因之寄金徽。

这是拟《玉台新咏》卷九《古词二首》之一（《艺文类聚》卷四十三作《古东飞伯劳歌》，《乐府诗集》卷六十八作《古辞》，《文苑英华》与《古诗纪》作梁武帝《东飞伯劳歌》）的。这首歌中即有"黄姑织女时相见"一句。隋辛德源有拟此一首，即题作《拟古》。诗中有"黄姑与织女"之句也因此。李白的另一首诗五绝《白微时募县小吏入令卧内尝驱牛经堂下令妻怒将加诘责白亟以诗谢云》中说："若非是织女，何得问牵牛。"由此可知他自己是清楚的。牵牛星和织女星因为亮度高，在上古时被列入观察日月和金、木、水、火、土五星的坐标中，后因其距赤道较远，便另选距赤道较近的二星来代替此二星，名为"牛星""女星"，被列入二十八宿。后来因为"牵牛星"名称易与"牛星"相混，故改称牵牛星为"河鼓"。"河鼓"之称传到江南以后，因音而误作"黄姑"。梁武帝这类不学无术只热衷于宫体诗的所谓诗人，便出此类笑话。

弘文馆学士任希古有《和李公七夕谢惠连体》。李之所谓"谢惠连体"，实际也是一种拟古之作。任希古之和诗同样要拟古。又孟郊（751—814）有《古意》：

> 河边织女星，河畔牵牛郎。
> 未得渡清浅，相对遥相望。

此也是拟古代五言之作。盛唐诗人孟浩然（689—740）有五律《他乡七夕》，中唐诗人杨衡（贞元四年前后登进士第）也有五律《他乡七夕》，而且同韵。这实际上也属于一种拟古。

以七夕和牛女传说为题材的拟古诗反映出古代诗人对七夕风俗和牛女传说的关注及对这方面诗歌创作的关注，并且开启了借写七夕风俗与牛女故事反映现实、抒发个人情感的传统。

（二）赠答

当七夕时写诗赠人，说明七夕节易于引起人的感想，尤其是易于引起对亲友的思念、关怀，产生沟通、联系的想法。梁朝徐勉之子徐俳（494—524）有《答唐娘饷七夕穿针》，其夫人刘令娴也有《答唐娘七夕所穿针诗》。这唐娘应属富贵之家。看来七夕之时上层社会妇女中赠答奉和的情形也有。中唐诗人李郢的七绝《七夕寄张氏兄弟》即赠寄之作。

北宋释德洪（1071—1128）有《七月七日晚步至齐云楼走笔赠吴邦直》。谢薖（1074—1116）有《定风波·七夕莫莫堂席上陈吴虚中》，呈也即赠，唯对长者用，敬语而已。王安中（1076—1134）有《七夕日送泥儿与彭少逸代简》，以诗代简，显然为赠，只是措辞不同而已。北宋末欧阳澈（1097—1127）有七古《七夕后一日寄陈巨济》，开头说："高楼昨夜西风转，耿耿银河云叶卷。"下面说：

> 遥知天外鹊桥成，织女牛郎会佳燕。
> 凭高翻忆凤楼人，殷勤乞巧陈芳奠。
> 可堪目断心旌摇，砌成幽恨无人展。

悬想家中妻子乞巧状况，抒发个人情怀，激情澎湃。然后联想及同当年好友在一起的一些事，如"轻狂举白话平生，午夜香燃残宝篆"等，字里行间，一往情深。

南宋姜特立（1125—?）有《闰七夕呈谯内知舍人》：

> 佳期有尽情无尽，一再相逢意若何？
> 正使长年成会合，临分依旧黯情多。

似在借闰七夕而抒自己的情怀，但只从咏牛女相会的角度读之，也很有韵味。

项安世（1129—1208）《七夕谢孟漕品味》云：

> 金井琅玕戒女功，木桃瓜李奏民风。
> 天河夜酌尊罍满，帝子秋盘饼饵丰。
> 戢戢玉莲参藕艇，忻忻火枣会梨宫。
> 星轺著意来看客，不与寻常乞巧同。

"帝子"指织女。稍前张商英《跋胡德林七夕》云："河东美人天帝子"，即以"帝子"指织女。看似写天上织女之事，实则写人间乞巧，有几处是语意双关。

释居简（1164—1246）有七古《酬子寿谢宫使七夕见寄》七律《酬盘隐别驾七夕》，均是酬谢他人赠诗的。前一首末尾说："不须赋解嘲，且复歌闲情。"后一首末尾说："拙不可分安用巧，听他乞得巧人忙。"借乞巧表现了通脱的人生态度，实则流露出对官场世俗的不满。

元代乔吉（1280—1345）有《双调·折桂令·七夕赠歌者》，元明之间郑潜有五绝《七夕答王诜》，明初汤显祖有《七夕醉答东君》，均可见七夕之时文人间思想交流的情况。

七夕写拟古赠答之诗，说明这一天易引起诗人的兴致，能从多方面引起诗人的回忆与联想。

三、唱和

唱和也叫"奉和"，是同题不共作。一般说的"同题共作"，即出一个题目之后几个人同时作，每个人的构思、语言、表现的思想都不受共作之其他作者的影响；"唱和"则是读了他人之作以后，自己也写一首同题之作或相应补充，进一步发挥附和，或表现不同的看法与思想感情。有些是在一起大体同时写成，有些则稍后或相隔一段时间。总之，唱和是在关注到已成之作的内容与形式的情况下表现自己思想情感，发挥自己的诗才的。

　　首先，我们这里所说"一般的唱和"，是排除了和韵、次韵两种特殊的唱和形式。

　　诗歌有关七夕题材的一般唱和之作，最早有鲍照的《和王义兴七夕诗》。这是写朋友临别时心情的。"塞饥思媚妇，秋堂泣征客"，"暂交金石心，须臾云雨隔"。感情真挚。同七夕牛女相会能联系起来的，一是夫妻分于两地；二是双方均有金石之心。写七夕的诗中也有借以喻朋友之分隔或即将离别的。此后的七夕奉和之作，或是就此抒发情感，或借以对当时社会抒发个人感慨。因为二人奉和，多少带有讨论的意思，作者总要表现个人的认识或感受，希望较前作更为深刻，或提出不同看法，手法上力求独出机杼。

　　隋代以前文人在七夕相互奉和之诗不是很多，魏晋南北朝时期森严的门阀制度使知识阶层一直局限在较小的生活范围之中，是一个重要的原因。

　　在前面《同题共作》部分所谈初唐杜审言、刘宪、李峤、苏颋的《奉和七夕宴两仪殿应制》均为奉和之作。和诗中也有应命，其特征已见前所论。

　　唐高宗李治有五律《七夕宴悬圃二首》。虽为帝王无聊中一时兴起之作，其中也有些好的句子，如第二首后四句："促欢今夕促，长离别后长。轻梭聊驻织，掩泪独悲伤。"其馀多侧重于写织女容貌之美，多少有些玩弄字句的意思。许敬宗有《奉和七夕宴悬圃应制二首》。其第一首云：

> 牛闺临浅汉，鸾驷涉秋河。
> 两怀萦别绪，一宿庆停梭。
> 星模铅里靥，月写黛中娥。
> 奈何今宵度，长婴离恨多。

"牛闺"指牛郎的居室。前四句写牛女相会。颔联是用比喻的手法写织女的美貌。"铅"指铅粉，古代妇女的化妆品；"蛾"指蛾眉。言闪动的星星就好像她化妆后美好的笑靥，月初的细月牙就像她的眉黛。联系当时天上的自然景象写织女之美，独出机杼。"长婴"指长久牵挂，缠绕在心。第二首不再录。

　　李治有五律《七夕》，也是写牛女相会中因为"促欢今夕促，长离别后长"而产生的悲伤。许敬宗、何仲宣都有《奉和七夕应制》。任希古有除前面提到的，还有《和东观群贤七夕临泛昆明池》《和孙秘监七夕》。由第一题可以看出当时达官学士同题共作《七夕泛昆明池》甚多，任希古是以一而和其众。

五代入宋的徐铉（916—991）有七律《奉和七夕应命》，也是在字句上面下功夫多，而缺乏真情抒发。宋代宋祁（998—1061）的七律《和玉龙图七夕直宿》云：

> 二星秋早驾云车，此夕闻君寓直庐。
> 月在宫中穿线处，香传楼下曝衣馀。
> 桥乌径度明河近，巢凤归翻暝阁虚。
> 寂寞潜郎谁晤语，只应藜烛伴仇书。

前面四句就僚友直宿及当时七夕风俗言之，末二句写织女离去后牛郎独处暝阁无人与之言语，只是点燃藜枝（荒野农家的照明物），看织女平时所寄书信。仇，应为《诗经·关雎》"君子好逑"的"逑"。想象奇特，为他人所未道。

司马光（1019—1086）有五古《和公达过潘楼观七夕市》，其中说"无巧可乞汝，世人空自狂"，自是针对一些人的投机取巧而言。稍迟的李之仪（1048—1128?）《和子椿七夕》也是抒发个人感情之作。

虞俦（南宋孝宗隆兴前后人）七律《和汤倅七夕》，其中说"稚子唤人占蛛网，老妻怜我泣牛衣"，抒发情感量中也反映了七夕节俗的内容。

曾协（？—1173）的《和粹伯七夕韵》七绝二首也是借题发挥，说世情之不厚。其第二首云：

> 天上相逢绝点尘，莫将世态测高真。
> 深闺儿女传闻误，见说秋期便妒人。

关键在末句"见说秋期便妒人"上。这里"秋期"应是一语双关，表面指七月七，实指秋闱（选拔举人的考试）。这种借此言彼、一语双关的手法，在七夕诗中最为常见。

其次，词的一般唱和之作。

词中也有奉和之作，并且也有和韵、次韵。这两种特殊的奉和之作我们放在后面谈，这里只说一般的唱和。赵以夫（1189—1256）的《永遇乐·七夕和刘随如》，写七夕节儿女乞巧，充满感情。

> 云雁将秋，露萤照夜，凉透窗户。
> 星网珠疏，
> 月昼金小，清绝无点暑。
> 天孙河鼓，
> 东西相望，隐隐光流华渚。
> 妆楼上、青瓜玉果，多少马矣儿痴女。
>
> 金针暗度，
> 珠丝密结，便有系人心处。
> 经岁离思，霎时欢爱，愁绪空万缕。
> 人间天上，一般情味，枉了锦笺嘱咐。
> 又何似吹笙仙子，跨黄鹤去。

写南方乞巧风俗，也细致而生动，且用意深至。唯其上阕第七句为押韵称牵牛为"河鼓"，为一小憾（可如此称星名，叙"牛女故事"则当称"牵牛"）。下阕中"枉了锦笺嘱咐"被明代写"牛郎织女"小说的作家所接受。赵以夫虽为宋宗室之后，而居长乐（今属福建），故其中的"珠丝密结"反映了南迁贵族（早期客家人）的乞巧风习。

四、和韵与次韵

（一）和韵

和韵是用别人某一诗词之韵，写一首体式、词牌也与前一作品相同的作品。和韵、次韵有他人之作写成不久即和其韵而成者，这又同一般奉和而作的情形相类；一种是他人之作在早，作者后来看到后才和其韵而作，和拟作、拟古的情形相类。大多从诗题上看不出属于哪一类，故我们放在一起讨论。因我们主要在于观察七夕节之时历代文人们的创作状况，所以诗、词中的和韵、次韵放在一起讨论。

先看和韵之例。

北宋强至（1022—1076）有七律《依韵奉和司徒侍中辛亥七夕末伏》，其颔联"金盘瓜果随时俗，玉盏笙歌劝相君"，说明是借七夕和诗以谈心。颈联二句"月下巧心空自竞，天边私语复谁闻"，完全是联系现实言之，其下句表面上看是指民间所言牛女相见后说悄悄话的情节，其实是语意双关，言皇帝与亲近大臣的议论，他人难以知晓，而很多官吏的命运正在这上面，与乞巧及巧不巧毫无关系。

苏轼（1037—1101）《鹊桥仙·七夕和苏坚韵》中有"人生何处不儿嬉，看乞巧、朱楼彩舟方"之句，是借以抒写个人情怀。苏轼又有五古《元日次韵张允子野见和七夕莘老之作》，是对别人和诗的次韵之作，以"得句牛女夕"开篇，是写朋友交谊。

北宋末年李復（1052—?）的《七夕和韵》篇幅较长，其前半写牛女故事，不录。后半写七夕风俗：

> 世间共传牛女喜，绮楼百尺排空起。
> 垂绥插竹动云阴，玉豆珠盘罗馔饵。……
> 儿童不眠看星会，白光奕奕摇飞斾。
> 整衣低首祝深心，未祝焚香先再拜。……

李復本籍开封，后徙家京兆，遂为长安人。所写也可以使我们了解到西北一带乞巧的情况。诗中所说"儿童"应主要指女孩子。低首祝心、焚香再拜，正是写女孩子乞巧中的状况。当然男孩子也会跟上看热闹。抬头看天上云彩，有从天河上飘过者，即认为是牛郎织女去相会。写得很有情趣。

南宋赵以夫的《夜飞鹊·七夕和方时父韵》：

> 微云拂斜月，万籁声沈。
> 凉露暗坠桐阴。
> 蛾眉乞得天孙巧，愔愔楼上穿针。
> 佳期鹊相误，到年时此夕，欢浅愁深。
> 人间儿女，说风流、直到如今。
>
> 河汉几曾风浪，因景物牵情，自是人心。

长记秋庭往事，钿花鬙翠，钗股分金。

道人无著，正萧然、竹枕练衾。

梦回时，天淡星稀，闲弄一曲瑶琴。

作者对有关传说的看法是对的。作者记忆中也保留了很多七夕往事的情节，因为它已经成了一种民俗文化，与科学的验证无关。正如词上阕末尾所说："人间儿女说风流，直到如今。"值得注意的是赵以夫所用"永遇乐""夜鹊飞"这两个词牌，从字面上看均可与牵牛织女的传说联系起来。这在其他词人的相关作品中也可以看出来。

元代白朴（1226—?）有《摸鱼子·七夕用严柔济韵》，词云：

问双星、有情几许？

消磨不尽今古。

年年此夕风流会，香暖月窗云户。

听笑语，

知几处、彩楼瓜果祈牛女。

蛛丝暗度，

似抛掷金梭，萦回锦字，织就旧时句。

愁云暮，漠漠苍烟挂树。

人间心更谁诉。

擘钗分钿蓬山远，一样绛河银浦。

乌鹊渡，

离别苦，

啼妆洒尽新秋雨。

云屏且驻。

算犹胜姮娥，仓皇奔月，只有去时路。

真是字字珠玑，馀味无穷。作者将牛女相会与人间乞巧放在一起写，句句含情。

(二) 次韵

次韵,或曰步韵,则不仅同韵,而是用别人诗作、词作的韵脚之字写一首,每一韵脚之字相同。次韵是和韵中的一种特殊形式。次韵或称"元和体",因始于白居易与元稹的互相唱和,故至中唐以后才有。这两种形式似乎同拟古之作相近:拟古是就形式、内容言,步韵是就形式、押韵言。

李光(1078—1159)的《次韵七夕》就江浙一带七夕节俗中的一些现象,引发出诗人的一番议论:

> 犊鼻长挑竹杖头,未能免俗想清流。
> 西来谁遣青禽至,仙去还乘白鹤游。
> 天上欢娱才瞬息,人间恩爱漫绸缪。
> 穿针乞巧真儿戏,曝腹庭中更可羞。

这是批评、抨击那些没有真才实学的庸人的。首句用晋阮咸事。七月七日富家皆晒锦绮,阮咸时总角年少,以竿挂大布犊鼻巾军亦晒之(事见《竹林七贤论》及《世说新语·任诞》)。全诗言自己不富,但也有真情悬想牛女之事;至于穿针乞巧,是女孩子们玩的事,不可当真。最可羞是有的文人在七月七卷起衣襟晒肚皮,以为这样就可以有学问。

南宋王之道(1093—1169)的五律《次韵鲁如晦七夕》是借以叙朋友之情,而首句"今夕知何夕,相逢莫漫愁",尾联"明朝河汉隔,西向望牵牛"。同七夕相联系,由之引起,又借以结篇。唯言牛女所处方位东西颠倒,见学之欠高。

范浚(1102—1150)的七律《次韵侄瑞臣七夕》,前两联讲牛女相会事:"万古东西隔牛女,停梭期会岂悠悠。虾蟆轮破青天暮,乌鹊桥横碧汉秋。"后两联借以抒发自己的感慨。尾联言"举瓢更取天浆酌,一洗胸中万斛愁"。很有气势。又李吕(1122—1198)《七夕次韵》:

> 天上佳期岁一来,人间急管莫相催。
> 鹊桥成后天孙度,雨泣悬知飙驭回。
> 儿女欢呼争乞巧,楼台罗列膳传杯。
> 欲搜好句陪年少,病士惭无工部才。

写福建一带上层社会的乞巧活动。看来七夕下雨可能是天孙泪的说法，宋代在南方已流传起来。南方雨多，七夕下雨的概率较高，故有此说，以后很多地方有此说。后两句诙谐有趣。

喻良能（绍兴二十七年进士）有七律《次韵林参议七月七日晚见示新作》，末句作"净洗胸中万斛愁"，有取于范浚之作。"银河此夕渡痴牛"一句，"痴牛"之喻，是取于程俱之作（见后"组诗"部分）。也多少反映出和诗仓促中搜索词句，非高手难免语意重复之嫌。

同时的许及之有七律《次韵酬张岩卿七夕》《次韵才叔和陈大用七夕绝句》，后一题是对和诗的和诗。前一首是对牛女传说的内容与流传有所评说。反映出作者的卓见，后一首是借以论亲友之情。许及之又有《仲归以结局丁字韵二诗七夕乃连和四篇至如数奉酬》，前三首为诗社成员各抒己见、随意发挥之作。第四首由牛女传说而表达"随缘乐事从心赏，妄想佳期莫耳听"之人生哲学，颇含哲理性。

韩淲（1159—1224，字仲止）有七律《七夕次韵仲至》，应是兄弟之间唱和。诗中表现了对一些无能官宦掌权的感慨。"从教冠盖镇京国，得似儿童绕市桥""政经百巧从天乞"几句语意甚明。

洪咨夔（1176—1236）五律《次韵七夕》"弄巧拙逾甚，合欢愁转多"，李曾有七律《甲午七夕在京和朱子木韵》"销磨长恨诗难尽"，"借我天槎试相问，拙人还与巧同不"，也是借以抒发个人感慨。

叶茵（1200—?）的五古《次七夕游松江韵》论李白、苏轼、柳宗元之作，下及友朋，唯"云軿驾双星，银潢几经历"及于与七夕相关话题。陈茵（1214—1297）的七律《用长孺七夕韵》属借题发挥一类，由其"巧如可乞岂为天"一句即可看出。

宋末杨公远《次宋省斋七夕雨》三首也是一样。其前二首云：

自笑生来作么为，百无一解太痴愚。
今宵欲觅天孙巧，未审天孙乞我无？

织女河边渡鹊桥，风吹仙袂举飘飘。
洗车一夜滂沱雨，图得人间起旱苗。

虽然语言诙谐，未必真正有乞巧之意，但反映出当时很多文人有乞巧举动的原因。七夕当天下雨，有的地方说是伤心之泪，有的说是洗车雨（也有的地方以第二天所下雨为洗车雨）。此诗不但写出了当地洗车雨的说法，还表现出一种对农民、对农田丰收的关心。立意好，又有韵味。其第三首之末云："学织学耕非我事，何如牛角自横经。"用《新唐书·李密传》牛角挂书的典故，言自己既未从事耕织之事，不如抽时间读经书好。

金初刘迎的七律《次曹次仲韵》表面上是对牛女相会的真实性有所怀疑，也认为即使有，也比人间男女婚姻方面存在的间阻要少。关键是末两句："不须更乞蛛丝巧，久矣人生百巧穷。"借以抒发个人遭遇中长久积聚的感慨。

我们由两晋南北朝至元代不同历史阶段关于七夕节的拟古和几种形式的唱和之作，可以看出七夕风俗渐次由上层社会向民间传播，在更广的地域范围中流传的过程。这些诗人中有北方的，也有南方的；有西部的，也有东部的；既有当道权臣，也有一般文人。其中既反映了不同地域不同社会阶层中七夕风俗的具体内容和特点，也反映出关于"牛郎织女"传说在某些细节上的差异。同时，从一些文人抒发的个人情感中，也可以看出当时社会的状况。因为每首诗都体现着一个具体时代和具体社会环境中人的思想状况，因而具有全息的性质。

唱和本来是对别人诗作的一种响应，但高明的和诗往往在思想上、艺术上超越原诗，不但表现了深刻的思想，有时还会提出一些前人没有提出过的看法。这就同一些骚人雅士借以表现诗才，只知堆砌词句、搜索典故的情形大不相同。

五、组诗

组诗指同一诗题、互相联系的几首诗。一组诗一般为同一作者所作，并统摄于同一诗题之下。我们将套曲也归于此类。可以根据作者与作品的体裁分作四类。

（一）民歌中唱七夕的组诗（组歌）

说到古代民歌中七夕题材的组诗，人们会想到《乐府诗集·清商曲辞》

的《七日夜女郎》。今本诗题下有"九首"二字，为题下附注误入题中。毛晋《宋刊本〈乐府诗集〉》作"女郎歌"，无"九首"可证。第二段与第一段之间用顶真手法连起，也说明九段是一个整体。其实它是一首诗而分为九段。从内容看它也是按情节的先后写的，是一个整体。这首诗表现牛女相会的情节和牵牛、织女的心情，生动感人，又带有民间文学的特征。这里不多说。

与此相近有见于敦煌卷子的曲子词《喜秋天》。这是一组民歌，有些像后代民歌中的《唱五更》，是一更一首（或曰一节）。有些句子很有意思。如：

> 一更每年七月七，此时寿天日。
> 在处敷陈结交伴，献供数千般。
> 今晨连天暮，一心待织女。
> 忽若今夜降凡间，乞取一教言。
> 二更仰面碧霄天，参差众星前。
> ……月落西山观星流。
> 四更缓步出门厅，直是到街庭。
> 今夜斗末见流星，奔逐向前迎。
> 此时难将见，发却千般愿。
> 无福之人莫怨天，皆是少因缘。
> 五更敷设了，取分总交收。
> 五个嫦娥结高楼，那边见牵牛。
> 看看东方动，来把秦筝弄。
> 黄针拨镜再梳头，看看到来秋。

这一组诗写一个青年妇人在七夕节时的心情，表现了妇女对于婚姻生活的美好愿望与乞求的心情，也反映出了当时、当地的一些民俗。应该说这是最早的乞巧歌，很值得重视。

这一组歌中说到女儿们乞巧"结交伴"，并且向织女"供献数千般"，也同今陇南、天水一带乞巧的情形一样。这一组歌虽然产生很早，但毕竟是民间作品，反映了下层社会乞巧的状况。其中说看到流星便认为是看到了要去相会的织女，也很有意思，反映了当时民间有关牛女传说的一些印证性说法。

（二）文人咏七夕的组诗

我们这里说的组诗以三首以上为限。一题之下成三首以上，作者在构思时会考虑到各首在内容与结构上的关系，虽非一整体，但有连带性，也具有一定的系统性，故我们单独加以讨论。

我们这里所说的"组诗"的"诗"，是用其广义，词、曲也包括在内。

下面先说狭义的诗。

上面《同题共作》部分提到的宋代薛映、张秉、钱惟演、刘筠、杨亿五人的《戊申年七夕五绝》，就每个人之作而言，也是组诗。五人在自己的一组诗中，各有内容、结构上的层次安排，各出新意，各有架构，因而各成整体，也各有所长。这里不再赘言。杨亿有七律《七夕》三首，但不一定是组诗，也不论。

宋庠（996—1066）有七绝《七夕三首》，都诗味浓厚，且有深意。其前二首云：

> 一夕欢娱凤帐秋，晓天归驾待琼辋。
> 银潢便是东西水，不独人间有御沟。
>
> 紫宙风轻敛夕霏，露华应湿六铢衣。
> 鹊桥贪问经年恨，不觉蛛丝减旧机。

第一首是说天上同人间一样有伤心事，立意同屈原《离骚》一样，实是借天上说人间，表面上重在说天上，实际上是肯定人间有此类伤心之事。第二首是说牛女在鹊桥上互问一年中所经愁苦哀怨，织女以织布来消愁，反而较去年上机操作更多，织机上蜘蛛布网的事倒少了一些，表现出一种顽强的生活态度。

沈遘（1028—1067）有绝句《七夕四首》（七律一、五律一、七绝二）。其第二首云：

> 人事不相兼，公违爱与嫌。
> 送穷贫自若，乞巧拙弥添。
> 世态规求甚，天孙付与廉。

　　　　得多惟宦路，赃贿奉权阉。①

对当时的政治予以有力抨击。其他三首也是借以表现他的某些想法与情绪。

　　两宋之间的陈渊（？—1145）有《七夕三首》，也是借以抒发个人的不平之感，由第一首后两句"收藏犊鼻何须挂，不与人间斗独清"即可看出。特别值得注意的是其第二首后二句云："从来世事俱儿戏，不独秦娥乞巧楼。"以"秦娥"指秦地的姑娘，反映了在宋代秦地姑娘们的乞巧已经有些名气，受到一些文人的关注。陈渊还有《七夕闺意戏范济美三首》，不再说论。

　　稍迟有程俱（1078—1144）的七绝《七夕》六首，借有关典故以抒发个人怀才不遇的情怀。如第五首云：

　　　　织女机边天汉流，盈盈脉脉望痴牛。
　　　　未应乞巧能如愿，咫尺星桥不自由。

这首以牵牛织女为题材。诗中称牵牛为"痴牛"，是言其老实。在中国几千年男权社会中，"三从四德"的一套要求女子只知道服从，男子决定一切，甚至决定婚姻的存与断。所以，古代的几个著名爱情传说故事，如《梁山伯与祝英台》《孟姜女》《白蛇传》，其中男的都很老实，甚至有点傻。如梁山伯，一起很长时间竟看不出祝英台是女的，而且祝英台几次启发他也启发不起来。"痴牛"正是言其痴心相爱。但这里显然是作者自喻，言在官场不善钻营。第六首云：

　　　　乘槎吾欲问天孙，荣悴宁当巧拙论。
　　　　富贵可求难自强，五穷那肯置迷魂。

乘槎至天河是由张华《博物志》中《八月槎》而来。这个典故很多咏"七夕"的诗中都用到。诗人认为有些事不是巧拙的问题，而是是否为之操心用力。另外，人生富贵，可以努力追求，但也不是个人追求就一定能得到的。这是从人生哲理方面论事，也引人思考。当中也表现出对于社会不公正的不满，只是较为含蓄。第三首的"自笑尘容滞穷骨，不如鸡犬上青天"二句，就表现得很直率明朗。六首诗的风格不完全一样。

---

　　① 沈遘《七夕四首》，《全宋诗》《全宋诗订补》均未收。此据林阳华《补〈全宋诗〉沈遘诗六十四首》，刊《古籍整理研究刊》2011年第3期，第91—95页。

宋末陈普（1244—1315）有《七夕》五首，全是借以表达对人生巧拙的看法，均很有意趣。其第一首云：

> 玉果金盘开九州，人间无处匿蛛蟊。
>
> 天孙今夜鹊桥畔，百亿化身难得周。

后两句言无数妇女、小孩乞巧、取蛛网等，织女有多少化身也实难照应得过来。前两句中也含有消除蟊贼之意。第二首之后二句："女郎恋别泪如雨，遑托金针度与人？"第四首云：

> 木牛流马无人会，元是自家心孔开。
>
> 却恐如簧谗佞口，曾向天孙乞巧来。

对使心计能说会道者以极大讽刺。

宋末杨公远《次宋省斋七夕雨》三首，宋省斋原作本为三首，是组诗，杨公远和诗三首，也是组诗。

明代初年崇德（今浙江桐乡）人贝琼（1314—1378）有七绝《辛亥七夕五首》，借以抒发个人情怀，也韵味深长。此类作品还有不少，不能尽述。

（三）词作中的"组诗"

在前面论述的同题共作和唱和之作中，已看出有些词本是一组。宋代欧阳修的《渔家傲》词四首。其第一首是由七夕节新妆起舞的姑娘而写起。其下阕云：

> 乌鹊桥边新雨霁，
>
> 长河清水冰无地。
>
> 此夕有人千里外，
>
> 经年岁，犹嗟不及牵牛会。

前两句悬想鹊桥相会的环境很有诗意，后三句联系自身，恢谐而感叹自在其中。第二首下阕云："脉脉横波珠泪满，归心乱，离肠便逐心桥断。"表现离情可谓淋漓尽致，由"鹊桥"而引出"心桥"之说，也耐人寻味。第三首云：

喜鹊填河仙浪浅，

云軿早在星桥畔。

街鼓黄昏霞尾暗，

炎光敛，金钩侧倒天西面。

一别经年今始见，

新欢往恨知何限。

天上佳期贪眷恋，

良宵短，人间不合催银箭。

想象丰富，也很有韵味。其第四首是写乞巧的情景，也很精彩。

　　陈师道（1053—1101）有《菩萨蛮·七夕》四首，也都写得很可玩味：语言明畅清新，立意别出心裁，而很合于节日中亲人分于两地时一般人的心理。如第一首：

行云过尽星河烂，炉烟未断蛛丝满。

想得两眉颦，停针忆远人。

河桥知有路，不解留郎住。

天上隔年期，人间长别离。

前两句是悬想家中妻子抬头看天上星河上星光灿烂。她自身虽常在家中（炉烟未断），但因孤身一人，懒得打扫，室中一定满是蛛丝。诗中以天上比人间，认为天上的牛女分离隔年可以一会，而人间的离别则往往长久不得相会。第二首：

绮楼小小穿针女，

秋光点点蛛丝雨。

今夕是何宵？龙车乌鹊桥。

经年谋一笑，岂解令人巧。

不用问如何，人间巧更多。

写妇女的乞巧活动，轻松愉快。第三首：

> 东飞乌鹊西飞燕，盈盈一水经年见。
> 急雨洗香车，天回河汉斜。
>
> 离愁千载上，相远长相望。
> 终不似人间，回头万里山。

由牛女的一水相隔和数千载中一年七夕一会的离愁与人间隔离相会之不易比较。人间要见面得经过长途跋涉的辛苦，以此表现人间夫妻分离的痛苦，真挚动人。

（四）套曲

套曲也叫"套数"，是用几个曲牌互相连贯有首有尾成一套的曲子。从蒙古至元代咏唱七夕的套曲较多，但多借以写个人情怀。我们录时代早、内容以写乞巧风俗为主。今举金末元初杰出曲作家杜仁杰（1198—1277）的《商调·七夕》为例。这是采用南北合套写成，由六个曲子和尾声组成。[①] 全曲如下：

　［集贤宾北］

暑才消大火即渐西，斗柄往坎宫移。一叶梧桐飘坠，万方秋意皆知。暮云闲聒聒蝉鸣，晚风轻点点萤飞。天阶夜凉清似水，鹊桥图高挂偏宜。金盆内种五生，琼楼上设筵席。

　［集贤宾南］

今宵两星相会期，正乞巧投机。沉李浮瓜肴馔美，把几个摩诃罗儿摆起。齐拜礼，端的是塑得来可嬉。

　［凤鸾吟北］

月色辉，夜将阑、银汉低。斗穿针、逞艳质。喜蛛儿奇，一丝丝往下垂，结罗成巧样势。酒斟着绿蚁，香焚着麝脐，引杯觞大家沉醉。樱

---

① 很多学者据钟嗣成《录鬼簿》"南北腔合调，自和甫始"之说，以为此套曲非杜仁杰之作。实际上金末元初的诸宫调作家和艺人在创作上已能根据场景入曲联套。所以没有理由否定杜仁杰对这一组曲作的著作权。参见周维培《曲谱研究》，江苏古籍出版社1999年版，第303页。

桃妒水底红，葱指剖冰瓜脆，更胜似爱月夜眠迟。

　　[斗双鸡南]

　　金钗坠、金钗坠、玳瑁整齐。蟠桃宴、蟠桃宴、众仙聚会。彩衣、彩衣、轻纱织翠。禁步摇绣带垂，但愿得同欢宴团圆到底。

　　[节节高北]

　　玉葱纤细，粉腮娇腻。争妍斗巧，笑声举，欢天喜地。我则见管弦齐动，商音夷则。遥天外斗渐移，喜阴晴今宵七夕。

　　[耍鲍老南]

　　团圈笑令心尽喜，食品愈稀奇。新摘的葡萄紫，旋剥的鸡头美，珍珠般嫩实。欢坐间、夜凉人静已。笑声接青霄内，风淅淅，雨霏霏，露湿了弓鞋底。纱笼罩、仕女随，灯影下人扶起，尚留恋懒心回。

　　[四门子北]

　　画堂深、寂寂重门闭，照金荷红蜡辉。斗柄又横，月色又西。醉乡中不知更漏迟。士庶每安，烽燧又息。愿吾皇万岁。

　　[尾]

　　人生愿得同欢会，把四季良辰须记，乞巧年年庆七夕。①

我们由之可以看出在金、元少数民族政权统治下北方上层社会七夕风俗的情况。乞巧时悬挂的鹊桥相会图，应该上面主要是织女在鹊桥上经过的图像。有种五生盒、赛穿针、取蛛网等，也写到供摩诃罗之俗。供品丰盛，十分排场，"笑声接青霄内"，至聚会散后，参加的妇女"尚留恋懒心回"。既写出当时景况，也写出气氛与参加者的心情。这是金元时期七夕套曲的代表作。

　　明代施绍莘（1581—1640）有套曲《七夕》，由四个曲牌和尾文组成：

　　[南宫调二郎神]

　　秋风起，人在西堂西复西。见淡月鹅黄才半缕。高楼笑语，共唤取穿针来去。恰好葡萄酒熟时，筋牛女，幕天席地。今宵里，自一夜长生，做万古佳期。

　　[集贤宾]

　　银筝换谱翻新词，更箫管随之。盘进莼鲈秋味美，看词人坐影参差。

---

　　①　隋树森编：《全元散曲》，中华书局1964年版，第34—35页。

征欢索醉，供奉妓月中更替。凉彻髓，但茉莉暗香铺地。

[黄莺儿]

渐渐月西飞，料天孙凤驾回。人间欢会还无已，靠庭梧放几，傍池鹤斗棋。一声一刻莺喉脆，可人的，新萤嫩火，舞袖点微微。

[猫儿坠]

夜深瓜果，一缕带蛛丝，得巧偷分赠所私，抽笺纪事客题诗。风致，觉冉冉金风，泛泛罗衣。

[尾文]

欢娱夜短拼沉醉，此夜如今不负矣，须晓得天把新秋看顾你。

他又有《七夕闺词》，由六个曲子和"尾文"组成。末有跋语，"闺词作梁加序，如以旦脚扮旦，终是雄爽有馀，柔韵不足"云云。则套曲也可以扮演。所以套曲实际是由诗、词、曲向戏曲的过渡。

其他如梁梦昭的《七夕感怀》和无名氏的《七夕》《庆七夕》等套曲，由于篇幅的关系，不再引述。

七夕为题材的组诗多，说明了在这一天诗人要表达的话题多，诗兴高，提起笔便一发不可收。由之可以看出，七夕节同古代诗人的创作有密切的关系。因为，组诗表现诗人思想、情感较为充分、全面、具体，它也为我们了解七夕风俗对文人心理、思想的影响提供了可贵的第一手资料。

由上述有关七夕诗词创作中的同题共作、拟古、唱和、赠答、步韵，及一着笔而不可收拾等现象可以看出，两千多年中七夕风俗不仅是妇女儿童的节日，也是诗人骚客、文人雅士的节日，他们或一起吟诵、商榷、论艺，或因七夕、乞巧而感事抒怀、借题发挥，使七夕节成了激发诗情的一个重要日子，诗人们借"乞巧"和通过"巧"与"拙"的联系而感叹身世，或表达平时不敢正面表达的对社会和官场的看法，留下了很多优秀之作。

在我国古代，诗赋一直是文学的正宗体裁，产生时间也最早；小说和戏剧产生较迟，在古代又是不登大雅之堂的东西。但作赋往往要精心构思、反复修改而成，只有诗在古代文人差不多人人能之，而且题壁口占，赠答奉和，随机可成。但是，中国古代并无诗人节。虽然我国第一位伟大诗人屈原于农历五月五日投江而死，但诗人在端午所作的诗数量赶不上七夕。① 在这里值得关注的有两点：

其一，一些诗人常于七夕聚会作诗。如南宋中期诗人郭应祥作《鹊桥仙》四首，分别题《甲子七夕》《乙丑七夕》《丙寅七夕》《丁卯七夕》，是连续四年，一年一首。其第一首云：

> 金风浙浙，银河耿耿，七夕如今又至。
> 人间唤作隔年期，但只似、屈伸指臂。
>
> 罗花列果，拈针弄线，等是纷纷儿戏。
> 巧人自少拙人多，那牛女、何曾管你？

其第三首云：

> 两情相向，一年厮睚，等得佳期又到。
> 休言夜半悄无人，那喜鹊、也须知道。
>
> 来今往古，吟诗度曲，总漫萦牵怀抱。
> 不如乞取巧些些，待见了、分明祷告。

第一首是写妇女的乞巧活动，第三首写文人在七夕节的感受。语言诙谐，于七夕节意义，从文人的角度有新的理解。"来今往古，吟诗度曲，总漫萦牵怀抱"，是对文人们在七夕节活动的一个高度概括。又如韩琦（1008—1075）《七夕同末伏会众春园》《七夕会关亭观莲》《癸丑七夕会北第》等诗所写，一些诗人于七夕聚会已成惯例。本篇前面所论"同题共作"和相互唱和之作，其实也是聚会赋诗，区别只在规模大小而已。杜仁杰《商调·集贤宾·七夕》说：

> 人生愿得同欢会，把四季良辰须记，乞巧年年庆七夕。

---

① 宋初李昉簿编《文苑英华》卷一五七收上起萧梁，下迄晚唐有并节令诗作。《端午》部分只收两篇，《七夕》部分收 18 首；北宋宋绶编、南宋蒲积中增编，收从汉魏至宋有关岁时节令之作卷二〇、二一《端午》部分收诗 153 首，且多宫廷应景之作；卷二四、二五、二六《七夕》部分收诗 160 首，且多篇幅较长的抒情之作。这同时也反映出七夕节在古代诗词经典化过程中的作用。古代诗词曲作品中以七夕为题材的作品有 1000 多首。

说明文人于七夕相会赋诗，诗会也是年年庆七夕。

其二，诗人在七夕这一天作诗以记事或抒情。韩琦除以上几首诗标明何年七夕所作之外，还有《辛亥七夕末伏》为另一年七夕所作。唐李商隐也有《辛未七夕》《壬申七夕》等诗。有的诗人虽未标明何年七夕，但在七夕之日所作之诗很不少。如北宋杨亿除前面提到的《戊申年七夕五绝》五首外，还有以 "七夕" 为题的七律四首。钱塘诗人沈遘，除上面提到的《七夕四首》之外，还有七律《七夕有感》《七夕暮雨后小霁》《七夕暮雨》，五律《七夕卧病》（二首）、《七夕罢后作》（二首）等，有十多首。南宋诗人吴潜有《鹊桥仙·己未七夕》，另有同词牌之词无题，是否原有而失去，或其他年七夕所作 "鹊桥仙" 词均散佚，不得而知。南宋末刘镇有《蝶恋花·丁丑七夕》，明贝琼（1314—1378）有七绝《辛亥七夕五首》。很多诗人是到七夕必有诗。

另外，诗人在个别交际中互相唱和、次韵的情况也多。如前述苏轼《鹊桥仙·七夕和苏坚韵》，是明在七夕之时有《鹊桥仙》之词，他和了一首，而黄庭坚又作《鹊桥仙·次东坡七夕韵》，韵脚四字同样为 "漾" "上" "放" "舫"。由此可以看出七夕节对古代文人创作的带动情况。

由以上这些看来，七夕节实际上成了中国古代的诗人节。这是以往学者们未能关注到的。

我认为历代咏七夕之作及七夕节的一些创作现象有很多值得关注、值得研究的地方。这无论从我国古代社会史、文化史，还是诗歌史、文学史的方面，都是很值得关注的课题。

参考文献

1. 《先秦汉魏晋南北朝诗》，逯钦立辑校，中华书局 1983 年版。

2. 《全唐诗》，（清）彭定求等编，中华书局 1980 年版。

3. 《全唐诗补编》，陈尚君辑校，中华书局 1992 年版。

4. 《全五代诗》，（清）李调元编，何光清点校，巴蜀书社 1991 年版。

5. 《全唐五代词》，曾昭岷、曹济平、王兆鹏、刘尊明，中华书局 1999 年版。

6. 《全宋诗》，北京大学古文献研究所编纂，北京大学出版社 1991 年版。

7. 《全宋诗订补》，陈新、张安如、叶石健、吴宗海等补正，大象出版社 2005 年版。

8. 《全宋词》，唐圭璋主编，中华书局 1965 年版。

9. 《全辽金诗》，阎凤梧、康金声主编，山西古籍出版社 1999 年版。

10. 《全元诗》，杨镰编，中华书局 2013 年版。

11. 《全金元词》，唐圭璋编，中华书局 1979 年版。

12. 《全明诗》，章培恒等主编，上海古籍出版社 1990 年版。

13. 《全明词》，饶宗颐初纂、张璋总纂，中华书局 2004 年版。

(《西北师大学报》2019 年第 3 期)

古代 "七夕" 诗词曲综论

　　就南宋蒲积中编《古今岁时杂咏》所收而言，历代的岁时节令诗中，以在重阳、中秋、七夕这三个节日的最多。七夕下来是元日，但所收朝贺之作不少，真正抒发情怀及书写社会状况之作不多。该书所收历代有关岁时节令之作并不全，有的佳作并未收入，所收个别作品也未见得精彩，但也大概反映了历代诗人创作中什么节庆最能触动诗人的心灵，能引起诗人的创作情绪。陆机《文赋》中说：

　　　　若夫应感之会，通塞之纪，来不可遏，去不可止。藏若景灭，行犹响起。

好的诗作不是造作出来的，而是思想与情感涌动的结果。为什么在重阳、中秋、七夕这三个节日最多？因为重阳有登高的习俗，官员走出府第，文人跨出书斋，登高所见，忆昔俯今，感兴而发者多。中秋则全家团聚之日，天伦之乐，烦恼尽去；而游子怨妇则难免牵情，悲苦难眠。为什么七夕这一天诗人们也兴致很大、感慨很多呢？因为七夕和鹊桥相会传说有关，有新婚而欢喜者，有分离而思念者；七夕又是乞巧节，妇女儿童之乐，引起全家之欢；而巧又是无论男女老少都希望具备者，又因人所处环境不同、位置不同、价值观不同，既能因具巧而得福，也会因他人之弄巧而遭祸。故有的人因七夕而欣喜，有的人因七夕而忧愁。这些俱因感兴之发，书而成篇。所以历代以"七夕"为题创作的诗词曲特别多，其中有不少脍炙人口之作。

　　首先，由这些作品可以看出，不同时代、不同地域的七夕节俗有所不同，显示出在漫长的传播过程中及不同地域间产生的变化。

　　其次，这些作品虽然都是由"七夕"生发出，却情感各异，看法有别，既反映出不同社会的不同色调，也反映出诗人当时的思想情绪和对一些事情的不同看法。

最后，从表现手法上说，即使看法相近者，也往往独出心裁，能出人意表，反映出诗人不同的创作风格与学术素养。

本篇根据诗、词、曲三类体式和作品篇题的类型分别探讨历代诗人笔下的七夕节俗与诗人们复杂的社会阅历、思想感情，以及诗人对七夕节俗的解读和借以抒怀明志的艺术手段。当然由这些我们也可以看出"七夕"作为一种文化符号在古代诗词创作中所占的地位。本篇以篇题作"七夕""乞巧""七月七"或题中标出"七夕""乞巧"等与七夕节相关词语者为限（个别词作无标题者看其内容）。

从体式上说，按诗、词、曲分为三类。因为诗的部分数量多，故接篇题分为两类：一类为题作"七夕"或"七夕诗"者，一类以"乞巧"为题或篇题中有"七夕""七月七日"者。

这些作品从内容上说，大体包括四个方面：

一是侧重于描写七夕节俗，附带表现个人情怀；

二是着重写牛郎织女鹊桥相会，也往往联系自身，或有所联想；

三是由鹊桥相会引出自身悲苦的倾诉，或表现对有情人分隔两地的同情之心；

四是借乞巧的话题引到"巧""拙"的评说上抒发对个人遭遇及对当时政治的感愤之情。

这几方面内容常相互连带，甚至形成诗人构思上的起承关系。本篇的论述侧重于写七夕节俗及借七夕、乞巧风俗抒情写志之作。各部分大体以时为序，对同时之作稍加归纳，以便于从内容上与表现手法上进行比较。

一、以"七夕"为题之诗作

历代诗人直接以"七夕""七夕诗"或"某某（干支）七夕"为篇题的诗很多。因为七夕是这个节日的正式名称，因而包含着与节日有关的各个方面，借以抒怀的面便很宽。

（一）两晋南北朝时期之作

咏 "七夕" 最早之作是晋初潘尼（247—311）的《七月七日侍皇太子宴玄圃园诗》。此后还有王鉴、苏彦等人之作，按篇题类别放在下一节说。东晋李充（生于 300 年前后，卒于 359 年前后）有《七月七日诗》，云：

> 朗月垂玄景，洪汉截皓苍。
> 牵牛难牵牧，织女守空襄。
> 河广尚可越，怨此汉无梁。[①]

前两句写七夕夜景。后四句实是借牵牛之难以牵牧和织女的守着空织机无法织作，写当时社会之艰难，连男女农民正常的生产也难以进行。这不是写个人的困境，而是写当时社会，在晋王族南渡之初虽恢复了晋朝统治，但社会问题很多。此诗不是自己一家，不至于想织布无法弄到棉花。所以，"河广尚可越" 有可能是指晋王族南渡，末句指老百姓的艰难无法越过。

南朝宋孝武帝刘骏（430—464）之《七夕诗二首》为我们提供了认识南朝初期乞巧节俗的信息。其第一首开头云："白日倾晚照，弦月升初光。炫炫叶露满，肃肃庭风扬。"然后由牛女相会从青年男女的身份联想及自身。第二首写乞巧：

> 秋风发离愿，明月照双心。
> 偕歌有遗调，别叹无残音。
> 开庭镜天路，馀光不可临。
> 迎风披弱缕，迎辉贯玄针。
> 斯艺成无取，时物聊可寻。

写了民间乞巧之俗，如月下穿针等。特别应该注意的是其中说到姑娘们在乞巧中唱歌的情节："偕歌有遗调，别叹无残音。"所谓 "遗调" 即以前的姑娘们所唱而传下来的有固定曲调的歌；"别叹" 指歌词之外表感叹情调的声词，即在句末或一小段之间反复出现的音节、句子。这些同近代很多地方乞巧活动中唱的乞巧歌一样，有一些反复出现的表感情与节奏的声词。古代妇女乞

[①] 作品出处可依作者所处朝代按其生年在本篇之末所列相关总集中查出，不一一加注。下同。

巧中唱歌,《西京杂记》所记西汉时宫廷乞巧风俗中已有（见后）。这里从另一个方面证明乞巧中唱乞巧歌这个节俗在南北朝以前已经产生。

南朝梁萧衍、何逊,陈张文恭,北朝邢邵、庾信、江总均有《七夕诗》,梁萧纲、庾肩吾有《七夕》,然均以写牛女相会为主,这里就不谈了。

(二) 唐代之作

初唐祖咏的五律《七夕》主要写姑娘们的乞巧活动。其诗云：

> 闺女求天女,更阑意未阑。
> 玉庭开粉席,罗袖捧金盘。
> 向月穿针易,临风整线难。
> 不知谁得巧,明旦试相看。

祖咏为洛阳人,所写自然为中原一带的节俗。穿针乞巧是西汉之时已经产生的七夕节俗。《西京杂记》卷一载："汉彩女常以七月七日穿七孔针于开襟楼,俱以习之。"此七孔针,我认为即同时拿七根,针孔眼并列如扇,将一根线依次从七个针孔中穿过。故上引刘骏诗中说"贯玄针","贯"是接连穿过之义。穿针乞巧之俗是七夕节俗中流传最广的一项活动。

宋之问（656? —712,汾州西河人）五律《七夕》写牛女相会的当中也写到与七夕相关的风俗,如"停梭借蟋蟀,留巧附蜘蛛。"蟋蟀在农事已完妇女开始纺织前后叫,其叫声："织、织、织!"如催人快织,故又名"促织"。诗中言织女停梭去与牵牛相会,而让蟋蟀去叫着,把纺织之巧给蜘蛛让它去启发人间的女子。蜘蛛织网的技巧令人惊叹,所以七夕之夜小孩子们在各处取蛛网,以多为得巧,也是七夕的一个节俗,南北俱有。颈联"去昼从云请,归轮伫日输",说明当时北方乞巧在七夕节前先要从云里迎织女,乞巧活动结束后又有送巧活动（输,送的意思）。可见唐代北方有的地方是先一天迎巧。诗中似写牛女相会,却反映出当时七夕节乞巧的情节,很有韵味。沈佺期（656? —716,相州内典）的五律《七夕》云：

> 秋近雁行稀,天高鹊夜飞。
> 妆成应懒织,今夕渡河归。
> 月皎宜穿线,风轻得曝衣。

> 来时不可觉，神验有光辉。

第三句悬想织女必然停织并进行了打扮，因今夜是渡天河与牵牛相会的日子。民间传说中牛郎是在人间，所以诗中言织女神灵下凡也会给人间女儿赐巧。沈佺期为唐相州内黄（今属河南）人。由"神验有光辉"一句看，当时中州之地乞巧也供织女像，并虔诚祀之。言神灵显出光辉，以示灵验。

联系以上几首所写，初唐时不少地方的七夕风俗已同晚近陕西西部、甘肃南部一带保留之乞巧风俗大体一致。如祖咏诗中除行穿针竞赛之外，说到在庭中设席捧金盘乞巧，特别"更阑意未阑"，一直到深夜。这同今礼县永兴、西和长道（均距秦人先公先王陵墓群大堡子山、圆顶山较近）在七月七白天举行的转饭仪式和乞巧至子夜的情形相近。

孟浩然（689—740）的五律《他乡七夕》由七夕引起对家乡与家人的思念。其前四句云：

> 他乡逢七夕，旅馆益羁愁。
> 不见穿针妇，空怀故国楼。

因七夕而想到家中的妻子，文字不多而感情真挚动人。诗中的"故国"指故乡。"故国楼"即家中妻子所居住处。这首诗在历代七夕诗中是有代表性的，因为历代长期宦游在外的文人当七夕之时思家念亲是很普遍的，这方面的诗也很多。

崔颢（704？—754）的《七夕》云：

> 长安城中月如练，家家此夜持针线。
> 仙裙玉佩空自知，天上人间不相见。
> 长信深阴夜转幽，瑶阶金阁数萤流。
> 班姬此夕愁无限，河汉三更看斗牛。

"长信"为汉代宫名。借汉而说唐，是唐代诗人惯用的手法。诗人想象七夕之夜皇家后宫中的寂寥和嫔妃们的无限愁思，她们只能数流萤，或惘怅地看着天上的牵牛织女星，想象他们相会的情景。晚唐诗人唐彦谦（？—893？）的《七夕》也是以皇宫为题材：

> 露白风清夜向晨，小星垂佩月埋轮。

　　　绛河浪浅休相隔，沧海波深尚作尘。

　　　天外凤凰何寂寞，世间乌鹊漫辛勤。

　　　倚阑殿北斜楼上，多少通宵不寐人。

联系人世间处于后宫中的女子，对失去情意中人而无可得救的女子，充满了同情，而表现上却十分含蓄。"绛河"即银河。天上的事，自有凤凰管，人间的乌鹊空忙什么？这其中的含义是：人间大量被阻隔而不能相会之有情人，并无人同情。

　　卢殷（746—810）的五律《七夕》，借"牵牛织女期"而抒发个人情怀，末言"全胜客子妇，十载泣生离"。白居易（772—846）的七绝《七夕》中说："几许欢情与离恨，年年并在此宵中。"究竟是说牵牛织女，还是说人间之欢情与离恨，读者可自己去想。两诗都体现出七夕诗借以抒发情感、反映社会现实的共同特征。

　　刘言史（？—812）的《七夕歌》由牛女相传想到人间。末四句云：

　　　人间不见因谁知，万家闺艳求此时。

　　　碧空露重彩盘湿，花上乞得蜘蛛丝。

可以看出当时北方乞巧的状况。刘言史，洛阳人，与陇西成纪（今甘肃秦安）人李翱有交往。白居易《七夕》诗佚句："忆得年少长乞巧，竹竿头上愿丝多。"小孩子们将竹竿头上曲成一个圆圈在各处取蛛网，更增添了七夕节的热闹气氛，扩大了乞巧活动的人群范围。

　　卢纶五律《七夕诗二首》，其一用"星彩光仍隐，云容掩复离"，写诗人在七夕之夜仰天看织女渡河的云朵，却总是等不到。末云："何事金闺子（富贵人家的子女），空传得网丝。"说七夕牛女相会不过是一个传说而已，但已形成风俗，小姑娘找到蛛网，便以为已经得巧。该诗表现了现实与童趣之间的差距，体现出一种莫名的惆怅。

　　权德舆（761—818）七绝《七夕》：

　　　今日云軿渡鹊桥，应非脉脉与迢迢。

　　　家人竟喜开妆镜，月下穿针拜九霄。

"云軿"指织女过桥所乘的车。"家人"即家中人，指家中的妇女。这里反映出唐代天水一带七夕节妇女们打扮之后向天拜织女，然后穿针乞巧的风俗。权德舆又有五律《七夕》主要写牛女相会，末云："别有穿针处，微明月映楼。"也写到穿针乞巧。

杜牧（803—853）的《七夕》：

> 云阶月地一相过，未抵经年别恨多。
> 最恨明朝洗车雨，不教回脚渡天河。

这是说，七月初八有雨，民间看作为织女洗车之雨，言今年已用过，洗净收起，织女想再回头去一趟已不能。权德舆为唐天水略阳（今秦安）人。白居易祖籍太原，而后迁居下邽（今陕西渭南）。杜牧为京兆万年（今西安）人，自然都是表现了西北的风俗与传说。以往的诗都只在七月七这一天找话题。这里却是着眼于鹊桥相会之后的第二天，一见作者善于从民间传说中找素材，二则见作者诗笔之灵动。

赵璜（804—862）七律《七夕诗》云：

> 莫嫌天上稀相见，犹胜人间去不回。

李商隐（812—858）的《七夕》云：

> 鸾扇斜分凤幄开，星桥横过鹊飞回。
> 争将世上无期别，换得年年一度来。

因传织女为天孙故乘有凤幄，行有鸾扇。诗言牛女毕竟一年中能相聚一次，而人间有多年难以相聚者。诗人借牛女而抒发个人情怀，语意深沉。此二首着眼点又与历代诗人不同。

以上各诗都是反映了北方的乞巧风俗。七夕、乞巧的节俗是起于西北，先流传于中原一带。如月下穿针、作贡品、祈请织女、唱乞巧歌等，在北方的七夕风俗中一直保持着这些活动内容。历史上伴随着经济、文化交流和战乱中仕族大户的南迁而传播至南方各地。

晚唐的新城（今浙江富阳）诗人罗隐的七律《七夕》则写出了南方七夕的节俗：

> 络角星河菡苔天，一家欢笑设红筵。

　　应倾谢女珠玑篋，尽写檀郎锦绣篇。

　　香帐簇成排窈窕，金针穿罢拜婵娟。

　　铜壶漏报天将晓，惆怅佳期又一年。

诗中说与角星等二十八宿相交的银河明亮，正当初秋荷花盛开之时，富家
"设红筵"，女子倾珠玑而串花，俊美男子作文赋诗，及女子乞巧后的拜月许
愿。这些都是南方上层社会乞巧的特征。至今江浙、广东乞巧中妇女做各种
精致的工艺品、摆贡案。① 当然，作为一个节俗它必定也有受当地风俗影响形
成的各种特征，但总体上南方乞巧活动带有上层社会的特征。自然，它也会
扩散到中下层社会，形成带有突出地方特色而又简单的节俗。

　　总体来看，唐代咏七夕之诗，反映出近代以来西北一些地方尚存的七夕
乞巧风俗同汉魏六朝七夕乞巧风俗之间的源头关系，以及南方七夕乞巧风俗
在传播中的变化。而诗人在咏七夕中借以抒怀或表达一种思想观念、表示对
某一事件的看法者为多，不是纯粹地写七夕节俗。这样，就大大强加了七夕
节俗的文化内涵，扩大了因七夕而感怀的人群。

（三）宋代之作

　　北宋著名诗人王禹偁（954—1001）的《七夕》一诗，五言70句，在历
代七夕诗中是最长的，写于作者被贬谪商州（今陕南）时。诗先写先一年七
月七值庐闲坐，无事而进入梦乡。忽然宫中传旨，皇帝有诗，令其属和。至
暮方从宫中出。

　　归来备乞巧，酒肴间瓜果。

　　海物杂时味，罗列繁且夥。

　　家人乐熙熙，儿戏舞婆娑。

王禹偁是济州钜野（今山东巨野）人，写当地乞巧风俗，也是陈列很多瓜果，
姑娘们跳舞唱歌。下面再写当年乞巧之后"九月谪商於，羁縻复穷饿"。"稚
子啼我前，孺子病我左"，其情景很似杜甫由秦州入蜀途中悲惨状况。其结尾
说："自念一岁间，荣辱两偏颇。"因而决定对人生抱着一个"委顺信吾生，

---

① 参见拙文《从广东七夕节的传播源流看其文化特征》，《文化遗产》2011年第3期。

无可无不可"的态度。这里表面上是对"乞巧"采取否定的态度,实质上是对正道直行难容于世的社会现实的批判。其后梅尧臣(1002—1060)的五律《七夕》表面上看来是写牛女渡河与人间乞巧,实际上也是借以论世情。"巧意世争乞,神光谁见过?""五色金盘果,蛛丝浪作窠。"诗人的愤激之情溢于字里行间。张耒(1054—1114)的五律《七日晚步园中见落叶如积感而作》末两句云:"放逐逢艰岁,藜羹未敢轻。"也与王禹偁《七夕》一诗所抒发情感相近。

晏殊(991—1055)的七律《七夕》首联云:"百子池深涨绿苔,九光灯迥绿浮埃。"这是联系《西京杂记》卷三"戚夫人"条所记汉初宫中乞巧事:"至七月七日,临百子池,作于阗乐。""于阗乐"本是当时宫中对玉门关以西音乐的泛称。乞巧节俗是秦文化的遗留。[①]因天水、陇南处于丝绸之路上,更西的于阗一带音乐、舞蹈、戏剧也会在这一带产生影响,使带有一定的于阗乐风格,故宫中妇女统称为"于阗乐"。联系刘宋时刘骏《七夕诗二首》中"偕歌有遗调"和王禹偁诗中"儿戏舞婆娑"之句来看,乞巧中的歌舞活动是起源很早的。甘肃省西和县和礼县一带乞巧中仍保留七天八夜的歌舞跳唱,并非孤立现象,而是因为其属于早期秦文化中心地带和处于比较闭塞的地理环境,留下了更早时期的文化传统。

司马光(1019—1086)的《和公达过潘楼观七夕市》中写道:

> 帝城秋色新,满市翠帘张。
> 伪物逾百种,烂漫侵数坊。
> 谁家油壁车,金碧照面光。
> 土偶长尺馀,买之珠一囊。

诗中说的"土偶",即宋代兴起的磨喝乐。《东京梦华录》中说,"七月七,京城几条外街皆卖磨喝乐,乃小塑土偶耳。悉以雕木彩装栏座,或饰以金珠牙翠,有一对值数千者,禁中及贵家与士庶为时物追陪。""磨喝乐"也作"摩睺罗",显然为译名,学者们都认为来自佛经,胡适以为即摩睺迦罗[②],

---

① 参见拙文《七夕节的历史与七夕文化的乞巧内容》,《民俗研究》2011年第3期。
② 参见胡适《摩合罗》一文,刊1936年6月6日天津《益世报》的《读书周刊》。

傅芸子以为即摩诃罗迦。① 作为一位卓越的史学家，司马光将其称为"伪物"，是因为其与中国具有悠久历史的乞巧风俗毫不相干。此物之所以在七月七日风行起来，是因为七夕为妇女乞巧之日，而这种儿童形象的泥塑，一则合于一些青年妇女喜爱白胖幼子的心情；二则满足一些青年妇女求子的欲望。在陇南、天水一带及全国很多地方，直至近代，这种"磨喝乐"风习也没有与七夕节俗相混，在后来演变成了"胖娃儿"和戏曲人物，加以彩绘，在腊月集市和各处庙会上出售。买胖娃儿的多是青年妇女，买各种戏曲人物的多是儿童。

　　这说明七夕节俗一方面因为时代和地域的不同形成分化，或掺杂进一些其他的文化因素；另一方面也因其有悠久的历史和明确的传说依据，在不断地清除一些与其不能融合的杂质，像水在流动中的自洁作用一样，保持着主体节俗的稳定性。乞巧节俗作为一个典型的个案，有力地说明了中华文明数千年中保持主体而不中断的原因。我们今天研究和弘扬乞巧文化，一定要注意将它与"磨喝乐"之类外来的文化因素分开来。近来有的人为了商业炒作，或为了提一点怪论吸引人的眼球，说什么七夕节是"中国的情人节"，完全背离了七夕（乞巧节）的传统精神，是以一种低俗的眼光看它，要把它引向违反人伦道德的邪恶之路。对于这样的做法，我们一定要大声说"不"。

　　西汉初年民间姑娘即将七夕节俗带入宫中，宫中不可能表现追求婚姻自由的歌舞，因而变为单纯的乞巧。《西京杂记》卷三载："至七月七日，临百子池，作于阗乐。乐毕，以五色缕相羁，谓为相连爱。"又载十月十五日"共入灵女庙"，所奉应即织女。"以秬稷乐神，吹笛击筑，歌《上灵》之典，既而相与连臂踏地为节，歌《赤凤凰来》"，也正与后代陇南、天水及陕西宝鸡以西几个县乞巧风俗一致。"上灵之曲"相当于后代所唱的"迎巧歌"②。秦人以凤凰为图腾，故乞巧中歌《赤凤凰来》。过去陇南、天水一带家中有女孩子的人家都在院里种凤仙花。陇南、天水之山多有以"凤凰"为名者。西和

---

　　①　参见傅芸子《宋元时代的"磨喝乐"之一考察》，1938年日本《支那佛教史学》第二卷第四号，后收入作者之《白川集》。
　　②　《西京杂记》卷三"十月十五日"文字或有误。因此下所叙时间依次为"七月七日""八月四日""九月九日""正月上辰""三月上巳"，是以七月为始向年底推，然后又从第二年向后推。则"七月七日"之前应为小于此日之日子。或者是"七月初一"之误，"七"与"十"形体相近，"十"与"五"字之中上部为"初"之误，"一"误识为"五"下部之横。无其他证据，仅供参考。

长道镇凤凰山上有织女庙。武都县红女祠又名织女祠,清康熙初年阶州知州连登科《题水帘洞》诗中即有"织女祠边题跨凤"之句(红女祠在武都城西北五里的水帘洞中)。又《水经注》卷二十《漾水注》云:武都秦冈山,"悬崖之侧,列壁之上,有神像若图,指状妇人之容。其形上赤下白,世名之曰圣女神"。当时武都治下辨道(今成县红川镇),下领故道,即今日两当县,秦冈山即今西坡乡嘉陵江边上的琵琶崖。因这一带靠近交通要道,而使今有关节俗失传,然在古代亦是牛女传说盛行之处。我国乞巧风俗以"牛郎织女"传说为根,承传有自,与外来文化无关。所以司马光这首诗很值得重视。

　　强至(1022—1076)的七古《七夕》更突出地表现出借题发挥的特征。其前半部分写有关传说与节俗,后半部分借乞巧节发议论:

> 吾闻朴散形器作,人夺天巧天无馀。
> 匠心女手剧淫巧,工与造化分锱铢。
> 荐绅大夫一巧宦,坐取公相如指呼。
> 间乘巧言惑主听,能改荼蘖成甘腴。
> 纤辞丽曲骋文巧,剷刻圣道无完途。
> 星如有巧更可乞,益恐薄俗难持扶。
> 我愿星精遗人拙,一变风化犹古初。

表面看来其主旨同女儿们的乞巧恰相反,是否定、反对乞巧,其实作者完全在谈官场,在抨击上自朝廷下至郡县一些巧言利口的小人。作者对于当时政治黑暗、奸邪得势的愤慨,溢于言表。

　　陆游(1125—1210)的《癸丑七夕》云:

> 风露中庭十丈宽,天河仰视白漫漫。
> 难寻仙客乘槎路,且伴吾儿乞巧盘。
> 秋早时闻桐叶坠,夜凉已怯纻衣单。
> 民无馀力年多恶,退士私忧实万端。

表现了诗人深沉的忧国忧民之心。"年多恶"即农田普遍歉收,即多为荒年。当时连年打仗,青壮年不能从事耕作,官府又强为征调。他所谓"私忧",实是为国为民之忧。比起前一首来,不仅是因为自己的切身体会而借说"巧"对当时官场进行揭露批判,而是在陪着小儿子乞巧的当中因夜凉衣单而想到整个社会的危机：老百姓多处于饥寒之中。诗人表现出忧国忧民之心，十分自然。

宋金坛（今属江西）人刘宰（1166—1239）和《七夕》云：

> 天孙今夕渡银潢，女伴纷纷乞巧忙。
>
> 乞得巧多成底事？只堪装点嫁衣裳。

这首诗反映了当时南方一带乞巧者也主要是未出嫁的姑娘。诗人这里似乎也表现了因有能力而受困产生的牢骚，只是表现十分含蓄。

宋末王镃的《七夕》诗中说："倚得画栏和袖暖，看人儿女学穿针。"这里"儿女"应是偏义复指女儿。小姑娘在这一天开始学穿针，作为一生从事于绣花缝纫之事的开端。自古以来民间参加乞巧的主要是小姑娘，有的少妇、中年妇女也参加，但不是主体。这从古代七夕诗的其他篇中也可以看出。如元代郝经（1223—1275）的五古《牵牛》的后一部分写乞巧，说"处处乞巧筵，家家喜相庆"，又说"遥怜小儿女，昏嫁俱未竟"。特别提到"小儿女"。

由宋入元的诗人于石的五古《七月七日》，二十一韵，写婺州兰溪（属今浙江）一带的七夕风俗。前部有四句：

> 翩翩联鹊桥，亭亭拥龙辀。
>
> 多少乞巧人，笑语穿针缕。

前两句写织女渡天河，由很多俊美的姑娘相拥而过。楼上穿针而庆七夕者，笑语喧哗。

总体上看来，唐宋时期七夕诗表现出历代七夕节俗主要是以陈酒水、瓜果，进行穿针、歌舞、验蛛网等活动，和以未婚女子为主的特征，也表现出带有地方性和阶段性的一些节俗，如设乞巧筵、置金盘果、乞巧盘、金盒（巧盒，置蜘蛛以验巧者）、数流萤、拜月、买磨喝乐等。同时都具有借七夕以抒怀的特征。唐诗的表现较为随意和自然，更多的给读者以想象的馀地；宋诗则往往发议论，由七夕、乞巧引出话题之后明白畅言。看起来由写七夕乞巧节俗转向借题发挥的发展过程，是由少到多，由描述后的"馀味"变成几乎对等甚至超过前者内容。这同唐诗、宋诗的整体风格有关。七夕诗可以成为研究唐诗、宋诗特征之专题，这比随意地引录一些作品论述更具说服力。

(四) 金元之作

金朝元德明 (1156—1203) 的《七夕》云:

> 天河唯有鹊桥通, 万劫欢缘一瞬中。
> 惆怅五更仙驭远, 寂寥云幄掩秋风。

诗人是站在牵牛的角度来写, 表现出对牵牛的极大同情, 其中似乎也表现了作者的某种感情。

大诗人元好问 (1190—1257) 的《七夕》表现了与他父亲元德明诗相近的情调:

> 天街奕奕素光移, 云锦机闲漏箭迟。
> 谁与乘槎问银汉, 可无风浪借佳期。

"素光" 即月光。"漏箭迟" 言夜已深。后二句用张华《博物志》中 "八月槎" 的典故, 言看谁能上天问银河, 有没有大风浪在天明前后兴起, 使织女在难得的相会时能多留一会儿。这在字面上的意思如此, 已是出人意表。但恐不仅如此, 诗人似乎在借以表达自己当下的情怀。很多高手名家之作如果只看表面文字, 那实际上是只读懂一半。

宋泽州晋城 (今山西晋城) 人李俊民 (1176—1260)《七夕》云:

> 云汉双星聚散频, 一年一度事还新。
> 民间送巧浑闲事, 不见长生殿里人。

"长生殿里人" 指杨贵妃, 七月七与唐玄宗 "密相誓心, 愿世世为夫妇" (《长恨歌传》), 然而不免于马嵬坡 "竟就死于尺组之下"。诗中表面上是说人间七夕不能与帝王贵妃相比, 实际是赞扬了一般人婚姻感情的真诚。值得注意的是诗中说到 "送巧" 的情节。乞巧之前是迎巧 (迎织女神), 结束之后送巧 (送织女神上天), 这两个仪式至今保存于今陇南、天水一带的乞巧风俗中。

女真族诗人乌林答爽 (1203—1232) 的《七夕曲》今只存两句, 但很有意思:

　　天上别离泪更多，满空飞下清秋雨。

看来当时的少数民族中，也关注七夕节，也有相关的传说，认为七夕下雨是牛郎织女的伤心泪。

　　七夕节在两千多年的发展之中，一方面受到各种因素影响发生一些变化；另一方面也逐渐将一些后来加入的其他因素排除掉，在活动的形式上也保持着最主要的内容。从妇女乞巧的方面说主要体现对女红技能的追求和对忠贞爱情的向往，而历代诗人则借这一节俗表现对个人遭遇、社会现状、世俗民风等诸多方面的看法与情绪。很多诗人直接以"七夕"为题，却各出新意，而且涉及社会生活很多方面。由此也可以看出七夕节作为一个具有悠久历史的节日同人们生活的广泛联系。

二、篇题与"七夕"相关的诗作

　　篇题与七夕相关的诗作包括三类：一类是由七夕之某事为题，一类是以"乞巧"为题，一类是以"幼女""牵牛""牛女"等为题。

（一）以"七夕"之某事为题者

　　南朝齐梁间诗人柳恽（465—517）、徐勉（466—535）、刘遵（488—535）的《七夕穿针诗》等是这方面时代较早的作品，我作为"同题共作"现象在另一文中谈过①，这里不再说。初唐沈佺期七古《七夕曝衣篇》写自古宫中七夕曝衣之俗，写出了皇宫中乞巧节的奢华。其开头云：

　　君不见昔日宜春太液边，披香画阁与天连。
　　灯火灼烁九微映，香气氤氲百和然。
　　此夜星繁河正白，人传织女牵牛客。

以下铺排描写"宫中扰攘曝衣楼"，各种珍奇衣帐、舒罗散縠加以罗列，而语言富于变化。其小序言"按王子阳《园苑疏》，太液池边有武帝曝衣阁。帝至

① 参见拙文《关于古代七夕诗的几种创作现象》，《西北师大学报》2019年第3期。

七月七日夜，宫女出后衣登楼曝之"。（"夜"恐是衍文）此系唐代诗人借汉朝而说唐的办法，由之可以知道唐代宫中的七夕是如何样情景。

中唐权德舆《七夕见诸孙题乞巧文》云：

> 外孙争乞巧，内子共题文。
> 隐映花匲对，参差绮席分。
> 鹊桥临片月，河鼓掩轻云。
> 羡此婴儿辈，吹呼彻曙闻。

这首诗值得注意的有三点：第一，联系前面所论宋代刘宰、王铚的《七夕》等诗看，自古乞巧的主体为未出嫁的姑娘。中青年妇女也有参加月下穿针之类活动的，但不参加跳唱。第二，乞巧中小孩子歌呼之声很大。第三，彻夜歌唱。这三点及前面所说乞巧活动之前先迎巧，供奉织女像，活动结束时送巧的风俗同至近代仍保留在天水、陇南一带的乞巧风俗一样，并不是只摆一些水果，仅穿针为戏而已。可以说，陇南保留的乞巧习俗是有悠久历史传统的。

宋祁有《七夕二首》，七绝《七夕》《和玉龙图七夕直宿》，也都句工而意深，不一一评述。值得注意的是其《七月六日绝句》反映出宋代有从七月六日开始乞巧的风俗。诗云：

> 积雨古墙生绿衣，幽花点点弄秋姿。
> 黄昏楼角看新月，还是年年牛女时。

宋祁是开封雍丘（今河南杞县）人。这就反映出古代北方乞巧活动有从七月七日之前就开始的。直至近代陇南、天水一带是从七月初一至初七为乞巧日。看来北方有的地方乞巧时间相对要长一些，这二者间的关系，值得思考。

梅尧臣《七夕有感》云：

> 去年此夕肝肠绝，岁月凄凉百事非。
> 一逝九泉无处问，又看牛女渡河归。

从第三句看应是其夫人于先一年七夕逝去，心中的悲切凄凉使他一时觉得百事无趣。看天上之牛女渡河，他无法与天上人相见。由之可以知道他何以在其五律《七夕》中用否定的态度写七夕及有关传说。

北宋郭祥正有《七夕不饮》一诗：

> 明河初月静涓涓，楼阁帘开斗管弦。
> 不饮一樽当此夕，我心于巧久无缘。

表现出对当时政界投机取巧的不满与反感情绪。郭祥正为当涂（今属安徽）人，其第二句"斗管弦"反映出当时安徽一带乞巧中还有管弦音乐伴奏，则也是有乞巧歌的。

北宋末年的诗人李新（1062—?）有《七夕日宿长江》一首：

> 去岁龙城乐事多，楼头乞巧傍青娥。
> 今年织女知何处？不见星郎送渡河。

李新是蜀人，曾为南郑（今陕南汉中）县丞。北宋末今陇南一带皆属蜀统管，故有可能到这一带。诗中说的"龙城"应即王昌龄《出塞》一诗"但使龙城飞将在"的"龙城"。《史记》中言："李广，陇西成纪人也。"这"陇西"指陇山以西。"陇山"实以"龙"名山，左耳旁为"阜"，表示为山名，实即"龙山"。"陇城"也即"龙城"。这同后来行政命名的龙城无关。北魏太和十一年（487）在今甘肃岷县以北洮河东岸置龙城，亦非李新诗中所指。诗中所写为今天水、秦安一带乞巧风俗及有关牛女相会的传说（今秦安东部有陇城镇）。

两宋之间陈渊的七绝《七夕闺意戏范济美三首》，同样很有情味。如第二首后二句，"看罢巧楼归小阁，床头重检近来书"。用重读家信的情节很含蓄地表现出对亲人的思念。

南宋项安世（1129—1208，江陵人）的七律《七夕谢孟漕品味》写主人于乞巧节待客之丰盛："木桃瓜李奏民风"，"帝子秋盘饼饵丰"。我们由唐宋时诗人的真实描述中，可以看到不同类型、不同层次的人对七夕节俗的体验。诗中所写，应同乞巧中给织女供饼饵、水果之类，女儿们要在七夕活动中学习作果饵有关。

金代磁州滏阳（今河北磁县）人赵秉文（1159—1232）的《七夕与诸生游鹊山》云：

> 七月七日人间秋，兴来飘然鹊山游。

> 灵仙役鹊渡河去,白云岭上空悠悠。
>
> 手持云腴酒,与云更献酬。
>
> 云既不解饮,且可与子消百忧。
>
> 云不饮,我无愁,不愁不饮空白头。
>
> 但愿年年岁岁得相见,长看云驭织女会牵牛。

因为牛女传说的广泛流传,全国很多地方有同牛女传说有联系的名胜景点。本诗写诗人与诸生游鹊山时通脱潇洒的情怀,说明七夕这一天一些地方文人士子也借乞巧以求提高文才。

婺州东阳(今浙江金华)人陈樵(1278—1365)的七律《七夕宫词》写"内人拜月金铺户"的景况之外,还特别写到"织署锦工催祭杼"。看来设在南方为朝廷作织事的织署七夕还有祭机杼之俗。这里实际上将织女看作了织神。表面看来同民间妇女敬织女的情形一样,实际上目的不同:民间妇女乞巧是姑娘们希望自己变得心灵手巧,而织署的敬织女是希望织得快、织得多、织得好。

生活中会有各种各样的事情发生,而诗人多在七夕之时吟而成篇,因借着七夕乞巧节俗和有关传说便于表达,含蓄而不露痕迹。因为在长期封建社会中无论从政治环境方面说,还是从礼俗上说,有些话不便直说。所以,七夕节给诗人以抒发情感的机会。

(二) 以"乞巧"为题者

从汉初乞巧即成为七夕节俗的主要内容。此后七夕节的很多活动,很多感受、联想、回忆也都与乞巧有关。

中唐时的施肩吾有《乞巧词》一首云:

> 乞巧望星河,双双并绮罗。
>
> 不嫌针眼小,只道明月多。

晚唐的神童林杰(831—847)六岁时所作《乞巧》一诗:

> 七夕今宵看碧霄,牵牛织女渡河桥。
>
> 家家乞巧望秋月,穿尽红丝几万条。

两诗都写到月下穿针和"望星河""看碧霄"。这是一千多年中很多地方乞巧活动的重要内容。

北宋李朴七律《乞巧》借乞巧抒发他对投机取巧、丧失道德各种行为的反感。其诗云：

> 处处香筵拂绮罗，为传神女渡天河。
> 休嫌天上佳期少，已恨人间巧态多。
> 齰舌自应工妩媚，方心谁更苦镌磨。
> 独收至拙为吾事，笑指双针一缕过。

同前面所论梅尧臣《七夕》、强至《七夕》所表现思想一致，但更为明朗有力，充满愤慨。这也是古代七夕诗中最具讽刺力量的一首。

（三）以"幼女""巧夕""牵牛"等为题者

历代之乞巧大多以未出嫁的姑娘为主，尤其参加跳唱，只限于少女。所以，古代写七夕节俗之诗，有以幼女为题者。如施肩吾《幼女词》云：

> 幼女才六岁，未知巧与拙。
> 向夜在堂前，学人拜新月。

拜月为南方七巧节俗较普遍的现象。施肩吾为晚唐睦州分水（今浙江桐庐）人，借小女孩学大姐姐们的行为表现了当地的习俗，显得更有趣味。

杜牧的《秋夕》是写皇家后宫嫔妃们在七夕时的心情的，极具含蓄地表现出她们在婚姻生活上的孤寂和无奈：

> 银烛秋光冷画屏，轻罗小扇扑流萤。
> 天街夜色凉如水，坐看牵牛织女星。

这里也写到望星河，但情感不同。与本篇第一部分所录崔颢、唐彦谦二人之《七夕》对读，其含义可知。

郝经（1223—1275）的五古《牵牛》后部由乞巧而感及个人为生计客游在外的境况：

> 处处乞巧筵，家家喜相庆。

> 五年江馆客，万事成堕甑。

后面说到“对花泪盈目，坐起不觉暝”。诗的前面大半部分所写牵牛居处的农家庭院，似乎就是据自己所居而写。可以说诗人是以牵牛自喻，与其他侧重于咏织女或牛女之事者不同。

据《三辅黄图》中所载秦始皇时“渭水贯都以象天汉，横桥南渡以法牵牛”（法，取法），则战国时秦人传说中很早就有牵牛织女渡天汉相会的情节，西汉时代民间已有七月七牛女鹊桥相会的传说。但宫廷中严防嫔妃、宫娥的情绪“失范”“走邪”，所以提倡在七夕乞巧，以消解有关传说中不利于“三从四德”之类的思想因素。在民间，父母同样遵从封建礼教规范女孩子的思想行为，所以女孩子也以乞巧为七夕活动的主要内容。这同魏晋以后大力宣扬“董永”的故事而遮盖、替代“牵牛织女”的传说的情形是一样的。① 乞巧节俗古今有所变化，南北也有差异。但是，首先，乞巧活动以姑娘们为主，以穿针等乞求女工之巧为主要内容。其次，总是同牛女传说、同鹊桥相会联系在一起。南北朝以来很多以“七夕”为题的诗均以牛女传说为题材，便是一个有力的证据。牛女传说不仅同汉以后的门阀制度相对立，也与历代的封建礼教相对立。

乞巧风俗传到南方之后，供织女像、对其唱歌的习俗淡了，很多地方形成拜月之俗，主要活动由室内移向室外，这同南方气候炎热有关。

有的诗人抛开七夕的传统节俗只以牵牛织女或乞巧为引子抒发个人情怀。如元代邵武（今福建邵武市）人黄清老（1290—1348）的七律《巧夕偶书》云：

> 几叶梧桐暮雨收，彩棚尊俎候牵牛。
> 青鸾西去瑶池冷，乌鹊南飞碧水流。
> 屋角月明三尺竹，河边云湿数星秋。
> 天风扫退尘间梦，一曲金徽独倚楼。

七夕诗中多写到织女，而此诗是单说到祭牵牛的情节。黄清志为泰定三年（1326）乡试第一，第二年登进士，任翰林检阅、翰林应奉文字兼国史院编

---

① 参见拙文《牛女传说在魏晋南北朝时期的传播与分化》，《长江学术》2002年第1期。

修，其诗飘逸有盛唐风。由尾联上句看此诗也在抒发某种失望与忧思"金徽"（本系琴弦之绳索，这里指琴、琴曲）。诗人弹琴以抒发情感，然而仍不能去怀，故倚楼惆怅而立。

历史上以"七夕"为题之诗特别多，虽都是由"七夕""乞巧"而引起，却从不同方面下笔，立意各异，从七夕文化、乞巧节俗的各方面引出个人的感想以至对社会、人生的看法，给人以多方面的启迪。

三、词牌或篇题同七夕相关的词作

（一）"鹊桥仙"词牌

"鹊桥仙"词牌起源于欧阳修。清代陈廷敬、王奕清等合编《钦定词谱》云："始自欧阳修，因词中有'鹊迎桥路接天津'句，取为调名。"欧阳修词云：

> 月波清霁，烟容明淡，
> 灵汉旧期还至。
> 鹊迎桥路接天津，
> 映夹岸、星榆点缀。
>
> 云屏未卷，仙鸡催晓，
> 肠断去年情味。
> 多应天意不教长，
> 恁恐把、欢娱容易。

意绪婉曲，格调清空，多用映衬、烘托、暗示之法，在表现上比诗更为含蓄、婉转。词中设想牛女相会的景致与心绪也同牵牛织女传说的主题一致。欧阳修《鹊桥仙》一词之成功，为后代很多诗人、词坛高手选定了一个借牛女故事抒情的词牌。此后一些诗人词家常用"鹊桥仙"创作，其内容、思想与七夕节俗及牛女传说在不即不离之间；有用以咏他事者，情境上也多相近。

其后苏轼有《鹊桥仙·七夕送陈令举》《鹊桥仙·七夕和苏坚韵》，都是写朋友情义的。如后一首：

> 乘槎归去，成都何在，
> 万里江沱汉漾。
> 与君各赋一篇诗，
> 留织女鸳鸯机上。

> 还将旧曲，重赓新韵，
> 须信吾侪天放。
> 人生何处不儿嬉，
> 看乞巧，朱楼彩舫。

同他的《念奴娇（大江东去）》《水调歌头（明月几时有）》等词一样抱着顺天而行的思想，大气磅礴，在豪放之中，隐隐显出一点幽怨之意。只是有几处同牛女传说、乞巧节俗相关联。

黄庭坚（1045—1105）的《鹊桥仙·席上赋七夕》抒发个人情怀，其立意与苏词各有千秋。

以"鹊桥仙"词牌咏牛女的词作中，流传最广、影响最大的要数秦观（1049—1110）的《纤云弄巧》一首。秦观这首词除了凝练含蓄的辞藻、严谨精巧的结构外，还在于它借牛郎织女的传说道出了人生情感，尤其是夫妻情感方面的至理。这首词为大家所熟知。古代咏牵牛、织女者绝大部分是为其一年中只有一夕的相会而表示惋惜与同情，但柳永却认为感情是否深厚，不在于在一起的时间长短。"金风玉露一相逢，便胜却人间无数"，"两情若在久长时，又岂在朝朝暮暮"已成为表现夫妻真情的脍炙人口的名句。这一反以前以牛女分离为悲的主题。作者对真正爱情的肯定十分明确，对封建礼教、门阀制度及追求金钱地位等种种不良婚姻观念的否定，也在不言之中。同时，此词虽咏牛女的故事，但表现含蓄，除"银汉""鹊桥""金风玉露"这几个词之外，又似泛论人间爱情，理解上较为灵活，读起来很亲切，所以具有永久的感染力。

谢薖（1074—1116）的《鹊桥仙》，其末云："人间平地亦崎岖，叹银汉、何曾风浪！"与人间比，牛郎织女虽一年一次会面，但毕竟无大阻碍。对现实生活中家庭婚姻上不合理制约、破坏的批评，含蓄而有力。以后有葛胜仲（1072—1144）的《鹊桥仙·七夕》二首。其二云：

> 鹊桥仙偶，天津轻渡，
> 却笑嫦娥孤皎。
> 平时五夜似经年，
> 问何事、今宵便晓。
>
> 云车将驾，神夫留恋，
> 更吐心期多少。
> 支机休浪与闲人，
> 莫倚赖、芳心素巧。

上阕后三句言相会的一夕感到时间比平时的一夕短得多。"云车将驾"言织女将离去。"神夫"指牵牛。下阕末尾两句是借着牵牛的口吻，意思是说，不要轻信闲人的巧慧言语。全篇自有新意。

南宋女词人朱淑真的《鹊桥仙·七夕》借七夕以抒个人情怀，也是传诵名篇：

> 巧云妆晚，西风罢暑，
> 小雨翻空月坠。
> 牵牛织女几经秋，
> 尚多少、离肠恨泪。
>
> 微凉入袂，幽欢生座，
> 天上人间满意。
> 何如暮暮与朝朝，
> 更改却、年年岁岁。

这是将人间同天上连起来写，乞巧满座欢欣，羡慕牛郎织女的永久真情。那么，把人间天天在一起生活的夫妻俩拆开，也变成一年一会，情形会怎样？同秦观之词比起来，又翻出一新意。词的末尾似乎是提出了一个问题，但具体情形多种多样，结果也难以预料，读者可根据具体情况自己思考其含义。

北宋王之道、史浩以及南宋范成大、袁去华的《鹊桥仙·七夕》，杨无咎（1097—1171）的《鹊桥仙（云容掩帐）》，卢炳的《鹊桥仙（馀霞散绮）》等，也都各见灵感、自抒情怀、各有佳句，不再缕述。

南宋的吴潜（1196—1262）有《鹊桥仙（乙未七夕）》二首，其二云：

> 馨香饼饵，新鲜瓜果，乞巧千门万户。
> 到头人事控搏难，与拙底、无多来去。
>
> 痴儿妄想，夜看银汉，要待云车飞度。
> 谁知牛女已尊年，又那得、欢娱意绪。

借七夕以表现年老后之意绪，又出人意表。其中说到乞巧中除陈列瓜果之外，还有“饼饵”，并且家家都参与。这同近代陕甘一带风俗一致。宋末还有几位诗人作“鹊桥仙”词咏七夕牛女，各有特色，不一一介绍。

元代李齐贤《江神子·七夕冒雨到九店》首句有“银河秋畔鹊桥仙”之句，称织女为“鹊桥仙”，应该说是顺俗而称，用了“江神子”词牌，大约也有这个意思。

古代七夕有的文人相聚唱和也常用“鹊桥仙”词牌。如明末徐士俊的《鹊桥仙·七夕和谢勉仲韵》云：

> 胭脂万斛，蒲萄千古，
> 溜向银河高映。
> 人间莫自叹沧桑，
> 看岁岁、佳期秋胜。
>
> 乌丝闲写，鹊香频炷，
> 一夕桥头销尽。
> 长生私语玉环痴，
> 翻笑道、天孙薄幸。

上阕写人间乞巧活动之盛及劝一些人莫以牛女一年只相会一次而感慨。下阕写牛女之会在世人的颂祝、焚香祈祀之中幸福地度过，死于马嵬坡的杨玉环还曾笑织女无福。行文含蓄，但引人深思之处不少。

　　元明时代也有一些以"鹊桥仙"词牌写牛女之事与七夕风俗者。如明代吴江女诗人沈宜修（1590—1635）《鹊桥仙·七夕》二首、吴江另一诗人毛莹（1594—?）《鹊桥仙·七夕》、同时的浙江海盐人彭孙贻的《鹊桥仙·七夕》都是借七夕以抒怀，韵味十足。年轻即守寡而卒的钱塘女诗人吴柏的《鹊桥仙·七夕》云：

> 金针穿巧，花瓜斗丽，
> 争看天孙出嫁。
> 欢娱莫恨隔年遥，
> 还胜似、嫦娥终寡。
>
> 桥边鹊羽，盘中蛛网，
> 休论有无真假。
> 天仙日月较凡常，可知是、千年一夜。

吴柏许配陈氏。年十七，未婚夫卒，守节十年，二十七卒。词中婉转地表现她个人的悲苦。七夕诗词中多写夫妻分离之悲苦，而像吴柏这首词所写，为仅见。

　　明末有沈麖、吴绡、易震吉的《鹊桥仙·七夕》，还有易震吉《鹊桥仙·七夕日》、曹元方《鹊桥仙·七夕，和曹修微韵》、朱衣《鹊桥仙·七夕初霁》、陈恭尹《鹊桥仙·闰七夕》、袁煊《鹊桥仙·巧夕思乡》、杜熙揆《鹊桥仙·七夕》、太原女诗人张桓少《鹊桥仙·七夕忆金沙长姊于夫人》等，或展示乞巧场面，或联系牛女传说以抒情，或忆旧，或感怀，都是各有所见，下笔不同。诗人们用"鹊桥仙"这个词牌表现了多方面的思想认识，抒发了种种情感思绪。

（二）"思牛女"等词牌

　　同牛女传说有关联的词牌还有"思牛女""夜飞鹊"和"乌啼月"。又南宋胡翼龙《夜飞鹊》上阕第一句"星桥度情处"，下阕第一句"忍记穿针儿女"，可见其词牌与内容的关系。用这些词牌写七夕、牛女之事似起于北宋词人贺铸（1052—1125）。"思牛女"又名"踏莎行"。贺铸《思牛女》词云：

楼角参横，庭心月午，
侵阶夜色凉经雨。
轻罗小扇扑流萤，微云度汉思牛女。

拥髻柔情，扶肩暱语。
可怜分破□□□。
□□□□有佳期，人间底事长如许？

虽有缺文，也仍为脍炙人口的佳篇。贺铸作词往往根据其内容而以词之篇名代词牌，因成异名。此词也还有几个异名，如"芳心苦"，也与"牛郎织女"传说所蕴含的思想感情相合。

贺铸又有《乌啼月》一词云：

牛女相望处，星桥不碍东西。
重墙未抵蓬山远，却恨画楼低。

细字频传幽怨，凝缸长照单栖。
城乌可是知人意，偏向月明啼。

将牛女之分离同现实中男女双方不能相聚一起融为一体书写，韵味深长。这个词牌名来自本词结句甚明。后来也常有一些词人用来咏牛女故事和乞巧节俗。

此外，诗人、词家用字面上看与牛女传说可以联系的其他词牌写牛女和七夕的也有一些。其中有些写牛女相会的情节细致生动，曲尽其情。谢薖的《定风波·七夕莫莫堂席上呈陈虚中》上阕云：

牛女心期与目成，弥弥脉脉得盈盈。
今夕银河凭鹊度，相遇，
玉钩新吐照云屏。

李治《敬斋古今黈》卷八说，"定风波"词牌名由唐欧阳炯《定风波》首句而来，其开头"暖日闲窗映碧纱，小池春水浸晴霞"句意为"定风波"。此说似较牵强。敦煌发现唐代曲子词也有《定风波》，其中说"谁人敢去定风波"，则此词牌起于民间。因唐代人词作多据词牌而定题材，故得吻合。后来之《定风波》词牌多写男女分离及思念之情，但自然同鹊桥相会的传说联系起来：为了二仙能顺利相见，希望天河上不要起风波。

应该看到，有的词牌其始与牛女传说并无关系，但作者巧妙地利用了词牌字面的意思而表现七夕节有关内容，这首先是表现出了诗人的睿智。其次，也由此看出七夕风俗和牛女传说对历代诗人创作的影响之大。

（三）敦煌曲子词

敦煌曲子词中的《喜秋天》五段，都是写乞巧活动的。每段开头分别由"一更""二更"等领起，至"五更"止。这组诗给我们提供了认识唐代西北乞巧节俗的很多信息：其一，由"在处敷陈结交伴"一句看，乞巧并不只是在自己家中，女孩子们往往也会相聚在一起乞巧；其二，由"今晨连天暮"一句看，乞巧不只在晚上，乞巧的几天中乞巧的地方从早到晚都有人；其三，由"供献数千般"一句看，乞巧不只摆一些水果之类，而要向织女供各种各样的供品。以上这些同近代陇南、天水一些县尚保留的乞巧习俗是一致的，使我们认识到西北乞巧活动中的一些习俗沿丝绸之路向西传播的历史事实。由此可以看出，在古代以秦人早期活动之地今陇南、天水为起点，随着秦人的东迁主要是向东传播，在陇南、天水至咸阳、西安之间形成一个乞巧风俗最浓、最原始的基地，并不断地传向全国，也随着丝绸之路的文化交流，向西传播，直至敦煌。

歌词的"二更"一段说"月落西山观星流，将谓是牵牛"，认为天上的流星便是牵牛赶去相会。其"三更"一段云：

> 三更女伴近彩楼，顶礼不曾休。
> 佛前灯暗更添油。礼拜再三候。
> 诸女彩楼畔，烧取玉炉烟，
> 不知牵牛在那边，望作眼睛穿。

从第二句可知，当时女孩子乞巧要向织女像上香行礼。第三句"佛前灯暗更添油"的"佛"应是民俗中泛称神佛之语，与"菩萨"泛称神灵的情形相同，这里指织女的供像。联系本文第二部分开头所录权德舆《七夕见诸孙题乞巧》，会更为清楚。可以说，这是目前所发现最早的一首乞巧歌。因为历来封建文人男尊女卑的观念，认为女子们的跳唱等有违女诚，被视为非礼，被看作淫祀，都不完整记载它，只是一些诗人借以抒怀，零星点到一些情节，或只写小女孩的幼稚的学习乞巧的行为，故古代乞巧歌没有能够流传下来。这应是一篇难得的标本。

（四）篇题与七夕相关联的词作

北宋张先（990—1078）的《菩萨蛮·七夕·般涉调》二首为人所熟知。张先为乌程，即今浙江湖州人。词中写出东南一带乞巧的风俗和有关传说。如第一首说到"洗车昏雨过"，"暗蛩还促机"。第二首着重写乞巧：

> 双针竞引双丝缕，
> 家家尽道迎牛女。
> 不见渡河时，空闻乌鹊飞。
>
> 西南低片月，应恐云梳发。
> 寄语问星津，谁为得巧人？

将乞巧活动中的穿针、看银河等结合一起，又融入有关传说（织女渡河时会有片云在天河上飘过）等，但均在表现人物情绪、心情时自然带出。末两句是将乞巧活动与鹊桥相会的情节联系起来：问织女，人间这么多乞巧人中究竟谁得了巧？可谓独出心裁。

苏轼的《渔家傲·七夕》与其是写七夕相会，不如说是诗人自己抒发想家念亲的情怀：

> 皎皎牵牛河汉女，
> 盈盈临水无由语。
> 望断碧云空日暮。
> 无寻处、梦回芳草生春浦。
>
> 乌散馀花纷似雨，
> 汀洲苹老香风度。
> 明月多情来照户。

　　但揽取、清光长送人归去。

写牛女与抒发个人情怀融为一体，不即不离，难以分辨。著名词人晏几道
（1038—1110）的《蝶恋花》二首，其一由乌鹊桥成催织女快过写及月下乞巧
人，再及于人间有情人希望永不分离的愿望。词云：

　　　　喜鹊桥成催凤驾，
　　　　天为欢迟，乞与初凉夜。
　　　　乞巧双蛾如意画，
　　　　玉钩斜傍西南挂。

　　　　分钿擘钗凉叶下。
　　　　香袖凭肩，谁记当时话。
　　　　路隔银河犹可借，
　　　　世间离恨何年罢。

写妇女当七夕时细致打扮，西南天空初月明照，青年妇女于树荫暗处分钿、
擘钗，表示对心爱者的永不相忘，体现了青年妇女感情的纯真与对爱的执着
追求。第二首上阕写牛女相会，下阕云：

　　　　楼上金针穿绣缕，
　　　　谁管天边、隔岁分飞苦。
　　　　试等夜阑寻别绪，
　　　　泪痕千点罗衣露。

写妇女们一起穿针乞巧时很热闹，也想不到牵牛织女分离之苦。至深夜想到
自家和心上人的分隔两处，才悲从中来。曲折变化，很有情致。
　　谢逸（？—1113）的《减字木兰花·七夕》：

　　　　荷花风细，乞巧楼中凉似水。
　　　　天幕低垂，新月弯环浅晕眉。

　　　　横桥乌鹊，不负年年云外约。
　　　　残漏疏钟，肠断朝霞一缕红。

写出七夕初秋之时清凉的意境，而对乌鹊的不负约定，年年架桥以帮助其完成欢会之愿望大为赞赏。这当中是否寄托有诗人的什么情意不得而知，但很耐人品味。谢逸的《虞美人》（乌鹊成桥架碧空），谢薖的《蝶恋花·留董之南过七夕》《蝶恋花》（一水盈盈牛与女）等也都各有所长。谢薖《蝶恋花·留董之南过七夕》云：

> 一水盈盈牛与女，
> 目送经年、脉脉无由语。
> 后夜鹊桥知暗度，持杯乞与开愁绪。
>
> 君似庾郎愁几许，
> 万斛愁生、更作征人去。
> 留定征鞍君且住，人间岂有无愁处。

当七夕之时与即将远征而去的朋友把盏释愁。以牛女的分离说明无处不有愁怀，"人间岂有无愁处" 一句用以安慰朋友，其中也颇含哲理性。

李清照（1084—1155?）有《行香子》一首，词云：

> 草际鸣虫，惊落梧桐。
> 正人间、天上愁浓。
> 云阶月地，关锁千重。
> 纵浮槎来，浮槎去，不相逢。
>
> 星桥鹊驾，经年才见，
> 相离情、别恨难穷。
> 牵牛织女，莫是离中。
> 甚霎儿晴，霎儿雨，霎儿风。

浮槎是用张华《博物志》中载旧说天河与海通，有人每年八月浮槎至天河见到牵牛、织女的典故。本词写人间、天上难以相通，但都有离情别恨没有尽头。表现出现实人生中复杂的情绪。将人间之愁恨与天上之愁恨融为一体，手法新颖，而语言自然，明白如话，颇耐人寻味。

两宋之间蔡伸（1088—1156）的《减字木兰花·庚申七夕》云：

金风玉露，

喜鹊桥成牛女渡。

天宇沈沈，

一夕佳期两意深。

琼签报曙，

忍使飙轮容易去。

明日如今，

想见君心似我心。

借写牛女相会的情景，表现了一种短暂相逢又将分手的情感，尤其是末二句写出了分别后的相互信任，言简而意深。作者借七夕抒发自己在现实生活中的情感，但看不出其间有语意的转折，表现极为自然。大体同时的曹勋（1098—1174）有《忆吹箫·七夕》，是由七夕节时诗人看到、感受到的自然环境写起，说当牵牛已渡之时一些佳丽"拥坐于缯筵之上，斗巧嬉游"，一片欢乐景象。在这时却另外有人因与有情人分离一时无法见面而愁思。欢和愁，明和暗，互为映衬。词云：

烦暑衣襟，乍凉院宇，

梧桐吹下新秋。

望鹊羽，桥成上汉，绿雾初收。

喜见西南月吐，

帘尽卷、玉宇珠楼。

银潢晚，应是绛河、已度牵牛。

何妨翠烟深处，

佳丽拥缯筵，斗巧嬉游。

是向夕、穿针竞立，香霭飞浮。

别有回廊影里，

应钿合、钗股空留。

江天晓，萧萧雨入潮头。

下阕后几句由《长恨歌》中"钗留一股合一扇，钗擘黄金合分钿。但教心似金钿坚，天上人间会相见"而来。这里所写同上一部分谈到的晏几道《蝶恋花》一词中所写"分钿擘钗"的情形一样。

南宋时胡铨（1102—1180）的《菩萨蛮·辛未七夕戏答张庆符》写牛女相会之时有女子已与丈夫离别，因而拜月乞愿，当七夕之时，一夜长似一年。说明夫妻分别之情平时可能因种种事情而暂时忘却，至七夕之夜则一直萦思不能去怀。诗云：

> 银河牛女年年渡，
> 相逢未款还忧去。
> 珠斗欲阑干，盈盈一水间。
>
> 玉人偷拜月，苦恨匆匆别。
> 此意愿天怜，今宵长似年。

辛弃疾（1140—1207）的《绿头鸭·七夕》上阕先由个人生活感受说起："叹飘零，离多会少堪惊。又争如、天人有信，不同浮世难凭。"感慨万端。然后写牛女相会。下阕先写七夕乞巧风俗，而以自己当时的心情作结。上下阕首尾照应。大体同时的陈三聘的《南柯子·七夕》写牛女"旧怨垂千古，新欢只片时"，对牛女传说的情节作了提炼；赵师侠的《鹧鸪天·七夕》写七夕时人们在节令气候方面的感受；高观国的《隔浦莲·七夕》借牛女故事而抒两情阻隔下各自的情怀等。这些词都各有感受、各有诗情，手法各异。

赵长卿还有一首《菩萨蛮·七夕》：

> 绮楼小小穿针女，
> 秋光点点蛛丝雨。
> 今夕是何宵？
> 龙车乌鹊桥。
>
> 经年谋一笑，
> 岂解令人巧。
> 不用问如何，

人间巧更多。

写到穿针乞巧的姑娘年龄很小，同权德舆《七夕见诸孙题乞巧文》以来不少诗中所写一样。这里说的"人间巧更多"，应是语意双关：一方面赞姑娘们的心灵手巧，另一方面有对世风的批评在里面，这从用"人间"概括"巧更多"的范围可知。借写小姑娘穿针乞巧的天真可爱，表现出对政界作风的不满。愤慨之事，而以轻松之语出之。高观国的《摊破浣溪沙·七夕》云：

> 嫋嫋天风响佩环，
> 鹊桥有女夜乘鸾。
> 也恨别多相见少，似人间。
>
> 云浦无声云路渺，
> 金风有信玉机闲。
> 生怕河梁分袂处，晓光寒。

以织女与牛郎的离多会少，衬托人间同样的哀愁。立意新奇。末二句写相互分手之时的依依不舍，也简洁而生动。

吴文英（1207—1269?）的《诉衷情·七夕》上阕的"银河万里浪"等句也很有想象力。其下阕云：

> 河汉女，巧云鬟，夜阑干。
> 钗头新约，针眼娇颦，楼上秋寒。

由织女而说及人间乞巧，颇有意趣。

宋末陈德武的《玉蝴蝶·七夕》上阕描摹牛女相会的情节，表现了他们的坚贞爱情，由此而给人间儿女以启示：

> 金井梧桐飞报，
> 秋期近也，乌鹊成桥。
> 为问双星何事，长待今宵。
> 别今年、新欢暂展，更五鼓、旧恨重摇。
> 黯魂销。
> 两情脉脉，一水迢迢。

寂寥。

寄言儿女，纵能多巧笑，

奚暇相调。

暗想离愁，人间天上古来饶。

但心坚、天长地久，

何意在、雨暮云朝。

宝香烧。

无缘驾海，有分吹箫。

作者认为离愁是 "人间天上古来饶"，这实际上是对几千年封建社会中普遍存在的婚姻悲剧和家庭悲剧的一个简要总结。"但心坚、天长地久"，更是给同牛郎织女一样的纯真爱情的高度评价。末句的 "有分吹箫" 是用《列仙传》中萧史的典故。萧史善吹箫，秦穆公将其女弄玉嫁他，他 "日教弄玉作凤鸣。居数年，吹似凤声，凤凰来止其屋。公为作凤台，夫妇止其上。不下数年，一日皆随凤凰飞去"。此应是早期织女传说的分化。秦人是以凤为图腾的。

北方金人统治地区的诗人马钰（1123—1183）有《临江仙·七夕吟》一词：

天上初流火，人间乍变秋。

鹊桥银汉瑞云浮，

织女今宵何处唤牵牛。

闺女离闺阁，无愁自起愁。

焚香乞巧拜无休。

怎肯灰心，守拙列仙俦。

与其他同类之作相比，又是独出机杼。这首词同本篇第一部分说到的女真诗人乌林答爽的《七夕曲》一样，说明在金人统治下的北方，乞巧风俗也很兴盛。蒙元时期白朴的《摸鱼子·七夕用严柔济韵》"彩楼瓜果祈牛女" 等句则反映了蒙古人统治下北方的乞巧风俗，也写得十分生动。

明钱塘人瞿佑（1341—1427）的《风入松·七夕》云：

新虹收雨暮天晴，河汉倍分明。

> 梧桐叶底金蝉噪，惊飞起、点点流萤。
> 天上桥成乌鹊，人间采结云斯。
>
> 几家瓜果设中庭，银烛照娉婷。
> 晚凉浴罢残妆在，花枝颤、鬓乱钗横。
> 但愿长如此夜，也应胜似双星。

写乞巧活动中的自然环境，表现出了南方的景致特征，富有诗意。写现实生活之情趣。下阕的"鬓乱钗横"等句写出了妇女们狂欢后的状态。末两句同各家有关乞巧的诗词的思想情感不同，表现的是对现实生活的肯定。这当中既有作者自己生活环境方面的因素，也有当时整个社会状况的因素。

　　黄淮（1367—1449）的《南乡子·七夕嘲牛女》写人间乞巧邀请织女显灵指点，而天上的织女正愁明朝即将别牛郎而去，立意也很奇特。又其《浪淘沙·七夕遇雨》云：

> 牛女未成欢，别意相关。
> 几回偷把泪珠弹。
> 散作一天凉雨过，秋满人间。
>
> 瓜果漫堆盘，夜漏将阑。
> 佳人惆怅蹙春山。
> 孤负穿针良会也，空倚栏杆。

诗人利用当地关于织女泪的传说写七夕逢雨，秋意更浓，即引起有心事妇女深深惆怅的情形。

　　从明代以前有关七夕的各类诗词不但可以了解到七夕风俗的发展、演变、分化情况，看到南北乞巧活动的同与异，看到从两千多年前的西汉时代到宋元之时七夕节的不断丰富及文人学士对它的不同看法，还可以窥测到各个时代文人的创作心理，看到他们如何利用七夕乞巧中的各种传说因素与习俗来表达他们对自身与社会各方面问题的看法。虽然很多作品的表现比较含蓄，甚至隐晦，往往是借此以言彼，但这种心灵的观照更为真实。

四、以"七夕"为篇题的散曲

散曲分为小令、带过曲和套曲三种形式。小令指散曲的单个曲子，是散曲的基本单位。如果在同一篇题下用两首或三首宫调相同、音律相协的曲子联结起来填写的，叫"带过曲"。如果把四个以上同一宫调曲子连缀起来的，叫"套曲"，也叫"套数"。套曲和带过曲中三首以上联缀者，我已在《论古代"七夕诗"中的几种创作现象》一文的"组诗"部分谈过，这里只涉及小令和二首以内的带过曲。这类曲子中写七夕的不是很多。

元初卢挚（1242？—1315？）有《双调·沉醉东风·七夕》：

> 银烛冷秋光画屏，碧天晴夜静闲亭。
> 蛛丝度绣针，龙麝焚金鼎。
> 庆人间七夕佳令。
> 卧看牵牛织女星，月转过梧桐树影。

卢挚为河南颍川人，弱冠任元世祖忽必烈的侍从，后至翰林学士、迁承旨。曲中写士大夫之家乞巧，同样是穿针、觅蛛网、封香拜织女、举首看天河。联系白朴等人作品看，蒙元统治者对节令习俗并不作过分干涉，同宋王朝统治下没有什么变化。

元代杰出作曲家王举之的《双调·折桂令·七夕》也是写牛女传说与七夕风俗的佳作：

> 鹊桥横低蘸银河。
> 鸾帐飞香，凤辇凌波。
> 两意绸缪，一宵恩爱，万古蹉跎。
>
> 剖犬牙瓜分玉果，
> 吐蛛丝巧在银盒，良夜无多。
> 今夜欢娱，明夜如何。

由牛女传说而转向对七夕风俗的描写。"吐蛛丝巧在银盒"是写自宋代开始形成的将蜘蛛放于盒中，第二天看所吐丝之多少验是否得巧的风俗，多为小孩子七夕所玩。本曲前后两段的末两句给人留下思考，二者又能联系起来。

元刘伯亨《双调·朝元乐》中《好精神》云：

> 七月七，牛郎织女期。
> 好相别，还相会，一年一度不差别，
> 则这天象有姻缘，世人无恩义。
> 在他乡结新婚，与别人为娇婿。

与绝大部分借七夕、乞巧写爱情的不同，不是因恩深而分两处忧愁，而是其中一方另有新欢造成悲剧。本诗从比较的角度将这种社会现象写出，对社会现实中家庭婚姻中的不良行为进行了抨击。

元代一些唱"十二个月"的曲子中，"七月"都是唱七夕或牛郎织女。无名氏的《商调梧·叶儿·十二月·七月》为：

> 金风动，玉露滋，
> 牛女会合时。
> 人别后，无意思，折花枝，
> 闲倚定桐梧树儿。

写已婚妇女当七夕之时因夫妻分离的无聊与寂寞。再如无名氏的《中吕·迎仙客·十二月·七月》云：

> 乞巧楼，月如钩，聚散几回银汉秋。
> 遣人愁，何日休。
> 牵牛织女，万古情依旧。

以牵牛织女之事比喻现实婚姻上的忠贞。

金元之时，一些作家尤其少数民族作家在七夕节的吟诵抒怀，扩大了这个节俗的传播范围。内蒙古、东北、西南等地也流行牛郎织女传说和有地域特色的七夕风俗就说明了这一点。

明代王克笃（1526—1594）《北双调·拨不断·七夕》云：

> 七月七，是何夕?

> 河边牛女遥相忆，
>
> 滚滚银涛作雨飞。
>
> 人言都是双星图，只因多离少会。

在写牛女传说中很含蓄地将个人的情感经历写于其中。这是以七夕为题材的词曲中最典型的表现手法，只是这首曲子更为含蓄。

以上只是从明代以前以"七夕"为题及篇题与"七夕"相关的诗、词、曲为范围，考察了历代诗人七夕诗中个人情感的抒发和对当时社会的反映，以便对明代以前七夕诗的题材、主题、思想内容有一个较清晰的认识；并借以了解七夕节俗的传播情况及其对文人创作的影响。文中举出了一些较有代表性的诗篇与段落、句子。篇题与之无关却以七夕为题材或作于七夕的诗、词、曲作也很多，如晚唐王建与和凝都有《宫词》写宫中乞巧等。王作首句"画作天河刻作牛"，说明唐代宫中乞巧供有表现"牛女相会"情节的画，并供有木刻或石刻的牛。再如元代中期青年女诗人孙淑（1306—1328）的《绿窗十八首》之第十七首：

> 乞巧楼前雨乍晴，
>
> 弯弯新月伴双星。
>
> 邻家小女都相学，斗取金盆看五生。

孙淑为元曲作家孙周卿之女，诗人傅若金之妻，二十三岁病故。可以说她作此诗时去乞巧之年不远，写到乞巧中妇女种五生之习。种五生即七月初七以前将绿豆、小豆、小麦等泡在碗、盆之中生芽，待乞巧时中腰用彩纸或彩绸束之，供于织女像前，卜巧之时可投于水中看其投影像什么，以定是否得巧。种五生起于宋元之时，而至今陇南、天水一带尚存，叫"生巧芽"。这类从篇题上看不出而实际写七夕或借乞巧以抒怀的诗，也很值得作进一步地考察与研究。

浏览历代诗人七夕之作可以看出，大部分写七夕、乞巧风俗或借七夕、乞巧风俗抒发个人情怀之作，同牛女传说联系在一起，有的虽然没有明确叙及，但用到云汉、双星、渡河、乌鹊、云轺、凤驾、望断碧云之类词语，也暗含着牛郎织女相会之类情节。所以说，七夕、乞巧节俗的传播同牛郎织女传说的传播是联系在一起的，二者起着相互带动的作用。

七夕节在全国大部分地方只有七月七日一天，北方有的地方是六日、七日两天，只有天水、陇南一带西汉水流域及秦人由陇南经今天水、清水、张川等地至咸阳这一段路上的一些县曾为七天八夜，而至今仍为七天八夜的只有西和县、礼县的漾水河、西汉水流域。但是，历代诗人在七夕节诗兴大发而作诗、词、曲的情形很多，思想内容往往超出亲情、忆旧等个人经历之外。

秦人主要生活在陇南漾水河下游至漾水河与盐官河交汇处，故其早期以漾水河为汉水的正源，因而使得这一带的乞巧节俗得到较完整的保留。因为每个时代的主流思想都是统治阶级的思想，应该说，秦人的七夕节俗从西汉独尊儒术思想确立之后，经过了自然的改造变化。今天我们从晋南北朝的七夕诗谈到七夕的仪式只是"乞巧"。不过，诗人们仍然借着七夕的话题，表现出对婚姻、家庭方面的痛苦与愿望，也表现出对当时政治社会的看法，抒发不平与愤激之情。在整个封建社会中要追求婚姻自主、在婚姻上反对门阀制度，这在文人阶层是不可能的。在古代所有七夕诗、词、曲中，基本没有这类的文人之作，这是我们应该看到的。

参考文献

1.《先秦汉魏晋南北朝诗》，逯钦立辑校，中华书局 1983 年版。

2.《全唐诗》，（清）彭定求等编，中华书局 1980 年版。

3.《全唐诗补编》，陈尚君辑校，中华书局 1992 年版。

4.《全五代诗》，（清）李调元编，何光清点校，巴蜀书社 1991 年版。

5.《全唐五代词》，曾昭岷、曹济平、王兆鹏、刘尊明编，中华书局 1999 年版。

6.《全宋诗》，北京大学古文献研究所编纂，北京大学出版社 1991 年版。

7.《全宋诗订补》，陈新、张安如、叶石健吴宗海等补正，大象出版社 2005 年版。

8.《全宋词》，唐圭璋主编，中华书局 1965 年版。

9.《全辽金诗》，阎凤梧、康金声主编，山西古籍出版社 1999 年版。

10.《全元诗》，杨镰编，中华书局 2013 年版。

11.《全金元词》，唐圭璋编，中华书局 1979 年版。

12.《全明诗》，章培恒等主编，上海古籍出版社 1990 年版。

13.《全明词》，饶宗颐初纂、张璋总纂，中华书局 2004 年版。

14.《全明散曲》（增补版），谢伯阳编纂，齐鲁书社 2016 年版。

（《长安学术》第十五辑，中国社会科学文献出版社 2020 年版）

有关西和乞巧节的几首诗词浅论

一、一首七夕诗与步韵之作认识上的差异

清光绪年间，西和县漾源书院训导赵元鹤有《七夕一首示子女》五律一首：

> 银河光灿烂，织女出天门。
>
> 离违连年月，亲和惹梦魂。
>
> 人间欢歌舞，天上叙忧烦。
>
> 殷勤人自巧，侥幸不当存。

赵元鹤，字鸣九，西和县北部赵家大湾人，地当漾水河边，距礼县东部永兴、西和县北部长道一带秦早期发祥地中心地带较近。赵元鹤为光绪丁酉科举人。曾赴礼部试，未第，为吏部候选儒学教谕，长期从事于地方教育。① 西和县一带的乞巧风俗同古代各种文献记载一样，是当天上的银河在黄昏以后横亘于天际，牵牛、织女二星靠的最近且最好观察之时。诗的前两句中"织女出天门"，是说织女在这时期要出天门渡银河到银河东侧去会牵牛。诗的前二句显示了西和乞巧节也同样与牛郎织女银河相会的传说联系在一起。颔联"离违连年月，亲和惹梦魂"，是说牵牛、织女一年之中大部分时间分隔两处，只七月七日夜一次聚会，且年复一年如此，而他们之间真诚的爱情，永远亲切和美的生活，令古往今来多少人神往，成为人们对良好夫妻关系的梦想。按律诗起、承、转、合之章法，颔联二句是承首联而对形成一年一度七夕节的牛

---

① 参见拙文《赵元鹤生平著述考》，《档案》2014 年第 9 期。

郎织女之传说在历史上之影响加以评说，作者对牛郎织女的行为、品质是肯定的、同情的、称赞的，并无道学家从封建道德加以指责的意思。

　　颈联："人间欢歌舞，天上叙忧烦。"由天上的故事，转向对人间与之相关的活动的叙说。以人间的"欢歌舞"来反衬牛郎织女一年一度相会叙说烦、忧的悲苦之状，极含蓄地对这种过度的欢乐活动表示了并不赞同的态度。上句之"欢歌舞"三字，外地人是难以理解的。根据各种文献所记载七夕风俗，虽古今稍有变化，各地表现也有所不同，但大体都是在院子里摆些瓜果之类，家人欢聚；妇女儿童用穿针、看蛛网等来卜巧；最多是烧香许愿之类。"欢歌舞"正表现出西和、礼县一带乞巧的特点。西和、礼县一带的乞巧是从农历六月三十日迎巧、坐巧之后，至七月七日半夜把巧娘娘（织女）的纸妆像送到河边焚化，其间七天八夜，姑娘们又跳又唱，歌舞不断。"欢歌舞"三字的概括至为精当。诗的末两句说："殷勤人自巧，侥幸不当存。"是说巧要凭个人勤于学习、殷于请教、勤于实际操作，靠向神灵乞求是不成的。这是在以上叙说评论的基础上点出全诗的主旨。这个道理是对的，而且本诗是借以教育自家子女，是有针对性的，所以作者这样说是无可非议的。但这当中也多少反映出作者受儒家礼制思想影响较深，未能从民俗文化方面去看乞巧活动这一事实。鸣九先生是从小就看过西和乞巧活动的。但从儒学之士的眼中来看，这七天八夜的又跳又唱恐怕是乡野淫祀，不合于传统礼仪的。从这首诗借写乞巧讲了一通道理而对乞巧活动稍有微词，恐与此有关。

　　总体上看来，这首诗反映了真正的传统旧知识分子对西和、礼县一带乞巧节的看法，这在民国以前是有代表性的。关于西和乞巧节，乾隆《西和县志》在卷二《岁时记》中只是说："七月七日，夕。人家室女陈瓜果拜献织女星以乞巧。"至成书于1947年的《重修西和县志》也仍然说："七月七日，儿女设香案陈瓜果，拜织女星以乞巧。是乞以等下折豆芽置水碗中，察以卜巧拙。"所记七夕之夜卜巧的事是对的，但另外六天多的活动，便因为"非礼越制"而被"隐瞒"了。而康熙《西和新志》在一百多字的《风俗考》中则并未正面提到，只是说"信巫好鬼，谄佛事神，自古及今，往往而然"。几部县志中，未录一首咏述乞巧节的诗文，即可以看出这一点。

　　与赵元鹤同时在漾源书院任教的丁秉乾先生，有《步鸣九道兄〈七夕一首示子女〉韵》，诗中所表现的思想就比赵元鹤诗在思想上、认识上要开阔一些，能从历史文化的角度评西和的乞巧风俗。诗云：

> 上弦新月好，漫步出东门。
> 树影花铺路，歌声韵断魂。
> 群姝乞巧慧，鄙士乐纷烦。
> 一看髻髻舞，山城古礼存。

诗所谓"步韵"即用原诗韵脚之字，按原次序为韵写成。韵用"十三元"，在今天，"烦"与"门""魂""存"已不押韵。

首联"上弦新月好"，因每月十四以前为上弦，十五月圆，十六以后变为下弦。而初七以前呈上弦月牙形，至初七、初八则成半圆。刚出不久的月牙较细，故称"新月"。看来是赵元鹤之诗写成不久，丁秉乾即步韵和之。20世纪40年代以前西和城东门之外有城壕，过城壕，沿城壕之东侧有些铺面和车马店，横穿街道再朝东与城壕边大路平行又是一街，两面有很多铁匠铺，也有染房、旅店等。沿东门外大路再向东，路北侧有一片芦苇塘，芦苇塘之东即为漾水河的河堤，池塘周围和河堤两面都有很多树木。因西和城在东西两山之间，呈南北长方形，从城中心出北门和出南门城外都还有南北走向的街道、铺面和居民住宅，到河边清凉空旷之地较远，而西城与西山相近，同治十二年（1873）西山大崩滑坡进入西城，城外即山。故城内人乘凉、休息、散步多出东门到河堤上。漾源书院在钟鼓楼以南（后来之"鼓楼南学校"，即后来的"南小"旧址），以出东门散步为便。历来东后街、东关也都有乞巧点。那歌舞之声在清夜之中即使在街上有时也可以听到。七月之初尚在三伏之中，天气尚热，城中的人到河堤上乘凉散步是很多的。

"树影花铺路"，言新月下当路树影，宛如落花洒路，而远远传来东关坐巧处歌舞的声音，那优美的音调令人陶醉。看来，丁秉乾先生是怀着一个肯定的、赞叹的心情来欣赏姑娘们的歌唱的。"断魂"，这里指销魂神往。初唐诗人宋之问《江亭晚望》云："望水知柔性，看山欲断魂。"其意义相类。诗人此时虽未到现场，但想象得见姑娘们又跳又唱的欢快情景。下联的"群姝乞巧慧"正是承上联的下一句"歌声韵断魂"而言，点明其歌声的内涵。诗人必定是曾经亲临乞巧的地方看过那热烈的场面，所以才有上面的联想与推断。"姝"，指美秀。《诗·邶风·静女》云："静女其姝，俟我于城隅。"用为名词时多指未婚的少女。如宋玉《登徒子好色赋》云："此郊之姝，华色含光。"汉乐府《陌上桑》云："使君遣吏往，问是谁家姝。""群姝"指成群的姑娘们。"群姝乞巧慧"第一反映了西和乞巧活动参加者皆少女，因为20世纪60年代以前只有未出嫁的姑娘才可以参加乞巧，又跳又唱；第二指出是成群少女在一起，不是一般的一家大小在一起庆七夕。"鄙士乐纷烦"，是言诗人由姑娘们的天真、纯朴和坦诚而想到一些鄙俗文人不是认真读书，而忙于奔走钻营，交接帮衬。两相对比而言之，这里，将一些文人肤浅的积习同姑娘们的倾诉愿望、乞求巧慧的行为区分开来。赵元鹤诗中的"殷勤人自巧，侥幸不当存"是兼对将读书为仕进之途的文人与靠自己的手巧艺高而创造将来生活的姑娘二者言之，因为赵元鹤诗题本作"示子女"。古代有不少文人诗家借乞巧风俗而戒人或自戒，以示做事不能过于机巧。如南宋李曾伯《贺新凉·巧夕雨不饮啜茶而散》末云：

> 底用乞灵求太巧，看世人、弄巧多成拙。

所以赵元鹤之意并不错，只是看不出他对当地乞巧风俗本身有什么较深入的看法。丁秉乾则将做事不能使巧弄奸这层意思只局限在学子仕人的范围，而对姑娘们的乞巧活动表示了赞赏。尤其尾联"一看髫髻舞，山城古礼存"，他由歌声而联想到曾经看过的乞巧活动场面，认为西和乞巧的仪程等活动方式反映了一种古代的礼俗。这真是一种卓见。"髫"（tiáo），指儿童下垂之发，"髫髻"指垂髫与辫髻，姑娘们联手跳唱之时辫在后面上下飞舞，故诗人言"髫髻舞"是一种很能反映舞蹈特征的概括。

诗中说人间姑娘们则是因为织女的善织而乞求巧慧。中国从远古至近代五千来年，大部分地区是农业经济，而以畜牧饲养为辅助。"男耕、女织"，前者解决吃饭的问题，后者解决穿衣的问题。所以姑娘自小要学纺织，作为社会整体结构下生存的基本技能。富贵人家的女子不一定学纺线织布，但要学绣花和缝制精致的衣饰，也只是因经济地位、生活要求不同而稍异，妇女所承担社会责任的性质并无变化。乞巧进行七天八夜，突出地表现出姑娘们对及早掌握妇女劳动技能的热烈愿望。

这首诗，取材于夜晚出东门纳凉散心时所闻所想，似有用《诗经·郑风·出其东门》一诗中"出其东门，有女如云"之意。上古之时青年男女之欢会对歌，都是在城邑东门之外，因为按五行则东方属春，与生长有关。《尚书·益稷》郑玄注："东方，物所以生也。"（《太平御览》卷一九六引）。《诗经》《郑风》中的《东门之墠》，《陈风》中的《东门之池》《东门之枌》《东门之杨》等皆与之有关。《郑风·萚兮》一诗云：

> 萚兮！萚兮！风其吹女。
> 叔兮！伯兮！倡予和女！
> 萚兮！萚兮！风其漂女。
> 叔兮！伯兮！倡予要女！

"萚"指树木的叶子下落。则这首诗写的男女青年对歌的情景正是在秋天，同后代七夕的时间相合。就方位上取生长之意设在东面，而就季节又放在初秋。因为初秋之时夏收刚过，而秋收尚未开始，当农业劳动的两个高峰期之间；同时草木尚且繁茂，也不似冬天的寒冷不便户外活动，衣着臃肿难以做到无论贫富大体都穿着整齐。看来古人将乞巧活动安排在农七月，除天象方面的原因及与之相关的传说之外，从古人的生活生产节奏上说也是很协调的。丁秉乾和诗中暗用《出其东门》之意，反映出一种很深的历史文化认知。他说"山城古礼存"，并非虚言，而有着深刻的文化内涵。

丁秉乾，秦州马跑泉人，生于咸丰七年（1857），二十七岁中进士，次年入翰林院，光绪十二年（1886）任礼部主事。因双亲老病，授陕西保安县知县。在任期间奖励农桑，办书院义学，有政声。光绪十九年因母逝回家守孝，光绪二十三年（1897）受聘主讲于西和漾源书院约四年之谱。

从漾源书院两位老先生诗中可以看出一些有关乞巧节的信息，同时也显示出不同阅历、不同思想认识者对它的不同评价。西和地域偏僻，民国中期以前知识分子绝大部分同赵元鹤一样，甚至更为保守，外地学者来县者一般即是县官之类，遵从旧的政统、道统、学统，能关心百姓衣食、轻赋倡学就是清官。如丁秉乾以至于比丁秉乾思想更为活跃者可以说凤毛麟角。这就形成了西和思想之封闭，但另一方面，也使乞巧风俗得以长期保存。

二、两首《鹊桥仙》所反映西和乞巧节的文化内涵

先父子贤公（名殿举，1908—1980）1924 年入省立陇西师范，1926 年参加冯玉祥国民革命军第一军，先后任司书、书记、执法官、军法官。北伐失败后入开封无线电专门学校，后到天津进修无线电机械专业。1931 年 2 月（农历正月）因思家作《鹊桥仙》词二首。其一题曰《忆旧》：

> 明月半圆，树影婆娑，
> 墙里欢笑声继起。
> 估量众女正颠狂，惟新妇、欲歌又止。
> 脸上容光，一路叙说，
> 儿时激情未已。
> 村头为恐娇客等，
> 归来时、柔情似水。

其二题曰《春节在天津忆内》：

> 天津雪厚，汉源春暖，
> 正是风云万里。
> 原非灵鹊架桥时，
> 絮叨声、殷勤窗纸。
> 当年七夕，回门崖上，
> 众女坚邀阿姊。
> 村头唱巧正悠扬，
> 却道是、不如纳底。

可以看出，这两首词所写是同一时间的事，都是写新婚后随我母亲回门到城西的南家崖上的经历。春节而一人在外，自然会想家。之所以两词都写回忆初婚时回门时事，因为我母亲贾氏生于戊申年正月初九。故词有可能就是在先母生日前后所作。两词都是回忆乞巧节的情景，因为先父于民国十三年（1924）去陇西师范上学前完了婚，回门时正当七月初乞巧之时。

《忆旧》一首所回忆之事当在七月初六、初七之时，月已接近半圆。作者回忆我母亲回娘家后受村里姑娘们的邀请去坐巧的地方看热闹，我父亲后来去墙外等。为什么不进去看？应该是不好意思。那时候青年男女之间并不能随便搭言、交往，何况新婚妻子在场，更不好意思同别人一样去旁观。他抬头看到明月，低头看着地上的树影，静听着墙内唱巧之声不断。由跳唱时歌声之高和脚步之响及喧哗之声可以想象到里面的热闹状况。词中用"颠狂"形容乞巧中姑娘们手拉着手前后摆动，尽情跳唱发辫飞舞之态，最为传神。诗人想象在这种气氛之中新婚的妻子想像以前一样要唱，但马上想到自己已经出嫁而停止。突出地表现出了20世纪30年代以前西和乞巧节乞巧者的身份特征。因传统西和乞巧活动，只有未婚的少女才能参加，年龄一般在十二岁至十六岁之间，太小的只能跟上"见习"，不作正式成员，而只要一出嫁，无论是十四、十五，便再不能参加跳唱和各种仪式、活动。诗中表现刚出嫁姑娘在乞巧场合的情态，刻画内心，极为逼真。

下阕是写我母亲从乞巧的院中出来后的情形。"脸上容光、一路叙说，儿时激情未已"。20世纪40年代以前一些大户人家对未出嫁女子管束较严，轻易不让出门；民国时有的虽然上女校，但也不会像现在的女学生随便交往朋友、随便参加社会上的活动。但是，在七月初乞巧的这七天八夜，还是放开让她们去和其他女孩子一起玩，而且家里会事先准备好新衣服、新鞋。虽然传统节日中在西和、礼县一带同样以春节为最重要、最隆重，但40年代以前春节时到亲戚朋友家拜年，是爸爸、叔伯和哥哥、弟弟的事；来了客人，也是大人和男孩子抛头露面的多，女孩子稍大一点，便连见客人、领压岁钱的资格也没有了。只有乞巧，完全是女孩子参加。乞巧活动中姑娘们要到城里请巧，要到其他乞巧点上参观、唱巧，要到城南二三十里外的横岭山九眼泉或张集沟龙王庙的毓龙泉等处去取水，沿路都会有些人在路两边看，各乞巧点上更有些大人、小伙子去看热闹。所以一年一度的乞巧节是女孩子最隆重的节日，最光彩的时候，从小到出嫁，会留下很多难忘的记忆，一提起来就会十分兴奋，有讲不完的故事，说不完的话。

事实上，乞巧节也是女孩子自己和与社会接触的机会。成群结队在街道上、大路上行走，在巧娘娘神桌前跳、唱，举行各种仪式，都会引来一些人观看。有些男孩子也挤在人群中去看。有的男孩子还设法引起姑娘们对自己的注意。如从草丛或买来的蒿柴中摘一种当地叫"拈（当地方言为"然"）拈子"的东西，李子大的圆蛋上面长满刺，刺头上有小钩，挂在头发上不易取下来。拿这东西远远给喜欢的女孩子扔去，被扔上的女孩子都会回头看，有时也会追着来打。这在当时也是青少年男女接触的一种方式。家中有男孩子的大人也会去看，谁家的姑娘长得俊、灵心，以为议亲的准备。所以，乞巧节也是女孩子特别受到父母关心、关照的时期。词中写我母亲估计到我父亲在外面等着，或者有谁看见后给她说了一下，所以看了一会儿就出来，但心情仍十分兴奋，脸上容光焕发，在回家的路上向我父亲讲说过去和大家一起乞巧的经历。"娇客"，指女婿、夫婿。宋黄庭坚《次韵子瞻和王子立风雨败书屋有感》云："妇翁不可挝，王郎非娇客。"任渊注："按今俗间以婿为娇客。"因新婚夫婿在岳丈家，又是从妻子的角度上说的，故此处作"娇客"。"柔情似水"，正体现了角色的转换。当然，这最后一句，是我父亲从自身方面的一种体会，从我母亲当时的心情推想，可能会更复杂一些；也有对新婚感到满意的幸福感，也会有过早脱离了从小长大的姊妹而客观上被孤立起来的失落感。

第二首《春节在天津忆内》与上一首一样都是写回忆，上一首侧重事，写了记忆中难忘的一些细节，难以磨灭的印象；此一首侧重写人，写对人的思念及其所表现出的以传统道德自律的品格。天津在更北面，故诗中言"雪厚"，家乡在汉水上游，唐代曾名"汉源县"，故曰"汉源春暖"。秦人早期生活于以礼县东部、天水西南、西和县北部为中心的地带，所以以西汉水的重要支流漾水为正源（漾水河源于西和县南部横岭山九眼泉和白草山）。西和中部、北部之地最早属西县，为秦人西迁时所到最西之时，因以为名。西和虽在西北，但地处陇南，较天津要稍暖一点。当然，诗中说"汉源春暖"主要是表现一种个人感受，在天津为身体所感，对家乡是心中所感，这里也有对家人的感念在里面。"正是风云万里"是说两地相距太远，无法感受家庭的温暖，也无法在短时间内回去。"原非灵鹊架桥时"，言时当正月，并非七月初乞巧之时，耳边却时时响起絮叨之声。回过神来之后方知这并非所思念之人相见后没完没了叙说别情的情形，而是破了的窗纸在风中不停地颤动作响。这里写由于思念而进入幻觉，似乎听到她在说话，但转身一看却没有，只有窗纸在寒风中作响。下阕由幻听而联想到五年前新婚后随之回门到南家崖上的一些细节。当时村里的姑娘们又跳又唱，正在高兴的时候，见到前一年还在一起乞巧跳唱的姐姐回娘家来，便一定要拉她去一起热闹。虽然知道村头上乞巧的姑娘们正是高兴，也远远听到一点唱巧的声音，但她还是拒绝了，说"不如自家纳鞋底"。纳鞋底是过去妇女们随手干的活，出门可以带上，一面拉闲话一面纳鞋底，有的甚至走在路上也纳，因为鞋底厚，绳子也长，只要看准位置扎下去，靠着右手食指上带的铜顶针把针扎到底，直至拔出要一些时间，把绳子全拉过去也要时间，这都可以不用眼睛看。妇女们常在一干完别的活计后，随手拿起鞋底纳。词的末句既表现出所思念者的礼仪操守和勤劳品德，也反映了西和乞巧节的突出的特点，或者说它的本质——它是真正的严格意义上的女儿节。

上一首一开始就是从回忆中的情景说起，故题曰《忆旧》；这一首则是从春节时孤身一人在灯前的思念写起。春节为家家团聚之时，故思家之情更切。这一层易于理解。两首词中都以婚后不久回门时的事为题材，因为结婚在农历七月初，又不久即夫妻分离，如牛郎织女般分隔两地，这一层也易于理解。还有一点就是：我父亲婚后只有1925年腊月开始的寒假、农历六七月中的暑假和1926年初寒假回过家，1926年2月即参加国民革命军，以后再未能回家，记忆中就是两个节日：乞巧节和春节在一起的一些情节，所以在春节之时思念更深，并且想到有关乞巧的事。

我父亲在河南、天津期间除读了孙中山等人的政治理论著作之外，也对新文化运动中一些人的著作有所接触，认识到民间文学等在民族文化中的地位。在天津曾买得一本清代末年的十二回小说《牛郎织女》并带回。因原书在细节描写和语言上都有些较突出的问题，难以卒读，故1932年他在银川时曾加以订正。书于书末的跋中说："此书讲'天河配'，而余得之于天津，又不意携之至银川。'天津'、'银川'，由字面观之，俱有'天汉'、'银河'之意，而余家乡西和本古汉源，亦与天汉有关。此书随余数千里，似非无缘也。"我们由上面论的两首词可以知道，先父年轻之时对清末这本文字水平并不高的小说《牛郎织女》竟能感兴趣，不但买了，还携之至兰州，又带至银川，并加以校订，回家时又带至家中，虽然跋语言"备归家后搪塞小儿之求"（时我大哥已五岁），其实是另有深层次的原因的：他的很多记忆大多都与七夕有关。

　　此外，我认为作者选用了《鹊桥仙》这个词牌也是有其深意的。据《钦定词谱》言，该词"始自欧阳修，因词中有'鹊迎桥路接天津'句，取为调名"（天津，为天河上渡口之意）。这正与作者时在河北天津的事实相合。至于秦观等人的《鹊桥仙》词俱借咏牛女之事为题材以抒怀，更是人皆知之。所以可以说，这两首词从词牌到题材，到内容都反映了作者对乞巧风俗的了解，突出地反映出西和乞巧节作为"女儿节"的特征，同时也将西和乞巧节同古代的乞巧文学、乞巧文化联系了起来。

三、揭示出乞巧节深层内涵的《题乞巧歌》二首

　　关于西和乞巧风俗的特征、机制，除了上面所谈只有未婚的女孩子参加、以街巷、村庄等居住地为单位成群组织起来进行、又跳又唱、进行七天八夜这四点之外，尚有三点值得深入研究：

　　一、只流行于以礼县大堡子山、园顶山为中心的秦人发祥地一带，也即西和县中部、北部大半个县和礼县东北部几个乡镇。由这点可以看出西和乞巧风俗同早期秦文化的关系。

　　二、当今学界普遍认为西汉水发源于今天水市秦城区东南的齐寿山，而漾水河发源于西和县西部偏南河坝乡的白草山，北流入西汉水。此由两水相交之处分别上溯至其发源处，两条水一样长（20世纪70年代末、80年代初参加过甘肃省河流调查的甘肃师大地理系王宗元教授所提供信息）。当时秦人居住地在西垂（今礼县祁山）一带，靠漾水河近，是以漾水为正源的。这也便是西和县、礼县的乞巧风俗最盛的原因。

　　三、时间从农历六月三十日夜坐巧开始，至七月初七夜将巧娘娘像送至河边焚化，送巧仪式结束为止，共七天八夜。这是正式的仪式。实际上有关的准备工作还要早一些：

　　第一，到农历六月，巷道里、村里在女孩子中有一定威望的姑娘，一般是先一年的巧头，或前一年即是主要成员的女孩子，就开始联络，确定坐巧之家并收集钱款和准备物资。

　　第二，从六月底开始，大家就抽空开始编新歌。

第三，女孩子在六月初开始生巧芽，以作为七月七日夜卜巧之用，同时也显示着女孩子在家里的存在，显示着女孩子被重视。

第四，农历五月端午节小孩子都戴手襻，姑娘们更重视，因为七月七夜送巧时也要用它作搭桥之用。

第五，当年春天种花时，有女孩子的人家院子里多会种上凤仙花（当地也叫"指甲花"），用以在准备参加乞巧活动时染指甲用。

这样看来，一年之中姑娘们从开始考虑相关事情并作准备，至乞巧结束有五个月之久。所以，七月七半夜送巧娘娘至河边或路口焚化时，姑娘会哭，有的眼睛都哭肿了，不敢回家。难道这仅仅是因为她们玩了七天八夜的一种活动结束了吗？在乞巧活动中姑娘们究竟抱着怎样的一种情感，有着怎样的一些愿望？

先父1936年在西和鼓楼南学校（由清代漾源书院改建的全县第一所高级小学）任教时发动学生搜集编成的《乞巧歌》（2009年交香港银河出版社出版时定名为《西和乞巧歌》)中载录了20世纪30年代以前西和各乡镇（当时还包括今属礼县的盐官、祁山两乡镇）流行的乞巧歌，依据《诗经》的分类，为《风》《雅》《颂》三卷，《风》的一卷包括《家庭婚姻篇》《生活习俗篇》《劳动技能篇》，《雅》的一卷包括《时政新闻篇》《传说故事篇》，《颂》的一卷包括《坐神迎巧篇》《礼神乞巧篇》《看影卜巧篇》《转饭送巧篇》。由其篇名可见其中并不只是乞巧、卜巧仪式的内容，而是差不多包括了20世纪30年代以前人们社会生活的各个方面。读《西和乞巧歌》即可对此有具体的了解。而从对西和乞巧歌反映的社会现实及长期封建社会中未婚少女的情感与愿望作出了高度概括的，是该书的编者的两首七律《题乞巧歌》。其第一首云：

> 纸上心弦神鬼惊，女儿悲苦气难平。
> 出脓出血刑半死，嫁狗嫁鸡判一生。
> 乞巧难求厄运少，及笄似向峭崖行。
> 亭亭玉立家中宝，父母谁闻唱巧声！

这是作者在读了全县各处所收集到的乞巧歌之后所写的感受。"心弦"是指动人情感的歌，"纸上心弦"这里指记录下来的乞巧歌。西和县、礼县一带的乞巧风俗历史很久,从《西和乞巧歌》可以看出,当时的学生还是以考秀才、举人、进士为不同阶段的目标,最后希望的还是做官"戴顶儿";女孩子还是"四岁五岁穿耳环,七岁八岁把脚缠"。其中也唱到一些发生在清代的事件。但由于西和、礼县地域偏僻,很多旧文人认为女娃娃成群结队、又跳又唱、又招摇过市以至各处乱转有背《女箴》之诫,不合礼法,都不愿一看,故把乞巧歌载之于文字,当时编成的《乞巧歌》是第一本。读这些歌,确实令人动情。杜甫《寄李十二白二十韵》言李白"落笔惊风雨,诗成泣鬼神"。《题乞巧歌》中言这些乞巧歌同样是感动天地,泣惊鬼神的。他们不是一些文人精巧构思雕凿字句而成,而完全出自没有读过书的女孩子之口,倾吐了真情,是真正的"天籁"。而且它们对两千多年来上自天子圣人,下至文人学究都认为不能变动、不可非议的封建礼教,对那些"三从四德"之类的妇道及重男轻女的社会风习发出了批判、否定、反抗之声。韩愈在《送孟东野序》中说:"大凡物不得其平则鸣。"又说:

> 有不得已者而后言,其歌也有思,其哭也有怀。凡出乎口而有声者,其皆有弗平者乎!

人们从表面上看到的都只是女孩子们又跳又唱,而作者从大量乞巧歌词中看出了她们的悲苦,看出了她们的不平之气。

诗的颔联说:"出脓出血刑半死,嫁狗嫁鸡判一生。"上句言缠脚,下句言包办婚姻、买卖婚姻。对于缠脚之苦,文学作品中似只有《镜花缘》写女儿国"粉面郎缠足受困"的那一部分。过去所谓"三寸金莲"实际上是要将脚背折弯,使脚尖与脚跟部靠拢,常常搞得骨折肉烂,出脓出血,同古代的酷刑相似,将女孩儿折磨得半死不活,所以诗中说"刑半死"。至于包办婚姻,上自官宦人家,甚至标榜为"诗礼传家"的所谓"书香人家",下至贫民百姓,莫不如此,只是上层社会往往将子女的婚姻作为官场交结和大人间增进友谊、巩固感情的工具,而下层社会更普遍的是买卖婚姻。无论你见过没有,喜欢不喜欢,一说定,你就得跟着走,不容有异议,就如当官的给你判定的一样;而且,除非男方写了休书,女方无论受多大罪都无权提出离异。父母决定了女儿的一生。《西和乞巧歌》的《家庭婚姻篇》中,有好几篇是反映这种事实的,如《红心柳,权对权》一首中说:"姐姐今年十七八",而

"男人是个碎（意为'小'）娃娃"，说半夜醒来这婴幼儿类的"丈夫"只是叫"娘"。

> 说要拉屎尿尿，抱起男人（丈夫）把炕下。
> 一面掇浇（抱小孩让小便）一面想，眼泪流了一叭嗒。
> 说是成给（嫁给）好人家，实是给人看娃娃。

所以哭诉道：

> 好好的年纪白糟蹋，这罪孽啥时才完。

乞巧歌中的"姐姐"一般指一起参加乞巧活动的年龄大些的同村姑娘。这类的事在20世纪30年代以前是常见的，所以是很有典型意义的。《金蹄子花，银蹄子花》一首所反映的也是这个主题。但这一首中抒情主人公的态度就强烈得多：

> 不嫁高门大户家，要嫁七尺汉子。

对这种几千年来官府说"对"、读书人说"对"、祖祖辈辈大人们说"对"的法则提出反抗。《西和乞巧节》中写到公婆、丈夫虐待媳妇的不少，甚至于有实在不能忍受折磨而自杀的（如《死板姐》）。

诗中说"乞巧难求厄运少，及笄似向峭崖行"。这是作者本身向封建礼教、向封建社会的一系列压制妇女的制度提出批判。姑娘们的乞巧，抱着热烈的希望，希望能心灵手巧，由此而使自己的将来幸福，希望婚姻美满，但实际不可能，因为在当时的封建制度下，无论你个人如何努力，女子在出嫁前无权决定自己的大事，在婚后也无法改变受公婆、丈夫等管制的地位。《红楼梦》中迎春、史湘云等人的命运就反映了上层社会女子被主宰命运的状况；即使在劳动者阶层，当时的社会制度本身也是让一代一代妇女自己压迫自己。《生活习俗篇》的《热头出来一盆火》讲一个婚后受虐待的青年妇女在外劳动中遇到娘家哥哥，向他讲说了在公婆家的苦楚后，哥哥听了也伤心，用手擦眼泪。但他对这个几千年来人们都认为"天公地道"的礼俗有什么办法？他只有说："你男人他是年轻人，一年半载会老成"，这是哄，是欺骗；又说："阿公阿家老人家，三年五年过世"，这是安慰；"挺住身子咬住牙，过后你也当阿家！"这就是在安慰的当中道出封建礼教的本质：吃人。这是鲁迅在五四运动前夕发表的《狂人日记》中指出的。在民国以前西和乞巧歌中同样指出了这一点。诗中说"及笄似向峭崖行"，本来男女青年的结合应是一件喜事，而大量的事实让姑娘们看到，年龄一年年增长，走向十五六"及笄"之年，就像一步步走向悬崖边上一样。《礼记·内则》云："（女子）十有五年而笄。"郑玄注："谓应年许嫁者。女子许嫁，笄而字之。""笄"谓簪子。后世因称女子到十五岁为"及笄"。西和乞巧者过去以十二岁至十六岁的女子为主，正是她们发育走向成熟，容光焕发、楚楚动人之时。亭亭玉立，家家都看作宝贝。然而，有几个父母听到了女儿的心声，考虑到了女儿的愿望？

《题乞巧歌》第一首指出西和乞巧歌唱出了女儿的心声，而姑娘们也只有在七月初乞巧之时才能倾吐心声。所以乞巧节是那些被看作亭亭玉立的所谓小家碧玉共同的节日。当然，它也是大家闺秀的节日，但在下层青年女性的歌舞活动中更能显出这个节日的社会意义。

《题乞巧歌》第二首云：

> 莫谓诗亡无正声，秦风馀响正回萦。
> 千年乞巧千年唱，一样求生一样鸣。
> 水旱兵荒多苦难，节候耕播富风情。
> 真诗自古随风没，悠远江河此一罍。

这一首主要是从乞巧歌的角度说。《孟子·离娄下》云："王者之迹熄，而《诗》亡。《诗》亡然后《春秋》作。"《荀子·乐论》中说："正声感人而顺气应之。"三国时嵇康《琴赋》中说："尔乃理正声，奏妙曲，扬《白雪》，发清角。"又李白《古风》之一："正声何微茫，哀怨起骚人。"本诗中"莫谓诗亡无正声"是说，《诗经》之后仍然有抒发真情之作，西和的乞巧歌便是证明。自然，与此类似的还有历代民歌和贴近人民、反映人民疾苦、发自内心的诗人之作，这些完全被文人学士所忽视、毫不雕凿的真情之作更值得珍视。"秦风馀响正回萦"一句说，西和的乞巧歌便是《诗经·国风》中《秦风》的延续，是它的馀响，而且仍然在唱着，在不断产生着。这两句以振聋发聩之声对西和乞巧歌在中国文学史、文化史上的意义作了定位。这里虽然说的是乞巧歌，由乞巧歌的意义，也就反映出产生了这些作品的西和一年一度的乞巧节的意义：它产生了在中国文学史、文化史上有着重要地位的足可传世的作品。

"千年乞巧千年唱，一样求生一样鸣"，这是对韩愈"物不平则鸣"思想进行的发挥：乞巧节实际上就是一种"不平则鸣"的文艺活动，是长期以来少女们团聚起来表现愿望、争取妇女地位、显示自己能力的日子。虽然这个活动很难摇动封建礼教、封建伦理道德的根本，但一定程度上总是突破了一些束缚妇女的藩篱，向社会展现了自己，也与青年男子有了一定程度接触的可能，同时不断地唱出自己的愿望，不断进行抗争。

"水旱兵荒多苦难，节候耕播富风情"，概括了乞巧歌中歌唱家庭婚姻乞巧仪式之外的内容。因为每年的乞巧歌除传统的歌词之外，总有些反映社会时政、衣食状况的作品。《西和乞巧歌》一书中的《生活习俗篇》《劳动技能篇》《时政新闻篇》就有不少。过去妇女在家庭社会中受到旧礼教的各种束缚，在婚后又受到夫权等的束缚，作为下层劳动者的子女，她们同时也受到官府和封建地主的压迫；她们首先是社会的人，要全面反映她们的愿望，就不可能不涉及社会生活的其他方面。正因为这样，乞巧歌更具有《诗经·国风》那样的地位。本诗中用"水（发洪水）、旱、兵（战争造成的灾难）、荒（饥饿年代）"四字来概括老百姓常常遇到的灾难，以"节（季节）、候（气候寒暖、风霜雨雪）、耕（耕地、开垦）、播（播种）"四字来概括在20世纪40年代以前占全中人口95%以上的农民的生活与生产，都是极确切的。可以看出，《乞巧歌》从女孩子的角度反映了20世纪30年代以前的中国社会。当中两联对仗也极工整。颔联对仗以"重现"见长，颈联对仗以"排比"为特色。

"真诗自古随风没，悠远江河此一罍"，言自周代之采诗制度亡，战国二百多年民间歌谣多已不存；秦汉时设置乐府，里巷风谣稍有存者，至魏晋以后，除文人拟作及舞榭歌楼之曲，真正的民歌见载于文献者也极少，即冯梦龙等所收集《挂枝儿》《山歌》之类，也多是歌女演唱供人消遣之作，非真正反映广大人民心声之作。一千多年中民间那些属于天籁的诗歌作品都自生自灭，自然消亡了。作者认为，收在《乞巧歌》书中的这些作品，只是从古到今悠远江河一样的诗歌长河中舀出来的一瓶而已，这类乞巧歌从古到今应是很多很多的。这是从歌的角度说明了西汉水上游漾水河流域乞巧风俗的悠久历史。

　　两首诗都是针对西和乞巧歌来写的，各有侧重，但都是从对几千年封建礼教的批判着眼，从反映广大劳动人民的生活与生产着眼，评价它的思想意义；对其文学上意义的评价，也是从整个中国文学史来考察定位。全诗显示出五四新文化运动以来新的思想观念，视野是开阔的。可以说，这两诗对传统的西和乞巧节作为历史悠久的"女儿节"，也是一个深刻剖析。

　　以上分析了六首产生于清代末年至民国中期反映西和乞巧歌的诗词作品。这六首诗词从不同的方面反映出西和乞巧节的情形，从表现方式、规模、规程到体现着它的精神的乞巧歌在文学与文化史上的地位，都体现出：乞巧节是女儿节，是未婚青年女子展示自己、表达愿望、学习技艺的机会及走向社会、了解社会的开始。

　　新中国的成立彻底结束了延续数千年的封建礼教，女孩子上学的越来越多，不但婚姻上完全自己做主，在家庭内有发言权，而且走向社会管理、国家建设的各个领域。50年代以后的乞巧节已没有《题乞巧歌》中所说的"女儿悲苦"，而更向学习技艺、交流经验、评论风气的方面发展。但我们读了以上所论这几首诗词作品，读了《西和乞巧歌》，才更能珍惜今天在社会主义制度下给每个青年女子提供的良好的教育条件和发展机遇。

　　　　（《中国（西和）乞巧文化高峰论坛学术论文集》，华夏出版社2014年版）

《西和乞巧歌》（线装本）第四次印后记

《西和乞巧歌》一书自 2010 年初出版，至 2012 年共印 3 次，在西和县第三届、第四届、第五届中国乞巧文化节上赠省内外有关专家，在第三次印时将 2011 年 2 月省委书记陆浩同志所书先父《题乞巧歌二首》，中央文史馆馆长、北京大学中文系教授袁行霈先生，南开大学中文系教授罗宗强先生分别书写我父亲所作《鹊桥仙》之中《忆旧》和《春节在天津忆内》的手迹置于书前，以光篇幅。

此书编成于 1936 年，以抄本形式在县上流传，20 世纪 50 年代初先父在西和中学工作时曾在老师和学生中传阅，有的学生也有抄录。此书出版后有严而温、宁世忠、卢清夫等先生都向我提供了有关信息和资料，可以在篇目和个别字句上有所增订。西和中学毕业的苏有元老师我父亲并未给他上过课，"文革"后他同西和中学老校长现鄢雨民老师闲谈时，鄢老师向他说到我父亲的《乞巧歌》，以此书之不传为憾，希望他能收集《乞巧歌》，对西和这个独特的风俗加以介绍。他因工作忙等原因未能搜集，但写了一篇《西和妇女乞巧活动》，在《西和文史资料》第三十期（1986 年 7 月）刊出。因为女孩子们编唱的乞巧歌是过去传统的知识分子不屑一顾的东西，很少有学人关注它。在"十年浩劫"中，乞巧活动基本上停止了。因为它本是未结婚女孩子乞巧时所唱，而从 60 年代中期的"破四旧"到"横扫一切牛鬼蛇神"，这个具有强烈反封建意识的节俗，被作为封建迷信的垃圾扫进了"历史的垃圾堆"。很多过去正当乞巧年龄的天真的女孩子在那个"打烂一个旧世界，创造一个红彤彤的新世界"的疯狂中迷失自我，沉浸于打、砸、抢和批斗老师，冲击各党政机关的兴奋中。在"文革"结束之后，虽然很多被颠倒的历史都被颠倒了过来，但乞巧的主体完全形成了十多年的断层，尤其在城镇中，十多岁到十七八岁的姑娘没有了进行乞巧活动的意识，大多不会唱乞巧歌。现在西和礼县的乞巧活动有很多已结婚的青年、成年人参加，甚至有些老年人参加，这就同 80 年代乞巧活动先在一些较偏僻的乡下恢复起来的原因一样。而整体上，人们对乞巧歌、乞巧活动的认识差不多又回到了 40 年代的状况。

　　先父是七十三岁去世的。我大哥也在七十三岁时写了一篇《父亲所编〈乞巧歌〉与我的婚姻悲剧》，对一些相关事情有所反省。在先父诞辰百年之际，已达九十岁（虚岁九十一岁）高龄的姜锐老先生写成《有关鼓楼南小学和〈乞巧歌〉的回忆》一文；我的姐姐因为历次政治运动中父亲和她以及全家遭受的打击本不愿意再谈过去，也因西和县被命名为"中国乞巧文化之乡"，西和乞巧风俗被列入国家非物质文化遗产，而打开了她封闭的心扉，在流泪中断断续续写成《〈乞巧歌〉与我所经历的乞巧节》一文。姜老师的文章 2009 年先后在《仇池》杂志第 2 期和《甘肃文苑》第 3 期刊出，引起各方面的关注。在西和县县长周子强同志的关心与支持下，当年我即将《乞巧歌》书稿整理好，由县文联交香港银河出版社，2010 年 4 月以线装的形式出版。此前我将抄本分别寄给著名的民俗学与民间文学研究专家刘锡诚先生和柯杨先生，两位先生都为这本书写了序，第一次对这本书的文献价值、思想价值和在民俗与民间文学研究方面的意义作了全面而深刻的论述。书出版之后受到各方面的重视与好评，相继有一些评论发表。2010 年 8 月我到广州参加"首届中国（东莞·望牛墩）七夕风情文化节"与"中国七夕文化论坛"时将它赠给中国民协秘书长白云驹、副秘书长赵铁信先生以及民俗学界著名专家、中山大学叶春生先生、康保成先生等专家学者，他们都给予很高的评价。

　　2013 年 8 月在北京举行的"中国（西和）乞巧文化高峰论坛"上，不少学者在大会发言、小组讨论中都对此书内容表示了极大的关注。如中国民俗学会荣誉会长、文化部国家非物质文化遗产保护工作委员会副主任、中国民间文化抢救工程专家委员会副主任、中国申报联合国人类非物质文化遗产评审委员会委员乌丙安先生在大会主旨发言中说：

　　　　赵子贤老先生，他把从光绪年间甚至产生更早的乞巧歌记载下来，把当时的乞巧活动记载下来。像这样的老一辈，他们真正和老百姓融为一体，一直在尽力保护着民俗中优秀的光彩的部分，并加以弘扬。我们读《西和乞巧歌》一书看，难道不是这样吗？

中国民俗学会顾问、国际亚细亚民俗学会名誉会长、中央民族大学民俗文化研究中心主任、国家非物质文化遗产保护工作委员会委员、中国民间文化抢救工程专家委员会委员陶立璠先生在大会主旨发言中说：

> 《西和乞巧歌》我觉得内容是非常丰富的，应该认真来读，认真地去学习。因为这样的一些乞巧歌，今天我们再去做调查的时候，或者再从传承人那去搜集资料的话，一定是和赵子贤先生当年收集的这些乞巧歌在内容上有非常大的变化。再过些年，人们唱的歌词可能都变成了现代的。这与今天妇女的地位发生了变化有着非常密切的关系。这本书反映了历史，所以我们给这本书应该给予很高的评价。

中国民协副主席、中国民俗学会会长、国家非物质文化遗产保护工作专家委员会副主任、中国社科院研究员刘魁立先生说：

> 我昨天看到赵老先生在 1936 年收集的《乞巧歌》，有人说那年也有地震，算来 1936 年到 2013 年是 77 年。"七七"这是一个非常巧的数字。77 年前赵老先生说"祸福在人"，当然是在人。我们把人纳入到整个自然环境里面来。过去我们和自然的关系，时间节奏春、夏、秋、冬，白天、黑夜。至现在这个时间节奏完全和过去不一样了。……我觉得除了和自然和谐相处之外，人和人之间也要和谐相处。这就是我们的节日到今天仍然需要过的社会意义。

中国民俗学会副秘书长、国际亚细亚民欲学会中方副会长、复旦大学教授郑土有先生写了专文《西和乞巧习俗与乞巧歌研究》，陕西省民间艺术家协会副主席、陕西省节庆促进会副会长、陕西师范大学文学院教授张志春先生写了《人类某种生存困境的深刻揭示——简析〈西和乞巧歌〉婆媳纠葛的文化母题》，从不同的角度对其中一些问题加以研究。

因为这部书在学术界引起较大的反响，所以市、县负责同志都注意到了这部书的普及以及对外介绍问题，提出作进一步认真整理之后，出版简体字横排本，并出版英译本，以便外国学者及国际有关机构的了解，以为陇南乞巧女儿节申报世界非物质文化遗产提供文献方面的支持。所以，我在一些热心人所提供资料的基础上，对其中一些歌词作了订补。其简体横排本已交上海远东出版社，今对线装本亦加以订补重印。

(《西和乞巧歌》，（香港）银河出版社 2014 年 6 月第 4 次印刷)

《西和乞巧歌》的前世今生

    甘肃西和、礼县一带流传很久的每年七天八夜的乞巧节是早期秦文化的遗留，它同古代礼俗之间有着难以割舍的关系。先父子贤公于 1936 年收集清代以来当地流传的乞巧歌，编为一书，充分肯定了西和一带女儿节的意义。从这些乞巧歌可以看出，姑娘们对当时压迫妇女的封建礼教表现出强烈的反抗情绪以及对社会现实表现出强烈的关心，歌中揭露社会黑暗，歌唱劳动生活。姑娘们通过一年一度的乞巧节，不仅学会了诗歌创作、唱歌跳舞，也提高了生活、生产能力，扩大了知识面，对社会、生活与自身的命运有了越来越深刻的认识。可以说，乞巧节是未婚少女具有传统性的自修学校，是真正的女儿节。

一、被旧礼教吹散消失后的搜寻

    西和县、礼县一带乞巧风俗历史悠久。但过去读书人由于受旧礼教的影响，把姑娘们的乞巧活动看作违礼的陋俗，很少有人关注。光绪年间西和漾源书院训导丁秉乾《步鸣九道兄〈七夕一首示子女〉》诗云："上弦新月好，漫步出东门。树影花铺路，歌声韵断魂。群姝乞巧慧，鄙士乐纷烦。一看髻髻舞，山城古礼存。"生动地反映出当时乞巧活动之盛，并认为它是古代一种礼仪活动的遗存。丁秉乾先生是翰林，读书多，在北京有机会接触到维新思想，所以对守旧的文人和乐于钻营官场的人抱着鄙视的态度，而给女孩子的乞巧活动以高度评价，肯定了女子乞求巧慧的社会进步意义。同时当地学者赵元鹤（字鸣九）的诗说："银河光灿烂，织女出天门。离违连年月，亲和惹梦魂。人间欢歌舞，天上叙忧烦。殷勤人自巧，侥幸不当存。"诗中虽然对乞巧活动并不否定，对牛郎织女的思想意义也是从正面理解，但认为一个人"巧不巧"全在自己努力，乞求于神灵无济于事。这个道理是正确的，但他未看到乞巧活动对女孩子接触社会和突破旧礼教方面的意义。这是因为西和闭塞，文人思想上接受新东西较少，完全用传统的儒家思想衡量是非。当然也正由于西和之地闭塞，保存了乞巧的古老风俗。西和县的乞巧节俗被有的民俗学家誉为"中国乞巧文化的活化石"。

对西和乞巧节俗和乞巧歌的重视，是先父赵子贤先生于1933年回到西和县以后的事。赵子贤青年时加入国民革命第一军，北伐失败后学习无线电，后至天津学习无线电机械学。1931年2月，他在天津写有《鹊桥仙》词二首，都是忆及新婚之时正当七夕节随新婚妻子回门。其《春节在天津忆内》云："天津雪厚，汉源春暖，正是风云万里。原非灵鹊架桥时，絮叨声、殷勤窗纸。当年七夕，回门崖上，众女坚邀阿姊。村头唱巧正悠扬，却道是、不如纳底。"《忆旧》一首云："明月半圆，树影婆娑，墙里欢笑声继起。估量众女正颠狂，惟新妇、欲歌又止。脸上容光，一路叙说，儿时激情未已。村头为恐娇客等，归来时、柔情似水。"这两首词都写到了乞巧活动，也都写得一往情深。这恐怕也是他后来组织学生搜集乞巧歌的原因之一。1933年夏，先父因祖母去世奔丧回家。他先后两次任县民众讲习所（后改为民众教育馆）所长，兼新运会会长，进行破除迷信、反对买卖婚姻、提倡妇女放足、揭露鸦片烟的害处的宣传活动。1935年秋到鼓楼南学校任教，次年暑假组织学生搜集广泛流传于西和县各乡镇的乞巧歌，编为《西和乞巧歌》一书。

《西和乞巧歌》按《诗经》的编排方式分为"风""雅""颂"三部分。反映男女婚姻与社会风俗的一类名之曰"风"；咏唱时政新闻与传说故事的一类名之曰"雅"；用于乞巧仪式及歌颂巧娘娘者名之曰"颂"。在很多文人将这些个歌词看作违背礼法的淫祀滥唱的情况下，竟用神圣经书中类目之称来分类，显示出他对这些乞巧歌评价之高以及他的胆识。书中《风》《雅》《颂》各部分又根据内容分为若干篇。《风》分为《家庭婚姻》《生活风俗》《劳动技能》三篇，《雅》分为《时政新闻》《传说故事》两篇，《颂》分为《坐神迎巧》《礼神乞巧》《看影卜巧》《转饭送巧》四篇。《颂》的部分基本上是代代流传的传统歌词。编成《乞巧歌》之后题诗二首。第一首："纸上心弦神鬼惊，女儿悲苦气难平。出脓出血刑半死，嫁狗嫁鸡判一生。乞巧难求厄运少，及笄似向峭崖行。亭亭玉立家中宝，父母谁闻唱巧声！"第二首："莫谓诗亡无正声，秦风馀响正回萦。千年乞巧千年唱，一样求生一样鸣。水旱兵荒多苦难，节候耕播富风情。真诗自古随风没，悠远江河此一罍。"《西和乞巧歌》书前《序录》大略讲了西和乞巧风俗的历史和分布情况：

> 乞巧风俗大体分布于漾水、西汉水流域，实可令人深思。《尚书·禹贡》谓："嶓冢导漾，东流为汉。"漾水为西汉水源头之一。鹊桥相会之"银河"，古即称"汉"。西和乞巧风俗之盛，与此非无关也。

> 杜子美于乾元二年至秦州，作《天河》一诗。诗云："常时任显晦，秋至转分明。纵被浮云掩，犹能永夜清。含星动双阙，伴月落边城。牛女年年渡，何曾风浪生。"诗言天河"秋至转分明"，又言及牛女渡河相见情节，则应作于初秋之月初。集中下一首题作《初月》，中云"细光弦初上"，又云"河汉不改色"，则与上首俱作于七月之初。诗人因所见而生感，方泻之笔端。则天水、汉源一带月初即有乞巧之俗。

其中，引述唐代以来咏西和汉水源头与七夕风俗之诗作说明流行于西和一带的乞巧风俗同汉水源头的关系及历史之悠久。他对乞巧节评价很高，认为：

> 在西和旧势力强大、封建思想笼罩的环境中，女娃可以借着这个活动来抒发情感，表达愿望，同时也是一个接触社会的机会，很有意义。

这不仅是对西和县，也是对整个陇南、天水，对全国自古流行的乞巧风俗的第一次科学评价。

二、《西和乞巧歌》的内容

《西和乞巧歌》所载20世纪30年代以前的乞巧歌，生动地反映了长期封建社会中妇女的命运与反抗情绪，突出地表现了对妇女缠脚、男女婚姻不自由、童养媳等陋俗和旧的婚姻制度的严厉批判。有些乞巧歌反映了陇南一带的生产、生活风俗，以及清末年以来老百姓反抗苛捐杂税、抨击贪财枉法之徒的情形，揭露了个别贪生怕死的官吏在全城人处于危难情况下借机逃跑等历史事实，对当时地方势力割据下为争夺地盘给老百姓所造成的灾难及民国政府用种种办法盘剥百姓的情形都有所记述，比起民国时代留下的一些官方文献更真实可信。

乞巧歌中很多作品总结了西和一带的物候、生产、社会生活的经验与生活哲理。姑娘们在传唱中学习生活、生产知识，如《二十四节气》的开头：

> 观山顶上响铜钟，正月头上要立春。
> 残雪只在高山嘴，立春一过是雨水。
> 惊蛰一到炸雷响，出窝的蜘蛛又盘网。
> 春分昼夜一样长，脱下滚身子换春装。

这样按时间顺序一直将二十四节气唱完。姑娘们从小从这些歌词中获得了季节物候知识。

乞巧歌词中还把西和各地手工产品的特色写了出来。《大姐娃成到南门下》点出了西和各地的手工行业：东门下成堆的铁匠铺，卢家水沟下家家都挂粉（做粉条），老庄里的农民兼做鞭炮，叶家大路上人的挂面，晚家峡的人织笼儿，将军山的人编柯笼子，晒经寺的人编席子等，都是多少年形成的副业生产习俗，其他地方很难赶上，歌唱中自然地表现出对当地种种特色经济与技能的自豪感。《枣儿树上结枣哩》一首唱了西和各乡出名的特产，表现出对家乡的热爱之情。也有些直接描写农业劳动生产的。如《十二个月种田》表现了农民一年到头的忙碌而最后只落得"上山挖菜当冬粮"，"和上麸皮好熬汤"。

在西北很多地方，织女被称作"巧娘娘"。织女既是勤劳、灵巧的化身，又因为她违抗王母之命下嫁农民，因而也成为封建社会千千万万女子反抗包办婚姻、争取婚姻自由的精神力量。在乞巧期间，姑娘们通过举行各种活动，乞求巧娘娘赐予她们聪慧的头脑、灵巧的双手。乞巧的"巧"在审美层面上呈现出多层次、多角度的特点。而姑娘们所尊崇的"巧娘娘"正是这种多层次、多角度的"巧"的化身。

乞巧歌中也写了对巧娘娘俊美容貌的赞美。姑娘们把巧娘娘的头发、眉毛、眼睛、鼻子、巧脚等一一道来，就像是一个擅长丹青的画家，描绘出一幅古代仙女图。有的歌实际上是借着咏唱巧娘娘而唱出自我设计的少女、少妇形象；称赞巧娘娘的服饰之美，也将对巧娘娘的赞美与自身的行动结合起来。姑娘们期望巧娘娘教会她们做针线、织花布、绣花鞋、裁衣服、做茶饭，赋予她们"一双好巧手"，表达了姑娘们学习各种技能的迫切愿望。

20世纪40年代以前陇南一带教育不发达，学校很少。农村姑娘由于家庭条件等世俗因素的限制，没有机会到城镇学校去读书，通过《西和乞巧歌》中"巧娘娘给我教文章"的歌词委婉地表达出姑娘们对读书的渴望。姑娘们的歌唱中巧娘娘不仅女红、茶饭和文化素养好，而且在生活中是"样样活儿都不怕"的能干妇女。由此看来，姑娘们在赞美巧娘娘的同时，也将自己对未来幸福生活的向往融入其中。巧娘娘成了姑娘们出嫁之前在女红、生活方面学习的榜样，也给她们抵抗压迫力量的精神支柱。

《西和乞巧歌》中也有几首对鸦片的危害作了深刻的揭露。其中说：

> 鸦片烟，花好看，大官吸烟有人献，
> 富人吸成穷光蛋，穷人吸烟拿命换。
> 女子卖到外地了，儿子卖给戏子了，
> 回来妇人气死了，单等刀刀毙的了。

末句言吸烟人到这个地步，只有自杀的份儿了。《孔司令要倒沙儿钱》一首，对地方势力想尽一切办法搜刮老百姓的行为进行了彻底的揭露，可谓淋漓尽致。另外，对好的人和事也有赞扬和歌颂，如《西和有个王把式》《蒋旅长进了西和城》等。

社会生活中的一些重大事件在乞巧歌中也有反映。《光绪逃西安》乃是反映了晚清时代全国的一件大事；《七月十五起红煞》反映了西和县清末的一次抗捐税事件，起事农民打了知县，并打死了衙役；《冬至过后第七天》反映了县城民众自发组织抗击陕匪王佑邦的事；《立秋以前地动哩》等反映了突出的自然灾害，都反映出20世纪初期西和少女关心地方政事、关心国家安危的良好心愿。

三、专家们的评价

《西和乞巧歌》一书保留了大量清代至20世纪30年代以前的乞巧歌。

西和县文联在县政府的支持下，以《西和乞巧歌》为名于 2010 年 4 月由香港银河出版社出版线装本，国学大师冯其庸先生题签。2014 年，由上海远东出版社出版了简体横排本，同年外语教学与研究出版社出版了由西北师范大学外语学院几位老师合作翻译的英汉对照本。

国家非物质文化遗产保护委员会委员、中国民间文艺家协会民间文化抢救工程专家委员会委员刘锡诚先生在为该书写的序中，对西和乞巧歌大加称赞，他说：

> "乞巧歌"具有两重意义：一、它是社会历史和群体民俗的重要载体；二、它是依附于特定的节候——七夕而产生和咏唱的民众口传文学作品。

中国民俗学会名誉会长、国家非物质文化遗产保护专家委员会副主任、辽宁大学教授乌丙安先生在中国（西和）乞巧文化高峰论坛主旨发言中说：

> 赵子贤老先生把光绪年间甚至更早的乞巧歌记载下来，把当时的乞巧活动记载下来进行研究，对有些问题的思考和研究要深刻得多。像这样的老一辈，他们真正和当地的百姓融为一体，一直在尽力保护着民俗中很珍贵的部分。①

中国民俗学会副理事长、国际亚细亚民俗学会副会长、中央民族大学民俗文化研究中心主任陶立璠教授说：

> 《西和乞巧歌》所包含的内容丰富多彩。不仅在乞巧活动中，就是在平时，妇女们总是把自己的命运寄托在一个"巧"字上。认为巧女、巧媳妇不仅是妇女的本分，而且象征着美好的未来。所以未出嫁的闺女，特别热心于乞巧活动，求容貌、求心灵手巧，就此创造了令人震撼的西和乞巧仪式文化。

中国民俗学会副理事长、兰州大学柯杨教授为《西和乞巧歌》写的《序》中说：

> "我口唱我心"的乞巧歌，充分表达了西和妇女们当年的所思、所

---

① 参见《仇池》2013 年第 2—3 期。

想、所怨、所求，她们的喜怒哀乐无不跃然纸上。反对包办和买卖婚姻是当时《西和乞巧歌》中的一个重要主题，因为这关系到农村女孩子们一生的前途和命运，是真正的大事。

这些专家学者指出了《西和乞巧歌》一书的文献价值与思想意义。《西和乞巧歌》是国内唯一一本"七夕"这个古老节俗中姑娘们歌词的集子。

（《甘肃日报》2015 年 12 月 22 日）

西和乞巧歌对新中国历史的反映

先父子贤公 1936 年所编《西和乞巧歌》一书所收只是当年 8 月以前传唱的乞巧歌。但此后的每年乞巧节，西和城乡的姑娘们仍然要编一些关于时政新闻的新歌，只有"文革"十年有所中断。20 世纪 40 年代歌中抨击吸鸦片等坏风气，揭露旧政府抓壮丁、派夫派款、压榨老百姓的内容，与此前的相近，但同时也有一些新的内容。首先值得注意的是《西和乞巧歌》书后所附 20 世纪 40 年代的乞巧歌中，有反映红军过境的《红军长征过西和》：

> 走江口，过茨坝，大营扎在曹彭家。
> 三角地畔路过走，李家窑上杀条狗。
> 周家大寨缓商量，席家川里吃干粮。
> 皇城上安的水机关，两架飞机打旋旋。
> 土桥峪下山入平川，炸弹丢在云雾山。
> 大军过了横岭山，晚上住在石家关。
> 西和一仗打得欢，红军直下徽成县。

还有一首《皇城高，观山高》也是唱红军过境的：

> 皇城高，观山高，两架飞机高空飘。
> 飘过云雾到草关，黑爷庙前摔炸弹。
> 摔下炸弹没响动，红军过了纸坊镇。
> 纸坊镇镇子宽，四面山头齐呐喊。
> 喇叭响，红旗展，红军过了徽成县。

由于妇女在长期封建社会中所受沉重的压制，所以乞巧歌中歌唱现实的歌大都是抑郁、沉闷甚至愤怒的，而这两首却表现出少见的轻快、欢乐与豪迈。看来，在1936年陇南的姑娘们已在中国工农红军身上看到了中国的希望。

　　近几年，我和我的研究生李凤鸣（硕士研究生，2011 年中国古代民间文学研究方向毕业，在西和一中任教）一起搜集 20 世纪 30 年代中期以后的乞巧歌。此前西和一中成立西和乞巧文化课题组，曾请我为顾问，在这方面已经做了一些工作。在收集到的乞巧歌中，也有关于全国军民抗日历史的反映。甘肃虽然是后方之地，但在地方人士宣传下，抗日情绪高涨。同时 1937 年开始西和有了无线电收音机，对形势发展也了解较快。故当年县上即开始招抗日战士，首批招六十多人。抗日战争中西和入伍者牺牲于抗战中的烈士有四十五人。次年，"抗日中小学教师服务团"来县上开展抗日救亡运动，组织"青年话剧社""文化服务社"等，《大刀进行曲》《打回老家去》等抗战歌曲在青年中普遍流行。乞巧歌中对抗日战争的反映使我们看到这关系国家生死存亡的事件在城乡女孩子中的反应。如其中一首中唱：

　　　　五月里来小暑天，日本鬼子生事端。

　　　　卢沟桥上炮声响，阴谋强占我江山。

　　　　六月里来大暑天，抗日之声震云天。

　　　　二十九军英雄汉，奋死激战抗凶顽。

　　　　七月立秋杀气来，日寇的重炮打上海。

　　　　抗日的烈火熊熊起，山山水水刀枪立。

　　　　八月里来八月半，东河坝里试子弹。

　　　　还有抬炮水机关，炮子儿落在崆峒山。

　　　　九月里来九月三，日本的飞机到黄河边。

　　　　中国人调起朝天炮，打得日机往下掉。

由这些歌可以看出，即使是陇南山区穷乡僻壤中的妇女儿童，在抗战中都关心着战事，对侵略者表示出极大的愤慨和蔑视，表现出必胜的信心。

　　1949 年以后乞巧歌词中有很多歌唱共产党、毛主席、新社会的，也有不少是反映新的政策、形势、政治运动以及社会风貌、社会风俗的，土改、抗美援朝、三反五反、互助组、合作化、公社化、自由恋爱等的。这是从一般人民群众，尤其是从一些小姑娘的角度对当时社会上一些重大变化和普遍现象的反映，既显示出视角的直观和情感的真诚，又将一些复杂的现象用具有代表性的情节加以表现，显得简单而又充满韵味。如反映抗美援朝运动的

《抗美援朝捐献》《挣下粮食支前线》，反映 1955 年的一场冰雹打坏庄稼的
《社员的生活没困难》，反映出新时代妇女对政治的关心和主人公的心态等均
是如此。如《土改闹了身翻了》：

> 过罢冬至打春哩，土改队来到我村哩。
> 访贫问苦家家跑，拉起家常穷根找。
> 盘山的骡子下了坝，贫雇农最听党的话。
> 斗地主，反恶霸，有党撑腰天不怕。
> 人多拾柴火焰高，村村的农会成立了。
> 贫苦农民闹土改，分房分地分浮财。
> 恶霸斗了恨消了，土改闹了身翻了。
> 春风吹动坡上草，共产党把人救活了。

再如《土改分地忆春耕》：

> 春季里来草芽青，土改分地忙春耕。
> 你撒籽来我送粪，互助合作来变工。
> 夏季里来百花艳，禾苗出土长得欢。
> 按时追肥锄杂草，用心作务好增产。
> 秋季里来百花香，快割快碾快归仓。
> 小河有水大河涨，农民要缴爱国粮。
> 冬季里来梅花红，贴对联来挂灯笼。
> 丰收不忘共产党，好景全靠解放军。

此外，如《十将军》歌唱朱德、彭德怀等丰功伟绩的革命领袖的歌，表现出
对新中国的深沉的爱和对革命领袖的无限崇敬。

当时有的歌虽然带有当时的时代特色，批判劳动不积极的人，但同时也
反映出当时买手绢要鸡蛋换、穿衣裳要布证，队里常把一些认为有问题的人
集中起来白天劳动、晚上站在会场前面接受群众批判等在“文革”前普遍存
在的现象，能唤起人的记忆：

> 六月里来入伏天，马拉碌柱把场碾。
> 碾的碾，扬的扬，再叫社员来分粮。

> 你的多，我的少，我问队长啥领导？
> 会计拿起盘子算，你的工分少一半。
> 按工分粮你不信，今天的分粮是干证。
> 七月里来秋凉了，不发布证着忙了。
> 不发布证着了忙，买手绢儿缝衣裳。
> 手绢还要鸡蛋换，没鸡蛋的往过站。
> 布证它是四尺半，八两棉花没处干。
> 天天叫着上农建，农建组里干不惯。
> 专政组里强迫干，会上还得前面站。
> 干得不好不记工，冷汤喝得肚子疼。

这些作品所反映的是一般的历史书中所看不到的，表现出细微而真切的历史过程，一些经历了那段历史的人读起来虽然引起一些记忆，感慨万千，但也有一种亲切感，可以说这是真正的"微观史"。

改革开放初期，则表现的是社会变革中的欢快心情。如《人民公社解散了》说：

> 抬石头的棍断了，人民公社解散了。
> 桦木轮子榆木辕，农民种上责任田。
> 世上出了金不换，改革政策再不变。
> 树上结了榆钱了，光景有了眉眼了。
> 篱里的粮食装满了，信用社有了存款了。
> 顿顿吃上白面了，穿上毛料绸缎了。
> 不下白雨（暴雨）河清了，日子过得遂心了。
> 土碗换成金碗了，农民的眉头都展了。

这当中没有空话，没有应景的话，没有标语口号，表现出发自内心的高兴。再如《三中全会北京开》说：

> 三中全会北京开，改革的政策出了台。
> 出了峡口是大路，联产承包地到户。
> 母鸡下了金蛋了，富民政策兑现了。
> 辣子红了柿子红，八仙过海各显能。

责任田活像聚宝盆，帮助农民脱了贫。

热头出来照九州，农村改革粮丰收。

十一届三中全会在广大人民心中的印象和它的历史地位由此可见。这些都具有历史认识价值，是人民对新时期好的政策的由衷的赞颂。

总之，1949 年以后西和妇女在乞巧活动中编的这些歌，虽然出自少女之口，但不仅代表了整个妇女的心声，也代表了广大人民群众的真实感情。它们是西和新时期中姑娘们心声的记录，也是新时期中历史的真实记录，是全国几十年发展变化的缩影。

2006 年西和县被全国民协命名为"中国乞巧文化之乡"，2008 年西和县的乞巧节俗已被列入《国家非物质文化名录》，2015 年 8 月 12 日省政府新闻办举行的第七届乞巧女儿节新闻发布会已宣布我省已将西和乞巧列入申报世界非物质文化遗产计划。我们关于《西和乞巧歌续编》的工作虽然已进行了好几年，但为了不遗漏一些有历史价值的作品，还在继续搜集中，希望它能成为 1937 年以来再一部以歌谣形式表现的"微观史"。

（《甘肃农业》2018 年第 2 期）

乞巧文化研究书序三篇

一、《西和乞巧民俗研究》序

　　2007 年 8 月初，从我校中文系毕业正在中央民族大学攻读民俗学专业硕士学位的韩宗坡同他的三个同学来我家，就甘肃民俗方面的一些问题征询于我。韩宗坡是河北人，在兰州上了四年学，对甘肃的民俗产生了浓厚的兴趣。加之他的指导教师陶立璠教授是兰州永登人，2006 年 9 月曾同中国民协的杨吉星（民协四委办主任）、杨亮才（原中国民间文艺出版社社长）等到西和作过考察，对西和乞巧节有深入的了解。所以，韩宗坡和他的三个同学都将学位论文的目标定在了甘肃。2007 年 6 月，由他作为领队，组织了一个调查组，在陶立璠、邢莉两位教授的推荐下，向中央民大申报了一个调查课题：《当代语境下传统民俗在口头与非物质文化遗产申报与保护中的尴尬处境——以甘肃西和乞巧节为例》，一行四人，来甘肃调查。他们首站先到兰州，向有关学者了解总体情况。我同他们谈了长期流行于西和、礼县一带的乞巧风俗同早期秦史与秦文化的关系，谈了在国内已经有很大影响的洮岷花儿等。当时距乞巧节还有十多天，他们便先去临夏等地做田野调查。8 月 18 日，我同我校青年教师王贵生（兰州大学武学教授的博士，在我处博士后流动站合作进行"中国七夕节"项目研究，现为甘肃省民俗副主席）、我的研究生隆滟（现甘肃农业大学副教授）、张银（现甘肃行政学院副教授）、田有余（现西北师大附中教师），还有我校音乐学院院长张君仁教授与他的研究生祁明芳（西北师大音乐学院青年教师）一起，与其他赴西和采风人员在约定地点会合。其中有省民协主席、西北民大马自祥教授，省民协副主席、兰州大学武文教授和西北民大郝苏民教授的两个研究生，还有中山大学康保成的博士生刘红娟等，一起到西和参加首届"中国乞巧文化旅游节"。

我们乘一辆轿车到西和。在西和又遇到北京来的中国民协的杨吉星等先生。中国民俗学会副理事长、中国民间文化抢救工程委员会委员、兰州大学柯杨教授，省歌舞剧院作曲家孙铁民先生，敦煌艺术研究所庄壮研究员和省民协其他研究人员也已到西和。

8月18日（农历七月初六）"中国乞巧文化旅游节"在西和县汉源镇隆重开幕。大会之后，大家到云华山、晚峡湖、漾水主要源头横岭山九眼泉及周围各处考察，晚上大家到各处乞巧点上观看，又录音，又照相，真是目不暇接，都说收获颇丰。次日，在西和宾馆举办了"中国乞巧文化论坛"，除省内外民俗、民间文学、民间艺术方面研究人员外，还有来自北京、广州、兰州等地的民俗学、民间文学专业的博士生、硕士生达十多人。学者们关于西和乞巧节谈了自己的看法。

在那次论坛上，韩宗坡在会上也发了言，就西和乞巧风俗的保护、传承等方面谈了很好的意见。后来，韩宗坡的学位论文定为《非遗保护的自主性、本身性、整体性研究——以甘肃西和乞巧民俗考察为例》，次年七夕节他又到西和考察了一次。他的学位论文完成后曾发给我征求意见。我到北京参加国家社科基金后期资助项目评审中，他也特别来宾馆找我交谈。我觉得他对有些问题的思考是很深入的，他的导师陶立璠先生长期从事民俗学、民间文学研究，任中央民族大学民俗文化研究中心主任，兼任中国民俗语学会副理事长、国际亚细亚民俗学会副会长，出版过《民族民间文化学基础理论》《神秘新奇的世界——民族民俗语审美谈》，先后获国家民族事务委员会哲学社会科学优秀成果奖，北京市哲学社会科学优秀成果奖等，近年来任《中国民间文学集成》总编委会委员兼《中国谚语集成》副主编，并与表演艺术家陈佩斯共同发起并创建"中国民俗"网站。我觉得韩宗坡在陶先生的指导下完成的这篇硕士学位论文是有意义的。作者具有系统的民俗学知识理论，又经过一定的科学训练，注重学术规范，又两次在七夕节到西和作深入的田野调查，考察了西和乞巧仪式的全过程，从他一个外省从事民俗研究的青年的眼中，对西和乞巧活动内容、特色和传承、保护情况作了细致的观察分析，对其传承到今天并仍然兴盛的原因进行了解析。最后，结合西和乞巧民俗的实际，对非物质文化遗产保护的自主性、本真性、整体性提出了很有意义的看法。在全国大部分地区乞巧风俗已经消亡、很多地方的节令习俗被洋节和流行歌舞习俗冲淡变样的情况下，作者通过西和这一典型案例对"非遗"保护、传承中一些重要问题进行了深入的探讨，是有理论意义，也有实践上的指导意义的。

在西和县的那次乞巧文化节活动中，我还遇到了在礼县教育局工作的我系毕业生张平和他的同学王亚红。他们两个都是礼县盐关人。礼县也有乞巧风俗，与西和一样是七天八夜，仪式也大同小异，但礼县只有东部的永兴、盐官、祁山几个乡镇有，其中盐官、祁山在 20 世纪 40 年代以前曾属西和管辖，永兴与西和的长道相连。西和、礼县两县的乞巧风俗基本上都是靠近秦人早期活动的中心，即今礼县大堡子山、圆顶山一带的。我于 1990 年发表了两篇论文，认为民间传说中的织女由秦人远祖女修而来，因为《史记·秦本纪》中明确记载"帝颛顼之苗裔孙曰女修。女修织，玄鸟陨卵，女修吞之，生大业"。大业即秦人由母系氏族社会向父系氏族社会过渡的第一人。西和、礼县兴盛的乞巧节，是秦人早期文化的遗留。此次见面以前，我多次同张平通信，通电话，希望他能把礼县民间流传的乞巧歌搜集一下，我在《礼县志》中见过礼县农民诗人刘志清搜集的几首乞巧歌，除其中一些用于乞巧仪式上的歌之外，也有一些歌唱时事或社会风俗的，很有意义。民间应该还有更多的遗存，应加以抢救。张平说，王亚红一直对民俗文化和民间文学感兴趣，所以报考上了民俗学专业的研究生，已被云南民族大学录取，9 月份入学，因此特来西和进行乞巧活动考察。王亚红的指导教师刘红教授也是民族艺术专业博士，一直从事民间文学与民间文化的研究，完成了 2006 年度云南省哲学社会科学规划项目"云南民族民间文学研究——民间文学的伦理主题"，出版《云南民族民间艺术的伦理观研究》，曾获云南省哲学社会科学优秀成果奖。王亚红的学位论文《乞巧节俗研究——以甘肃陇南西汉水流域乞巧节为例》，在其导师指导下，由节俗、乞巧歌词入手，从伦理文化、信仰等方面作了深入探讨。他为了对七夕节的材料有更全面的掌握，还曾专门到北京查阅过一次材料。其间所写有关论文与初成的学位论文曾发给我征求意见，并曾到兰州来过一次。我感到遗憾的是：他是礼县人，有条件对礼县东部的乞巧歌加以挖掘搜集，以便为以后的研究奠定一个好的基础，但他在这方面并没有做多少工作，而主要是用了西和整理的几本书上的现成歌词，着重进行理论上的分析与探索。所以，在他到我家来时，我问了礼县乞巧歌搜集的情况后，我就不客气地批评了他。因为我觉得现在再不加以搜集，礼县20世纪五六十年代以前的那些歌词就永远消失了，为此我一直感到惋惜。但后来我想，这个工作确实不是一两个人在短时间中可以做到的。因为这同五六十年代不同，当时能记得、能唱传统的较早的乞巧歌的人多，而现在这样的人已不多，得花工夫到各地去查访；他在昆明学习，回家时间短，七夕节时也只能在有乞巧活动的地方做些民俗考察，要搜集较早的歌词是难的。无论怎样，王亚红同志完成了学位论文，而且提出了一些很有意义的看法，无论从哪一方面来说，也是有意义的。

我因为小时候家里有一本我父亲在20世纪30年代编的一本《乞巧歌》，听几个姐姐唱乞巧歌，从小也看我们巷道（西和北关大巷道）的乞巧活动，很早就对有关问题有些思考，但因为上研究生时攻读古代文学专业，故虽然"文革"后人们对旧的习俗看法变了，不认为全都应该扫荡无存，有些反映着很深文化印迹，体现着一些优良传统和好的观念，还应加以保留，但我也未能就此做深入研究。到20世纪80年代末礼县大堡子山秦先王陵墓被发现以后，我想到了西和、礼县这个历史悠久的节俗同早秦文化的关系，才从探讨其源头的方面写了《连接神话与现实的桥梁——论"牛女"故事中乌鹊架桥情节的形成》（《北京社会科学》1990年第1期），《论"牛郎织女"故事的产生与主题》（《西北师大学报》1990年第4期）两篇论文。不久，我担任了中文系主任，后来又任文学院院长，主要任务是建成中国古代文学、古典文献学博士点。此后我一直忙于这两个领域的科研、教学和相关的组织管理工作。2004年卸任之后，同年9月，母校西和一中六十周年校庆，我为全校老师同学作了一次《汉水与西礼两县的乞巧风俗》的学术报告，自己也重拾了这个放置了十二年的大课题。此后西和一中老师组织学生开展的课外科研学习活动，也便将目标转到了这个方面，县上有的文化人也开始关注乞巧风俗与乞巧歌的采录与研究。

当年年底，我决定招四名从事古代民间文学研究的研究生，联系"牛郎织女"传说的早期流传分化来考察七夕节的形成地域、传播走向与时代顺序。次年，我所招三名古代民间文学研究方向的硕士生入学，学位论文题目都定为"牛郎织女传说与七夕风俗"：一个是从古代诗词曲赋入手；一个从古代小说、戏曲、曲艺和故事传说入手；一个是考察国内各少数民族和海外流传的牛女传说与七夕风俗。这三个研究生毕业的一年是 2008 年。同年，天津师大毕业、已在西和一中任教三年的李凤鸣又考到我这里攻读硕士学位。她同样是因为对西和底蕴深厚的乞巧风俗和长久流传的乞巧歌反映的社会变化有极大兴趣，西和一中以王钊老师为首又组织了"七夕文化研究课题组"，因此，她很希望在这方面有深入的研究。她决定在毕业后仍回西和工作，学位论文题目定为《清代女性民歌与民前乞巧歌的比较研究》。她为此翻阅了大量地方文献，也阅读了不少明、清与民国初年民歌集。在毕业论文送审与答辩中，也受到专家们的好评。与她同时考为研究生的还有西和二中的音乐教师张芳，她考在我校音乐学院，以研究西和、礼县一带乞巧歌音乐、舞蹈为学位论文。韩宗坡、王亚红、李凤鸣、张芳四人的论文从不同方面对西和乞巧节和乞巧歌的歌词、音乐、舞蹈作了深入的探讨。

西和县乞巧风俗被甘肃省人民政府列入《第一批甘肃省非物质文化遗产名录》，于 2006 年 9 月 30 日公布，在此前后中国民协专家陶立璠、杨吉星、杨亮才（原中国民间文艺出版社社长）、高育武（中国民协《民间文化》杂志社社长）、赵学玉（《中国文化产业》杂志社社长）、杨继国（中国民协副主席、宁夏文联主席）、杨永胜（中国民协摄影协会会长）、柯杨、马自祥（省民协主席、西北民族大学教授）、杜芳（省民协副主席）等都曾到西和进行考察，而且大多来过两次。西和县被中国民协命名为"中国乞巧文化之乡"。2008 年 6 月，西和七夕（乞巧节）被增列入《国家非物质遗产名录》。自 2006 年以来，西和县已举办四届"中国乞巧文化旅游节"。

2012 年 8 月 22 日至 23 日，甘肃省委常委、宣传部部长连辑到西和考察后，提出了四条建议，要求西和一定做好乞巧文化的保护、传承与相关文化产业的开发工作，省上大力支持西和乞巧节在宣传、建设、研究上走向全国。2013 年 1 月 22 日，时任陇南市市长的孙雪涛同志在西和县周子强书记陪同下来寒舍谈西和 2013 年乞巧节有关活动，及准备在北京举办高层论坛之事，我建议将韩宗坡、王亚红、李凤鸣和张芳四人的论文加以出版，因为这四篇论文是在专家指导下完成的，都下了很大功夫，有一定深度，基本遵循学术规范，对全国民俗文化的研究是有意义的。陇南市孙雪涛市长和西和县周子强书记又提到我的《历史的投影——〈牛郎织女〉传说的形成与发展研究》和由我主持完成的《主流与分流——牛女传说与七夕风俗的传播与分化研究》《西和乞巧节》三部书，我答应力争尽快定稿。现张芳的论文由陇南师专交付敦煌文艺出版社出版，即将问世，县上决定将李凤鸣、韩宗坡、王亚红三人论文交付甘肃人民出版社出版发行，县文联主席张惠根据领导指示要我写序，今论其始末如上。我想，这部书一定会引起民俗学家和关心陇南文化建设的同志的重视。

　　　　（李凤鸣、韩宗坡、王亚红《西和乞巧民俗研究》，甘肃人民出版社 2013 年版）

二、《西汉水上游乞巧及乐舞研究》序

　　张芳同志的这本《西汉水上游乞巧及乐舞研究》，是她在我校音乐学院院长张君仁教授指导下完成的硕士学位论文。2007 年 8 月 17 日，我同张君仁教授等一行人应西和县政府邀请赴西和参加"中国乞巧文化旅游节"，张君仁教授和他的研究生、我校音乐学院青年教师祁明芳对西和乞巧歌的音乐，包括曲调、舞蹈、动作等都做了详细的考察，认为很有特色，值得做深入研究。张君仁教授也很希望有一个本地的，对西和乞巧活动和乞巧歌有亲身体会且在音乐方面有较好专业基础的人来具体作这个课题。他在这次考察中遇到了西和二中的音乐教师张芳。张芳大学毕业时间不长，已经关注到了西和乞巧歌音乐舞蹈方面的一些问题，她就有些问题向张君仁教授请教，很受启发，于是决心在张老师名下深造。一切都是天遂人愿，当年秋天她即考为张君仁教授的研究生。张芳很用功，也能思考，虽然她是西和人，她的兴趣与专业上的原因使她对乞巧歌曲、舞蹈本已有相当多的了解，但她仍然用好几年的时间专门到一些乡下作进一步调查、采录。

　　我从小小的记得事的时候就跟上大些的孩子看乞巧活动，加之我父亲在 20 世纪 30 年代中期曾组织学生搜集县内各乡镇乞巧歌歌词，编过一部《乞巧歌》（县上已以《西和乞巧歌》为名出版），小的时候我姐姐也常在家里照这些歌词小声唱，所以我对此也有一些兴趣。张芳遇到一些有关历史文献、地

方风俗或某些理论问题，也曾与我讨论。她假期回家，在西和民歌搜集方面作出了突出贡献的杨克栋先生也给她提供了不少材料。当然，我们只是在一些局部的、大部分是属于地方文化的方面提供一点材料或意见。张芳在张君仁教授的指导下，研究工作不断地扩展和深入。在她的论文即将完成的时候，她也参加了我主持的《西和乞巧节》一书（本是中国民协一些专家组织的《七夕文化丛书》中的一本，后这套丛书未出），和文化部重大招标项目《中国节日志》中由我主持的《中国七夕节》西汉水上游乞巧及乐舞研究中音乐部分的工作。这样，我们在一起讨论的机会更多一些。

我觉得西和乞巧歌舞有几点是很值得注意的：

一、汉族民间歌曲，除戏曲中的唱腔、正月间的扭秧歌之外，再就是山歌、花儿，极少有一边舞一边唱的，而乞巧歌虽然也可以坐着或者站着唱，为不跳舞不唱的人助声，但总是以又跳又唱为主。

二、西和乞巧歌不是随时随地一个人可以大声唱的，它是从农历六月三十日迎巧娘娘到（织女造像）坐巧之地，至七月七日夜半送巧（送到河边或路口焚化）结束这段特定时期中唱的，不但有特定的时间地点，而且是群唱的，这些都与山歌、花儿不同。

三、它总同一定仪式联系在一起，在特定仪式中，也有特定的曲调和特定的词，虽然具体语句会有不同，但内容上各有侧重。

四、它只是女孩子唱的，男子都不唱，而且，正式的跳唱在 20 世纪 60 年代以前只有大体在十二岁至十六岁最大十八岁未婚的女孩子唱，年龄太小的，也可以跟上唱，但并不被看作乞巧活动的正式成员，只能说是"见习"。凡已结婚的女子便不能再在正式乞巧场合跳唱，在 40 年代以前有十四五岁的就结婚的，一结婚也就再不能参加跳唱。这是真正的女孩子的歌舞。

五、它的曲调同当地或外边任何地方的山歌大不同，也与秧歌不同，每一个曲调都不长，可以反复唱，且有古代"声词"一样重复唱的部分。由此看，其曲调应是产生很早，流传很久的。

关于乞巧歌流传的地域，在今之陇南市，只有西和、礼县这两个县，而且这两个县也只是漾水河流域及靠近秦人发祥地的地方，主要在西和县何坝、喜集以北的大半个县，和礼县的永兴、盐关、祁山三个乡镇。这正是秦人早期活动的中心地带。天水市的秦州区、清水、张川这三个县区过去也有（拙文《汉水·天汉·天水论织女传说的形成》，刊中华书局《学林漫录》第十六辑，2007年4月），这也是上古时秦人早期活动区域与逐步东移的路线。此外，陇东的平凉市和庆阳市有的县也有乞巧歌，见于文献记载，同样是在秦人活动范围内。同时，庆阳也是周人发祥之地，周秦文化的交融形成了"牛郎织女"传说（参见拙文《陇东、陕西的牛文化，乞巧风俗与"牛女"传说》（刊《文化遗产》创刊号，2007年11月），这也是庆阳一带早些时候留有较盛乞巧风俗的一个原因。

但是天水和陇东几个县的乞巧风俗在好几十年前已经不存在了。我问过甄继祥老师等家在天水、刘瑞明老师等家在庆阳的一些七八十岁的老人，也曾委托天水、陇东的学生了解，都说当地没有坐巧中又跳又唱的风俗，更没有听说过连续七天八夜乞巧的事，有的也只是七月七晚上妇女在一起摆些水果或者穿针乞巧，或者投青菜乞巧，时间也不长。

所以，联系仪式和风俗来研究乞巧歌舞是一件很有意义的事，可以从一个新的角度对它进一步地认识。我父亲所编西和乞巧歌，据我研究的结果，其中有清代传下来的，也有民国初的。但这并不能说它的时间上限即是清代，因为它是一代一代传下来的，其中有些在流传中不断被改，除去一些陈旧的词语和已被淡忘的事情，而更换为当时通行的词语。

和大家熟知的事，这类歌词很难断定其最早形成的年代，因为它们一直处于微变当中。我想，从音乐方面也许可以给我们一些新的线索。

张芳的研究，应该只是第一步。还应该有结合清代以前民间音乐，作比较性研究，来弄清它在音乐上的来龙去脉。张芳同志在毕业后，到了陇南师专音乐系工作。教学之馀，她对论文又作了修改，并在学校的支持下，即将出版。我和张君仁教授都很高兴，张君仁教授和张芳都坚持由我作序，我对于音乐是外行，只能谈以上个人感受。

这是第一部对西和乞巧歌舞从音乐方面进行专业研究的专著，以专业的眼光谈了很有价值的看法。同时，作者在采录中也记了不少乐谱，比以往一些非专业人员所记要更加准确一些。这些无论从非物质文化遗产的抢救、保护、研究方面说，还是从西北音乐、舞蹈的研究方面说都是很有价值的，一定会引起学者们的关注。

（张芳《西汉水上游乞巧及乐舞研究》，敦煌文艺出版社2013年版）

三、《中国（西和）乞巧文化高峰
论坛学术论文集》序

　　甘肃省西和县、礼县和天水市秦州区、张川县、清水一带在民国以前流行的乞巧风俗历史十分悠久。虽然天水市因为地处交通要道，一些古老风俗难以保留，但一些较偏的乡镇还是保留着较浓厚的乞巧节俗。

　　陇南、天水一带的乞巧风俗有七个显著的特点：

　　一、从农历六月三十日坐巧（供上巧娘娘像）到七月七日半夜子时，历时七天八夜。

　　二、流行区的姑娘除家中有特殊原因（如在丧服中或家中有重病人要照顾等）外，全都参加。一般以街道、巷道、村庄为单位，形成约定俗成的地域范围。

　　三、20世纪60年代以前参加者以十二岁至十六岁的为主，最主要的限制是：只要一结婚便不能再参加，而只能在幕后做些出谋划策和协助、帮助的工作。

　　四、七天八夜之中姑娘们穿饰一新，白天黑夜总会有些姑娘在坐巧处又跳又唱，或一起说笑。有的白天家中有事不能来，晚上总会抽工夫来一下。即使平时对女孩子管束很严的家庭，这几天也允许其去参加乞巧活动，而且为她们准备新衣服，有些要让她们做的事也暂且放一放，给以支持。

　　五、姑娘们请巧和购置祭巧用品时都会成群结队到县城或乡镇的街市去，大体在初三至初六之间还要到周边各个乞巧点去"行情"（走访），一来参观人家坐巧处布置的情况，听听别的乞巧点新编的乞巧歌；二来也展示自己乞巧点的风采，要在被拜访的乞巧点巧娘娘神像前跳唱一次。这有互相交流的意思，也扩大了姑娘们的活动范围，同时也与附近巷道、村庄的姑娘们建立了友谊。

　　六、在初六或初七所有乞巧点上的姑娘们都要到附近或较远的地方去取用来投芽卜巧的水，有时会到二三十里远的当地名胜之地去取，每过一村庄时都要唱乞巧歌，会引来很多人到路边、崖上观看，既有旅游的意义，也有展示少女风采和开阔眼界的因素。

在以上活动中和在坐巧处的乞巧中，总会有很多人在旁边看，有大人，也会有些男孩子。这无形中为男女青少年的相互了解提供了机会。

七、一些出嫁不久的年轻媳妇也会在七月初乞巧的这几天转娘家，一则看望父母；二则也和一起长大的姊妹们叙一叙旧情，看一看她们组织乞巧活动的情况，尤其是近年中出嫁不久的。虽然已不能直接参与娘家村庄的乞巧活动，但仍引起她的兴奋心情。这里体现了友谊和思想交流，也是对青春时代的一种重温与回忆。

由以上七点看，西和、礼县和天水一些县乡的乞巧节完全是女孩子的节日，是真正的女儿节。

这些地方唱的乞巧歌，除了颂唱巧娘娘的内容之外，大部分是抒发女孩子的情感，表现女孩子的思想愿望的。20世纪40年代以前的歌词中多为希望学好女红、茶饭手艺，反对买卖婚姻等内容，也有些反映当地生活、生产和重大事件的内容，如揭露苛捐杂税、抓壮丁等黑暗现象，表现出女孩子希望参与社会活动的愿望。

从地域分布上说，以西和、礼县、天水镇为中心的乞巧风俗，有两点值得关注：

一、主要分布在漾水河流域及西汉水流域，也即天水市秦城区西南、西和县的北部、中部和礼县的东北部、东部，礼县西部的几个乡镇没有，西和县南部的几个乡镇没有。

二、在近代与西和县北部、礼县东北部相邻的天水市，只有秦州区中西部和清水县、张川等秦人由古之西垂先向北、再向东迁的几个县有，陇东的庆阳、平凉地区有几个县都有一些40年代以前的乞巧歌流传下来，但已没有西和、礼县那样的场面与程式。

值得关注的是陕西省也同样只有陇县、宝鸡、岐山、淳化、永寿、周至、乾县、旬邑、武功、兴平、户县、咸阳、西安、大荔、华阴这些中部的县市和靠近甘肃天水、陇东的县市有乞巧风俗。咸阳以东则只有长安县石公、石婆像（西汉时昆明湖上牵牛织女像）所在地斗门镇和大荔、华阴有，其他地方没有。

由此就可以看出，这种十分隆重、盛大的乞巧风俗只有秦人早期生活过的甘肃西和、礼县和天水西南一带，及逐步向陕西咸阳迁徙的路线上和这条线路的两侧有所存留，而且除陇南的西和、礼县之外，其他地方的在近百十年中也都在淡化和消亡之中。

漾水河与盐关河（西汉水）相会之处的南面，为秦汉时之西县所在地；其东南峡口为长道镇，即西路蜀道之北口，刘备入川后为防卫曹魏的进攻，在那里设一城，即诸葛亮设空城计之西城。早期秦人正是生活在西县周围一大片地方。古人论水的渊流关系主要是就自己熟悉的水言之，秦人应是将今西和县漾水河连同流经礼县东部，又入西和南境东流的水统名之为"漾水"，至方向变为向东流之后才名为"汉"。所以《尚书·禹贡》说："嶓冢导漾东流为汉。"这里说"导漾"而非言"漾源"。今人据西汉水上游各支流之长短以天水齐寿山为西汉水发源地，这是符合目前科学定义的原则的。但齐寿山并未"导漾东流"。导漾水东流者，是西和县南部的仇池山。"仇池"先秦时也叫"常羊"，音近而写法异。在《山海经》所载神话传说中，为形天葬首之山。"冢"即坟墓。"嶓"即"番"，因用为山名而加"山"旁。《尔雅·释训》："番番，勇也。"晋代郭璞注："壮勇之貌。"《诗经·大雅·崧高》毛传云"勇武貌。"则正是指形天而言。则嶓冢山之得名，来于形天葬首的传说（参见拙文《形天神话钩沉与研究》，《民间文学论坛》1988年5、6期）。早期秦人实际上是以发源于西和县白草山与横岭山九眼泉的漾水为汉水正源（东汉水、西汉水为一条水，西汉时才因地震而在略阳中断，变成两条水）。陇南的乞巧风俗主要盛行于漾水、西汉水上游一带，也即古汉水上游。

西和、礼县一带的乞巧风俗不但广泛、热烈、时间久，而且执着。1936年夏末西和城一带发生冰雹和大雨，后又发生地震，但七月的乞巧活动基本上照样进行，据我父亲说，不但女孩子要举行，大人们也说："乞巧的停了不吉利。"在西礼县在1959年到1962年期间是甘肃的重灾区，不少地方在饿死人，但稍一缓解，很多地方的乞巧活动便恢复起来。1961年七月初我姐从武都回家看我父亲时，说想去看一看乞巧的，我嫂子领着去看了几个点，1962年我也看过何坝街上一处的乞巧活动。我认为这正表现出女孩子对自己表达愿望、接触社会、争取社会地位的这个节日的重视。

2004年9月，我在西和一中六十周年校庆时向全校师生和来宾作了《汉水与西礼两县的乞巧风俗》的报告，也提到我父亲组织学生搜集编成的《乞巧歌》一书。此后，西和一中组织了课题组进行广泛的社会调查，并收集当时城乡流行的乞巧歌。我的几篇相关论文也在那一两年中刊出。后来中国民协的领导和专家几次到西和做学术考察。2006 年西和县被全国民协命名为"中国乞巧文化之乡"，2008 年西和乞巧节俗又被增列入第一批国家非物质文化遗产。此后，除因陇南地震停办两年，至 2012 年西和县共举行四次乞巧文化节。

2012 年 8 月，甘肃省委常委、宣传部长连辑同志到西和调研，县上也请我到西和去。我向连部长和一起到西和的几位省上领导同志介绍了西和乞巧节的历史渊源和乞巧活动的有关规程、特点等。连部长对西和乞巧风俗的意义和当代价值谈了很有启发性的看法，强调一定要保护好，并进行深入的挖掘与研究，提出 2013 年在北京召开一次高峰论坛，以省上名义邀请一些专家来共同研究。2013 年 1 月，陇南市孙雪涛市长在西和县委周子强书记陪同下到寒舍，谈及将由省委宣传部、省文化厅联络国家有关部门主办在北京召开乞巧文化高峰论坛，决定突出西和七巧节俗的"女儿节"的主题特征，挖掘它的内涵。我觉得这无论对流行于陇南、天水一带的乞巧风俗的研究，还是对国内七夕文化各方面问题的研究都是有很大的意义的。

这个论坛 2013 年 8 月 7 日在北京中国职工之家隆重召开，由中国文学艺术联合会、文化部非物质文化遗产司、中国非物质文化遗产保护中心、中国民间文艺家协会、中共甘肃省宣传部主办，由甘肃省民间文艺家协会、中共陇南市委、市政府，中共西和县委、县政府承办。全国人大常委会原副委员长、中国关心下一代工作委员会主任顾秀莲同志，中国文联副主席夏潮同志，文化部非遗司副司长马盛德同志，中国民协副主席罗扬同志等都到会讲话，对西和乞巧节和这次论坛的重要性给予了很高的评价。顾秀莲同志讲话中说："从乞巧活动的内容看，能产生农村女孩快乐、自信成长的积极效应。"联合国妇女署中国区首席代表汤竹丽女士讲话中说："据我所知，乞巧节是有关女孩子的节日，她们会成长为未来的成熟女性。通过教会女性重要的价值观和传承智慧，这个节日使得女孩们对未来生活做好准备。每年用七天八夜的时间赋予女性权利，是一个非常好的传统！"

除个别学者因事未能与会之外，国内在民俗学和民间文学研究方面取得了很高成就、有很大影响和具有代表性的学者，差不多全参加了这次论坛。

德高望重的前辈学者乌丙安先生、杨亮才先生，民俗学界有很大影响的民俗学、民间文学研究领域的老专家刘魁立先生、刘锡诚先生、宋兆麟先生、陶立璠先生、叶春生先生、柯杨先生、陈勤建先生和贺学君老师、刘晔原老师，原文化部非遗司司长屈盛瑞先生，中国艺术报社社长兼中国文联文艺资源中心主任、中国民协原秘书长向云驹先生，中国民协副秘书长张志学先生，近二三十年中崛起于民俗学界和民间文学研究领域的杰出学者苑利、叶涛、萧放、叶舒宪、万建中、陈土有、李雅田、刘宗迪、陈连山、张志春、储冬爱、关溪莹等先生和邹明华、张勃、储莹、毕雪飞、刘长江、陈斐等学界新秀。在会议之前，中山大学中文系教授、中国非物质文化遗产研究中心主任、《文化遗产》主编康保成先生偕同宋兆麟、陶立璠、叶春生、萧放、郑土有、张志春等先生到西和做了一次学术考察，分别到城乡一些乞巧点上看了，向不同年龄段的妇女作了调查性访谈，考察结束之后，还一起举行了一次座谈，对西和保存这样具有突出特点的较原始的乞巧风俗，表示惊叹，给了很高的评价，同时就保护与研究工作提出了一些很好的建议。上面提到的先生有的到西和作学术考察在三次以上，如杨亮才先生、陶立璠先生、柯杨先生和此次因事未能到会的国家文化产业创新与发展研究基地研究员、《中国文化产业》杂志社社长兼主编赵学玉先生等。所以，这次高峰论坛从学者们的方面说，也是准备充分。会上公布了一批研究的新成果，发表了一系列十分精彩的见解。这是近年来民俗学界一次成功的全国性高峰论坛。

省委宣传部、省文化厅和陇南市委、市政府主要领导，西和县委县政府主要领导和有关部门负责人及本省、本市民俗工作者也都到会倾听了专家学者的精彩演讲与讨论发言，大家都感到深受教益，开扩了学术视野，在理论上、方法上和学术规范方面学到了很多东西。大家决心进一步挖掘陇南乞巧文化的深厚内涵，一方面将相关文献的整理工作作得更好；另一方面更深入、全面地进行田野调查，在此基础上开展深入研究，并与本地的文化建设及文化产业开发联系起来。

论坛结束之后，西和县文联主办的《仇池》杂志立即出版了"乞巧女儿节"专刊，刊出了开幕式、闭幕式上领导的讲话（10篇）、主旨发言（5篇）、专家发言（18篇）、论坛总结（三个分会场的总结各1篇）和专家们在田野考察后座谈会上的发言（11篇），并刊出陈斐博士所写《绚丽女儿节，千年乞巧情——中国（西和）乞巧文化高峰论坛学术综述》。可以说，以上各位的讲话、各位学者的发言都已载入了陇南乞巧文化的史册。

西和县文联根据市、县领导的指示，将会前收到各位专家的论文后所印《中国（西和）乞巧文化高峰论坛论文汇编》加上陈斐同志所写的论坛综述正式出版，要我写序，写出以上一些感想。我想，这部书的出版无论如何都会引起民俗学界朋友们的广泛关注。

（西和县文学艺术界联合会主编《中国（西和）乞巧文化高峰论坛学术论文集》，华夏出版社2014年版）

在中国文联、中国民协、文化部非遗司组织专家赴西和考察座谈会上的发言

　　由中国文联、中国民间文艺家协会和文化部非遗司组织的三十多位国内著名民俗学家、民间文学研究专家来西和进行乞巧文化田野考察，宋兆麟先生、陶立璠先生、叶春生先生和李雅田、康保成、肖放、郑士有、张志春等中国民俗学界、民间文学界的中坚，以及上述单位的负责同志、研究人员，共三十多位到西和，这在西和文化史上是一次空前的，是一次要载入西和、陇南历史的盛会。此前中国民协专业艺术管理委员会杨吉星主任、中央民族大学陶立璠教授等 2006 年同柯杨教授一起来考察过一次。杨吉星和《民间文学》杂志主编赵学玉等先生和柯杨、马自祥、武文、彭金山等我省民俗民间文学界专家则来过不止一次。可以说，西和乞巧节被全国民协命名"中国乞巧文化之乡"，被国务院补列入国家非物质文化遗产，为国内第一个被认定为七夕、乞巧文化传承基地，同民俗学界专家们多次深入扎实的调查研究有关，同各位专家认真的工作态度、严谨的科学精神有关。我作为一个西和人，对各位专家表示衷心的感谢！

　　我觉得我们在研究西和乞巧节活动的中应予以关注的一点是西和乞巧和早期秦文化的关系。西和县北部的长道镇和礼县的永兴连在一起，20 世纪 40 年代以前叫"上街""下街"，都距礼县大堡子山秦先公先王陵墓和圆顶山秦早期贵族陵墓群很近。

　　长道为什么叫"长道"？因为它从这里开始是一条长长的峡谷形道路，一直延续到四川，诸葛亮六出祁山、邓艾入川都走过这条路。祁山正在这路口以北，当时是蜀国的大门，一过祁山就是魏蜀相争之地；祁山以南是蜀国的地方，从长道以南一直到剑门，实际上就是古蜀道。在西和县东南部有个地方叫作石峡，路边高处的悬崖上有许多修过栈道的方孔。由于西和处在蜀道

上，比较闭塞，所以很多古老的风俗容易留存下来。这是西和乞巧节能流传
七天八夜的一个很重要的原因。

汉唐时期的都城在长安，这里曾是为朝廷提供马匹、木材和武备人员的
后备之地，五代以后政治文化中心东移、南迁，这里就变得偏僻、冷清。其
实也正由于此而保留下了一些古老的风俗。礼县盐官镇有个骡马市场，20世
纪60年代以前，甘南青海的骡马也到这里来销售，一直流通到陕西、新疆、
山西等地。90年代初我曾向冯其庸先生谈到这事，他很感兴趣，想去看一看，
我安排了一辆车送他从兰州出发，专门赴礼县的盐关去考察了一趟，回来他
很感慨，说竟然有这样古老的习俗流传到今天。因为秦人是以养马起家的，
《史记》当中记载得很清楚。古代在今天水、礼县、西和以至于清水、张川这
一大片地方有很多地方本是养马之地，至西汉初年尚是为朝廷养马的地方。
《汉书·地理志》中说：

> 天水、陇西多林木，民以板为屋，及安定、上郡、西河，皆迫近夷
> 狄，修习战备，高上气力，以射猎为先，故《秦诗》曰"其在板屋"，
> 又曰"王于兴师，修我甲兵，与子偕行"。及《车辚》、《四驖》、《小戎》
> 之篇，皆言车马田狩之事。汉兴，六郡良家子选给羽林、期门，以材力
> 为官，名将多出焉。

这也是最早形成于汉水上游的风俗能够在西汉初年即传入宫廷中的原因。前
几年在礼县东部挖掘出的有关材料证实，当秦的都城迁到栎阳（今西安市阎
良区）以后，在礼县的东北部和西和县的北部仍然是给朝廷养马的地方，所
以就形成了骡马市场。虽然后来这一带再没有马场，但盐官的这个骡马市场
一直延续到现在。由这一点可以看出偏僻之地民俗的稳定性。这也从侧面证
明了西和县、礼县一带的七夕风俗是有其悠久的历史根源的。

关于七夕乞巧文化的研究，有三点应该重视：第一，是关于七夕节的最
早记载，见于署名为葛洪的《西京杂记》。据此书所载，汉代初年宫廷中已有
乞巧风俗，距今两千多年。有的学者对这个记载有所怀疑。葛洪所写此书
《跋》中说《西京杂记》这部书是从家中所藏西汉时刘向、刘歆的《汉书》
中录了不见于班固《汉书》的文字而成，多年来学界在疑古思潮影响下多认
为是葛洪托名而著。丁宏武同志在我处攻读博士学位时所作学位论文为《葛

洪论稿》，2013 年已由中国社会科学出版社出版。书中以大量的出土文献证明，《西京杂记》所载很多事与西汉时代历史相符，葛洪只是做了一些整理工作。丁宏武同志还有几篇论文专论此事，其结论是可信的。《西京杂记》中记载着西汉初年朝廷内宫七夕穿针和歌舞的情况。朝廷后宫的节日是民间节庆的反映，它的形成时间应该更早。

我想表达的是，虽然乞巧节的调查研究属于民俗学的范围，秦文化的研究属于历史学的范畴，但乞巧节的形成是很早的，我们对于西和、礼县一带乞巧节的观察应该关注它的历史，关注到它的形成、发展过程，这样才能深刻认识到乞巧节（七夕节）所包含的历史文化意义，才能对它的形成与传播、发展过程有一个全面的认识。

第二，七夕节庆同"牛郎织女"传说相关，而这个传说故事带有反对封建礼教、反门阀制度的性质。但朝廷不可能允许嫔妃的游艺活动中体现出这种思想。嫔妃去自由恋爱那就是杀头的事情，所以西汉以后上层社会七夕节的活动内容完全变成了乞巧。由于上层社会的影响，历代统治阶级主导思想的作用，魏晋以后民间七夕节也就变成了以乞巧为主要内容。如流传到今天的大量的诗词歌赋和小说、散文，七夕节的主要内容都是乞巧，但民间的乞巧活动中仍带有反对压迫女性、反对封建礼教、反对剥削等同当时的主流意识不一致的因素。历代文人诗词作品中，也反映出反对封建礼教、抨击腐败吏治等的思想。在收集于 20 世纪 30 年代的《乞巧歌》中，反封建礼教、反剥削压迫的内容大量存在。因此，从中国古代一直到民国时期，形成了"乞巧"这个叫法，而实质上表达的意愿，不完全是乞求"巧"，其内容是很丰富的。

第三，"牛郎织女"传说和七夕节从研究的角度来说是两个课题，"牛郎织女"传说属于民间文学的领域，七夕文化属于民俗领域。但二者又是紧密联系在一起的。这一点也是应该重视的。20 世纪 50 年代有一位老学者认为"牛郎织女"传说出现较晚，它的悲剧情节形成在南北朝以后。这样一来，似乎古代的七夕节和"牛郎织女"传说没有什么关联，我有篇论文刊载在去年的《清华大学学报》上，新发现的大量秦简中，有两简写到"牛郎织女"传说，我分析至秦代这个传说故事已经形成了悲剧的结局，这说明在秦代的时候"牛郎织女"传说已经基本形成了。这篇论文去年刊载，2013 年《清华大学学报》编辑部通知我已被评为优秀论文，5月份我专程去北京领了一次奖。
看来"牛郎织女"传说和七夕文化是联系在一起的，它们都形成于秦代以前，
形成的时间都是很早的。在中国古代四大民间传说中，"牛郎织女"传说孕育
的时间最长，形成的时间最早，流传的范围最广，一直传到韩国、日本、东
南亚一带，影响也最大。因此也可以这样说，七夕文化是以"牛郎织女"传
说为根的，而"牛郎织女"传说的影响又形成了一个普遍东亚地区的节日。
西和由于其闭塞，保留下来的这个具有历代渊源的七夕节较原始的面貌。

(《仇池》2013 年第 2—3 期)

在中国（陇南）乞巧文化高峰上的论坛主旨发言

一、从全国七夕节俗的比较看七夕乞巧风俗的起源

——在北京 2013 年中国（西和）乞巧文化
高峰论坛上的主旨发言

全国人大常委会原副委员长、关心下一代工作委员会主任顾秀莲，联合国妇女署中国区首席代表汤竹丽和有关各部门领导参加这次会议并致辞，中国社会科学院、中国艺术研究院、北京大学、北京师范大学、中国传媒大学、复旦大学、中山大学、山东大学、陕西师范大学、兰州大学、西北师范大学和一些研究单位的四十多位专家学者参加本次论坛，这是七夕文化、乞巧民俗研究史上的一次盛会，对于七夕节俗、对我国非物质文化遗产的保护与研究一定会起到很大的推动作用。

乌丙安先生的主旨发言中说了，2007 年西和乞巧节提出申报国家非物质文化遗产，专家们讨论后全票通过，次年在第一批非物质文化遗产扩展项目中公布。这是列入国家非物质文化遗产的第一个七夕文化节日。七夕节、乞巧风俗在全国大部分地区都有。2011 年公布的第三批国家非遗扩展名录中增列了浙江温岭市"石塘七夕风俗"，广东省广州市天河区的"天河乞巧习俗"。前年公布的第四批非遗名录中又增列湖北郧西县的七夕节。现在全国有这四个七夕、乞巧节非物质文化遗产保护地。其他有些地方虽没有列入国家的非遗名录，但有相关节俗。我们应该联系起来进行研究。

叶春生先生对广州和甘肃的乞巧活动作了比较研究，很有意义。通过比较中可以看出其传播过程，从而揭开被历史云雾所淹没的真相。我有一篇论

文刊在中山大学的《文化遗产》杂志上，论文通过对各地七夕风俗的比较，认为乞巧风俗是源于西北，先传向中原等北方一带，后传到南方。其起于西北，有各方面的事实可以说明。尤其是新发现的秦简《日书》中有三个简上写到牵牛织女的传说，成于东汉时的《三辅黄图》中说，秦始皇把渭水引入长安，架桥以象征牵牛和织女相会。这就说明在秦代的时候，已经形成牵牛织女从桥上通过而相会的情节了，《淮南子》佚文中也有"乌鹊填河成桥而渡织女"的记载。而七夕节俗和"牛郎织女"传说是联系在一起的。《西京杂记》中写西汉初年后宫嫔妃的乞巧活动，也是在西汉都城长安。去年我有一篇论文刊在《清华大学学报》上，题目是《由秦简〈日书〉看牛女传说的在先秦时代的面貌》，通过一些历史文献的记载和南北乞巧风俗的不同揭示出其传播的过程，证明了牛女传说和七夕风俗都产生于西北。50年代有位学者发表了一篇论文，其中说魏晋南北朝的时候，"牛郎织女"传说中悲剧的情节还没有形成。这是未关注到有些文献的记载，也未能从宏观上认识牛女传说的传播过程。

那么广州一些特殊的乞巧节俗是怎么形成的呢？我个人的看法是客家人把北方上层社会的乞巧节俗带到了南方。今天南方的客家人本是古代北方的世族大姓，家族大，金银财宝也很多，在改朝换代的战乱之际，北方原来的居住之地难以保住已有的财富，也难以保证其家庭的安全，便长途迁到南方去。一般的农民、小市民反正家中什么也没有，不可能长途迁徙。豪门大户雇有保镖，一直护送到江浙一带或江西，有的经过几次，直至今福建、广东一带。广东的七夕风俗就是由客家人带到南方的。北方乞巧女孩赛做茶饭的能力，炸油果子，会餐时做饭，比赛针线，这是锻炼姑娘们女红、茶饭的手艺；姑娘们缝的花鞋、衣服等也是互相比赛，展示才艺，都同现实生活相关。她们唱的乞巧歌表现她们的愿望。对当时老百姓的耕作生活风俗也有反映，所以它从一个角度反映了当时的社会生活。南方的不同，串珠、摆巧（摆页案）做的一些精巧玩意，更带有古代上层社会妇女消闲工艺的特征。

从传统女儿节的历史故事、有关七夕乞巧节的诗词来看，从汉代以来，乞巧节就是女儿节，主要由姑娘们参加，一般家庭会摆一些果品之类，在月下欢乐叙谈，也多是照顾妇女尤其是女孩子的情绪。都有穿针乞巧之俗，这些是南北一样。但古代上层社会中妇女多悠闲无事，平时常做一些用于摆设、显示手艺的玩意。如用小珠串做一些房屋、花瓶等很精致的东西，摆"贡案"以比赛等。当然，南方的乞巧风俗中也带上了地方特色，如汲七夕水之类。

这一次我又带了两篇论文，一篇是《有关西和乞巧节几首诗词的浅论》。陶立璠先生讲话中对我父亲八十多年前所编《西和乞巧歌》作了极高的评价，他说："《西和乞巧歌》非常宝贵，留下了历史的记忆和乞巧文化见证。"我这篇文章就是论他之前的两位学者和他关于西和乞巧的几首诗词的。

另一篇是我翻译了日本老一辈的汉学家出石诚彦在 1928 年发表的一篇论文，是对七夕文化有关问题的探讨。我认为在中国国内从 1928 年到 20 世纪 50 年代，在"牛郎织女"传说与七夕节形成方面的研究还没有能超越出石诚彦的研究，很多文章引用的材料都没有超出他的范围。出石先生的论文视野开阔，把西方研究自然科学、天文，甚至鸟类的一些文献他都关注到了。有几点对我们很有启发性。埃及人最早把银河叫作"天上的尼罗河"，这个对我们理解秦人为什么把银河叫作"汉"有启发性。银河上古时代不叫"银河"，不叫"天河"，最早是叫"汉""云汉""天汉"，东汉以后才有"天河"的说法，但文献中很少用。那为什么把银河叫成"汉"呢？这和秦人居住在汉水边有关系。西汉以前西汉水、东汉水是连起的，就"汉"。秦人居住在汉水上游，把天上的河一样的星带命名为"汉"，就像埃及把天上这个河一样的星带叫作"尼罗河"一样。早期秦人又把天汉边上最亮的一颗星，根据他们祖先女修的业绩，命名为"织女星"，以纪念其先祖。出石诚彦的论文中，还谈到西方有的民族把银河是看作人死了以后通到天上的路，还有一些西方民族认为，人死后的灵魂就生活在银河一带。这一点同秦人用他们远祖女修的名号作为天上的星在动机、意识上是一致的。当然我们不是说西方的这些民族在史前阶段就和中国的远古文化有接触。各个民族在经济、社会和思想意识上发展到一定程度的时候，其思维有相似性。学界大量研究原始思维的成果证明了这一规律。

出石诚彦的论文还谈到其他一些问题，也有一定意义。乌先生和我说，他到日本去的时候，找这一篇论文没找着，他说这个翻译出来对于国内民俗尤其是乞巧节的研究很有意义。我认为这篇论文对于我们认识织女和七夕风俗最早的起源也有很大的意义。所以我把它译为中文，使更多对相关问题有思考的学者能读到它（刊中山大学《文化遗产》2013 年第 5 期）。

总的来说，无论从文献来说，还是通过各地七夕风俗的比较还原其传播的过程来说，七夕节、乞巧风俗和"牛郎织女"传说最早都是起源于上古时代的汉水上游，即今天水西南、礼县东北部、西和县北部这一带的，先扩散至陕甘一带，传至汉代后宫，然后传至中原，后经过长期的南北文化交流，尤其几次大的战乱中上层士族大家的南迁，将其带至东南以至西南一带。我们研究七夕节、乞巧风俗，不仅要看到它的广泛性，还要看到它是如何产生的，如何从一个区域传向全国很多地方，看到这当中漫长的传播历史，以及形成一些差异的原因。

（《仇池》2013 年第 2—3 期）

二、论乞巧节在妇女儿童发展中的意义
——在北京 2014 年乞巧女儿节与妇女发展
国际论坛上的主旨发言

中国（陇南）乞巧女儿节与妇女发展国际论坛，是陇南乞巧女儿节在北京的第二次高峰论坛。根据这次会议的主题，应该是全国妇女和全世界妇女工作者都高兴的一件事。大家知道，在中国两千多年的封建社会中，男女不平等、妇女地位低下。从汉代起，大讲"三从四德"等一系列限制妇女权利的框框条条，像枷锁一样限定了她们的自由，也限定了她们的社会地位。在甘肃陇南、天水一带从古就有的七天八夜的乞巧节，在西和县、礼县漾水河、西汉水流域一直保留至今。近代以前天水市和陇东的庆阳、平凉一带，陕西省的西部、中部也都有浓厚的乞巧节俗，有乞巧歌存留至今。乞巧节，给青少年妇女学习各种知识、在各方面得到锻炼提高，以及抒发情感、表达生活愿望提供机会。

乞巧节过去只有未结婚的女孩子可以参加，因此它是真正的女儿节。20世纪 40 年代以前，民间一些节日的对外活动只有男孩子参加，如春节时到各处拜年等，没有让女孩子到亲戚家拜年的。在封建社会里，女孩子甚至没有受教育的权利。陇南天水一带乞巧节的几天中姑娘们穿戴一新，在坐巧之处

又跳又唱，而且在请巧、取水、送巧和到各乞巧点行情（参观拜巧），以及到某一名泉、景点取水（投芽卜用）的时候，都穿着花衣服，成群结队在街道上、大路上一面走一面唱，展现她们的风采与歌喉。路过一些村庄与街道时，常常有很多人站在路两边看。尽管有些读了点"子曰诗云"的道学家认为不合礼教，但从先辈时就一代一代这样做，有很深的文化根源，谁也改变不了。西和、礼县的乞巧节一直流传到今天。其间在60年代后期到70年代中期停了一段，后来又恢复了起来。

乞巧女儿节对女孩子还有两方面的意义：第一，每年都要创作一些新的乞巧歌，一方面表达她们的情感与愿望；另一方面也对社会上一些事情发表自己的看法。乞巧节的七天八夜，实际上也成了她们行使社会责任和职权的日子，她们会把地方上一些比较突出的事件编在乞巧歌中加以评论。在20世纪40年代以前，西北各地女孩子上学的很少。女孩子们编乞巧歌，锻炼了她们的创作能力、艺术表演能力，她们都成了小诗人、小艺术家，也锻炼了她们的分析能力，养成了关注社会的习惯。这在礼教森严的封建社会，实在是了不起的事。在20世纪40年代以前，它是对整个封建礼教的一种反抗。从《西和乞巧歌》一书所收20世纪30年代以前的乞巧歌中，有不少反映妇女生活和反抗封建礼教的内容，也有些关心当地社会状况、关心时事的内容。成书于20世纪30年代的《西和乞巧歌》就反映出了女孩子们丰富的感情和走向社会，参与公共事务管理的愿望。

第二，西和县、礼县一带的乞巧节正式的节庆时间为七天八夜，而此前相关的准备工作还要长得多，而且各个乞巧点上每年都会有几件难以解决的问题考验她们。女孩子端阳节时要作彩色丝手襻戴在手上，以备七月七晚上送巧时用；春天要在院里种上凤仙花，以便乞巧节时用来染指甲；农历六月中旬开始生巧芽；乞巧节到来之前以巷道、居住区片为单位，在这一区域有影响、有威望的姑娘（多是此前几年已参与过、组织过该片乞巧活动的姑娘）要确定坐巧于谁家，一般选房屋、院落宽大、家中有未出嫁女孩子的人家，要做通该家家长、大人的工作；要筹款请巧娘娘和买香、蜡、表纸和供桌上摆的果品等。这一系列事情都得她们自己操办。坐巧地点找好之后，无论白天、黑夜，家中没有事的女孩子一面抽空进行各种准备工作，一面抽时间编新的乞巧歌。她们自己也要炸些油果子敬献给巧娘娘。乞巧活动结束的一天每个乞巧点上的姑娘们要会餐一次，她们自己做饭。这些事都锻炼了她们的家庭生活能力和组织协调能力。一个乞巧点上有二三十人，自己管理自己，怎么把这些人组织起来，适当分工、各尽其能、协调一致，这对几个年龄稍大的主事者（巧头）是一个很大的考验，对其他姑娘也是一种见习与锻炼的机会。具体事情进行中，一些年轻媳妇也会帮着出主意，给以支持。还有些已出嫁的姑娘七夕前后回娘家，是当年的老人手，也会给后面的这些小妹妹以指点。只是结了婚的不能参加唱巧的活动。可以说，乞巧节是女孩子们在没有受教育权的情况下自己组织的短期培训学校。由嫂子、姐姐或者女性长辈在背后指导，出谋划策，作为小姑娘们的老师。乞巧点的成员中，每年都是由年龄稍大、有经验的女孩子负责组织，其中一个威信最高、能力强的担任巧头。第二年如果这些人中有的出嫁了，则会推选前几年乞巧活动中已显出才能取得众望的女孩子来担任，这也很像学校里学生的升级和每年学生干部的改选，也和学校里每年有学生毕业，有新生加入一样。

所以说，乞巧活动使女孩子在思想意识上、艺术创作上、办事能力上和操作家务上的能力上都得到锻炼和提高，一直是大的带小的，小的向大的学习，以村庄或街道、巷道、居住区为单位，形成长期的学习锻炼的培训机制。

在乞巧节中，女孩子集中地又跳又唱，在请巧、相互拜巧、取水时在各村庄之间、在大街上走来走去，可以说也是一年一次定期的集会活动，展示了女孩子们的风采，展示了她们的美丽，也向社会说明了她们争取社会地位的要求。在封建社会中上自皇帝下至一般官僚，都很重美色，但是表面上又贬低女性。陇南乞巧节中女孩子的一系列活动撕破了这一层纸。

因为以上这些原因，我认为陇南乞巧节在人类意识上都是很有意义的，在目前发展中国家有一定的借鉴意义，可以借鉴这一点促进妇女工作，提高妇女的地位。中国妇女地位虽然提高了，妇女也还要不断提高自己的能力。所以乞巧节对我们也仍然是有意义的。

我们说，人类最杰出的思想家、政治家，都是由母亲给他以最早的启蒙教育。无论男女，一个人一生事业是否成功，家庭是否和谐、幸福，和整个青少年时代及以后发展中的努力有关，但一个人性格、智力水平和基本素质的形成，主要在青少年时期。也就是说，一个人的智商、情商同小时候所受的教育有很有大关系。但以前把这些全归在先天遗传和性格中去了。所以说，妇女在人类智力发展史上起着很重要的作用。

所以说，妇女本身的素质提高是一个很重要的问题。在旧社会妇女没有受教育权的情况下，七夕节给妇女提供了这样的一个自我教育的机会，其意义是很大的。2012年8月，省委宣传部连辑部长在西和视察，对以后乞巧节的发展和文化建设讲了四条意见，其中一条就是由省委宣传部和省文化厅出面，在北京来开会，揭示出它的意义，进行大力宣传，研讨如何联系当今的社会现实来弘扬它，这是十分有眼光的。市县领导很重视这个工作。我们应该有信心把西和的乞巧节，把陇南的这个重大节日推向全国，也让世界搞妇女工作的女士们先生们重视它、借鉴它。

（《仇池》2014年第2—3期）

三、保护乞巧文化、弘扬乞巧文化精神
——在乞巧文化保护传承论坛上的大会主旨发言

中国（陇南）乞巧节在北京召开的第三次高峰论坛，实际上是第三次关于乞巧文化的国际论坛。听了几位从事妇女儿童工作、关注妇女儿童问题的外国朋友的致辞与主旨发言，深深地认识到一直保留至今天的陇南乞巧女儿节的意义，它的历史价值以及在今天妇女和谐发展工作中的作用。会上由国际友人宣读的三个《宣言》，反映了全体与会人员的心声，也反映出"一带一路"沿线国家妇女、妇女工作者的心声。《中国乞巧文化与世界非物质文化遗产·北京宣言》中说"陇南乞巧文化，以人的发展提升为宗旨"，"进而实现社会的和谐稳定"。

《中国乞巧文化与妇女发展·北京宣言》中说：

> 我们相信保护、传承和创新乞巧文化，一定能促进世界妇女全面发展，平等参与国家和社会事务管理，等等。
> 为了二十一世纪人类文明的进步和世界妇女事业，我们有责任和义务保护和发展乞巧文化，乞巧文化对于弘扬优秀传统文化、发展妇女事业、促进社会和谐都具有十分重要的意义。

《驻华使节眼中的中国乞巧非物质文化遗产保护·大使宣言》中说：

> 认识到在现代工业社会急剧发展的今天，对于陇南乞巧民俗文化活动的这一传统节日风俗更需要全社会的重视、保护。

并说：

> 从东西方文化关系的角度看，甘肃陇南乞巧民俗文化作为东方文化的奇葩，有架接桥梁的传播作用，其对于提高当今中国国家文化软实力起着非常重要的基石作用，同时促进东西方文化交流和融合。

宣言中的这些话，当会引起国内外更多民俗学家、社会活动家、妇女儿童工作者的重视。

事实上中国的七夕节俗很早就传到日本、朝鲜、越南和东南亚一带国家，这些国家也有"牛郎织女"传说，也有歌唱七夕的诗歌。日本至今就留下来一千馀首同七夕节有关的和歌。

我国在明清之际产生了一种智力游戏工具叫"七巧板"，"七巧"与"乞巧"同音，所以妇女儿童多在七夕前后想起，拿出来一起玩。《七巧图合璧》一书的日文版在 1839 年就出版了，德国在 1891 年开始生产中国七巧板，取名叫"伤脑筋玩具"，因为它变化无穷，这个玩具也销售到英国。荷兰作家罗伯特·范·古利克的小说《铁钉案》中写了一个叫蓝大魁的人救助了一个哑巴男孩，并教会他拼七巧板。后来哑巴男孩常用七巧板表达自己的意思。蓝大魁中毒临死时拼的一个猫的图形和哑巴男子所拼图形为狄仁杰的破案提供了重要线索。由此可以看出，中国的乞巧文化某些方面在国际上已经产生了相当大的影响。

西和乞巧节要申报世界非物质文化遗产，我感到在已取得成绩的基础上，还应该做一些工作。

在乞巧节文献的搜集、挖掘、整理方面还要做一些工作。我父亲在 20 世纪 30 年代收集整理的《乞巧歌》虽然已印了线装本、简体字本和汉英对照本，但只是西和县的，而且只是 1936 年以前的，数量有限，全国很多地方的乞巧歌应该加以收集，西和县此后 80 年中也有很多歌词需要收集、整理。我们准备编一部《西和乞巧歌续集》，已收集到的有关于红军路过陇南时候的乞巧歌，也有抗战时候反映抗日情绪的乞巧歌，还有 1949 年以后反映土改、抗美援朝、合作化运动等的内容。只是时间过去太久，前几十年的较少。不管怎样，它总是反映出几十年前女孩子眼中见到并形成看法的事情，而且比历史学家的记述更细致。我们也准备编一部《全国各地乞巧歌》，也已经收集到一些作品。

西方在近些年形成了一种微观史学。因为过去所有的历史书，像中国的《二十四史》等，多是朝廷聘高官受命编著的，只记朝中大事、战争之事和皇帝家中大大小小事情及一些大臣升迁与业绩，至于老百姓是怎么生活的，他们的衣食住行如何，在这些史书上是看不到的。微观史学就是专门记载研究各个历史阶段人们的生活状况与文化习俗的。我觉得各个时期的乞巧歌就是最可靠的微观史学的材料，我们应该重视。

今天世界上从事妇女工作的有识之士重视西和的乞巧节，重视西和乞巧歌所反映的内容，因为她们所经所见的，和中国 20 世纪 40 年代以前妇女所经历的相近，所以西和乞巧歌、西和乞巧节让国际上从事妇女工作的人感到有重要的借鉴意义。所以我们还应该进一步做一些搜集整理工作。

另外，我觉得对有关乞巧文化的遗址，也应该注意保护和维修。西和县的凤凰山，每到七月初七很热闹，秦人是以凤凰为图腾的，所以陇南天水带以"凤凰"为名的山不少。西和县南部这个凤凰山是西和县和礼县 48 个庄唱会戏的一个山。山上的庙宇在"文革"中全被拆毁。前些年周围的群众动议修成了天孙殿，织女的像塑起来了。我想应该很快把凤凰山以北，与凤凰山一脉相连的云华山的织女像也塑起来。陇南天水一带流传的"牛郎织女"传说，就同云华山及其附近的地名如牛家窑、卧牛嘴、桑树湾、野鹊湾等有关。云华山传说是织女织云华天锦的地方。云华山拔地而起，山势很高，从清代至今发生过几次火灾。后部被烧正殿还没有修起。非物质文化遗产往往是凭借一些物质文化遗产而流传下来的，二者有一定的关联性。

宋兆麟先生谈到的乞巧文化展览馆的问题，西和县是早就建成了。当然展品可以更丰富一些，还可以扩大范围。应该不仅把西和的、陇南的相关文物加以收集，也可以收集整个陕甘甚至全国关于七夕、乞巧文化的文物，使它成为全国展示七夕节、乞巧文化的一个中心，让所有研究乞巧节的都到西和及陇南、天水一些县区来看材料、照相、取得一些文物资料。

这几年陇南西和乞巧文化在国家有关部门和省市两级的关心支持下，国内广大民俗学专家的支持与指导下，一方面注意保护和尽可能恢复以前的风格、规模；另一方面根据新时期社会的发展作适当转型、弘扬其基本精神，因而取得巨大的成绩。我们一定要在此基础上进一步弘扬乞巧文化的基本精神，在社会主义文明建设中，在"一带一路"沿线国家友谊交往、文化交流中作出应有的贡献。

（《中国乞巧》2019 年第 4 期）

在甘肃省乞巧文化研究会上的讲话

一、从北京三次高峰论坛看加强乞巧文化研究的意义
——甘肃省乞巧文化研究会成立大会预备会议上的讲话

大家在文化广场参加了第八届陇南乞巧女儿节的开幕仪式和乞巧程式展演。这是连续三年在北京召开高峰论坛之后又回到陇南，在西和县召开的一次盛会。

2013 年以来在北京召开的三次中国（陇南）乞巧文化高峰论坛每次会议全国妇联、文化部非遗司、中国文联、中国民协、中国艺术基金会等机构主要负责同志都莅临大会，都在大会致辞。民俗学界老专家中如中国民俗学会荣誉会长、国家非物质文化遗产保护专家委员会副主任乌丙安先生，文化部民族民间文化保护工程专家委员会委员、中国民间文艺家协会民间文化抢救工程专家委员会委员刘锡诚先生，中国民间文艺家协会原书记、中国民间文化遗产抢救工程专家委员会委员杨亮才先生，中国民俗学会首席顾问、国家非物质文化遗产评审委员会委员宋兆麟先生，中国民俗学会荣誉会长、文化部非物质文化遗产专家委员会副主任刘魁立先生，中国民俗学会副理事长、广东省民间文化遗产抢救工程专家委员会主任叶春生先生，中国民俗学会副理事长、国际亚细亚民俗学会副会长、中央民族大学民俗文化研究中心主任陶立璠先生，中国民俗学会副理事长、甘肃民间文艺家协会主席、兰州大学柯杨先生等都曾参加会议。目前学界的中坚、有关协会的主要负责同志如中中国艺术研究院苑利，中国社科院叶舒宪、贺学君、邹明华，北京师范大学万建中、李雅田、萧放，北京大学陈连山，复旦大学郑土有，华东师范大学

陈勤建，山东大学叶涛、刘宗迪，陕西师范大学张志春等在民俗学、民间文学研究上成就卓著的学者也都参加了论坛，就七夕文化、乞巧节的研究与传承问题发表高见。有几位作了主旨演讲，有的作了大会发言。有好几位还到西和来进行学术考察，有的来了不止一次。这些都是当前学术很有造诣、有很大影响的专家。对于七夕、乞巧文化的研究必然有很大的推动作用。

这三次高峰论坛，每次都邀请了一些外国驻华大使和从事妇女、儿童工作的社会活动家、理论家参加会议，也对论坛作了热情洋溢的致辞，或在论坛上发表了视野开阔的高见。有的外国朋友在会后也到西和做了实地考察。

陇南的乞巧女儿节彰显了几千年来妇女突破封建门阀观念追求婚姻自由的思想，培养了女孩子纺织、缝纫、做饭、培育幼苗的技巧，锻炼了女孩子互相团结、沟通、协调的能力，又给她们以编歌、歌唱、舞蹈的机会。在过去漫长的几千年封建社会中女孩子是不能在大庭广众之中大声歌唱跳舞的，认为那有违"女德"，不合妇道。应该说，几千年来实际上起到了培养女孩子能力，提高女孩子各方面素质的作用，使她们在成人之后能更好地承担家庭、社会的责任。在陇南、天水、陕西等地乞巧风俗较盛的地方，乞巧活动实际上成了每年一期的女子自办短期培训，弥补了在重男轻女的社会中女子教育上的缺失；也成了她们摆脱束缚、可以自由表达愿望与对社会的看法的一天。

今天，历史上男尊女卑、包办婚姻、门当户对的那个时代早已结束，女孩子上学也同男孩子一样，女硕士、女博士也不少，各行各业都出现了一批杰出的女性英才。那么，七夕节作为一个具有悠久历史的女儿节是不是就完成了它的历史使命，已经没有它存在的价值了？不是。只是"乞巧"的"巧"的范围大大拓展，早就不限于古代的女红茶饭。

自古以来，七夕节的内容是很丰富的，勤俭持家、劳动致富、家庭和睦、乞求老人的健康长寿；农民希望庄稼丰收，文人们希望更有智慧、更有文才。但是，七夕文化、乞巧文化的意义不限于此。我们联系实际来看，在今天它的文化内涵更宽更广，更为丰富；同时它的意义不限于国内保存文化遗产、张扬民族精神，为建设和谐社会起到积极作用，而且具有国际意义。

2013年在北京召开的中国（西和）乞巧文化高峰论坛上，联合国妇女署中国区首席代表汤竹丽在开幕式致辞中讲了乞巧文化高峰论坛三方面的重要意义。她说：

　　第一，论坛之所以重要，是因为它能引起大家对女性在扮演多重角色的关注。第二，论坛之所以重要，是因为它提醒了我们，尽管当前我们在性别平等和女性赋权方面取得巨大的进步，但是依然任重而道远。第三，本次论坛让我们相聚在一起讨论如何克服仍然存在的弊端，以保护今天的女童，未来的女性，当她们长大以后像男性一样可以被社会平等对待。

她特别指出：

　　然而，在世界各地，女性依然在"文化"的名义下被压制。我感到传递一个清楚的信息非常重要，那就是，文化永远不能成为不平等的理由。

因为世界上有很多地方借着"传统文化"的名义在限制妇女的自由，压制妇女的地位。所以说，乞巧文化在今天，在今后仍然有它的意义。通过乞巧文化，进一步消除一些人头脑中的男女不平等观念，要进一步重视对女童、女青年教育、培养、支持的问题；要发挥妇女的智慧，应该有更多像屠呦呦这样的杰出女科学家、杰出的女教授、杰出的女高管、杰出的女行政人员和各级领导。在那次会上，全国人大常委会原副委员长、中国关心下一代工作委员会主任顾秀莲致辞中说：

　　乞巧文化是几千年农耕文化时期，劳动人民理想和感情的反映，折射出人们对自给自足农耕生活的向往，对男耕女织的家庭生活理想的追求，集中反映出劳动妇女勤劳朴素的品质和奋发向上的精神，传承发扬了中华民族优良的传统美德。

顾秀莲同志还说：

　　传承和创新乞巧活动，这不仅是我们响应国家五大战略定位、服务社会主义精神文明建设的历史责任，更是我们共同关爱下一代、关爱少女健康成长的有效举措。

所以说，研究乞巧文化，弘扬乞巧文化、七夕文化的优秀传统，是有意义的。中央提出加强"一带一路"沿线国家的经济、文化交流，在这方面它会发挥国际文化交流的正能量。也正因为这样才引起从事妇女运动的社会活动家的密切关注。

2014年在北京召开的乞巧女儿节与妇女发展国际论坛上，有9位国际妇女组织代表、23位驻华使节代表参加。开幕式上巴勒斯坦国家妇女地位委员会特别代表乌兹玛·努拉妮在致辞中说：

> 我们共同努力提高全世界妇女的权利意识，乞巧文化的意义是不容置疑的。

又说：

> 这个节日推动了我们的自由和独立，对所有巴勒斯坦现在努力奋斗争独立的女性来说都具有重要意义。尽管我们在争取妇女权利过程当中遇到许多困难需要克服，但是我们从这次活动当中能够学到很多。

匈牙利驻华特命全权大使齐丽在致辞中说：

> 甘肃省西和县乞巧文化活动持续时间之长、规模之大、参与人数之多、民俗程式保留之完整，在中国绝无仅有，其在世界文化领域的研究价值不言而喻。

又说：

> 我们希望通过"2014中国（陇南）乞巧女儿节与妇女发展国际论坛"的举办能更加注重发挥妇女潜能，呼应女性关切，加强国际合作，推动女性以更加自信和积极的姿态参与经济发展进程。

这次论坛上有三个主旨发言，在我和刘晔原教授之后，吉尔吉斯斯坦国家妇女大会主席阿科巴格舍娃也作了演讲。她说：

> 乞巧文化节反映了女性在社会当中的地位以及角色，同时乞巧文化代表了所有女性向往取得勇敢和聪明等智慧，妇女现在能够起到半边天的作用。

她也谈了吉尔吉斯的妇女情况，说道："我希望中国政府在人类的性别平等方面做出更多的贡献。"并且说：

> 当我回到吉尔吉斯斯坦的时候，我会传达更多关于女儿节的文化活动信息，关于这项文化，关于乞巧文化，以及今天这些美丽的女孩们展示的非常精彩的表演。

可以看出，西和乞巧节引起了国际上从事妇女工作的友人的极大的关注。

2015 年的乞巧女儿节保护传承论坛上又有 6 位外国文化部长、妇女发展部长和非遗城市市长，27 个国家的驻华大使参加，并在大会上作了发言，中外朋友一起，用战略的思维、世界的眼光、发展的视角，对乞巧文化进行了深入探讨。巴勒斯坦国家妇女地位委员会主席卡瓦尔·蒙塔兹在开幕式致辞中谈了三个问题："第一关于乞巧女儿节的问题"，"第二关于妇女权利的问题"，"第三关于发展的问题"。她指出：

> 乞巧女儿节不仅体现妇女心灵手巧，应能使女性获得自我发展能力、自我发展空间的一个平台，从而增强女性的自尊和经济的独立性。

印度尼西亚驻华大使苏更·拉哈尔佐在致辞中讲："根据我查找的信息，这样一个独特的文化，已经有一千多年的历史。"并指出，中国七夕节——

> 同时代表了中国妇女的一种传统的精神，表现她们自重、尊重、创新，以及接近自然。

哥伦比亚大使卡尔门萨·哈拉米略作了主旨演讲，她说：

> 传承尊重自然、崇尚信仰的乞巧文化，有利于实现女性美好追求。
>
> 传承尊重劳动、展示巧慧的乞巧文化，有利于增强现代女性的自然与魅力。
>
> 传承追求自由、感恩向善的乞巧文化，有利于提高现代女性的社会地位。

柬埔寨王国暹粒省省长金邦颂在主旨发言中联系第七届乞巧女儿节保护传承的四个主题，就非物质文化遗产的保护谈了一些具体而很有意义的看法。吉尔吉斯共和国国家妇女大会主席阿克巴格舍娃讲话中说：乞巧活动首先是培养了女性的手工技能；其次是培养了做家务的能力；最后是培养了她们的艺术技能。她说：

我们可以看到乞巧节已经成了所有女性的周年庆典。

巴勒斯坦伊斯兰共和国国家妇女地位委员会主席卡瓦尔·蒙塔兹讲话中对中国和巴勒斯坦两国的文化遗产作了回顾，然后说到非物质文化遗产：

> 我们可能不能用感观感受到，但是我们是可以用心智知道的，这些非物质文化遗产的核心代表是一种朴实的价值观，是跨越国界的，用这样的一个东西可以把我们团结在一起。所以，我认为这就是一个全球的节日。

由以上国际友人的这些讲话即可以看出乞巧节在今天世界范围内的意义，不仅在国内并没有失去它的文化价值与社会价值，在国际文化交流中，尤其在"一带一路"沿线国家文化交流中也是很有社会意义的。这些是以前我们只从传统节庆、从民俗学的角度研究或只从音乐、舞蹈、民歌的角度作一些调查研究时所没有想到的。

在这三次大会上，乌丙安、宋兆麟、叶春生、陶立璠、苑利、刘晔原、柯杨、叶涛、萧放、郑土有、马自祥等先生作了主旨演讲或大会发言。学者们一致认为陇南乞巧节是具有世界文化意义和现实意义的节庆，应该成为世界非物质文化遗产。去年的乞巧女儿节保护传承论坛上与会嘉宾通过签名推荐中国（陇南）乞巧女儿节申报世界非物质文化遗产。特别要提到的是，在这次会上，由苑利主持，吉尔吉斯共和国文化信息和旅游部常务副部长赛其莫夫宣读了《中国乞巧文化与世界非物质文化遗产·北京宣言》，吉尔吉斯共和国妇女大会主席阿科巴格舍娃宣读了《中国乞巧文化与妇女发展·北京宣言》，尼泊尔副大使尼尔马·拉杰·卡福利宣读了《驻华使节眼中的中国乞巧非物质文化遗产保护·大使宣言》。可以说，陇南乞巧文化已引起世界的广泛关注，而且将会产生越来越大的影响。

省内的一些民俗学专家和有关同志先后参加了北京这三次高峰论坛，对陇南乞巧文化的意义有深刻的认识。陇南市孙雪涛书记、陈青市长这几年在陇南文化发展，在乞巧文化研究、提升、弘扬优秀传统方面花了很大精力，作了很多工作，北京召开的三次国际高峰论坛取得的巨大成绩就是很好的说明。在市主要领导的关心下，市文联于2014年创办了《中国乞巧》杂志，第一期上有孙雪涛书记写的创刊词《乞巧文化传承中国女儿梦》，其中说：

　　　　创办《中国乞巧》杂志就是要全力推荐"中国女儿节"文化品牌，进一步把乞巧文化同弘扬社会主义核心价值观相结合，与世界文化相接轨，使得"中国梦""女儿梦"的主题得到弘扬。

2016年第1期也给与会各位都发了，市长陈青同志的卷首语《与世界对话，传播陇南千年积淀的活态文化》中，指出了与世界对话五个方面的意义："传播了魅力陇南千年积淀的活态文化"，"顺应了推进'一带一路'建设的时代要求"，"分享了乞巧文化创新发展的宝贵经验"，"展示了乞巧之乡非遗保护的实践成果"，"表达了乞巧文化走向世界的共同心愿"。大家看看这个杂志就可以知道，它为我们关注、研究乞巧文化的广大学者提供了一个发表乞巧文化研究成果，进行学术交流的平台。

　　甘肃省乞巧文化研究会的成立大会和研讨会同第八届乞巧女儿节安排在一起，便于与会各位的考察、了解及同地方人士的交流。今年这次第八届乞巧女儿节邀请了阿尔及利亚驻华大使艾哈桑·布哈利法等外国朋友。

　　过去国内的民俗学家已在七夕节、乞巧文化的研究方面作了很多工作，有一些很有分量的论文发表，在有关专著中谈过一些很有学术价值的看法。也有一些民俗学家关注七夕文化知识、文化传统的普及，编写了各种书籍、画册加以宣传。全国有不少地方开始总结、研究、宣传当地的乞巧节和七夕文化传统，或开大型学术研讨会，或开展其他活动，有的已取得突出的成绩。浙江省温州市、广州市天河区、湖北省郧西县的七夕、乞巧节也在西和之后列入第三批、第四批国家非物质文化遗产目录。另外，河北邢台天河山被中国民协命名为"中国七夕文化之乡"，被中国民俗学会命名为"七夕文化研究基地"。陕西省西安市长安区也开过关于七夕节、乞巧节的学术讨论会。还有的是主要讨论"牛郎织女"传说，如山东省沂源县、山西省和顺县、河南省鲁山县等，但也会涉及当地的七夕节俗、乞巧活动。有的县市对七夕节俗的开展、宣传十分重视，如浙江省杭州市萧山区、嘉兴市等。河北的一次会议邀请了我，当时因事未能去。2009年省民协驻会副会长杜芳同志动员我牵头参与申报文化部主持国家重大项目《中国节日志》中"七夕节"招标项目。王贵生、彭金山、戚晓萍、隆滟、孟子为、李言统、张银、李凤鸣、那贞婷同志参加。听说全国有不少省投标这个子项目。当年12月中旬得文化部民族民间文艺发展中心通知，我们申报的项目已获批准，并建议增加艺术学科的人才。我们又增加陇南师专音乐教师张芳。大家的积极性很高。我们开会讨论了实地考察的问题，先从比较近的地方开始，购置了一些录音、录像器材设备。第二年七夕节前全部人员分为六个组，分赴山东、山西、浙江杭州的萧山区、湖北郧西、广东省广州天河区、陕西等地做实地考察。我同李雄飞到广州。此后有的同志对一些未能实地考察的地方又做了些调查工作。

我应邀参加了广东省天河区召开的"首届中国（东莞望牛墩）七夕风情文化节"与"中国七夕文化论坛"，见到河北省文联和民协的几位同志。后来他们还给我寄了有关书籍。广东的这次会规模很大，全国大部分省区都去了有关研究人员，中国民协秘书长白云驹、副秘书长赵铁信等专程参加会议。我们对全国七夕文化节俗的全面考察，对于认识这个节俗的形成与传播情况，有很大意义。

甘肃的陇南、天水为秦人发祥地，陇东为周人发祥地，周秦文化的交融形成了牛郎织女的传说，至迟在秦汉之际西北已形成七夕乞巧风俗。西和县、礼县至今保存着七天八夜的乞巧风俗，还留下来一部八十年前编成的《乞巧歌》，是全国唯一的一部乞巧歌专书。甘肃更应在这方面凝聚力量，分工协作，在七夕、乞巧文化研究和弘扬乞巧文化优秀传统方面做一些扎扎实实的工作。所以，成立甘肃省乞巧文化研究会是十分必要的。

关于成立甘肃省乞巧文化研究会，省委宣传部、省民协和陇南市有关领导都十分关心。陇南市委孙雪涛书记、陈青市长曾同我谈过支持乞巧文化研究的一些想法。他们希望给全省的民俗文化工作者和民俗文化爱好者提供一个平台，建一个服务、组织、协调机构，发挥大家的科研积极性。西和县主要领导和县文联几个月来做了不少具体工作。有些事情反复征求各方面的意见和建议。省文联尤其省民协负责同志各方面给以大力支持。今通过省民政厅对有关问题的考察和研究，已同意成立甘肃省乞巧文化研究会。这次乞巧女儿节论坛把全省从事民俗文化研究的专家都请了，除有几位有事不能到会，电话上表示支持和愿意参加有关活动外，大部分都到了。希望学会的成立，能更大地推动乞巧文化的研究，并加强同全国有关省、市、县在这方面的合作与交流。

（《人文甘肃》2019 年第 4 期）

二、关于甘肃乞巧文化研究工作的几点建议

——甘肃省乞巧文化研究会成立大会上的讲话

甘肃省乞巧文化研究会成立了。大家都认为成立这个学会很有必要。希望今后大家互相联系，多沟通，推动我省乞巧文化研究的进一步发展，也带动我省的其他民俗研究工作。

关于我省乞巧文化的研究，个人有下面几点建议，提出来供学会负责同志和与会朋友们参考。

其一，可以将本市、县的乞巧节俗及与之相关的故事、事件加以搜集整理，以具体显示乞巧风俗的文化内涵，也展示乞巧风俗在当地遗存的状况。注意走访年岁大、一直在当地生活的老人，记下他们相关的所见所闻，尤其是已被人们遗忘了的活动细节。每次采录都应记下来采录的时间和讲述人的姓名、性别、文化程度、身份、居住地。综合梳理中注意彰显在今天仍有思想意义、有文化价值的成分。

其二，分别搜集一下各地的乞巧歌。从 20 世纪后期开始，交通比较发达的地方乞巧风俗基本上消失了。个别老年人可能还记着她们小时候唱过的或听她们的上一辈说过的乞巧歌。这个工作同上面说的有关乞巧活动的情节一样，是一种抢救。如有收获，可根据收集的多少编成集子或写文章加以介绍。礼县的老诗人刘志清在 1978 年就采访收集了一些，收入《礼县县志》。刘志清先生的搜集工作在先父子贤公搜集乞巧歌四十二年之后，现在我们马上开始工作，也已在刘先生搜集工作的三十八年之后。前几年我曾动员过几位礼县的青年同志，但由于种种原因他们最终都未能启动这个工作。当然要花很多时间，到祁山、永平和西汉水流域各乡镇进行深入的田野考察。如能下些功夫收集一本，意义是很大的。清水县的温小牛同志收集了一些清水的乞巧歌，已收在他的《邽山秦风》一书中。已见到有的书中收有张家川、清水和庆阳、平凉几个县的乞巧歌，都很精彩，可惜也不多，希望各地的同志都能在上面做一些工作，加以抢救。也可以将田野调查与文献学的方法结合起来，看过去地方人士的著作、遗稿中是否有所载录。如果有，那就更好，因为它

的时代更早、更为珍贵。

其三，希望能多关注学术界有关问题的研究。虽然学会的目的是组织大家，协调、调动大家的积极性以推动七夕风俗、乞巧节的研究，但学术视野开阔，就能从一般材料、常见的现象中发现一些重要的学术信息。比如说七夕、乞巧节虽然是一个民俗节日，但具有悠久的历史，从根源上说，一是同早期秦文化相关，它是由秦人的祭祖风俗发展而来；二是同"牛郎织女"传说相关。早期秦文化属于历史学范畴，"牛郎织女"传说属于民间文学范畴，七夕节、乞巧文化研究是民俗学范围的事。它们分属三个学科领域。但世界上的事情是相互关联的，如孤立地看问题，认为研究乞巧节与"牛郎织女"传说无关，随意地编一些违反历史真实的情节，随意地解说本地乞巧节的来源，如有人说过"乞巧节同'牛郎织女'传说是两回事"，这就不但是幼稚，而且是非科学的态度。历来的七夕节乞巧风俗以陇南、天水、陇东和陕西为盛，见于历史文献的记载也最早；从目前收集到的乞巧歌看，在近代仍留有乞巧风俗的县市，除西和、礼县之外，大体以天水向宝鸡再到西安的这条线上最盛，这与秦人逐步东移的路线大体一致。当然，它也会向周围扩散；其他县也会有，但上面所说这条线上的最为明显，这个现象不容忽视。所以我们在研究中也应关注到陕西中西部的乞巧风俗，联系起来，不要孤立地看问题、作孤立的研究。当然，视野开阔一些，还应关注全国七夕乞巧风俗的情况，进行比较，从中看出传播的过程，弄清哪些是流传中形成的分化，为什么会造成这些独特的现象等。所以，甘肃省乞巧文化研究会不是说只研究甘肃的七夕节俗、乞巧文化，要立足甘肃，放眼全国。

与此相关，学会的活动中，也要注意同省外专家的交流。学会的年会、研讨会上也可以请外省的专家学者讲一讲他们对有些问题的思考、看法，这可以使大家了解一些学术信息，也会对我们有所启发。学会的年会也可以同全国性研讨会放在一起进行。

其四，乞巧节主要是女孩子的节日，但现在教育普及了，女孩子在七八岁上也开始上学，小学、初中、高中，以至于大学，已经对乞巧活动没有以前的女娃娃那么积极了。这不能用行政命令的办法硬性让她们都参加。目前已有些中青年妇女也参加，这算是一种"转型"，也有一定的意义。同时，我们也应从另外的方面使女孩子们保持对七夕、乞巧的记忆，过去有的人家让小孩子玩七巧板。七夕节很多男孩子也跟上玩，取蜘蛛网、玩七巧板等。七巧板，因为"七巧"和"乞巧"谐音，所以多在七夕前后想起，引起兴致，配合着当时乞巧节的气氛找出来玩一玩。这也成了乞巧活动的文化内容之一。我小时候家里也有七巧板，我母亲去世时我还小，我小时姐姐常拿出来拼各种姿势的人或牛、马、猫、鸡之类，哄我玩。讲究的七巧板是好木料做的，也有铜的，其实今天三合板、五合板和硬纸板都可以做。自己做七巧板，本身就显示着手艺之巧。一个正方形纸片，分成七部分之后可以拼出各种图案，这正是锻炼人的思考与想象力的办法，同初中就开始学的几何课程也有关，也应是高小、初中学生乞巧的好的办法。这可以说也是一种转型。我们不仅要研究七夕乞巧文化，也要在它将来的发展上拿出一些办法。

　　玩七巧板中对图案的拼接与观察欣赏，同七月七晚上投巧芽卜巧的情形一样，都是凭借观察中的联想、想象能力。很多成人在这方面都作过些很有启发性的工作。我见到过七巧板拼出的梁山一百零八将图、十二生肖图。有关七巧板的书清代以来有不少，外国人都曾翻译在国外出版。十多年前《七巧板、九连环和华容道——中国古典智力游戏三绝》一书的作者吴鹤龄教授与深圳中学的学生莫海亮合作用七巧板拼出五十三个五边形，创了这方面的世界纪录。吴鹤龄的那本书是收在《好玩的数学》丛书中的，由科学出版社出版。我希望从儿童智力训练和游戏两方面考虑，注意在小学、幼儿园和初中生中推荐、介绍七巧板的活动。其实有些带有几何学性质的图形变化，高中生作起来也是很有趣味的。所以推动七巧板在小学生、中学生中的游艺活动，是弘扬七夕文化传统、扩大乞巧队伍，做到乞巧活动在新时代转变的一个重要方面。清代和民国时及新时期有关七巧板的书很多。以游戏和数学问题结合外国人所著的书还有约斯特·埃尔费尔斯的《七巧板——中国古代的拼板游戏》（蔡锡明译）。我手上还有外国人所著关于七巧板的英文原版书，这里就不说了。

　　其五，西和县、礼县和天水、平凉、庆阳等乞巧风俗最盛的县市，还应关注这两个方面工作：

　　第一，市、县图书馆最好能设七夕书专架、专柜，陈列有关七夕、乞巧、"牛郎织女"传说方面的书籍、文献和有关民俗学、民间文学研究的理论书籍。比如有关乞巧节、七夕节的，除本市本省出版几种之外，就我所知有李银河主编《七夕·民俗情感文化——"七夕·东方情感文化"国际论坛论文集》，刘宗迪著《七夕》，储冬爱著《鹊桥七夕——广东乞巧节》，毕飞雪著《日本七夕传说研究》等；关于"牛郎织女"传说除先父子贤公阅定清末无名氏《牛郎织女》小说之外，研究方面有钟敬文等著、陶玮选编《名家谈牛郎织女》，叶涛、韩国祥主编《牛郎织女传说》（全五卷），刘魁立、张旭主编《中国民俗学文化丛书·牛郎织女》，中国台湾青年学者洪淑苓女士著《牛郎织女研究》等。有关民俗学、民间文学的理论性书籍，如钟敬文先生主编的《中国民俗史》（全五卷），乌丙安先生的《民俗学原理》，刘锡成先生的《二十世纪民间文学学术史》（二卷），万建中的《民间文学引论》等。图书馆备有这些书，给学者提供方便，以利于人们了解有关学术信息，提高一些乞巧文化爱好者的专业水平，同时也起到普及相关知识的作用。

第二，有关市、县博物馆最好能建"乞巧文化展室"或"七夕节俗文物展"，如过去乞巧节乞巧用的陈设、仪式用具，妇女的穿着、首饰，各种巧盒、七巧板等和有关七夕节、乞巧文化的古籍都可展出，以保留我们的记忆，也为学者们的研究提供方便。

这些是申报世界非物质文化遗产很必要的工作。陇南乞巧节是中国乞巧文化的典型代表，也就应该成为中国乞巧文化、七夕文化研究的中心。

三、大力推动甘肃乞巧文化研究

——在甘肃省乞巧文化研究会第二次会议上的演讲

近十多年中陇南乞巧文化的研究取得了突出的成绩。我想，下一步应该尽可能加以扩展，把甘肃全省乞巧节俗的文化底蕴进一步加以挖掘、清理，把全省各地乞巧歌加以广泛搜集、整理，作一些研究。当然这当中有一个哪些县有、哪些县没有的问题。按照乞巧习俗的形成情况，最早自然是在陇南天水和陇东一带。因为乞巧习俗是和"牛郎织女"传说，和早期秦文化、早期周文化密切相关的。秦人的始祖女修在历史上留下来的事迹只有一个字，就是"织"。可见她应是在中华民族史前时代的纺织方面作出了巨大贡献的一个人物。对于天象的认识，人类从原始社会早期开始，首先予以命名的自然是日，然后是月，然后是最亮的星，尤其是在确认季节变化和地理方位和观察日月的运行进度上具有标志性的那些星宿。织女星的命名应是很早的。我在几篇论文中说过天河叫"汉"或者"云汉"，后来也叫"天汉""河汉""银汉"。汉代才有"天河"的名称。为什么天河最早叫"汉"呢？据祝中熹先生研究，秦人最早到西汉水上游的朱圉山一带，是在尧舜之时，奉命来西垂之地测日的，因而是重天文、星象的。秦人居住在汉水的边上，所以把天上看起来就像河一样的带状星群，也命名为"汉"，然后把天汉边上最亮的一颗星命名为"织女"，以纪念他们的始祖。织女星和"云汉""天汉"之名，都和秦人早期历史有关，是有很深的历史根源的。因此现在全国的乞巧风俗，只有西和、礼县是七天八夜，又十分隆重。

　　现在民间故事中说的牛郎，古代叫"牵牛"，和天上的星名是一致的。他是由周人的远祖而来。《山海经·海内经》中说，后稷的孙子叫叔均，"始作牛耕"。《大荒西经》中也说："有人方耕，名曰叔均。"又说后稷的儿子生叔均，"叔均是代其父及稷播百谷，始作耕"。牛耕究竟是什么时候开始的？学者们看法不一。范文澜的《中国通史简编》认为至迟在春秋时期，证据是孔子的弟子司马耕字子牛。因为古人的字和名在意思上是有关联的。但这并不能说明牛耕就产生在此前不久。他估计的这个时间下限太迟了。马克思在《资本论》中说："畜力的使用是人类最早的发明之一。"西方一个马克思主义的思想家曾经说："早期人类关于牛耕的发明，它的意义超过近代蒸汽机的发明。"牛耕大大地推动了原始社会后期农业的发展。从这一点说，叔均发明了牛耕，在中华民族早期历史上也是一件很大的事情。叔均，便是牵牛的原型。周人将天汉东侧的一颗很亮的星（一等星）命名为"牵牛星"，来纪念发明了牛耕的远祖叔均。叔均在西周、春秋时代是被作为"田祖"祭祀的。牵牛星在后来的民间传说中变为一位牵牛耕田的农民，就叫"牛郎"。同以纺织闻名的织女联系起来，形成了"牵牛织女"的传说，又因此而形成流传广泛的七夕节。唐代以后的传说中逐渐被称作"牛郎"。

　　我和王贵生等同志共同承担的文化部重大招标项目《中国节日志》子项目《七夕志》已经完成了。我们是对全国的七夕节俗加以调查和研究。分《综述》《志略》《调查报告》和音像资料几大部分，除一些共同性问题之外，对全国各地的七夕风俗按西北、华北、华中、华东、华南这几大片来重点地加以论述。我们的工作会给大家全面认识七夕文化和进行深入研究奠定一个好的基础。

天水的名称就是由"天汉""天河"而来。说到天水,大家不要和今天的秦州区的地域范围完全对等看待。历史上同一地名,具体所指地方往往有前后变化。最早的天水包括礼县的东北部。前些年在礼县东北部西汉水北岸的草坝乡挖出来一块碑,上面记载寺院前原有一湖,叫"天水湖"。唐太宗贞观二十三年赐额"昭玄院""天水湖"。这正说明"天水"本是地处西汉水上游,而汉水又和天汉同名的缘故。西南距礼县盐官镇只有二十来里路的天水镇,20世纪70年代以前叫"小天水",祝中熹先生认为这就是最早的天水。再往东北,在现在秦城区的西南有个地方叫"天水郡"。这也反映出"天水"这个地名由西南向东北方转移的过程。"天水"这个地名也是同牵牛织女神话传说有关的,其得名也同天汉、汉水有关。看来早期秦人是以漾水(古建安水,今亦称西和河)为汉水之源头的。后秦人不断向东北迁移,经今天水市秦州区、清水、张川,入陕西境。所以我认为历史上包括今秦州区在内的天水市几个县区也是乞巧文化的中心区。我曾有《汉水、天汉、天水——论织女传说的形成》《乞巧风俗是古老秦文化遗留》等文章论相关问题。

乞巧风俗是秦人祭祖风俗的遗留,但礼县、西和县至今保留隆重的乞巧习俗,并不完全因为这一带是最早产生之地,还因为这一带地域偏僻,交通欠发达,比较闭塞的缘故。一些处于交通枢纽之地、社会文化发展快、人员流动大的地方难以长久保持古老节俗。天水一带交通发达,西向兰州、河西四郡以至西域诸国,东达宝鸡、西安以至中原大地,南可入川,北至宁夏,处于交通枢纽上,人的流动频繁,故旧的风俗难以保留下来。应该说秦城区本是乞巧文化的一个中心地带,同时在漫长的历史中也会向周围扩散,包括北道区、秦安以及陇西临洮一带。但现在有的县没有较隆重的乞巧风俗。甘谷、武山大约曾经被羌氏风俗所冲击、遮盖。甘谷过去叫"伏羌"。武山以"武"为名,应同氐人有关。我曾有《形天神话源于仇池山考释——兼论奇股国、氐族地望及武都地名的由来》(刊于《河北师大学报》2002年第4期和《甘肃文史》第8期)论及相关问题。现只有张川、清水和平凉、庆阳几个县存有一些早期的乞巧歌,有乞巧风俗的遗存,其他几个县几近消失,但不等于历史上从来没有。我们下功夫做些挖掘工作,可能会有发现。像甘谷,其南部的朱圉山是秦人最早留居之地,后来由朱圉山南下到西汉水边上。所以也不可能一点踪迹没有留存下来。

在今天我们仍然能看出来乞巧习俗和早期秦人的关系。李凤鸣作硕士学位论文的时候把全国能找到的民国以前的乞巧歌收集了一下，主要分布在由天水向西安的这条路上，个别县偏南偏北。由从陇南、天水至宝鸡、咸阳、西安这条路上近代以前乞巧风俗的遗存可以看出来，秦人最早的居住地在西汉水上游，然后逐渐向北向东迁徙，把这个习俗深深地印在这条路上。古代氏族的迁移，一般情况下居民们是慢慢移动。比如南面、西面的房子坏了，就再不修了，修到北面、东面去了。由于北面东面稍微开阔一些，交通便利，便随着活动范围的扩大而慢慢迁徙。只有由于战争或者水灾地震等原因，会形成大幅度地迁徙。上古之时人群的迁移往往分几个阶段，以一个地方为中心生活一段时期，再迁。因此会在相对稳定的点上留下来了一些习俗。目前我们收集的是天水市所见的乞巧歌主要是清水和张家川的。我想，省内流传有乞巧歌的地方应该还有，要好好挖掘一下，因为它确实是甘肃历史文化的一个重要内容。如果发现民国以前的、清代以前的更好。由此可以较全面地展现历史上的乞巧风俗，使这个被时间淹没的地方传统文化能够显现。

乞巧节俗由于种种原因，历来不引起文人的重视，很多长期生活于封建社会，受旧礼教影响深的文人是回避它、鄙视它的，认为一些女娃娃编上些不合礼仪的歌又跳又唱，像个啥！像我们西和县多少老人都说从他爷爷他婆小时就看乞巧或参加乞巧。但20世纪20年代和40年代成书的《重修西和县新志》（王访卿编纂）和《重修西和县志》（朱绣梓撰）对乞巧节的记载还是很简略，如朱绣梓撰《重修西和县志》卷四云："七月七日，儿女设香案陈瓜果拜织女星以乞巧。是夕于灯下折豆芽置水碗中，察影以卜巧拙"。把"夕"只定为投芽卜巧的活动，这两部县志的编者王访卿先生和朱绣梓先生都是我父亲的老师。1924年我父亲到陇西师范去上学，曾带回《歌谣》周刊给老先生看。后王老先生在他编的《重修西和县新志》的最后一卷，即卷十《杂录》的细目"灾祲、怪异"之后加了"歌谣"。王老先生在1925年去世了，正文中一首歌谣也未能录入。不过在县志格局中考虑到歌谣，将其列入目录，这在全国民国时的县志中恐怕再没有。因县志旧例是只列"艺文"，而"艺文"中是只包括文人的诗文作品，不会有民谣的。王老先生把"歌谣"列入采编计划，表现出他对新事物的接受。我父亲回到县上以后，1936年组织学生收集西和县流传的乞巧歌，算是完成了王老先生的心愿，也抢救、存下来了一些早期的乞巧歌。40年代民国政府县长王汉杰让朱绣梓先生重修县志，先父因反对王汉杰及其亲信彭仁山的搜刮民财被打击陷害，朱老先生也不敢取其说而列"歌谣"一节。

我这一二十年也花了很大的功夫收集乞巧歌。但现在所收集有不少是重复的，或大同小异。我和李凤鸣同志合作，已编成一部《西和乞巧歌续编》，但遗憾很多，抢救得太迟了。50年代歌唱土地改革、新婚姻法、变工队、互助组合作化、抗美援朝、三反五反、公私合营等内容的乞巧歌存留太少。所以我建议各县的同志都花很大的功夫找年纪大的人调查当地七夕风俗的情况，搜集相关歌谣的早期抄本，说不定会有发现。各市县在这方面都应花一些精力，以展现我省历史上乞巧风俗的传播情况。

甘肃的历史，只从进入文明社会以后来说，第一是秦人发祥于天水陇南一带。而秦朝的郡县制和法治思想影响中国文化两千多年。第二是周人发祥于陇东庆阳一带。这一点原来大家还不是很清楚，有的人认为是发祥于陕西。李学勤先生主持了"中华文明探源"工程，做了大量工作。在考察陕西紧靠甘肃的长武县碾子坡的周人遗址后，李学勤先生主编的《中国古代文明与国家形成研究》一书中说，周文化最早的遗址，应该沿着马莲河流域去找。而马莲河就是由庆阳流向陕西的。那就是说周人最早是发祥于陇东的。周文化影响中国文化三千多年。我们小的时候，很多家门上都贴着有"周公之礼"之类文字的对联。孔子在很多地方是总结、继承、发展了周公的思想，如礼制、仁政思想等。所以说周文化同秦文化对中华民族的影响都是很大的。

我们今天所说的这个乞巧风俗，它是由"牛郎织女"传说而来的。"牛郎织女"传说在先秦时候就已经形成了。前些年发现的秦简《日书》中，有三处提到牵牛织女，一处说："牵牛以取织女，而不果。不出三岁，弃若亡（无）。"意思是婚后不足三年，弃之而去，如同没有这个人一样。能写入《日书》，就说明已是为人所熟知的广泛流传的传说故事。联系《诗经》中《周南》《秦风》中有关作品看，"牛郎织女"传说的基本情节在春秋以前就已经形成了。至战国之时其主要情节甚至一些细节同后代的传说已基本一致。比如说织女与牵牛结合后不到三年就离开了，你看近代的民间传说当中，牵牛织女婚后有一儿一女，这同不到三年离开的情节就是一致的。

古代青年夫妇的分离，女方提出离异的情形是极少的。使女方离开的，除了男方家长，再就是女方的家长。牛郎方面不存在这种因素，那便只有织女的家长。《史记·天官书》中说："织女，天女孙也。"意思是：织女是天帝的孙女。那么，让织女离开牵牛的只能是天帝及相关的人物，这也和后代的传说是一致的。

《诗经》是西周和春秋早期的作品。我个人的看法，《诗经·周南》中的《汉广》和《秦风》中的《蒹葭》两首诗，都是表现了当时所流传的"牵牛织女"的传说，只是没有把主人公点出来。《汉广》说：

> 南有乔木，不可休思；汉有游女，不可求思。汉之广矣，不可泳思；江之永矣，不可方思。

诗中写到"汉"，又说到"江"，这只是为了避重，其实就是说的汉江或天汉。诗中写一个男的希望走近汉江对岸的女的，但是总无法靠近，汉江太宽他过不去。很高的树，他也不能到下面去休息。"乔木"就是很高的树，这实际上是比喻女方的地位很高。这同后代"牛郎织女"的传说是一致的。《蒹葭》的第一章是：

> 蒹葭苍苍，白露为霜。所谓伊人，在水一方。溯洄从之，道阻且长；溯游从之，宛在水中央。

白露为霜之时正是初秋，与后来七月七天河相会时间一致。诗中写一对男女隔在河两岸，男的怎么也走不到女的跟前。这大体是反映了早期牵牛织女的传说。可见在西周末年，这个传说就已经形成它的雏形。周秦民族的融合形成了牵牛织女的传说。牵牛织女的传说反映了中华民族漫长的文明演进过程，是很有意义的。

中国的四大民间传说，第一是"牛郎织女"传说，具有很深的历史渊源。第二是"孟姜女"的传说，时间就迟得多了。根据我的研究，孟姜女的传说应该是产生于隋代的，它是借秦朝修长城映射隋朝修运河中给老百姓造成的灾难。"梁山伯祝英台""白蛇传"两个就更迟了。"牛郎织女"传说孕育时间最长、形成最早、影响也最大，而且和一个节日"七夕节"联系在一起。七夕、乞巧节很早就传到日本、韩国、越南。日本有很多同七夕节相关的诗歌作品。可见七夕、乞巧节在世界文化中有很大的影响。

所以说我们要把乞巧节作为甘肃省的一个重要的文化研究项目来做。不要认为乞巧节只是西和、礼县的。从根源说形成于陇东南，但它在几千年中是不断扩散的。它的流传范围不限于甘肃，也不限于西北。它是甘肃的一张名片。我们应该把这个项目做好。我们首先应该把本省各县的乞巧风俗能够收集整理。当然，其他地方的，也应该收集、整理、研究。这方面做得好，就得成立一个全国性乞巧文化研究会，但这只能是后话。我们先把自己的工作做好，如果真正做得好，挖掘出一些有价值的东西，有一些扎实的研究成果，引起国内一些民俗学家的更多的关注，自然就会成为全国乞巧文化研究的中心，学会会发展得更好。说实话，如果我们甘肃的乞巧节俗要申请世界非遗，非得把全国乞巧节俗的研究搞好不成。希望西和县首先能更广泛地收集乞巧民俗文物，办一个内容丰富的展览馆；广泛收集全国的反映乞巧风俗的书籍、资料、文物，把全国有关这方面的文献也整理起来。当然，第一步首先应该将全省有关文献、民俗文物收集一下。

我们把《中国节日志·七夕志》这个项目争来了，不一定就说我们已经是这方面全国的研究中心了。因为还有不少学者并没有把目光投在我们这里，实际上我们的起步是比较晚的，而且我们下的功夫也还不够大。像河北，在西和礼县开这个乞巧节会之前，已经开了三次全国性的研讨会了；山东在这方面做了很多工作，还开过一次有台湾学者参加的研讨会，我都因故未能参加。后来在广州开会的时候见到全国民协的十来位同志和几位各省文联的负责同志，也遇到一些从事民俗、民间文学研究的专家，交换了些看法。我觉得我们应对国内乞巧节的研究有更全面的了解。只要有这个节俗，总有它的表现形式，至少反映着文化的传播状况。希望我们先狠下大功夫，把本省与乞巧文化、"牛郎织女"传说相关的资源好好地挖掘一下，进行深入的研究。

甘肃是中华华夏文明的传承创新基地，要说就是先周文化和早期秦文化。但是话又说回来，周人的真正的发展起来是在陕西，秦人的真正发展起来也在陕西。周的都城在镐京，靠西安很近，秦人的都城咸阳，也距西安不是很远。在甘肃的是早期阶段，而牛女传说正是和周秦文化的早期阶段有关，和我们刚才所说的那个华夏文明传承创新能挂得起钩来。希望通过大家的努力，使我们甘肃的这张名片更亮丽。

（2018年7月28日在兰州宁卧庄会议厅，刊于《兰州文理学院学报》2019年第1期）

附 录

一、最初的歌谣，最后的仪式

——赵逵夫访谈录

西礼乞巧风俗是秦文化的遗存

农历八月的兰州，秋阳朗照，丝毫没有"白露为霜"的痕迹。西北师范大学的校园里，零星的鸟鸣和弥漫的草木气息，烘托出这个清晨格外的安宁。这里住着著名学者赵逵夫先生。最近，由他参与的两本书《西和乞巧节》和《西和乞巧歌》出版了。前者系赵先生主编，后者系赵先生的父亲赵子贤老先生搜集整理，赵先生注解。两本书在理论与材料方面两相印证，互为补充。

赵逵夫先生是甘肃西和人，主编出版这两本书，除了作为一位学者的文化使命，其中必然还有桑梓之念。乞巧节也称七夕节，可以追溯到汉代，是人们向上天祈福的重要节日。这一习俗，至今在全国许多地方传布。只是，唯有西和、礼县乞巧节持续七天八夜，因其漫长而又隆重的仪式备受瞩目。每年从农历六月三十晚至七月初七子夜，当地姑娘们怀着美好期盼，请巧娘娘下凡，乞求赐她们以心灵手巧和聪明智慧。而巧娘娘就是传说中"札札弄机杼"的织女。

《西和乞巧节》一书从文化源头、地域分布、仪式分解，以及艺术特征等多个方面，对西和乞巧节及乞巧歌进行了全面解读。尤其是，赵逵夫先生经过对《尚书》《山海经》《日书》《史记》等大量古典文献进行梳理，又结合考古发现和现实遗俗，对"牛郎织女"传说的历史沿革进行盖棺定论：西和乞巧风俗与秦文化有关，织女原型即秦人先祖女修，牛郎原型即周人远祖叔均，他们最早开启了中国男耕女织的农业模式。而且，他认为"牛郎织女"故事的悲剧性在先秦业已形成，而"鹊桥相会"的情节在西汉即有。一定程度上，这些结论为一段时间来笼罩其上的学术谜团进行去蔽，起到了正本清源的作用。

乞巧歌是乞巧节的活动重要内容，遍布乞巧仪式各个环节，以"唱巧"环节为甚。和《诗经》中的歌谣被采录之前的状态一样，乞巧歌最初只在民众间口耳相传。20世纪30年代，或许是受到五四新思潮和北大歌谣征集活动的启发，在西和县城当教师的赵子贤先生动员学生搜集整理西和、礼县一带的乞巧歌，经过考证分类，并仿照《诗经》的编排体例，分为"风""雅""颂"三部分，编纂成《西和乞巧歌》一书。赵子贤先生在题诗中写道："莫谓诗亡无正声，秦风馀响正回萦。千年乞巧千年唱，一样求生一样鸣。"

随着时代变迁，西和乞巧节也面临着内外冲击。一方面越来越多的女孩子进城，乞巧的主体力量不复以前；另一方面商业文化的无孔不入，乞巧节能否保留其传统面目并未可知。对此，赵逵夫先生也表达了类似的担忧。这也是《西和乞巧节》和《西和乞巧歌》两本书出版的必要性和重要性。如同"蒹葭苍苍，白露为霜"只存在于古老的《诗经》，谁能保证有一天"巧娘娘"不是只存在于遥远的"云端"。

晨报：为什么乞巧风俗盛行于西和并得以传承至今？

赵逵夫：对于这个问题，我自己原来也感到是一个谜。全国其他任何地方，乞巧节进行七天八夜的再没有，只有西汉水上游的西和、礼县之间这一片地方，以及靠近西和、礼县的天水西南部。比较早些的清代，清水、张家川，还有陕西西部靠近甘肃的几个县也有。而这条线索大体上与秦人由现在的礼县东部、西和北部这一片秦人的发祥地向东迁徙的路线相吻合。所以我后来意识到，西和、礼县一带传承了数千年的乞巧节与秦人的历史有关，是秦人文化的遗存。这一点也不是老早就认识到的，20世纪80年代末90年代初，礼县发现了大量的相关文物，从此我才从中受到启发。

以后经过数十年研究，我发现织女就是秦人的先祖女修，没问题，一点问题都没有。关于女修，《史记·秦本纪》中就有记载。牛郎，即牵牛，是指周人的祖先叔均。《山海经》中有三处提到叔均是后稷的后代。而周人又生活在现在陇东、陕西西部岐山一带，这些地后来分给秦，但也有一些周人百姓选择留下来，便融入秦人。《史记·秦本纪》中说"收周余民有之"。这样周秦文化形成交融，事实上周秦文化的交融更早。

乞巧这一习俗在西和这里留下来的原因有三：其一，这里是秦人的发祥地，留下的群体记忆最深刻；其二，这里处在蜀道上，比较封闭，受外边文化的冲击小一些；其三，在西汉水上游，天河古代就叫作汉。秦人居住在汉水的上游，所以把天上明亮的银河带也取名为"汉"是很自然的，古代也叫作银汉、天汉、星汉。今天，汉水有东汉水西汉水之分。我研究发现，在汉代以前这是一条水。《尚书·禹贡》中提道："蟠冢导漾，东流为汉。"指的是西汉水的源头。因为在汉代曾发生地震形成淤塞，西汉水的部分在略阳以东堵塞了，以致西汉水流到略阳的时候朝南进入嘉陵江，另外一条独立的水就流入长江。

晨报：请您谈谈《西和乞巧歌》编纂整理的文献意义。

赵逵夫：学术界研究民俗学和民间文学的几位专家的态度可以说明。对这本书，中国民俗学会名誉会长乌丙安先生和中国民间文艺家协会研究员刘锡诚先生都评价很高。乌先生在去年乞巧文化高峰论坛上第一个主持发言，内容登在《仇池》杂志上，后来我在编注《西和乞巧歌》的时候撷取一段放在封底作为推荐语："赵子贤老先生把光绪年间甚至更早的乞巧歌记载下来，把当时的乞巧活动记载下来进行研究，对有些问题的思考和研究要深刻得多。像这样的老一辈，他们真正和当地的百姓融为一体，一直在尽力保护着民俗中的珍贵部分。"刘锡诚先生在这本书的序言中也认为《西和乞巧歌》填补了《诗经·秦风》中不充分的部分。柯杨先生在本书序言中提到"乞巧歌具有重要的史料价值，由于该书如实地记录了许多20世纪三四十年代流传于当地的乞巧歌和节日活动中的有关仪式，这就为我们提供了丰富的资料，使我们能够从中看出当时西和一带乞巧节活动的具体内容和民众生活的真实面貌"。此外，陶立璠先生也给予本书很高的评价。

晨报：请您解读一下赵先生关于西和乞巧歌作为《诗经》中"秦风馀响"的观点。

赵逵夫：在这里"秦风"有两个含义：第一个意思是指《诗经》中"秦风"的那一部分；第二泛指先秦时期的秦地民歌。所谓的"馀响"就是由

《诗经》的"秦风"延续下来到今天的声音，可以看作秦风发展的一个结果。

晨报：目前国家和地方对"西和乞巧节"这一传统民俗的保护现状怎样？

赵逵夫：总的说来国家、省、市、县都很重视。2007 年，西和县被中国民间文艺家协会命名为"中国乞巧文化之乡"；2008 年，国务院批准"西和乞巧节"列入文化部确定的《第一批国家非遗扩展项目名录》。去年和今年，已经在北京举办了两届乞巧文化高峰论坛。

晨报：随着商业因素的参与，近年来传统的七夕被包装成"中国情人节"。对此，您有何看法？

赵逵夫：商家这么做是出于其商业利益，但我认为这么做是不合适的。"情人"在汉语词汇当中有特定的含义，就是指婚外情。在西方一些国家对婚外情不以为然，而中国历来很重视夫妻间的互相忠贞和感情专一。大量的民间故事，比如梁山伯与祝英台、孟姜女哭长城、白蛇传等很多悲剧、喜剧故事，都反映了这样的观念。把婚外情这种感情作为一个节日来庆贺，与中国的传统道德是不能相容的。我们现在提倡弘扬传统文化，但前提是不能破坏传统文化。一面呼吁弘扬传统文化，一面是直接破坏甚至摧毁性的行为，这个是不能容忍的。我不同意"中国情人节"这个提法。我曾在一些场合也阐发过这个观点，许多搞民俗研究和传统文化研究的人都同意我这个看法。

(《兰州晨报》2014 年 9 月 20 日《文化周刊》，采访者为该报记者张海龙)

二、陇南乞巧文化蕴含
世界妇女事业发展的中国智慧

多年来，西北师范大学教授赵逵夫先生一直倾心起源并流传于陇南市西和、礼县一带的乞巧文化，是研究陇南乞巧文化的权威专家。2008 年 6 月，西和乞巧节被列入国家首批非物质文化遗产保护名录，赵逵夫是申报专家组组长。

放在更大的背景下去考察，赵逵夫的父亲赵子贤先生于 1936 年组织编著的《西和乞巧歌》，成为陇南乞巧文化传承和发展的重要载体。2013 年 8 月，在北京举行的中国（西和）乞巧文化高峰论坛上，有专家捧读《西和乞巧歌》慨叹："赵子贤先生是中国乞巧文化研究之父。"

8 月 3 日上午，在西北师范大学那座被国槐和绿植掩映的家属楼里，在那间散发着古雅书卷气息的会客厅里，精神矍铄的著名学者、西北师大文学院教授、甘肃省先秦文学与文化研究中心主任赵逵夫，接受了每日甘肃网记者专访。

得知第十届陇南乞巧女儿节即将于 8 月 10 日在西和县拉开序幕，赵逵夫高兴地说，陇南乞巧是祈求技艺、智慧、美德的女儿节，是争取家庭、社会地位和幸福美满生活的女儿节，姑娘们通过一年一度的乞巧节，不仅学会了诗歌创作、唱歌跳舞，也提高了生活、生产能力，扩大了知识面，对生活、社会、国家与自身的命运有了越来越深刻的认识。可以说，乞巧节是未婚少女具有传统性的自修学校，是真正的女儿节。

他指出，现在在中国，女子和男子完全平等。但是，放眼全球，目前还有许多地方存在男女不平等的问题，存在妇女权益受到侵害的问题。因此可以说，中国乞巧文化的传承和发展，充分体现了中国传统文化的世界意义。中国乞巧文化里蕴含着推动世界妇女权益保护的中国智慧。

目前，陇南已经连续举办了九届陇南乞巧女儿节，其间举办了三届高层次的乞巧文化论坛，促进了乞巧文化活态传承、生产性保护，推动了乞巧文化的融合式发展。同时，把乞巧文化保护传承和世界妇女事业的发展紧密结合起来，邀请联合国教科文组织、驻华大使及夫人参与，不断将乞巧文化推向世界。

谈及西和、礼县的乞巧节，赵逵夫说，西和、礼县的乞巧节从农历六月三十日晚开始到农历七月初七夜半子时结束，七天八夜，这在全国其他地方再没有。2014 年在广东召开的一个全国民俗文化会议上，中国民间文艺家协会的专家看到《西和乞巧歌》后说："全国再没有第二个地方留下这么多的乞巧歌。"

他介绍，新中国成立前，在陇南的大户人家，对姑娘的言行举止要求是非常严格的，姑娘是不能随便跳着、唱着的，否则是越礼法的。但是，一旦到了乞巧节，姑娘都是穿着新衣服或集中在几间房的室内或到大巷道上一起载歌载舞。从室内到大巷道也是需要家庭和社会提供空间的，这说明乞巧文化在西和、礼县一带是有着深远而广泛群众基础的。

赵逵夫回忆，1960年夏秋之交，他曾在西和县城目睹了乞巧节的盛况。在西和县城的大巷道上、西和县城的北关附近，有好几处大的乞巧活动，姑娘们穿着新衣裳，举行乞巧活动。那时正值三年自然灾害期间，大家在吃不饱饭的时候，依然隆重地开展乞巧节活动。

赵逵夫说，乞巧文化实际上是早期秦文化的遗留。

他对记者说，秦人发祥在今天礼县的东北部、西和县北部、天水西南这片地方，后来向东北方向转移，经过天水（秦州）、秦安、张川进入陕西。这里要说的是，秦人发源于西汉水上游。最早，西汉水、东汉水本是一条水，后因地震的原因中断，上游部分流到略阳折而南流，入嘉陵江，最终流入长江，而作为主要支流的沔水仍东流至湖北入长江，从此才分别叫作"西汉水""东汉水"。古代称"天河"为"汉"或作"云汉""银汉"，就是秦人以自己所居之地的汉水来命名天上这个在夜晚看来银色的云带，实际上是很显明的星球带，然后将天汉西侧那颗最亮的星命名为"织女星"，来纪念自己以"织"而名传后世的始祖女修。

《史记·秦本纪》开头说："秦之先，帝颛顼之苗裔孙曰女修。女修织，玄鸟陨卵，女修吞之，生子大业。"大业为嬴姓第一位男性祖先。女修以"织"而闻名于后世，是秦人的始祖。秦人以其在织布方面对氏族社会生活与经济发展的巨大贡献，而称她为"织女"，以之为银河西侧最亮一颗星的星名。织女星在银河西侧，这同秦人最早发祥于汉水上游的西岸是一致的。甘肃西和、礼县一带流传很久的每年七天八夜的乞巧节是早期秦人祭祖风俗的遗留，是早期秦文化的遗留。

同时，千百年来，它还同古代礼俗之间有着难以割舍的关系。从这些乞巧歌可以看出，姑娘们对当时压迫妇女的封建礼制表现出强烈的反抗情绪，对社会现实表现出强烈的关心，歌中揭露社会黑暗，歌唱劳动生活。西和县的乞巧节民俗被一些民俗学家誉为"中国乞巧文化的活化石"。

赵逵夫介绍：1936年夏，家父赵子贤在西和县鼓楼南学校任教时，组织学生搜集广泛流传于西和县各乡镇的乞巧歌，编为《西和乞巧歌》一书。赵子贤先生之所以在动乱年代于西和闭塞之地，做了一件影响后世的文化事业，源于他不同寻常的经历和见识。

　　生于 1908 年的西和才俊赵子贤，1924 年赴外求学，1926 年参加北伐，之后在河南开封学习无线电，后又到天津学习无线电机械专业。1933 年夏，赵子贤因祖母去世奔丧回家。他先后两次任县民众讲习所（后改为民众教育馆）所长，兼新运会会长，进行破除迷信、反对买卖婚姻、提倡妇女放足、揭露鸦片烟的害处的宣传活动。1935 年秋到鼓楼南学校任教，次年暑假组织学生搜集广泛流传于西和县各乡镇的乞巧歌，编为《西和乞巧歌》一书。2010 年 4 月该书线装版出版，2014 年汉英对照版、简体横排版出版，成为乞巧文化传播世界的重要载体。

　　目前，西和县是"中国乞巧文化之乡""中国民间文化艺术之乡"，西和乞巧节被列入《国家首批非物质文化遗产保护名录》。

　　从历史中走来，今天的陇南乞巧，是集信仰崇拜、诗词歌赋、音乐舞蹈、工艺美术、劳动技能等为一体的综合性节日民俗文化活动，活跃在西汉水流域的近 20 个乡镇、300 多个村，经常性参与的有 50 多万群众，是名副其实的"中国女儿节"。乞巧女儿梦，承载着陇南千年民俗文化的历史记忆，寄托着人们对美好生活的热切向往，引领着家庭美德和良好家风的培育养成，描绘着广大女性自觉奋争的多彩画卷，展现着巾帼不让须眉的责任担当，有着深厚的历史渊源、文化内涵和现实意义。

　　陇南乞巧女儿节已经成为促进陇南文化旅游深度融合，加快建设美丽乡村，决战脱贫攻坚的重要文化载体，并随着"一带一路"建设走向世界。

　　在赵逵夫看来，乞巧女儿节就是陇南的重要软实力。他期待着找到文化与现实更好更多的结合点，将这一软实力更快更好地成为带动陇南经济社会发展的硬实力。

　　采访结束，话别时，这位研究乞巧文化几十年的老教授眼神里充满着期待和希望。

　　（每日甘肃网 http://gansu.gansudaily.com.cn/system/2018/08/06/017019374.shtml2018 年 8 月 6 日　每日甘肃网记者王占东　实习生陶艳莉）

三、甘肃陇南"乞巧女儿节"的前世今生

七夕节又称乞巧节、女儿节，是中国民间传统的节日。每年的农历六月三十日起，甘肃陇南市西和县、礼县的西汉水流域的各乡镇，要举行七天八夜的乞巧节活动。活动中女孩们唱歌跳舞，并向"巧娘娘"寄托美好心愿。2006年，西和县被中国民协定为"中国乞巧文化之乡"，2008年，"西和乞巧节"被列入《全国第二批非物质文化遗产名录》。

随着20世纪80年代在礼县大堡子山发现秦先公先王陵墓，学界对于陇南乞巧节的历史演变及乞巧节和秦文化的关系给予了大量关注。作为土生土长的西和人，西北师范大学赵逵夫教授日前接受了《中国妇女报》全媒体记者的采访，赵逵夫教授结合自身经历与研究成果讲述了陇南乞巧女儿节的前世今生。

西和的乞巧是代代相传的

我是西和人，从小我就知道乞巧节，身边的老人常常给我们讲乞巧的故事，可以说西和的乞巧是代代相传的。

和乞巧文化的认识，得益于我的父亲赵子贤。1924年父亲在甘肃陇西省立第五师范求学时，读到了由北京大学的学者编辑的歌谣周刊。受此启发，在1936年他组织学生收集了我们西和县的乞巧歌。在父亲的影响下，工作后，我对乞巧节有了更深入的研究。

西和的乞巧节从农历六月三十（小月廿九）的晚上开始至七月初七午夜结束，历时七天八夜，由坐巧、迎巧、祭巧、拜巧、娱巧、卜巧和送巧组成。小时候，每到乞巧节，县城里的巷道都会有一个乞巧点，整个县城大概有十来个乞巧点。传统上，参加者多为待字闺中的姑娘，她们以虔诚的信仰、隆重的仪式，祈求"巧娘娘"赐予聪慧、灵巧，祈愿自己婚配如意、生活幸福。自20世纪80年代起，各年龄段的女性逐渐可以参与到乞巧活动之中，共同展现心灵手巧的女性智慧与美德，西和乞巧的广大女性不单祈求巧娘娘赐予自己巧手、护佑家人，也虔诚祈求巧娘娘保祖国安康，保佑地方平安。

乞巧活动完全是一种自发性的活动。活动中既有歌舞相伴，又有几个富有特征性的仪式，因而留存了大量的乞巧唱词、曲谱、舞蹈形式以及与农耕文明相关的崇拜仪式，还有与生活相关的纺织女工、服饰、道具、供果制作等。在这个活动中，女孩子们被全部动员起来，善于制作面食的被分派去做供奉的面花，能唱的负担起乞巧活动中的领唱任务。因而，人们又称为"女儿节"。活动中让我印象最深刻的是乞巧点之间的"走亲戚"，也叫访巧，各村的女孩子相互走访，参观学习。

> 我敬巧娘娘最心诚，巧娘娘教我绣桌裙；
> 桌裙八仙桌上挂，四川的缎子满天红。
> 巧娘娘教我绣一针，一绣蓝天一朵云；
> 寅时下雨卯时晴，山青水绿花儿红。
> 巧娘娘教我绣二针，二绣鸳鸯两情深；
> 上面开的并蒂莲，水里一对鸳鸯影。……
> 巧娘娘教我绣七针，七绣野雀树上鸣，绣一幅牛郎会亲人。
> 巧娘娘，下云端，我把巧娘娘请下凡。

这是西和乞巧歌中流传下来的唱词选段。在乞巧节期间，姑娘们通过唱巧、祭巧，抒发自己的真实情感，寄托了女性对美好生活的渴望。还有一些唱词，则抨击了那些限制女性自由、否定女性人格、压制女性才智的封建礼教。

近年来社会上流行一种说法，说七夕节、乞巧节就是中国的情人节，这个说法其实是错误的，乞巧节就是中国的女儿节，因为传统的女儿节是未婚的女孩子来参与的。传统的乞巧节最忌讳的就是男女间的谈情说爱，当然在乞巧节期间男女间的交流是一个事实的存在，但它和西方的情人节完全是两回事。

牛郎织女和天河的由来

陇南西和县、礼县七天八夜的乞巧活动，在国内是绝无仅有的。20世纪80年代，礼县大堡子山、圆顶山发现了早期秦文化遗址，在这里出土了大量精美铜器，学界研究认为这里就是秦先公先王墓，这也证明秦人最早就生活在这里。同时也说明了在西和、礼县一带独有的乞巧节活动有着深远的历史文化渊源。

西和、礼县一带地处汉水上游，是秦人发祥地。古代西县（西和县早期也称西县）的人先山山上有泥土塑的秦人祖先神像，山下则为祭祀的场所。另外礼县东北角的祁山，后人只知道诸葛亮六出祁山伐魏的故事，其实它应该就是秦人祭祖的地方。因为祁字的"示"字旁，表示与祭祀有关，双耳旁在右表示城邑。秦人很早就有祭祀先祖的意识，古代乞巧节其实就是秦人祭祖文化的遗留。旧时的学者把乞巧节认为是一种不合礼仪的祭祀，其实乞巧节的意义远超出了一般礼制活动的范围，有很深的历史文化底蕴。

天河古时候也叫天汉，这里的汉指的就是汉水，正是秦先民以自己居处的水名，作为天上星河的名称。秦人的始祖是女修，女修善织，织女星就是由女修而来，根据我的研究，天河应该就是秦人命名的，秦人又将银河边上最亮的一颗星，命名为织女星。今天的天水这个地名，也是由汉水和天河而来。

我们都知道，周人发源于甘肃陇东庆阳一带，这一带和陇南、天水距离比较近，我认为古时候这两个区域的人应该很早就有交流。《山海经·海内经》中说："后稷始播百谷。稷之孙曰叔均，是始作牛耕。"叔均是周人的田祖，在周人的远古传说中，叔均的事迹就同牛联系在一起。秦人把天河边最亮的一颗星命名为织女星，周人则把天河另一侧最亮的一颗星命名为牵牛星。

中国几千年来，男耕女织，既是一种经济形态，也有文化内涵，牛耕的出现推动了农业的发展。而在诗经里的《汉广》《蒹葭》《大东》也都反映了牛郎织女的故事。我曾在《清华大学学报》上发表了论文《由秦简〈日书〉看牛女传说在先秦时代的面貌》，被清华大学评为优秀论文，我在秦简上发现了有关牛郎织女的记载，这证明在秦朝以前牛郎织女的传说故事就已经形成，以后逐渐完善了。在汉代，乞巧是皇家后宫里的一种活动。后来逐渐向南方、向东部民间流传，民间的乞巧内容也越来越丰富。当时都城在长安，这个节俗自然来自民间，这说明乞巧节俗最早是产生于秦地的。

乞巧风俗不只在西和、礼县，在秦人东迁的路上，一直到宝鸡、咸阳这一带，都有乞巧风俗的遗留，另一个就是西汉水流域。这些年我收集了全国各地的乞巧歌，发现这些乞巧歌中秦人东迁途中留下的较多，但西和县的乞巧歌产生的时间很早，因为西和县和礼县一带相对偏僻、封闭，经过了两千多年，乞巧文化通过民俗的方式被保存了下来，而交通越发达、文化越发达的地方却难以保存下来。

我是搞文献研究的，西和乞巧的民俗可以说重现了先秦时期的历史文化，民俗在反映原始的文化、稳固的历史，这方面有时甚至比书籍文献上反映的还可靠。所以我认为研究文献也应该结合民俗、出土文物。

乞巧节给女孩子提供了交流学习的平台

无论是《诗经》里的《蒹葭》《汉广》，还是汉代古诗《迢迢牵牛星》，都有诗句反映早期牛郎织女的故事，这也是乞巧最早在古诗中的呈现。

其中，《诗经·秦风》里的《蒹葭》一诗应该是秦献襄公时期的作品，秦人尚居于西垂天水西南，即礼县东部、西和县以北，这首诗的自然环境和文化背景应该就是在这一带。由西和县北流的漾水河同西汉水交汇处，正与《蒹葭》一诗所写地理环境相合。《诗经·周南》中的《汉广》一诗，则反映了春秋时代以前"牛郎织女"传说在汉水中游流传的情况，汉代以前，西汉水、东汉水是一条水，后来才由于地震的原因中断，其上游南流入嘉陵江，它的重要支流沔水成为东汉水。

在现今陇南乞巧活动中保存的乞巧歌中，各地都有传唱牛郎织女的，其内容与民间故事中的牛郎织女故事基本相同。除了历史悠久，西和乞巧节的特点是持续时间长、参与普遍且形式多样。

在封建落后的旧社会，女孩子们缺少展现、学习的机会，乞巧节的活动其实给女孩子们提供了一个交流学习的平台。乞巧期间大人、青年都去看，可以说创造了一个表达心意的场合，这对男女青年的交流、正常的恋爱、婚姻都有很积极的作用，在今天这样的交流仍然很有意义。所以今天的乞巧节，更重要的是乞巧节这个文化传统被传承了下来。

2006 年，西和县被中国民协定为中国乞巧文化之乡，2008 年，"西和乞巧节"被列入《全国第二批非物质文化遗产名录》。西和《乞巧歌》也先后出了线本、汉英对照本等。对于西和而言，乞巧节无疑是西和县最好的文化品牌，打好这张牌，一方面可以更好地向外界宣传推介西和、陇南包括天水；另一方面也是对乞巧文化最好的继承与弘扬！

（口述：赵逵夫，记录：全媒体《中国妇女报》记者袁鹏；刊《中国妇女报》2021 年 8 月 19 日）

四、乞巧歌曲谱

十比巧娘娘（甘肃礼县）

礼县盐官镇杨牡丹等演唱

张芳整理记谱

缓慢 神圣

一　比巧娘　祝英台，女扮男装　读书来。

女扮男装　三年多，手拖梁兄　把桥过

巧娘娘　夹意折，我把巧娘娘请　下凡。

选自张芳《西和、礼县乞巧仪式乐舞之研究》，西北师范大学
2011 年硕士学位论文，第 90 页。

接请歌（甘肃礼县）

礼县永兴

一 根 香 两 根 香，

把 我 的 巧 娘 接 进 庄。

巧 娘 娘， 驾 云 端，

把 我 的 巧 娘 娘 请 下 凡。

选自礼县志编纂委员会《礼县志》（陕西人民出版社1999年版，第757—758页）。原曲谱有误，该曲谱2011年5月由张芳记谱。中国民间文学集成全国编辑委员会，中国民间文学集成甘肃卷编辑委员会编《中国歌谣集成·甘肃卷》（中国ISBN中心，2000年，第354页）题《接请巧娘娘歌》。

乞巧歌 （陕西陇县）

1 = C 2/4

5 5 2 5 | 6 4 2 1 | 2·5 5 1 | 2 2 1 2 1 6 | 5 — | 1·6 5 |

春立　夏，夏立　秋，年　　年　有个六　月　六，　六　月　六

春立　夏，夏立　秋，年　　年　有个六　月　六，　六　月　六

4·6 5 | 2 2 5 5 1 | 2 1 6 5 | 1 1 5 7 6 5 | 1 1 2 | 5·1 | 4 3 2 |

生　巧来，七月　七　掐巧　来，跪在　　　神龛拜　三

生　巧来，七月　七　掐巧　来，跪在　　　神龛拜　三

1 2·3 | 2 1 2 2 3 | 2 1 2 1 7 6 | 5 — | 1 1 6 5 | 1 2 1 6 5 |

拜，灯　　里油儿　点干　　　啦，　巧姐巧　姐下　米　　吧，

拜，叩　　头　作揖　叫巧　　　姐，　天皇皇　呀地　皇　皇，

1 2 6 5 1 2 6 5 | 1 2 1 6 5 | 1 1 2 5 | 5 4 2 1 | 1 1 2 5 | 5 4 2 1 |

一碗　水　　两碗水，巧姐下米　洗白　牙，一碗　茶　两碗　茶，

巧姐　驾云　　下天　堂，不图你的　财和　钱，不图你的　针和　线，

5 5 2 1 2 | 2 1 7 6 | 5 | 1·2 | 1 5 | 2 3 2 1 | 5 | 1·2 | 5 |

巧姐　下来　洗白　牙，一碗油　两碗　油，巧　　姐

光学　你的　好手　段，巧姐教我　学针　线，学　　下

♭7 1 7 1 2 | 5 6 5 4 5 | 1 2 1 2 | ♭7 6 | 5 — ‖

下　　来梳油　头，梳　　油　头，

女　　工千千　万，千　　千　万。

选自阎铁太编著《陇州社火大典》（陕西人民美术出版社 2013
年版，第 279 页）。

送巧歌（陕西陇县）

1 = F 2/4

5 6 5 4 2 | 5 6 5　4 2 | 5 1　2 | 4 3 2 | 5 1 2 | 4 3 2 | 5 2 5　7 |

巧　姐　天　上　望　人　间，　望　人　间，我　把
今　晚　要　回　银　河　畔，　银　河　畔，我　把

2 2 5 7 | 2 2 1　7 5 | 1 1 2 | 1 - | 2 1　5 ♭7 6 5 | 1 | 2 5　1 |

巧　姐　拜　下　天，　巧　姐　教　我　学
巧　姐　送　一　番，　跪　在　河　边　把

4 3 2 3 2 | 1 - | 2 4 2 1 2 4 2 1 | 7·1 | 2 6 5 | 5 - | 1·7 6 5 |

针　线，学　下　手　艺　做　衣　衫，　巧　姐
香　点，叩　头　作　揖　烧　纸　钱，　河　边

1·7 6 5 | 5 2 5 | 4 3 | 2 2 1 | 2 - | 1·2 5 | 2 5 | 2 1 |

下　来　一　天　半，　没　吃　我　家
肯　柳　飘　云　烟，　我　送　巧　姐

♭7 6 5 | 1 2 1 | 5·6 5 | 2 2 3　2 1 | 2 5 3　2 1 | 2 ♭7 6　5 5 |

一　碗　饭　呀，只　顾　给　我　教　手　段　呀，
飞　上　天　呀，别　时　容　易　见　时　难　呀，

0 2 5 | 2·3　2 1 | 2·3　2 1 | 2 1　5 1 | ♭7 6 5 | 5 0 ‖

哎哟，没　有　陪　你　转　一　转。
哎哟，要　想　再　会　等　明　年。

选自阎铁太编著《陇州社火大典》（陕西人民美术出版社2013年版，第278页）。

我把七姐拜下来（陕西乾县）

1 = G

中速　　　　　　　　　　　　　　　　　　　　　　　　乾县

2/4 5 4 2 5 4 2 ｜ i ↓7 6 5 4 2 ｜ 5 5 i 5 4 2 ｜
七姐　七姐　（嗨　　嗨），　梧桐　树底（的）

1 2 ↓7 1 ｜ 1. 2 5 5 4 ｜ 2 2 4 ↓7 ｜ 2. 5 2 1 ↓7 6 ｜
花　儿 开，花 又开来（的）树又　摆，把我七　姐

5. 1 5 ｜ 5 6̃ 5. 2 ｜ 5 2 4 ↓7 ｜ 2 4 2 4 2 1 ｜
拜 下 来。牵牛郎，　写文　章，笔墨（这）砚台（这）

↓7 1 5 ｜ i 6 ᵇi 5 4 2 ｜ 4 ↓7 7 ｜
都拿　上。我给我 七姐（嘛）　献 西 瓜，

4 4 2 4 4 2 ｜ 4 ↓7 6 5 ｜ i 6 ᵇi 5 4 2 ｜
七 姐（嘛）教 我（嘛）铰 菊　花；我给我 七 姐（嘛）

5 ³5 4 ↓ ｜ ↓7 7 7 4 4 2 ｜ 5 ᵇ2 ↓7 ↓ ｜
献梨 瓜，　七 姐（嘛）教 我（嘛）　铰菊 花；

i 6 ᵇi 4 4 2 ｜ 5 ᵇ5 ｜ ↓7 7 7 4 4 2 ｜
我给我 七 姐（嘛）献 桃，七 姐（嘛）教 我（嘛）

$2 \ \overset{\frown}{\underset{}{7}} \cdot \ 1 \mid \dot{1} \ \overset{6}{6} \ \overset{6}{\dot{1}} \ \underline{4 \ 4} \ 2 \mid 5 \ 5 \ \underset{}{7} \mid$

绣　　　　描；我给我　七　姐（嘛）　献辣　子，

$\overset{}{7} \ 7 \ 7 \ \underline{4 \ 4} \ 2 \mid 4 \ 4 \ \overset{}{7} \mid 5 \ 5 \ \overset{56}{5} \mid 2 \ 2 \ 5 \mid$

七　姐（嘛）教我（嘛）　饺袜　子；一碗　油，两碗　油，

$\overset{\dot{}}{6} \ 5 \ 6 \ \underline{4 \ 4} \ 2 \mid \overset{2}{5} \ 2 \ 5 \mid \overset{}{7} \ 7 \ 7 \ \overset{2}{5} \mid \overset{}{7} \ 7 \ 7 \ \overset{2}{5} \mid$

我跟我　七姐（嘛）　梳光　头；一碗（的）茶，两碗（的）茶，

$\overset{\dot{}}{6} \ 5 \ 6 \ \underline{4 \ 4} \ 2 \mid \overset{\frown}{5 \ 4} \ 2 \ 5 \mid \overset{2}{5} \mid \overset{}{7} \ 7 \ 7 \ 4 \ \overset{}{} \mid$

我跟我　七姐（嘛）　洗　白　牙；一碗（的）水，

$\overset{}{7} \ 7 \ 7 \ 4 \ \overset{}{} \mid \overset{\dot{}}{6} \ 5 \ 6 \ \underline{4 \ 4} \ 2 \mid 5 \ \overset{2}{5} \ \overset{}{7} \ \overset{}{} \mid$

两碗（的）水，　我跟我　七姐（嘛）　洗白　腿；

$\overset{}{7} \ 7 \ 5 \ 7 \ \overset{}{} \mid \overset{}{7} \ 7 \ 5 \ \overset{}{7} \ \overset{}{} \mid \overset{\dot{}}{6} \ 5 \ 6 \ \underline{4 \ 4} \ 2 \mid$

一碗（的）雪，　两碗（的）雪，　我跟我　七姐（嘛）

$\overset{\frown}{5 \ 2 \ 2} \ 5 \ \overset{}{7} \ \overset{}{} \mid 5 \ 5 \ \overset{2}{5} \cdot 4 \mid 2 \ 2 \ 4 \ \overset{}{} \mid$

洗　白　脚；　一页　瓦（这）　两页　瓦，

$\overset{\dot{}}{6} \ 5 \ 6 \ \underline{4 \ 4} \ 2 \mid 4 \ 2 \ \overset{}{} 4 \ \overset{}{} \mid 5 \ \overset{2}{6} \ 5 \cdot 4 \mid$

我跟我　七姐（嘛）　打着　耍；　一页　砖，

$5 \ \overset{\frown}{2 \ 5} \ \overset{}{7} \mid \overset{\dot{}}{6} \ 5 \ 6 \ \underline{4 \ 4} \ 2 \mid 5 \ 5 \ \overset{}{7} \ \overset{}{} \parallel$

两页　砖，我把我　七姐（嘛）　送上　天。

（郑荣芳唱　易帆　振武记）

七巧 （陕西乾县）

1 = A

中速　　　　　　　　　　　　　　　　　　　　　乾县

$\frac{2}{4}$ 2 1 6 | 5 | 2 1 6 | 5 | 2 5 5 | 6．4 2 1 |

　　1．巧呀呀 巧　梨儿　　枣，众家（外）姊　　妹
　　2．头一　　巧　巧我的　心，心巧（外）人　　心

（2 5．| 2 1 7 6 | 5）

2 1 7 6 | 5 | 5 7 1 | 5 7．| 5 4 2 5 | 7 |

起　　步　了。年 年　　有 个　　七　月 七，
换　　人　心。好 心　　要 报　　好　人 心，

2 5 5 | 1 4 3 2 1 | 2 1 7 6 | 5 ‖

天上（外）牛郎　　会 织　女。
十人（外）见了　　九 人　亲。

3. 第二巧，巧我的耳，耳巧好坏能听清。女娃要听好人言，不做惹是生非的精。

4. 第三巧，巧我的口，口巧人前不出丑。多在人前说好话，背后少惹众人骂。

5. 第四巧，巧我的眼，眼巧看近不看远。不偏不斜看得正，一世不落坏名声。

6. 第三巧，巧我的手，手巧样样都会做。会织会纺会做饭，一切不穷有银钱。

7. 第六巧，巧我的脚，脚巧不缠烂裹脚。穿上花鞋走大路，一直走到天尽头。

8. 第七巧，巧我的头，头巧不戴花儿不擦油。世上好人好人配，白头到老活长寿。

（周芝花唱　易　帆记）

叫七姐 （陕西乾县）

（张彩霞唱　易　帆记）

以上三首选自李世斌、李恩魁编著《文化大视野：陕西风俗歌》（陕西旅游出版社 2003 年版，第 109—112 页）。《我把七姐拜下来》曲谱亦见《中国民间歌曲集成》全国编辑委员会，《中国民间歌曲集成·陕西卷》编辑委员会编《中国民间歌曲集成·陕西卷》（下卷）（中国 ISBN 中心，1994 年，第 924—925 页）。

乞巧歌（山东莱州市）

1 = C　2/4

中速　　　　　　　　　　　　　　　　　　　　　　掖县

一领　席，两领　席，满天星斗　七月　七。俺请姐姐　吃甜瓜，
一块　砖，两块　砖，巧妮姐姐　站云　端。
一领　箔，两领　箔，俺请姐姐　过天　河。
一片　瓦，两片　瓦，俺请姐姐　下地　耍。

姐姐　教俺　扣莲　花，大的扣在　门帘上，不大不小　扣在枕头

上，小的　扣在鞋尖　上。　俺请姐姐　吃西瓜，姐姐　教俺　扣窗　花。
　　　　　　　　　　　　俺请姐姐　吃蚬子，姐姐　教俺　扭扣　子。
　　　　　　　　　　　　俺请姐姐　吃粽子，姐姐　教俺　织带　子。
　　　　　　　　　　　　俺请姐姐　吃小枣，姐姐　教俺　做棉　袄。

选自张玉柱主编《齐鲁民间艺术通览》（山东友谊出版社1998年版，第53页）。《中国民间歌曲集成》全国编辑委员会，《中国民间歌曲集成·山东卷》编辑委员会编《中国民间歌曲集成·山东卷》（中国ISBN中心，2000年，第723页）题作"《打乞巧》（佚名唱，张仲樵记）"。

后　记

先父子贤公（讳殿举）于 1924 至 1925 年在省立第五师范（今陇西师范）上学期间见到北京大学编《歌谣》周刊，并将这个学术信息告诉西和读书期间的老师王访卿先生，因为当时王先生正在完成《重修西和县新志》，他建议王先生把西和流行的乞巧歌等歌谣收入新编县志。他在道陇西上学前也替王先生抄录、收集各处石刻、碑文等，做过一些辅助性工作。但到陇西上学以后，一年只有两次假期回家，而王先生也于 1925 年即去世。1926 年春节一过，先父即参加了冯玉祥的国民革命军第一军。第三次北伐失败之后又到开封无线电学校上学，后又到天津进修无线电机械专业。在天津期间接触到更多新文化运动书刊。1933 年夏因我祖母去世奔丧回家后再未离开陇南。1936年在县上的鼓楼南学校任教时曾组织学生收集本县的乞巧歌（当时祁山、盐官也归西和管辖），编成陇南第一本《乞巧歌》集子。我家所在北关大巷道每年有一个独立的乞巧点，就我所记得在大巷道刘家店里、刘家巷道两三个院里，东侧的解家院，我们的前院、后院都坐过巧。我小时常常到乞巧的地方去看热闹。后来看有关民俗学的书也多了，了解到很多地方乞巧都只是七月七日的一天，而我们那一带却是七天八夜。在礼县大堡子山大批文物出土之后，我想，这种风俗可能同秦人的祭祖风俗有关。因而在 1989 年写成有关"牛郎织女"传说的两篇文章，于次年刊出。只是两年后担任了中文系主任，希望能拿下中国古代文学博士点，所以这个课题遂停了下来。我父亲搜集整理的《乞巧歌》，本来县上也有抄本流传，但因种种原因，经过几个大的政治运动，难以找到。此前我也辑录了一些，也暂时放了下来。但有关问题一直在思考。1996 年我们系申报中国古代文学博士点成功，2004 年申报古典文献学博士点，协助历史学科申报专门史均取得成功，并增设了中国语言文学博士后流动站，我即从院长位置上退下来，当年在母校西和一中建校 60 周年校庆的大会报告中讲了对于西和乞巧节的一系列看法，讲稿刊于当年《甘肃文苑》2004 年第 1 期和《西北师大学报》2005 年第 6 期。那次报告中我也谈到我父亲搜集整理的《乞巧歌》。西和一中立即组织了西和乞巧课题组进行田野调查，收集有关资料。2006 年 9 月 6 日西和县人民政府发文成立西和县申报"中国乞巧文化之乡"专家组，请我担任组长，主管副书记、副县长和文联主席为副组长，黄英、黄立志、方天柱、苏有元、王树立、杨克栋、蒲玄、李建超、张素等和县一中王钊、陈长江等为成员。当年 9 月，中国民协组织民俗学专家陶立璠、杨亮才、杨吉星、柯杨和省民协副主席杜芳到西和考察乞巧民俗。当年 10 月西和县被中国民协命名为"中国乞巧文化之乡"。2005 年我招收了三名中国古代民间文学研究生，我们商议以后学位论文都是围绕"牛郎织女"传说与七夕风俗在文学作品中的体现进行研究：田有余负责国内汉族古代小说、戏曲、民间故事中的牛女传说与七夕风俗，张银负责古代诗词曲赋中的牛女传说与七夕风俗，隆滟是少数民族文学作品中的牛女传说与七夕风俗和海外有关牛女传说与七夕风俗的作品。他们也都发表了一些研究论文。2006 年 8 月我申报甘肃社科规划项目《陇东南牛文化、乞巧风俗与牛郎织女传说——甘肃一个重要非物质文化遗产的研究与论证》获准立项，2007 年教育厅"研究生导师科研项目"将我申报的《牛郎织女传说的孕育、形成、演变与传播研究》立项。2007 年 8 月我将我有关牛女传说和七夕风俗研究的论文汇为一册，后面并附三个研究生已发表的论文各一篇，以《历史的投影——牛女传说与七夕风俗的传播与分化研究》为名先自印了几百本，在西和县召开的乞巧节盛会上发给一些专家学者和对这个问题感兴趣的朋友，也曾寄给有关专家。这个本子后来增加了几篇论文，删去学生的三篇论文，在 2008 年又印过一次，也用于学术交流。这期间还收到陶立璠先生信，约我承担由中国节会专业委员会组织编写，白庚胜、罗阳、王新前任出版委员会主任，向云驹、李舒东、李汉秋、张凯任副主任的《浪漫的七夕》文化典藏系列丛书的"西和卷"。陶立璠、乌丙安等二十四位在学界有影响的学者任出版委员会委员，霍尚德、赵铁信、高育武等也都在编委会中。我想，这套书的作者们对全国七夕文化的调查，应会作得很全面、彻底。我的书稿写了一半，后不知何故又终止了这个大项目，我一直觉得很遗憾。

　　2007 年初西和乞巧节申报国家非物质文化遗产，次年 6 月 7 日西和县七夕节被国务院列入《国家级第一批非物质文化遗产扩展项目名录》。当年我和三个研究生共同承担的《主流与分流——牛女传说和七夕风俗的传播与分化研究》获得教育部哲学社会科学资助项目立项。2010 年，由我牵头申报文化部重大项目《中国节日志》中子项目《七夕节》竞标立项，由我同我院王贵生、彭金山、孟子为以及甘肃省社科院文学文化所戚晓萍、甘肃农大隆滟、省行政学院张银、青海师大李言统、知行学院张芳、西和一中李凤鸣共同承担，后又增加陇南师专张芳。第二年七夕节前，即兵分几路，对国内几个重要乞巧点进行深入的实地考察。以后几年的七夕节或结合开会出差到一些没有去过和已去过的地方再作调查，收集资料。因为还想对有些问题作更深入的研究，所以这个项目已基本完成，但没有出版。

2016 年，我将原列入《历史的投影》中研究七夕文化的部分抽出来，又增加后来写的几篇论文，定名《七夕文化透视——立体地观察七夕风俗与乞巧活动》，呈献给读者。因为虽然"牛郎织女传说"与七夕风俗密切相连，但毕竟前者属民间文学范畴，后者属民俗学范畴，分开便于读者阅读理解。

希得到各位专家和广大读者朋友们批评指正。

赵逵夫

2019 年 4 月 28 日

责任编辑:邵永忠

封面设计:胡欣欣

图书在版编目(CIP)数据

七夕文化透视/赵逵夫 著. —北京:人民出版社,2022.8

ISBN 978-7-01-024188-3

Ⅰ.①七… Ⅱ.①赵… Ⅲ.①节日-风俗习惯-中国 Ⅳ.①K892.1

中国版本图书馆 CIP 数据核字(2021)第 257321 号

七夕文化透视

QIXI WENHUA TOUSHI

赵逵夫 著

人民出版社 出版发行

(100706 北京市东城区隆福寺街 99 号)

北京中科印刷有限公司印刷 新华书店经销

2022 年 8 月第 1 版 2022 年 8 月北京第 1 次印刷

开本:710 毫米×1000 毫米 1/16 印张:21.25 插页:2 字数:340 千字

ISBN 978-7-01-024188-3 定价:75.00 元

邮购地址 100706 北京市东城区隆福寺街 99 号

人民东方图书销售中心 电话 (010)65250042 65289539